零起点
股票投资一本通

黄 金◎编著

初学者必知的500个常见问题解答

中国宇航出版社
·北京·

内 容 简 介

本书是股票投资入门图书，系统、全面地讲解股票投资必备的基础知识、投资方法、技术分析技巧、操作技巧，介绍投资大师的投资理论等。本书由实战经验丰富的专业操盘手精心编写，内容讲解细致清楚，易于掌握，实用性强，适合于准备入市或已经入市的股票投资者阅读参考。

图书在版编目（CIP）数据

零起点股票投资一本通 ： 初学者必知的500个常见问题解答 /黄金编著. -- 北京 ： 中国宇航出版社，2014.8（2015.3 重印）

（零起点投资理财丛书）

ISBN 978-7-5159-0746-8

Ⅰ.①零… Ⅱ.①黄… Ⅲ.①股票投资－问题解答 Ⅳ. ①F830.91-44

中国版本图书馆CIP数据核字(2014)第153615号

责任编辑　田方卿
责任校对　卢　珊　　装帧设计　关聪龄

出版发行　中国宇航出版社

社　址　北京市阜成路8号　邮　编　100830
(010)68768548
网　址　www.caphbook.com
经　销　新华书店
发行部　(010)68371900　(010)88530478(传真)
(010)68768541　(010)68767294(传真)
零售店　读者服务部　北京宇航文苑
(010)68371105　(010)62529336
承　印　北京中新伟业印刷有限公司

版　次　2014年8月第1版
2015年3月第3次印刷
规　格　787×1092
开　本　1/16
印　张　19
字　数　439千字
书　号　ISBN 978-7-5159-0746-8
定　价　35.00元

本书如有印装质量问题，可与发行部联系调换

前言

你不理财，财不理你。股票市场是一个没有硝烟的战场，除了金钱之外，没有什么能够证明你是成功者。股票市场是一个神奇的世界，它为人们提供了一个公平竞争的赛场，每个人都有机会在这里收获属于自己的成功。当然，如果你是一个善于学习的投资者，或者是一个审时度势的投机者，那么你可能在较短的时间里获得不菲的收益。

对于新股民来说，股票市场不仅是天堂，它还是地狱！要想在股市淘金，你真的了解股市吗？如何找到一只有潜力的股票呢？如何找到准确的买点与卖点呢？如何管理你的仓位？如何控制风险？

……

面对这一连串的问题，每一位新股民可能都会感到茫然。

正确的投资理念和操作方法，可以引导你走上获利的捷径，避免辛苦、痛苦十几年或几十年，股票投资更是如此！不管你用何种方法，请切记一定要先投资自己！要先读几本股票投资基础知识方面的图书，学习一些股票分析的方法，至少要懂得股票该如何操作。不要一开始就关注别人的观点和议论，加入到打探消息的行列，因为这样做的结果，很可能是结束自己的投资之路，却花钱苗壮了别人。

在股票市场，常听一些人说炒股赚钱很简单，今天赚了多少钱，手里的股票已经收获了几个涨停板，让人心里痒痒的。事实上，在股票市场，报喜不报忧的大有人在，他们往往赔了很多都默不作声，某天赚了几元钱却吹嘘大半天。股票操作既简单又不简单，既复杂又不复杂。投资股票需要拥有正确的观念，至少要有一年以上的基本分析经验，以及半年以上的技术分析演练，先投入小笔资金寻找感觉，找到方法后再投入大资金以获得明显的收益。

“观念影响行动，行动支配操作。”观念是否正确，已经提前决定了胜负。很多投资错误和亏损，大都源于投资者投资观念含混不清，盲目打探小道消息，结果只能是投资亏损，徒增痛苦和烦恼。全民投资不是一句口号，更应该是一种行动。商场如战场，看不准就不要投资，不了解或没把握就不要随意出手。想要比别人赚得更多，就要比别人更认真，就要花比别人更多的工夫，就要比别人了解更多的知识。

股票市场是可以赚钱的地方，就看你如何操作。盈利之前，先要想想亏损了怎么办？投资要先投资自己，让自己拥有更多的知识和技能，让自己懂得这个游戏的规则，这样才能充满信心，做个自信的投资者。

没有只跌不涨的股票，只是你选择的价位和操作的时机是否合适。输家总是在寻找失败的借口，赢家则时时在寻找成功的机会。买入股票很简单，但为什么要买入，你得说出个理由来。只要理由站得住脚，你在股市中就不会步履蹒跚了。

为了满足初入股市的投资者的需要，让大家从炒股第一天起就有足够的知识储备，拥有正确的投资理念，以及高人一筹的炒股技法，笔者特意编写了《股票投资入门一本通——初学者必须知道的500个问题》一书，将新股民应该了解的知识分解成500个问题，然后一一详加解答，帮大家从股市“门外汉”成长为股市投资高手。

《股票投资入门一本通——初学者必须知道的500个问题》依据股民朋友的成长历程，循序渐进，系统全面地介绍股票投资方方面面的知识，帮助大家逐一解决入市过程中遇到的各类问题。通过阅读本书，你可以在最短的时间内了解和掌握炒股的基本流程，熟悉与股票投资有关的各种知识和技巧，为实战操作打下良好的基础。

想超越自己，想突破自己，又不想在这个领域走太多弯路的朋友，这是一本真正的炒股必备参考书。

目 录

第一章 股票基本常识

看到或听到周围的朋友炒股，有的人赚了好多钱，买房买车，改变了自己的命运，或许你对此怦然心动，也想在股市中搏击一把。但是当你推开股票市场这扇大门的时候，就会发现遇到很多问题，并且因此感到茫然和迷惑。为了解决这些问题和迷惑，大家要从股票基本常识学起，让自己从一个不知道股市和股票为何物的人，变成一个股票投资的行家里手。掌握股票基本常识，是驰骋股市的前提和保证。

第一节 你是否适合炒股

1．为什么要做股市投资？

先看一个小故事。

黄先生今年48岁，原本在一家公司上班，每个月能领七八千元的工资。近几年由于市场不景气，公司裁员，黄先生失业了。

中年失业，对黄先生来说真的是人生意外的打击。因为年龄关系，黄先生很难找到愿意雇用他的公司。虽然有十多年的实际工作经验，却不能为他求职提供丝毫帮助。对于求职就业来说，像他这样一个年近半百的人，绝对比不上刚毕业的年轻人有优势，因为在经营者眼中，年轻人有无限的可塑性，黄先生没有！

没有稳定的经济来源，黄先生就去一家麦当劳餐厅做小时工，一个月有两三千元的收入，但每天的工作非常辛苦。更关键的是，他还要被一些年轻人呼来喝去，与失业前坐在办公室里一个月收入七八千元的工作实在没法相比。在麦当劳工作了几个月，因为没有发展前途，也没有满意的收入，黄先生最终辞职了。

也许你现在的收入还不错，工作也很轻松，如同黄先生失业前一样，每月能够领到七八千元的工资。这是在公司经营顺利时老板愿意提供给你的待遇，但不代表老板愿意永远提供这样的待遇。尤其是公司经营遇到困难的时候，高工资的人往往成为最先解雇的对象。而且上了年纪以后，就算你有丰富的工作经验，也不能要求其他公司老板给你提供相同的待遇。

晴天备好雨天粮。中国人的理财教育其实是很欠缺的，大部分人只会把钱存入银行，领取利息，往往忽略了可以投资其他产品以获得更多的收益。

有人说股票投资风险高，可是上班的风险又何尝不高呢？你有把握把你的工作做到退休吗？你有把握用你的退休金过上舒适的退休生活吗？40 岁过后，如果中年失业，你有把握再找到一份像样的工作吗？在上班之余的时间，为自己准备一份第二职业是很重要的。

投资是最好的第二职业。这十几年来，笔者一直致力于充实自己的投资理财知识。至少对笔者而言，投资真的是很不错的第二职业。因为投资，笔者的视野开阔了不少，也开始关注以前不曾注意的人和事物，更重要的是在股市中另有一份投资收入。退休以后，通过在股市进行稳健的操作，获得的收益对提高生活品质相当有益。

股票操作很费神，但却不费体力，没有时间、年龄、学历以及投资金额的限制，随时随地都可以进行交易，因此是最好的第二职业。只要你有兴趣，并且愿意在上班之余每天花一点时间去关注一下股市，就可以成为一名股市投资者。早期不一定要大笔投入，可以先做模拟交易，投入一些小钱学习和积累经验，花上 10 多年的时间去精通它。10 年过去后，随着年纪渐长，经验渐丰，在股市操作起来就顺风顺水，并且很容易获利了。

【交易点拨】

股票市场盈利快，亏损也快。股票市场其实就是懂的人挣不懂的人的钱，天下没有免费的午餐，有志者大家一起努力吧！

2．你适合股票投资吗？

大城市的房价高得令人咋舌，一平方米两三万元甚至四五万元，买一套房子至少要两三百万元！两口子都是工薪族的话，就算省吃俭用一辈子，要买一套房子也非常不容易；假如老婆没工作，在家带孩子，就算你很勤奋地加班、兼职，养家糊口也很吃力。想靠工资致富，更是难上加难。要想活得轻松一些，就要增加收入。有许多增加收入的办法供你选择，条条大路通罗马，不是吗？

道路怎么个“通”法，却有不同的讲究。从效率的观点看问题，存在高效率与低效率之分。以北京到上海为例，是坐飞机，还是坐高铁，或者是自己开车，抑或是步行，效率就明显不同。如果还要这里拐一下，那里绕个弯，情况就又不一样了。

下面谈谈现有的几种个人理财方式。

（1）银行存款。

这应该是大部分人都知道的理财方式。把钱存到银行不仅安全，而且有固定的利息。不过这种方式好像是在理财路上慢悠悠地步行，赚得的利息被通货膨胀吃掉可能还不够，因为所得利息赶不上物价上涨的步伐。

（2）投资创业。

这是一种重要的积累和创造财富的方式，也是年轻人迈向成功，实现人生理想和价值的最佳方式之一。但是千万不要看到报纸或电视上报道某人创业成功的消息就头脑发热，心生向往，以为下一位成功的创业者就是你。一项事业要投入多少资金？要投入多少精力？你有没有这样的领导才能和管理天赋？有没有这样的创业环境和运气？这都是投资创业时要面对的问题。投资创业是有条件的，更是一件很辛苦、很劳神的事儿，想偷懒的人绝对做不来。如果不小心，也许还会掉进别人精心设计好的陷阱而倾家荡产。

（3）基金和股票投资。

这种积累和创造财富的方式比较悠闲，也比较好玩，属于智力型游戏。只要大家熟悉基金和股票的买卖规则，每天花几分钟的时间就可以完成，因此是一种懒人积累和创造财富的方式。但是要当这样的懒人，要当成功的懒人，也要花很多时间学习如何投资才行。当然，这种以金钱为筹码的游戏也有一定的风险。对于那些朝三暮四、定力不够的投资者，好赌而不顾身家性命的人，以及神经脆弱，要靠安眠药才能维持睡眠的人，投资股票是不合适的。

想赚到比银行利息更多的钱，又想偷懒避开创业的辛苦，却不想承担任何的投资风险，天底下有这样的好事吗？

也许你的家人或周围的朋友投资过股票，但你是否适合投资，还要依据你自己的个性特点和风险承受能力来确定。进入投资市场之前，要先在知识上多充充电，搞清楚投资市场和投资工具的基本知识、基本理论。比如投资股票，首先要清楚股票市场是怎么回事，上市公司是怎么回事，股票是怎么回事，投资股票的利润从何而来，用什么方式才能获得投资收益……

【交易点拨】

投入股市，注定你的人生会有较大的起伏，如果这些基本的知识你都没弄清楚，就想投身股票市场，可能是非常危险的。工欲善其事，必先利其器。一定要先学习、熟悉股票市场的基本知识和规则。

3．炒股就能致富吗？

你一定听到过“股市是让人暴富的地方”这句话。假如这句话是真的，应该有很多人靠股市交易而致富。但是你可曾碰到身边有谁真正是在股市中赚到大钱的吗？笔者倒是听到过不少在股市中破产的案例。股市中的大赢家很少，而且他们往往都很低调。对于大多数人来说，股市并不是可以致富的地方。在股市中浸淫多年的人反而认为，股市是伤财、伤身又伤心的地方。

实话来说，股市是最虚幻的地方，它可以让你一夜暴富，也可以让你转眼间一贫如洗；这里到处充满了人性的较量，很多人一开始交易就被打得鼻青脸肿。谁能笑到最后？没有答案。

也许你有一段时间曾经在股市里赚到了钱，但你能一辈子都在这里稳定地赚钱吗？笔者建议大家，不要过分幻想在股市致富。股票投资是一个门槛低到不能再低的领域，只要是成年人就可以开户，只要有一笔小钱就可以进场买卖股票，但要想在股市中成为大赢家，希望非常渺茫，并且过程非常艰辛。

股市中的人是“一赚、二平、七赔”。在股市中，多数输家的财富被重新分配给少数赢家，在股市致富的人总是少数。

事实上，股市赢家大多很低调。笔者认识的几位股市赢家，他们并不是专业的操盘手，都有着不错的职业，其中有老师，有企业员工，还有企业老板。对他们而言，股市只是投资理财的工具，他们靠工作收入维持正常的生活，有了闲钱才投资股市。他们不急不躁，心态坦然，在没有生活压力的情况下轻松操作股票，反而在股市中获得了不错的收益。

华尔街有句名言：股票市场是有经验的人获得很多金钱，有金钱的人获得很多经验的地方。操作技术来自经验的积累，但这一积累经验的过程是艰辛而痛苦的。那些懒惰的人，不愿意动脑筋的人，只想快速发财的人，在这个行业是没有生存空间的。

在股市赚不到钱的人多半只会怪行情，怪政府，怪主力……反正千错万错都是别人的错，绝对不会是自己的错。但会赚钱的人投资失利时，就会反思自己为什么判断错误。因为失败的结果全要由自己承担，所以各种变数都要自己研究判断。自己的判断能力不足，买卖股票的心态不对，不依法操作，都会让自己失利。亏了就怪别人，除了让自己内心多了不平衡之外，一点用处也没有。

投资失败最常见的原因，就是将理财目标本末倒置，只想快速致富而不是稳健赚钱。有的人想靠股市致富，希望一夜之间成为千万富翁，以为人生梦想可以一蹴而就。他们不重视投资计划，只想快速发财，希望买了股票就能马上赚大钱，最好是今天买了明天就涨停，而且是天天涨停。有些人甚至不惜借贷资金投入股市，铤而走险，结果不但无法达成心愿，反而因承受的风险过高而压力重重，因为心理压力太大而屡屡操作失误，结果损失惨重。

有的人没想过要借股市发横财，而是把理财当成保障生活的手段，通过股市投资为自己的财富保值增值，以便让生活越来越平顺圆满，却可能无心插柳柳成荫，最后反而因此致富了。笔者想向大家说明一点，股市投资只是理财过程中的一环，其目的是谋求生活保障，而不是快速致富。认识这一点的重要性并牢记在心，比什么都重要。

投资是一门真正的学问，但股市资金来得快，去得更快，这对年轻人培养稳定的投资心态有不良的影响。年轻人如果在股市赚了钱，就会认为股市赚钱很容易，放弃上班工作也能有获得稳定收入的途径。一旦亏损，因为本身经济承受能力较差，往往一次严重的失败就再也爬不起来。

提高趋势判断能力必须不断地积累知识，想赚钱的人早就已经出发，不断地汲取相关的趋势判断知识。

股市赚钱的途径只有一种，那就是有自己的买卖规则，而且要经过长期的实战积累。成功的经验都是从众多失败的教训中得到的。股市里面没有理念、没有技巧、没有方法的投资者很多，这些人当中赔几十万元的人比比皆是。当然，有的人经过千辛万苦终于把本金扳了回来，但大多数人都是把亏掉的钱当做“学费”缴出去了。面对亏损，这些人的心态是“算了”、“看破了”，最后黯然离场。

火鸡想追逐彩虹尽头的一堆黄金，等到追过去的时候，却发现那是一盘金色的玉米。这样的辛酸，没有经历过亏损的人是无法体会到的。能反败为胜的人只是少数，大多数人只能摸摸鼻子自认倒霉，要不然就是郁郁寡欢，从此痛恨股市一辈子。

和其他行业不同的是，股票投资这行的技术不是死的，而是相当灵活的。它看重的是一种心态，看不见摸不着的心态。进入市场，初期进步靠的是勤奋和技术，中期靠的是智慧和心态，高端靠的是人性和道德。懂得心静如水，努力克服所有人性的弱点，才算拿到盈利的入场券，但要登堂入室，必须还要不断地修炼。

笔者认为学习操作技术并不困难，中期的智慧和心态，则需要有纪律地执行操作规则。看对持股，看错持币，卖出后做检讨，不断重复这三个动作，日子久了，自然会看到成果。至于后面的高级水平是否能够达到，让幸福也随之而来，那就要靠大家认真修炼了。

笔者常常想，如果新手知道在股市里赚钱必须先缴十几万甚至几十万元的学费来换取经验，不知道还有几个人愿意进来？

学习修车，轮胎坏了换轮胎，刹车坏了换刹车，只要熬的时间够长，练习得足够多，你就能成为修理专家。换轮胎、换刹车都是看得见摸得着的东西，上次这么换，下次还是一样。操作股票可就不同了，上次出这个新闻时股票涨，下次出同样的新闻时股票却可能下跌；再过一段时间后，又出现同样的新闻，你怎么知道股票会上涨还是下跌？技术面的结果也一样，一个胜率七八成的方法，算是挺高了吧，但是当你使用起来，就会觉得怎么胜率好像变小了。方法没有问题，之所以胜率降低，是因为你的应变能力达不到方法的要求。

如果只是抱着赚钱的意愿，没有做好准备就匆匆入市，最终的结果一定是亏损。想要进入股市玩玩，请准备好再来，不要眼红别人在股市赚了钱就匆忙入市。刚开始一定要衡量自己的财力和风险承受能力，只用能“输得起”的钱中的一部分来交易。当这些钱无法让你赚到钱的时候，就一定要退场，学费缴一点就行了，不要用整个家底来缴学费，也别再做“股市致富”的春秋大梦了。

当然，如果你认真研读了股市的涨跌原理和买卖技巧，经过长久的实战，有了独特的心得，那么说不定股市真的是你致富的场所。

【交易点拨】

如果你能以长期投资的心态对待股市投资，而不是想靠它一夜暴富，这样在股市操作可能不会觉得那么累，比较看得开，也能体会其中的乐趣。

第二节　股票及股票发行者

4．什么是股票？

股票自诞生之日起，距今已有好几百年的历史了。说白了，股票不过是一个权利记载，一个证明符号。它之所以成为千万人追逐的目标，是因为一旦买到了股票，就成为该股票发行公司的股东，在公司赚钱时，能分到现金红利或领取配股；低价买进高价卖出时，可以赚取差价。可见，小小的一张“纸”，具有不少可以享受的权利，还有不少赚钱的机会。也正因为如此，人们才愿意买进并拥有它。作为一种具有高流动性、易变现的流动资产，人们越来越喜欢它。

初涉股海的投资者，可能对股票感到神秘。其实股票就是股份有限公司在筹集资本时向出资人发放的股份凭证，表明其持有者（即股东）对股份公司的所有权。这种所有权是一种综合权利，如参加股东大会、投票表决、参与公司重大决策、收取股息或分享红利等。股票可以通过买卖方式有偿转让，股东通过股票转让可以收回其投资，但不能要求股份公司返还其出资。股东与公司之间的关系不是债权债务关系，而是一种所有权关系。持有股票就成为公司的股东，股东以其出资额为限对股份公司负有限责任，承担风险，分享收益。股东权利的大小，取决于占有股票份额的多少。

企业可以通过向社会公开发行或者向特定对象定向发行的方式发行股票，筹集资金主要用于生产经营。大股东可以通过控制多数股权的方式，用同样数量的资金控制更多的资源。

【交易点拨】

知道了什么是股票，才能纵览大局，理解股市发展久盛不衰的深层动力。

5．股票有哪些特征？

股价的上涨与下跌，是买者与卖者双方较量的结果。想买进股票的人多了，价格自然上涨，想卖出股票的人多了，价格自然就会下跌。

从股票的买卖特性看，有以下几个特征。

（1）流通性。股票的流通性是指股票在不同投资者之间的可交易性。流通性通常以可流通的股票数量、股票成交量以及股价对交易量的敏感程度来衡量。可流通股数越多，成交量越大，价格对成交量越不敏感（价格不会随成交量一同变化），股票的流通性就越好，反之就越差。股票的流通，使投资者可以在市场上卖出持有的股票，获得现金。通过股票的流通和股价的变动，可以看出人们对相关行业和上市公司的发展前景以及盈利潜力的判断。

（2）可以在市场上流通，但不可要求偿还。股票是一种无偿还期限的有价证券，投资者认购了股票后，不能要求退股，只能到二级市场卖给第三者。股票的转让意味着公司股东的改变，并不减少公司资本。从期限上看，只要公司存在，它发行的股票就存在，股票的期限等于公司存续的期限。

（3）能给投资者带来收益。股东凭其持有的股票，有权从公司领取股息或红利，获取投资收益。股息或红利的多少，主要取决于公司的盈利水平和公司的盈利分配政策。

（4）赋予投资者一定的权利。股东有权出席股东大会，选举公司董事会成员，参与公司重大决策。股票持有者的投资意志和享有的经济利益，通常是通过行使股东参与权来实现的。股东参与公司决策的权利大小，取决于其持有的股份多少。从实践来看，只要股东持有的股票数量达到左右决策结果所需要的实际多数时，就能掌握公司的决策控制权。

（5）因价格波动具有投资风险。股票在交易市场上作为交易对象，同商品一样有自己的市场行情和市场价格。股票价格受到诸如公司经营状况、供求关系、银行利率、大众心理等多种因素的影响，其波动有很大的不确定性。正是这种不确定性，使股票投资者有可能遭受损失。价格波动的不确定性越大，投资风险越大。因此股票是一种高风险的金融产品。

【交易点拨】

小富靠攒，大富靠天，其实这个“天”指的就是机遇。通过自身的努力，学习股票投资技术，把握股票特征，抓住机遇，你就能赢得财富，就能获得成功。

6. 股票票面上有哪些内容？

股票凭证是股票的具体表现形式。就像什么票据凭证都必须有相关内容一样，一般情况下，上市公司的股票凭证票面上应具备以下内容。

（1）发行该股票的股份有限公司的全称及其注册登记的日期与地址。

（2）发行的股票总额、股数及每股金额。

（3）股票的票面金额及其代表的股份数。

（4）股票发行公司的董事长或董事签章，主管机关核定的发行机构的签章，有的还要注明是普通股还是优先股等字样。

（5）股票发行日期及股票的流水编号。如果是记名股票，则要写明股东的姓名。

（6）印有供转让股票时使用的表格。

（7）股票发行公司认为应当注意的事项。如注明股票过户时必须办理的手续，股票的登记处及地址。是优先股的，还要说明优先权的内容等。

随着计算机及网络技术的发展与应用，我国沪深股市股票的发行和交易都借助于电子计算机及电子通讯系统进行，上市公司股票的日常交易已实现了无纸化，所以现在的股票仅仅是由电子计算机系统管理的一组二进制数字而已。但从法律上来说，上市交易的股票都必须具备上述内容。我国发行的每股股票的面额均为 1 元人民币，股票的发行总额为上市股份有限公司的总股本数。

【交易点拨】

股票不但要取得国家有关部门的批准才能发行上市，而且其票面必须具备一些基本的内容。股票凭证在制作程序、记载内容和记载方式上都必须规范化，并符合有关法律法规和公司章程的规定。

7. 股票是怎么产生的？

现代社会，股票已经越来越为人们所熟悉，也越来越多地走进普通人的生活。股票是脱胎于股份制有限公司的一种产物，而股份制公司是市场经济发展到一定阶段的产物。

股份制就是以入股方式把分散的、属于不同人所有的生产要素集中起来，统一使用、合理经营、自负盈亏、按股分红的一种经济组织形式。股份制的基本特征是生产要素的所有权和使用权分离，在保持所有权不变的情况下，把分散的使用权转化为集中的使用权。

股份公司是股份制最典型的形式。一般认为，股份公司最早的起源应该是 1902 年建立的荷兰东印度公司。但最盛时期是 19 世纪后半叶以后，这时资本主义经济发展迅速，企业迫切需要巨额资金来扩大规模，推广新技术，从而刺激了股份制公司的发展。

股份简称为“股”，把公司资本总额按相等金额分成的单位叫做股份。股份制公司是通过发行股票及其他有价证券来筹集资金的一种企业组织形式。

【交易点拨】

对股票的历史略知一二，你就会发现，充实自己的头脑比充实钱袋子还重要。

8. 什么是上市公司？

上市公司是指所发行的股票经过国务院或者国务院授权的证券管理部门批准在证券交易所上市交易的股份有限公司。非上市公司是指其股票没有上市和没有在证券交易所交易的股份有限公司。

（1）上市公司是股份有限公司。股份有限公司可为非上市公司。上市公司有股份有限公司的一般特点，如股东承担有限责任、所有权和经营权，股东通过选举董事会和投票参与公司决策等。

（2）上市公司要经过政府主管部门的批准。按照《公司法》的规定，股份有限公司要上市，必须经过国务院或者国务院授权的证券管理部门批准，未经批准，不得上市。

（3）上市公司发行的股票在证券交易所交易。发行的股票不在证券交易所交易的不是上市股票。

与一般公司相比，上市公司最大的特点在于可利用证券市场进行筹资，广泛地吸收社会上的闲散资金，从而迅速扩大企业规模，增强产品的竞争力和市场占有率。因此股份有限公司发展到一定规模后，往往将公司股票在交易所公开上市作为企业发展的重要战略步骤。

【交易点拨】

股票上市资格不是永恒的，一旦公司发生重大变化，财务及交易状况恶化，低于规定的标准后，其股票将被停止上市。

9. 股票与股份公司是什么关系？

股份公司具有以下几个特点：通过发行股票和公司债券等有价证券来筹集资本；基本上允许股票自由转让；股东以自己的出资额为限对公司的债务负责；担当企业经营职务的董事不一定必须是股东。

股票是股份公司卖给股东的一种所有权证书，股票持有者在获得了股票的所有权后，便理所当然地成为该公司的股东，具有参与公司经营决策、享有公司利润分配、优先购买新股、检查公司经营和分配公司剩余财产等权利。因此股票、股东、股份公司之间就具有了上述的密切联系。

【交易点拨】

投资不可以“盲人骑瞎马，夜半临深池”。对于投资者来说，了解股票与股份公司的关系是很重要的。

10. 哪些股票能够上市交易？

并不是所有公司都有资格发行股票，更不是所有的股票都有资格上市交易。不同的国家、不同的交易所，对股票上市交易要求的条件是不一样的，但一般包括以下几个方面。

（1）申请股票上市的公司的股本总额达到法定的标准。

（2）公司具备一定的盈利和抗风险能力。

（3）股权分散。

这几条规定是上市公司发行的股票能吸引投资者的关键因素。上市公司有较高的资本额，就有充足的资金进行生产和经营，反映出它有较强的经济实力和较大的发展潜力。公司能够盈利，投资者才有希望近期获得较高的股利收入，才对公司发行的股票感兴趣，股票才有价值。任何一种股票，有收益就有风险，但公司自有资本所占比重大，借入资本所占比重小，公司抗风险的能力就强，公司股票的风险就低，股东对债务的负担就小。股权分散，股票才便于流通，免于被少数股东垄断。

【交易点拨】

股票面前，人人平等。无论对于初入市的新手还是久经沙场的老手，市场都是按照自己的规律运行的。要想在这个市场长期稳定盈利，应该紧随市场，不要被自己的情绪牵着走。

11. 股票上市需要具备什么条件?

股票上市，指的是某种股票经过证券交易所批准，在交易所内挂牌买卖。这种经过批准、在交易所内注册的股票就是上市股票，发行股票的公司就是上市公司。在交易所内上市的证券除了股票以外，还有国债、地方政府债券、公司债等，但是股票的交易量最大，上市条件要求最严格，程序也最为复杂，因此证券市场也被泛称为股票市场。

目前，我国的股份有限公司要申请股票在上海和深圳交易所上市，必须具备下列条件。

（1）股票的公开发行经过国家证监会的审查批准。

（2）发行后的股本总额不少于人民币 3000 万元。

（3）公司有最近 3 年连续盈利的记录，原有企业改组设立股份有限公司的，原企业有最近 3 年连续盈利的记录，新设立的股份有限公司除外。

（4）持有面值人民币 1000 万元以上的个人股东人数不少于 1000 人。向社会公开发行的股份达公司股份总数的 25%以上；公司股本总额超过人民币 4 亿元的，其向社会公开发行股份的比例为 10%以上。

（5）公司在最近 3 年内无重大违法行为，财务会计报告无虚假记载。

（6）国家证监会规定的其他条件。

【交易点拨】

股票上市要求的条件多，并且非常严格，正因为这样，不少中长期投资者永远看好后市，不为风浪所动，结果逢凶化吉，屡战屡胜，甚至在股市流行起“炒不如买，买不如捂”的说法。

12. 什么是股东大会?

股东大会是公司的最高权力机关，它由全体股东参加，对公司重大事项进行决策，有权选任和解除董事，并对公司的经营管理有广泛的决定权。股东大会既是一种定期或临时举行的由全体股东出席的会议，又是一种非常设的由全体股东组成的公司制企业的最高权力机关，是股东作为企业财产所有者对企业行使财产管理权的组织。

凡是公开招股的股份公司，从它开始营业之日算起，一般规定在最短不少于一个月，最长不超过三个月的时期内举行一次公司全体股东大会。会议主要任务是审查公司董事在开会之前 14 天向公司各股东提出的法定报告。目的在于让所有股东了解和掌握公司的全部概况，以及进行重要业务是否具有牢固的基础。

股东大会行使下列职权。

（1）决定公司的经营方针和投资计划。

（2）选举和更换董事，决定有关董事的报酬。

（3）选举和更换由股东代表出任的监事，决定有关监事的报酬事项，审议批准董事会的报告。

（4）审议批准监事会的报告；审议批推公司的年度财务预算方案、决算方案。

（5）审议批准公司的利润分配方案和弥补亏损方案。

（6）对公司增加或者减少注册资本作出决议。

（7）对公司发行债券作出决议。

（8）对股东向股东以外的人转让出资作出决议(本项为有限责任公司股东会议特有的职权)。

（9）对公司合并、分立、解散和清算等事项作出决议。

（10）修改公司章程，以及公司章程规定需由股东大会决定的事项。

【交易点拨】

企业一切重大的人事任免和经营决策，一般都需要经过股东大会认可和批准方才有效，股东大会拥有最高的权力。

13．什么是董事会？

董事会是由董事组成的、对内掌管公司事务、对外代表公司的经营决策机构。

董事会是依照有关法律、行政法规和政策规定，按公司或企业章程设立并由全体董事组成的业务执行机关。董事会是股东大会或企业职工股东大会这一权力机关的业务执行机关，负责公司或企业业务经营活动的指挥与管理，对公司股东大会或企业股东大会负责并报告工作。股东大会或职工股东大会所作的有关公司或企业重大事项的决定，董事会必须执行。

股份公司成立以后，董事会就作为一个稳定的机构产生。董事会的成员可以按章程规定随时任免，但董事会本身不能撤销，也不能停止活动。

【交易点拨】

董事会是公司最重要的决策和管理机构，公司的事务和业务均在董事会的领导下，由董事会选出的董事长、常务董事具体执行。

14．什么是监事会？

监事会是由全体监事组成的、对公司业务活动及会计事务进行监督的机构。

为了保证公司正常有序地经营，保证公司决策正确和领导层正确执行公务，防止滥用职权，危及公司、股东及第三人的利益，各国都规定在公司中设立监事人或监事会。监事会是股东大会领导下的公司常设监察机构，执行监督职能。监事会与董事会并立，独立行使对董事会、总经理、高级职员及整个公司管理的监督权。为保证监事会和监事的独立性，监事不得兼任董事和经理。

【交易点拨】

监事会对股东大会负责，对公司的经营管理进行全面的监督，包括调查和审查公司的业务状况，检查各种财务情况，并向股东大会或董事会提供报告，对公司各级干部的行为实行监督，并对领导干部的任免提出建议，对公司的计划、决策及其实施进行监督等。

15．股票的价值有哪些？

对于初进股市的投资者来说，了解股票的价值是有必要的。

股票是虚拟资本的一种形式，它本身没有价值。从本质上讲，股票仅是一个拥有某一种所有权的凭证。股票之所以能够有价，是因为股票持有人即股东，不但可以参加股东大会，对股份公司的经营决策施加影响，还享有参与分红与派息的权利，获得相应的经济利益。

总的来说，股票的价值主要体现在每股权益比率和对公司成长的预期上。如果每股权益比率越高，那么相应的股票价值越高，反之越低。如果公司发展非常好，规模不断扩大，效益不断提高，能够不断分红，那么，股票价值就越高，反之越低。

一般来说，股票的价值涉及股票的票面价值、股票的账面价值、股票的清算价值、股票的内在价值、发行价及市价等六种概念。

（1）股票的票面价值。一般来讲，股票的票面总要标明票面金额，习惯上称为股票面值。票面价值以元/股为单位，其作用是用来表明每一张股票所包含的资本数额。在我国上海和深圳证券交易所流通的股票的面值均为壹元，即每股一元。

面值的初始意义在于保证股东在退股时能获得票面所标明的现金本金或与之相等的实物。如今股票面值几乎失去了这种意义，其作用演化为两个方面：一是代表股东持股后的所有权和表决权；二是代表一种红利分配权。一般来说，股票的发行价格都会高于其面值。当股票进入流通市场后，股票的面值就与股票价格没有什么关系了，股民爱将股价炒到多高，它就有多高。

（2）股票的账面价值。账面价值是指股票所含实际资产的价值，这是证券分析专家及其他行家用来分析股价的一个净值概念。其计算方法是把公司资产负债表上列出的净值，减去流通在外的优先股面值，再除以普通股的股份总数，所得就是股票的账面价值。股份公司的账面价值越高，则股东实际拥有的资产就越多。由于账面价值是财务统计的结果，数据较精确而且可信度很高，所以它是股票投资者评估和分析上市公司实力的重要依据之一，股民应注意这一数据。需要指出的是，股票价格一直处于变化之中，总是高于或低于其账面价值。

（3）股票的清算价值。清算价值是指一旦股份公司破产或倒闭后进行清算时，每股股票所代表的实际价值。除非是上市公司破产清算或者是解散，否则人们不会讨论到股票的清算价值，因为大多数资产只有在压价的情况下才可以出售，所以清算时每股的账面价值总大于清算价值。

（4）股票的内在价值。内在价值也是专家们进行投资分析时经常提起的一个概念。计算股票内在价值的方法是折现法。利用折现法计算股票内在价值，等于用某一折现率把公司未来达到的各期盈余，或股东未来的各期可以收到的现金折现后的面值。

（5）发行价。当股票上市发行时，上市公司从公司自身利益以及确保股票上市成功等角度出发，对上市的股票不按面值发行，而是制订一个较为合理的价格来发行，这个价格就称为股票的发行价。

（6）市价。股票的市价，是指股票在交易过程中交易双方达成的成交价，通常所指的股票价格就是指市价。股票的市价直接反映了股票市场的行情，是股民购买股票的依据。由于受众多因素的影响，股票的市价处于经常性的变化之中。股票价格是股票市场价值的集中体现，因此这一价格又称为股票行市。

【交易点拨】

股票价值是炒股必备知识的重要内容，投资者了解了股票价值，才知道购买什么样的股票。

16．新股发行价如何确定？

股票发行价格是股票发行计划中最基本、最重要的内容，关系到发行人与投资者的根本利益及股票上市后的表现。若发行价过低，难以满足发行人的筹资需求，甚至会损害原有股东的利益；发行价太高，会增大投资者的风险，增大承销机构的发行风险和发行难度，抑制投资者的认购热情，并影响股票上市后的表现。因此发行公司及承销商必须对公司的利润及其行业因素、二级市场的股价水平等因素进行综合考虑，然后确定合理的发行价格。

我国确定股票发行价格，有以下几种类别。

（1）面值发行。面值发行是指按股票的票面金额作为发行价格。采用股东分摊的发行方式时一般按平价发行，不受股票市场行情的左右。由于市价往往高于面额，因此以面额为发行价格，能够使认购者得到因价格差异而带来的收益，使股东乐于认购，又保证了股份公司顺利实现筹措股金的目的。不过以股票面额作为发行价格的发行方式，现在已经很少使用了。

（2）时价发行。时价发行是指不是以面额，而是以流通市场上的股票价格（即时价）为基础确定发行价格。这种价格一般都是时价高于票面额，二者的差价称为溢价，溢价带来的收益归股份公司所有。时价发行能使发行者以相对少的股份筹集到相对较多的资本，从而减轻负担，同时还可以稳定流通市场的股票时价，促进资金的合理配置。按时价发行，对投资者来说也未必吃亏，因为股票市场上行情变幻莫测，如果该公司将溢价收益用于改善经营，提高了公司和股东的收益，将使股票价格上涨；投资者若能掌握时机，适时按时价卖出股票，收回的现款会远高于购买金额。以股票流通市场上当时的价格为基准，但也不必完全一致。在具体决定价格时，还要考虑股票销售难易程度、对原有股票价格是否冲击、认购期间价格变动的可能性等因素，因此一般将发行价格定在低于时价 5%～10%的水平上是比较合理的。

（3）折价发行。折价发行是指发行价格不到票面金额，是打了折扣的。折价发行有两种情况：一种是优惠性的，通过折价使认购者分享权益。例如公司为了充分体现对现有股东的优惠而采取搭配增资方式时，新股票的发行价格就为票面价格的某一折扣，折价不足票面额的部分由公司的公积金抵补。现有股东所享受的优先购买和价格优惠权利就叫作优先购股权。若股东自己不享用此权利，可以将优先购股权转让出售。这种情况有时又称作优惠售价。另一种情况是该股票行情不佳，发行有一定困难，发行者与推销者共同议定一个折扣率，以吸引那些预测行情要上浮的投资者认购。由于各国规定发行价格不得低于票面额，因此这种折扣发行需经过许可方能实行。

（4）中间价发行。中间价发行是指股票的发行价格取票面金额和市场价格的中间值。这种价格通常在时价高于面额，公司需要增资但又需要照顾原有股东的情况下采用。中间价格发行对象一般为原股东。在时价和面额之间采取一个折中的价格发行，实际上是将差价收益一部分归原股东所有，一部分归公司所有，用于扩大经营。因此在进行股东分摊时要按比例配股，不改变原来的股东构成。

【交易点拨】

股价术语看似杂乱，其实不然，只要肯下工夫学习，很短时间就可运用自如。

第三节　股票的分类

17. 股票都有哪些种类？

作为一种有价证券，股票本身虽然没有价值，但是它可以为持有人带来股息收入。按照不同的标准，可以对股票进行各种不同的分类。

按照股东享有的权益和承担的风险不同，股票可以分为普通股和优先股；按照有无记名分为记名股票和无记名股票；按照有无票面金额分为面额股票和无面额股票；按照投资主体的不同情况，分为国际股、法人股（企业法人股）、个人股（自然人的散股）和外资股等。

【交易点拨】

股票尽管种类繁多，但物以稀为贵，人们追捧的永远是能赚钱的股票。股市奉行的就是这个原则。

18. 什么是蓝筹股和红筹股？

“蓝筹”一词源于西方赌场。在西方赌场中有两种颜色的筹码，其中蓝色筹码最值钱，红色筹码次之，白色筹码最差。投资者把这些行话套用到股票中，蓝筹股多指长期稳定增长的、大型的传统工业股及金融股。此类上市公司的特点是有着优良的业绩，收益稳定，股本规模大，红利优厚，股价走势稳健，市场形象良好。

在海外股票市场上，投资者把那些在其所属行业内占有重要支配性地位、业绩优良、成交活跃、红利优厚的大公司股票称为蓝筹股。美国通用汽车公司、埃克森石油公司和杜邦化学公司等股票，都属于“蓝筹股”。

蓝筹股并非一成不变，随着公司经营状况的改变及经济地位的升降，蓝筹股的排名也会随之变化。据美国著名的《福布斯》杂志统计，1917 年美国的 100 家最大公司中，目前只有 43 家公司股票仍在蓝筹股之列，而当初“最蓝”、行业最兴旺的铁路股票，如今完全丧失了入选蓝筹股的资格和实力。

红筹股这一概念诞生于 90 年代初期的香港股票市场。中华人民共和国在国际上有时被称为红色中国，相应地，香港和国际投资者把在境外注册、在香港上市的那些带有中国大陆概念的股票称为红筹股。

【交易点拨】

在香港股市中，最有名的蓝筹股当属全球最大商业银行之一的汇丰控股。中国内地股票市场虽然历史较短，但发展十分迅速，也逐渐出现了一批蓝筹股，如工商银行、中国石化、贵州茅台、民生银行、万科 A、深发展、五粮液、浦发银行、保利地产、山东黄金、大秦铁路等。

19．什么是概念股、业绩股和指标股？

中国股市还不完全成熟，存在炒作概念的现象。概念股是指具有某种特别内涵的股票，这一内涵通常会被当做一种选股和炒作的题材，成为股市的热点。例如金融股、地产股、资产重组股、券商股、奥运题材股、保险股、期货概念等，都称为概念股。

业绩股是与概念股相对而言的。业绩股需要公司有良好的业绩支撑，概念股则是依靠某一种题材支撑价格，比如资产重组概念，三通概念等。

说起指标股，不能不说到股票指数。股票指数虽说是代表整个市场走向的晴雨表，但往往只挑选了一些样本公司的股票进行计算。在计算指数时，其中的某只或某几只股票价格高，数量大，占的权重大，那这几只股票的价格变动对指数的最后计算结果影响就很大。总股本大的股票，占据整个股市全部股份的比重就大，个股每上涨几个百分点，对整个大盘指数的上涨就做出很大的贡献。假定其他全部股票都不涨不跌，只有一个指标股涨 10%，根据它的权重，就能使大盘上涨一个百分点。国企大盘股和部分早期在上海市场上市的 A 股，都是指标股。

指标股在股市中起着聚集市场人气、推动价格涨升的作用。因为指标股对指数变动带来的影响较大，它们的上涨很可能带动整体指数的上涨，给人一种整个市场都在上涨的印象。对于想影响人们对整个市场判断的主力或机构来说，操纵指标股显然是一种四两拨千斤的做法——只需要集中精力影响指标股，就能左右整个市场的走势。

上海证券交易所和深圳证券交易所的大盘指数计算方法不同，所以指标股的具体所指是有差别的。上海证券交易所的指数采用欧式算法，计算时以全部股本为对象，包括流通股本和非流通股本，所以总股本大的股票就是指标股；深圳证券交易所成分指数采用流通股本作权重，所以总股本大的股票，不一定对指数产生太大的影响，而需要看流通盘的大小。

【交易点拨】

指标股通常是机构青睐的对象，指标股股价一旦开始上涨，往往会有一段坚挺而持续的涨升行情，因而在指标股启动初期及时购进，通常能有不错的收获。

20. 什么是题材股？

顾名思义，题材股是有炒作题材的股票，这些题材可供炒作者借题发挥，引起市场大众跟风。例如能源供应紧张了，一些替代性的生产酒精或生产太阳能电池的企业股票就成为了炒作题材，称为“新能源题材股”。外资进入股市，又出现了“外资收购题材股”。上海自贸区成立了，立刻就出现了“自贸区题材股”。总之，一切可以引起市场兴趣的话题，都是炒作题材，该题材涉及的股票也就成了题材股。

题材股有以下几个基本特征。

（1）抽象朦胧：题材股起初往往是抽象、朦胧的，似明非明，吸引着股民们的关注。一旦完全看清了，这类题材股的炒作也就接近尾声了。

（2）给人极大的想象空间：给人以非常大的想象空间，对后市发展充满希望。

（3）阶段性、时效性强：题材股是一个阶段所发生的，时效性强，也即人们所说的“过期不候”，持续性弱。

（4）有反复性：有些题材具有反复性。

（5）主力、众人关注：能激发人气，利用人们的从众心理，引起大众跟风。

【交易点拨】

常被利用的炒作题材股大致有以下几类：（1）经营业绩好转，盈利状况改善的公司股票；（2）国家产业政策扶持，政府实行政策倾斜的公司股票；（3）将要或正在合资合作、股权转让的公司股票；（4）出现控股或收购等重大资产重组的公司股票；（5）增资配股或高送转分红的公司股票等。

21. 什么叫一线股、二线股和三线股？

根据股票市值的高低，可以直观地将股票分为一线股、二线股和三线股。

一线股通常指股票市场上市值较高的一类股票，这些股票业绩优良或具有良好的发展前景，估值领先于其他股票。大致上，一线股等同于绩优股和蓝筹股。一些高成长股，如我国证券市场上的一些高科技股，由于投资者对其发展前景充满憧憬，它们通常被看做是一线股。一线股享有良好的市场声誉，为机构投资者和广大中小投资者所熟知。

二线股是价格中等的股票。这类股票在市场上数量最多。二线股业绩参差不齐，但从整体上看，它们的业绩也同股价一样，在所有上市公司中居于中游。

三线股指价格低廉的股票。这些公司大多业绩不好，前景不妙，有的甚至已经到了亏损的境地。也有少数上市公司，因为发行量太大，或者身处夕阳行业，缺乏高速增长的可能，难以塑造出好的投资概念来吸引投资者。这些公司虽然业绩尚可，但股价却徘徊不前，也被投资者视为三线股。

【交易点拨】

从这里也可以看出，炒作一线股会有较高的安全性。

22．什么是原始股？

原始股是公司上市之前发行的股票。在中国证券市场上，原始股一向是盈利和发财的代名词，投资者若购得数百股，日后上市，股价涨至数十元，可发一笔小财；若购得数千股，可发一笔大财；若是资金实力雄厚，购得数万股、数十万股，日后上市，利润便是以数百万元计了。

原始股从总体上可划分为国有股、法人股与自然人股。

（1）国有股是国家持有的股份，目前法律对国有股上市有严格的规定。

（2）法人股是企业法人持有的股份，不经过转让不能直接上市流通。

（3）自然人股是一般个人持有的股份，一旦该股票上市就可以流通。

【交易点拨】

原始股的认购有完整的体系，不能进行私下交易。有一些人打着出售原始股的幌子欺骗投资者，投资者要仔细辨别。购买原始股时，要了解承销商是否拥有授权经销该原始股的资格，避免上当受骗。

23．什么是普通股和优先股？

普通股和优先股是股票的两种基本类型。普通股是公司最基本、数量最多的股份，普通股的股东也享有最为广泛的权利并承担最为广泛的义务。普通股的股息不固定，由董事会每年根据公司盈利情况决定。持有普通股的股东在优先股持有人之后，才享有利润分配权、资产分配权和股份转移权。

优先股是股份有限公司为某些获取优先持有特权的投资者精心设计出的一种股票，它比普通股具有某些特别权利，同时又有更多限制。

优先股具有以下几个特征。

（1）优先股的股息一般相对固定，无论公司经营好坏，其股息不变，且股息支付也优先于普通股。

（2）优先股一般不具有投票权，不参与公司的经营管理决策，除非公司需要讨论优先股有关权益时，优先股股东才有权参加股东大会，并享有投票权。

（3）优先股一般具有可赎回性质，发行此类股票的企业，在一定年限后可以按照一定价格将其赎回，必要时可平价赎回。

【交易点拨】

普通股和优先股只是持有人的权力不同。普通股和优先股名副其实，是形式和内容的统一。

24．什么是A股、B股、H股、N股和S股？

我国上市公司的股票有A股、B股、H股、N股和S股等的区分。这一区分主要依据的是股票的上市地点和所面对的投资者。

A股的正式名称是人民币普通股票。它是由我国境内的公司发行，供境内机构、组织或个人

（不含台港澳投资者）以人民币认购和交易的普通股股票。

B 股的正式名称是人民币特种股票，它是以人民币标明面值，以人民币认购和买卖，在境内（上海、深圳）证券交易所上市交易的股票。它的投资人限于：外国的自然人、法人和其他组织，香港、澳门、台湾地区的自然人、法人和其他组织，定居国外的中国公民，中国证监会规定的其他投资人。B 股公司的注册地和上市地都在境内。B 股开始上市时，投资者在境外或在中国香港、澳门及台湾，2001 年我国开放境内个人居民投资 B 股。

H 股，即注册地在内地、上市地在香港的外资股。香港的英文是 HongKong，取其字首，在港上市的外资股就叫做 H 股。以此类推，纽约的第一个英文字母是 N，新加坡的第一个英文字母是 S，在纽约和新加坡上市的股票就分别叫做 N 股和 S 股。

【交易点拨】

股票虽小，种类不少。无论何种股票，其本质是一样的，都是股份公司筹集资金发行的股票，是公司的一种融资渠道。

25．什么是 ST 股票？

我国沪深证券交易所 1998 年 4 月 22 日宣布，根据 1998 年实施的股票上市规定，对财务状况或其他状况出现异常的上市公司的股票交易进行特别处理，因“特别处理”的英文是 Special Treatment（缩写是 ST），因此这些股票就简称为 ST 股。股票名字加上 ST ，就是为了给投资者一个警告，警告该股票存在投资风险。如果加上*ST，那么就是该股票有退市风险，提醒投资者警惕。

财务状况或其他状况出现异常，主要是指两种情况：一是上市公司经审计连续两个会计年度的净利润均为负值，二是上市公司最近一个会计年度经审计的每股净资产低于股票面值。

在上市公司的股票交易被实行特别处理期间，其股票交易应遵循下列规则。

（1）股票报价日涨跌幅限制为 5%。

（2）股票名称改为原股票名前加“ST”，例如“ST 鞍钢”。

（3）上市公司的中期报告必须审计。

这里把特别警示的股票符号统一说明如下。

*ST——公司经营连续三年亏损，退市预警。

ST——公司经营连续两年亏损，特别处理。

S*ST——公司经营连续三年亏损，退市预警且还没有完成股改。

SST——公司经营连续两年亏损，特别处理且还没有完成股改。

S——还没有完成股改。

需要指出，特别处理并不是对上市公司的处罚，而只是对上市公司所处状况的一种客观揭示，其目的在于向投资者提示其市场风险，引导投资者进行理性投资。如果公司异常状况消除，就能恢复正常交易。

ST 个股在走势上具有以下几个特征。

（1）ST 个股的走势具有连续性，要涨连涨，要跌连跌，所以炒作时要设定好心理价位，以免被套。

（2）ST 个股的走势往往与大盘相反，大盘低迷的时候，正是 ST 个股进场的时候。

（3）ST 个股有鲶鱼效应，要涨通涨，要跌通跌，选择没有来得及反应的 ST 个股会有意外收获。

选择 ST 个股时要注意以下几个方面。

一是净资产为正数的，而且越大越好，因为净资产值为正值是 ST 股摘帽的首要前提之一。只要净资产值为正值，公司实现扭亏，便有机会“摘帽”。

二是主营业务经营正常并且逐渐好转的。如果公司声明经营状况基本走出困境，那么就算短时期内不能摘帽，也是迟早的事儿。

三是大股东有雄厚实力的。当自己的子公司处在退市边缘的时候，一般情况下大股东不会坐视不管，总会想出一些法子，如资产置换、输送利润等手段来促使上市公司扭亏为盈。

【交易点拨】

总的来说，炒作 ST 股比普通股风险大，但投资者对于特别处理的股票也要区别对待，具体问题具体分析。有些 ST 股主要是经营性亏损，那么在短期内很难通过加强管理扭亏为盈。有些 ST 股是由于特殊原因造成的亏损，或者有些 ST 股正在进行资产重组，是否具有投资价值，就需要注意观察了。

26. 什么是 PT 股票？

PT 是英文 Particular Transfer（特别转让）的缩写。依据《公司法》和《证券法》规定，上市公司出现连续三年亏损等情况，其股票将暂停上市。沪深交易所从 1999 年 7 月 9 日起对这类暂停上市的股票实施特别转让服务，并在其简称前冠以 PT，称之为 PT 股票。

PT 股的交易价格及竞价方式与正常交易股票有所不同。

（1）交易时间不同。PT 股只在每周五的开市时间内进行，一周只有一个交易日可以进行买卖。

（2）涨跌幅限制不同。根据规定，PT 股只有 5%的涨幅限制，没有跌幅限制，风险相应增大。

（3）撮合方式不同。正常股票交易是在每个交易日 9:15~9:25 之间进行集合竞价，集合竞价未成交的申报则进入 9:30 以后连续竞价排队成交。而 PT 股是交易所在周五 15:00 收市后一次性对当天所有有效申报委托以集合竞价方式进行撮合，产生唯一的成交价格，所有符合条件的委托申报均按此价格成交。

（4）PT 股作为一种特别转让服务，其交易并不是真正意义上的股票交易，因此股票不计入指数，转让信息只能在当地收盘行情中看到，投资者需引起注意。

【交易点拨】

投资 ST、PT 股票风险很大，刚入市的普通投资者最好别选择这类股票进行投资，但如果交易科学合理，能为投资者带来意想不到的收获。

第四节　股票市场

27．什么是股票市场？

股票是一种有价证券。有价证券除股票外，还包括政府债券、公司债券、不动产抵押债券等。股票交易只是有价证券交易的一个组成部分，股票市场也只是多种有价证券市场中的一种。目前很少有单一的股票市场，股票市场不过是证券市场中专营股票交易的地方。

股票市场是上市公司筹集资金的主要来源地。随着商品经济的发展，公司规模越来越大，需要大量的长期资本。如果单靠公司自身的资本积累，是很难满足生产发展需求的，所以必须从外部筹集资金。公司筹集长期资本一般有三种方式：一是向银行贷款；二是发行公司债券；三是发行股票。前两种方式的利息较高，并且有偿还时间限制，这不仅增加了公司的经营成本，而且使公司的资本运转难以稳定，因而有很大的局限性。利用发行股票的方式筹集资金，则无须还本付息，只需在利润中划拨一部分出来支付红利即可。

一般情况下，股票市场可以分为一级市场、二级市场、三级市场、场外交易市场（柜台交易）等类型。

一级市场也称为股票发行市场， 二级市场也称为股票交易市场。关于这两个市场，会在后文中详述。

三级市场是指原来在证交所上市的股票移到场外进行交易而形成的市场，换言之，第三市场交易是既在证交所上市又在场外市场交易的股票，以区别于一般含义的柜台交易。

场外交易市场是相对于证券交易所交易而言的，凡是在证券交易所之外的股票交易活动都可称作场外交易。由于这种交易起先主要是在各证券商的柜台上进行的，因而也称为柜台交易。

与证交所相比，场外交易市场没有固定的集中的场所，而是分散于各地，规模有大有小，由自营商来组织交易。场外交易市场无法实行公开竞价，其价格是通过商议达成的。场外交易比证交所上市所受的管制少，灵活方便。

【交易点拨】

无利不起早，发行股票对公司来说无疑是最有利的，也是最符合经济原则的，由此催生了股票市场的不断发展与壮大。

28．股票市场由哪几部分组成？

平常我们说的“股市”，实际是股票市场的简称。股票是通过股票市场发行，在二级市场上进行交易的，因此一个完整的股票市场最少包括两个部分：发行市场与交易市场。

发行市场的作用在于提供股票，发行市场中有以下几个重要角色。

（1）发行股票的公司。公司为了筹措资金，发行一定的股份和股份证书，交由出资人（购买股票者），以作为对发行公司拥有权益的凭证。

（2）承销股票的证券承销商。除了国家设立有关投资公司作为专门的证券承销商外，众多银行金融机构的储蓄部或信托部也兼营。公司发行的股票，不能自己直接使其上市，而是要通过证券承销商。证券承销商以代销或包销的方式销售股票，以达到股权分散的目的。

（3）股东或股票申购者。原始股东缴纳股本，从发行公司领取股票；申购股票者按照股票承销办法，申购刚发行还未转手的新股票。

二级市场的作用是对股票进行买卖，除了从事股票交易的买方和卖方外，二级市场中还有如下两个角色。

（1）证券交易所。证券交易所就是投资者常说的证交所，它提供交易的场地及设备，但只容纳证券商进行交易，一般投资者是不能直接在交易所买卖股票的。

（2）证券商。证券商又分为证券自营商、证券经纪商两种。证券自营商可自行买卖股票，证券经纪商只能代理证券买卖业务。

从上可知，构成股票市场的组成要素有股票发行者、股票投资者和股票承销者。股票的发行者是发行股票筹集资金的企业或部门，是原始股票的供应者。具有股票发行资格的主体包括已经成立的股份有限公司和经批准成立的股份有限公司。股票承销商是按承销合同，为发行者包销或代销股票的股票经营机构，主要由证券公司、商业银行、投资银行等组成，它是股票发行者和投资者之间的中间人，是发行市场的枢纽。

【交易点拨】

股票市场为有钱的人赢得经验，为贫穷的人赢得财富。“赢也爱你，输也爱你。”话虽悲壮，却说出了股票市场的特性。

29. 什么是股票一级市场？

股票一级市场指股票发行市场，是股票发行者为扩大经营，按照一定的法律规定和发行程序，向投资者出售新股票所形成的市场，也指发行股票从规划到销售的全过程。新公司的成立，老公司增资或举债，都要通过发行市场，都要借助于发行、销售股票来筹集资金，使资金从供给者手中转入到需求者手中。

股票发行市场的特点：一是无固定场所，可以在投资银行、信托投资公司和证券公司等处发行，也可以在市场上公开出售新股票；二是没有统一的发行时间，由股票发行者根据资金的需要和市场行情自行决定发行时间。

股票一级市场由三个主体要素相互联结而成，这三者就是股票发行者、股票承销商和股票投资者。发行者的股票发行规模和投资者的实际投资能力，决定着发行市场的股票容量和发达程度；同时，为了确保股票发行的顺利进行，使发行者和投资者都能顺利达到自己的目的，往往需要市场中介参与其中，代表发行者发行股票，并向发行者收取手续费用，这就是证券承销商。

【交易点拨】

发行市场以承销商为中心，承销商一手联系发行者，一手联系投资者，由此开展股票发行活动。一级市场能够把储蓄转化为投资，从而创造出新的实际资产和金融资产，增加社会总资本和生产能力，促进社会经济的发展。

30．什么是股票二级市场？

股票二级市场是指股票交易市场，即股票经过发行市场发行后，投资者不断对股票进行买卖交易产生的股票流通市场。

股票流通市场是已经发行的股票按市价进行转让、买卖和流通的市场，包括场内交易市场和场外交易市场两部分。由于股票流通市场是建立在股票发行市场基础上的，因此股票流通市场又称作二级市场。

股票二级市场是已发行股票进行买卖交易的场所，已发行的股票一经上市，就进入二级市场。

二级市场有以下主要功能。

（1）促进短期闲散资金转化为长期建设资金。

（2）调节资金供求，引导资金流向，是沟通储蓄与投资的融通渠道。

（3）二级市场的股东变动能反映出整个社会的经济情况，有助于提高劳动生产率，促进新兴产业的兴起。

（4）维持股票的合理价格，保护买卖双方的利益。

【交易点拨】

二级市场的最大特点，是投资人根据市场供需情况的判断和需要买进和卖出股票，其交易价格由买卖双方来决定，投资人在同一天中买入股票的价格有可能是不同的。

第五节　股票投资者

31．什么是股民？

股民是一种俗称，指经常活跃在股市进行股票买卖、赚取股票差价的群体。股民和股东的差别是：股东相对比较固定，而股民流动性很强。

【交易点拨】

炒股炒成了股东，意思是某股民买了股票后被套，由此停止了频繁的交易，由股民变为股东。

32．炒股人群由哪些人组成？

从知识及能力的角度看，股票市场上较为多见的有以下几类人。

一是股票行家。这些人被称为股票市场上的“老手”，具有较高的分析股市行情的技术和能力，他们不因行情便宜就下手买进，行情跌到底了也不一定买入。有时可能在景气好转或股价上升突破时积极追进，但都是在较有把握获得盈利时操作。这种人操作时有目标、有方向、有策略，获利也较为容易。虽然有时他们也会因为判断失误而遭受亏损，但基本上不会赔大钱。

二是既非股票专家，亦非投资外行人。这些人不具有股票行家所具有的高超能力和水平，他们大多将股票投资收益和银行存款利率相比较，如果觉得买入股票的收益比银行存款利息高，就会买进股票，以待将来市场好转时出售；相反，如果觉得股票投资收益比银行利息低，便卖出观望。这种人较少在市场上买进卖出，对于短期涨跌起伏亦不在意。对于复杂的行情分析，他们大多人根本看不懂，但由于交易非常慎重，长期做下去，大多数人亦能获利。

三是散兵游勇式的零星客户。这些人对股票似懂非懂，纯粹是因为看了新闻报道或听到一些小道消息而买卖股票。他们对股票少有研究，亦缺乏明确的买卖目标，稍微赚点钱便沾沾自喜，长期下来却亏损累累，买天价、卖地价是经常出现的事情。

【交易点拨】

从股民的三种群体分类，可以看出哪类人能够在股市长期生存下去。可以对号入座看一下，看看你属于哪一类？

33．什么是机构投资者？

在股票市场上，凡是出资购买股票的个人或机构，统称为股票投资者。也就是说，股票的持有者包括个人投资者和机构投资者两种。在证券市场发展初期，市场参与者主要是个人投资者，即以自然人身份从事股票买卖的人。一般的股民就是以自然人身份从事股票买卖的，因此被称为个人投资者。

从广义上讲，机构投资者是指自有资金或者从分散的公众手中筹集资金专门进行有价证券投资活动的法人机构。在西方国家，以有价证券收益为其主要收入来源的证券公司、投资公司、保险公司、福利基金、养老基金及金融财团等，都称为机构投资者。其中最典型的机构投资者是专门从事有价证券投资的公共基金。在中国，机构投资者目前主要是具有证券自营资格的证券自营机构，符合国家有关政策法规的各类投资基金等。

【交易点拨】

机构投资者一般指的是金融行业的法人投资者，它们的资金量比较大，在市场上有一定的影响力。机构投资者中的“机构”不可与政府行政部门的“机构”混为一谈。

34．机构投资者有什么特点？

与个人投资者相比，机构投资者具有以下几个特点。

（1）投资管理专业化。机构投资者一般具有较为雄厚的资金实力，在投资决策运作、信息搜集分析、上市公司研究、投资理财方式等方面都设立有专门的部门，由证券投资专家进行管理。1997年以来，国内的主要证券经营机构都先后成立了证券研究所。个人投资者由于资金有限且高度分散，同时绝大部分都是小户投资者，缺乏足够的时间去搜集信息、分析行情、判断走势，也缺少足够的数据资料去分析上市公司经营情况，因此从理论上讲，机构投资者的投资行为相对理性化，投资规模相对较大，投资周期也相对较长。

（2）投资结构组合化。证券市场是一个风险较高的市场，机构投资者入市资金越多，承受的风险就越大。为了尽可能降低风险，机构投资者在投资过程中会进行合理的投资组合。机构投资者庞大的资金、专业化的管理能力和多方位的市场研究，也为建立有效的投资组合提供了可能。个人投资者由于自身条件所限，难以进行投资组合，相对来说，承担的风险也较高。

（3）投资行为规范化。机构投资者是一个具有独立法人地位的经济实体，投资行为受到多方面的监管，相对来说也就较为规范。一方面，为了保证证券交易的“公开、公平、公正”原则，维护社会稳定，保障资金安全，国家和政府制定了一系列的法律法规来规范和监督机构投资者的投资行为。另一方面，投资机构本身通过自律管理，从各个方面规范自身的投资行为，保护客户的利益，维护自己在社会上的信誉。

【交易点拨】

在过去的十几年中，以养老基金、共同基金以及保险基金等为代表的机构投资者，在资本市场中获得了迅猛的发展。这些机构投资者发展背后的依托是其成熟的投资理念、熟练的投资技巧与专业的研究分析。它们的很多理念和做法，值得中小投资者学习和借鉴。

35．什么是战略投资者？

战略投资者没有统一、权威的定义，战略投资者一般是指符合国家法律、法规规定的要求，与发行人具有合作关系或合作意向、合作潜力，并愿意按照发行人配售要求与发行人签署战略投资配售协议的法人，是与发行公司业务联系紧密且欲长期持有发行公司股票的法人。

我国在新股发行中引入战略投资者，允许战略投资者在发行人发行新股时参与申购。主承销商负责确定一般法人投资者，每一发行人都在股票发行公告中给予其战略投资者一个明确细化的界定。

具体来讲，战略投资者就是指具有资金、技术、管理、市场、人才优势，能够促进产业结构升级，增强企业核心竞争力和创新能力，拓展企业产品市场占有率，致力于长期投资合作，以求获得长期利益回报和企业可持续发展能力的境内外大企业、大集团。

一般来说，战略投资者必须具有较好的资质条件，有比较雄厚的资金、核心的技术、现金的管理等，有较好的实业基础和较强的投资能力。同时，战略投资者不仅能带来大量资金，更能带来先进的技术和管理，能促进产品结构、产业结构的调整升级，并致力于长期投资合作，谋求长远利益回报。

【交易点拨】

确认战略投资者，要具体情况具体分析，不能仅认为国际500强、国内500强才是战略投资者。有资金、有技术、有市场，能够增强企业竞争力和创新能力，已经形成产业集群的公司，都是战略投资者。

36．什么是合格境外机构投资者（QFII）？

QFII 是一个英文缩写词，中文意思是“合格境外机构投资者”。QFII 制度是指允许经核准的境外机构投资者，在有关规定和限制下汇入一定额度的外汇资金，并转换为当地货币，通过严格监管的专门账户投资当地证券市场，其投资收益等经审核后可转换为外汇汇出的一种市场开放模式。

QFII 制度 1990 年发源于中国台湾。当时实行这一形式的目的，在于解决资本项目管制条件下向外资开放本土证券市场的问题。这一制度在台湾收效良好，其后成为许多新兴市场国家采取的一种重要制度。

QFII 限制的内容主要有资格条件、投资登记、投资额度、投资方向、投资范围、资金的汇入和汇出限制等。在中国，引入 QFII 机制的目的是吸引境外有资格的机构投资者来中国资本市场投资，更直接的目的是为中国资本市场带来大量新增的境外资金，这无疑能为中国资本市场注入新鲜血液，给市场带来活力。

我国证券市场经过 20 多年的发展，整体规模、功能和效率大大提升，已经成为亚太地区最大同时也是最有活力的证券市场之一。目前我国证券市场中的机构投资者比重远远低于境外成熟市场，这严重制约了我国证券市场融资功能的发挥。从这个角度来看，引入 QFII 制度具有积极的意义。

【交易点拨】

QFII 制度是一种有限度地引进外资、开放资本市场的过渡性制度。由于我国的货币还没有实现完全可自由兑换，资本项目尚未完全对外开放，外资大量介入有可能对我国证券市场带来较大冲击。通过 QFII 制度，管理层可以对外资进入进行必要的限制和引导，抑制境外投机性游资对我国经济的冲击，促进资本市场健康发展。

37. 什么是合格境内机构投资者（QDII）？

QDII 也是一个英文缩写词，中文意思是“合格境内机构投资者”。根据证监会的定义：在资本没有完全开放的情况下，境内符合相关规定的一些机构可以投资于境外，这一制度称为 QDII 制度。从资金的流向来看，QFII 是境外资金进入我国境内市场进行证券投资，QDII 是境内的合格机构通过募集资金投资于境外市场，资金流向一个是进，一个是出，这是它们之间最明显的区别。

QDII 是在尚未全面放开个人境外投资时产生的投资工具。目前市场中推出的主要是银行和基金公司的 QDII 产品。按照目前的规定，银行系 QDII 可投资境外股票等权益类产品，但投资于股票的资金不得超过单个理财产品总资产净值的 50%，因此银行系 QDII 总体上属于风险比较低、收益也比较低的稳健型产品。

QDII 的产生背景，让我们知道它的投资价值和风险系数。而各机构 QDII 的比较，则可以帮助投资者分析风险收益，进而与自己的投资目的、预期收益和风险承受能力相匹配，以便更好地选择 QDII 产品。比如为筹集养老金且短期没有大量资金需求的投资者，适合购买银行系的 QDII 产品；而追求超额收益、对风险有一定承受能力的成长型投资者，则可以选择基金系 QDII 产品。

【交易点拨】

巴菲特告诉我们，投资股票犹如选择爱人。同样，选择投资工具也需要我们认真分析，了解其产品特性，不断补充相关信息，以达到足够的认知程度，发挥其投资价值，在众多投资产品中选出最适合自己的产品进行投资。

38. 为什么说中国股市是“消息市”？

我国股市过去一直被称为消息市、政策市，靠消息决定投资去向的人很多，凭技术分析方法研究股市的人较少，因此消息对市场走势的影响很大，不论对大盘走势，还是对个股股价变动，都是一样的。各种消息对上市公司股价的走势影响举足轻重，就连一些股市专家对某只股票今后的趋势预测，同样也经常引用各种来源广泛的消息作依据。

凭着不实的所谓“内部消息”而兴起大牛的股市，是不健康、不正常的股市；因为小道消息满天飞而萧条冷落的股市，也是让人不忍心看到的。但不管如何，消息在一定程度上影响着股市走势和部分上市公司的业绩。我们在判断股市趋势时，一定要慎重而又认真地把这些因素考虑进去，还要把各种非技术原因揉进去，一并研究，综合评判。

【交易点拨】

对于来路不明的消息，宁可信其无，不可信其有。

39. 股市中的“主力”是什么意思？

主力是从赌博中引进的概念，在股市上，主力是指能影响某一股票行情的大户投资者。具备通吃通赔的资金量与散户赌博者，称之为庄家。

主力和散户是一个相对的概念。主力也是股东，通常是指持有大量流通股的股东。主力坐庄某股票，通常占有 50%以上的发行量，可以影响甚至控制它在二级市场的价格。股权比较分散时，主力控制量不一定达到 50%，一般 30%即可控盘。

主力是以散户为对手、以盈利为唯一目的的赌徒，一心梦想着在股市上通吃，外表看似公平，实际非常狡猾和贪婪，不遵守炒股的基本规则，擅长使用阴谋诡计。有人称主力是股市上的“魔术师”，也有人称之为“强盗、大骗子和魔鬼”。

【交易点拨】

股市中的主力与赌场中的主力虽有所区别，但股市中的主力基本上具备了赌场中主力所有的特征。

40. 什么是“老鼠仓”？

老鼠仓是指主力在用公有资金拉升股价之前，先让自己个人（机构负责人、操盘手及其亲属或关系户）的资金在低位建仓，待用公有资金把股价拉升到高位后，个人仓位率先卖出获利，当然最后亏损的是公有资金。

“无庄不成股”，这是中国股市中的消极因素，而老鼠仓就存在于这些大大小小的庄股当中。券商是庄股中的主力队员，有些券商利用自身具有融资能力的天然优势，从社会各方面融入大量资金坐庄。股价拉升到高位后，大量底部埋仓的老鼠仓蜂拥出货，券商又在高位接盘。这样的结果就是券商亏损累累，老鼠仓赚个钵满盆满，这就是当今券商被掏空的主要原因。

【交易点拨】

其实老鼠仓就是财富转移的一种方式，是券商中某些人化公有资金为私人资金的一种方式，本质上与贪污、盗窃没有区别。投资者应该对此保持高度警惕。

第六节 股票的发行与购买

41. 我国有哪些证券交易所？

我国的证券交易所有两个，分别在上海与深圳。

上海证券交易所是我国目前最大的证券交易所，成立于1990年11月26日，注册人民币1000万元。深圳证券交易所是我国第二家证券交易所，筹建于1989年，于1991年7月经中国人民银行批准正式营业。这两个交易所开业以来，不断改进市场运作，逐步实现了交易的电脑化、网络化及股票买卖的无纸化操作。目前，这两个交易所上市的证券品种有A股、B股、国债、企业证券、权证、基金等。

上海证券交易所和深圳证券交易所按照国家通行的会员制方式组成，是非盈利性的事业单位。其业务范围包括以下几个方面。

（1）组织并管理上市证券。

（2）提供证券集中交易的场所。

（3）办理上市证券的清算与交割。

（4）提供上市证券市场信息。

（5）办理中国人民银行许可或委托的其他业务。

证券交易所的业务宗旨是：完善证券交易制度，加强证券市场管理，促进中国证券市场的发展与繁荣，维护国家、企业和社会公众的合法权益。

上海证券交易所和深圳证券交易所由会员、理事会、总经理和监事会四个部分组成。会员是经审核批准且具备一定条件的法人，它们都享有平等的权利，有权参加会员大会，对交易所的理事和监事有选举权和被选举权，对交易所的事务有提议权和表决权。会员大会是证券交易所的最高权力机关，每年召开一次。理事会为证券交易所会员大会的日常事务决策机构，向会员大会负责。总经理为交易所的法定代表人，由理事会提名并报主管机关批准。

总经理的职责是组织实施会员大会和理事会的决议并向其报告工作；主持本所日常业务和行政工作；聘任本所部门负责人；代表本所对外处理有关事务。

证券交易所还设有监事会，负责本所财务、业务工作的监督，并向会员大会负责。

【交易点拨】

有关证券交易所的情况，是投资者需要了解和掌握的基本常识。

42．买卖股票为什么要找券商？

股票的交易程序一般包括开户、委托买卖、成交、清算及交割、过户等几个过程。一般客户是不能直接进入证券交易所进行场内交易的，而是要委托证券商代为买卖。客户的委托买卖，即投资者委托证券商在场内进行股票买卖交易，是证券交易所交易的基本方式。

证券商接受客户委托代理买卖股票的主要规定有：证券商必须经证券主管机关批准方可在证券交易市场经营经纪业务；代理证券商受理委托买卖股票，限于其公司本部营业机构和分支机构以及经证券主管机关批准的股票交易业务代理机构。代表证券商受理买卖股票的，必须是在证券交易所注册登记的出市代表。

【交易点拨】

由于股票交易所只对会员证券商开放，所有的股票买卖都发生在证券商之间，所以普通股民要想参与股票交易，必须选定证券商，让其驻场交易员代为进行。

43．怎样选择优秀的券商？

要想买卖股票，首先要选择一家信誉可靠，同时又能提供优质服务的证券公司作为经纪人。投资者选择证券公司一般要考虑以下几个方面。

（1）该证券公司应取得证券交易所的席位。只有取得证券交易所席位的证券公司，才能派人员进入证券交易所从事股票买卖。不然的话，证券公司只能再委托其他获得席位的经纪人代理买卖，如果是这样的话，将会徒然增加委托买卖的中间环节，增加投资者买卖股票的费用。

（2）必须是信誉可靠的证券公司。这对于投资者来说是非常重要的事情，因为投资者本人不能进入证券交易所从事股票买卖。同样的，他也不能全面了解有关股票交易的有关信息。

（3）投资者在选择证券公司时，还应考虑该公司的业务状况是否良好，工作人员的办事效率是否很高，证券公司的交易设施是否完备、先进，收费是否合理等多个方面。

【交易点拨】

选择证券商非常重要。在变化无常的证券市场上从事股票交易，选择一个信誉可靠的证券公司作为经纪人，毫无疑问是保证证券资产安全，进而能够踏实盈利的重要前提。

44．股票发行有哪些程序？

股票的发行要经过一定的程序。一个股份有限公司要想发行股票，其具体的步骤如下。

第一步，股份有限公司通过其董事会作出新股发行的决议，并做好一系列新股发行的准备工作，如起草申请工作中所需的各种资料和文件，委托资产评估机构或会计事务所对公司资产的真实价值进行评估。

第二步，依据法律规定向有关部门提出发行股票的正式申请。审批部门批准后，便进入下面的环节。

第三步，股份有限公司同投资机构、证券公司等股票经营机构签署承销协议。

第四步，股份公司在获取批准发行股票后，在一定的时间期限内，应当公布招股说明书。

第五步，在前面的准备工作完成以后，则进入招认股份阶段。具体操作程序为：原有股东优先认购，公司有关人员优先认购，公众认购。

第六步，随着新股的发行，公司原有股份结构发生了变化，等到公司股份募集结束后，应该尽快召开股东大会改选董事、监事。

【交易点拨】

程序是人定的，主意是自己拿的。相信自己，甚至独立独行，会有意外收获。

45．股票发行有哪几种方式？

目前国内股票发行方式主要有股东优先认购、定向募集和公开发行三种。股东优先认购是原有股东按照一定比例优先认购的股票发行方式。

定向募集是采取定向募集方式设立的公司，发行的股票除了发起人认购以外，其余不向社会公开发行，而是主要向其他法人发行部分股份，经批准也可以向公司内部职工发行部分股份的发行方式。

公开发行则是指股份有限公司通过发行中介机构，公开向社会发行股票，法人、个人等都可以认购的发行方式。

【交易点拨】

部分违法分子打着“原始股”的幌子招摇撞骗，千万不要被“原始股”的发财梦忽悠了。

46．什么是首次公开发行股票（IPO）？

IPO（Initial Public Offerings）就是“首次公开发行股票”的意思。首次公开招股是指一家企业第一次将它的股份向公众出售。通常来说，上市公司的股份是根据其出具的招股说明书或登记声明中约定的条款，通过经纪商或做市商进行销售。一般来说，一旦首次公开发行完成，这家公司就可以申请到证券交易所或报价系统挂牌交易。

【交易点拨】

IPO新股定价过程分为两部分，首先是通过合理的估值模型，估计上市公司的理论价值。其次是通过选择合适的发行方式来体现市场的供求，并最终确定价格。

47．什么是公募发行与私募发行？

公募发行指发行人通过中介机构向社会公众公开发售证券。在公募发行情况下，所有合法的社会投资者都可以参加认购，包括个人投资者、机构投资者、证券投资基金等。

为了保障广大投资者的利益，各国对公募发行都有严格的要求，如发行人要有较高的信用，符合证券主管部门规定的各项发行条件，经批准后方可发行。在我国，公募发行需符合《证券法》、《公司法》的有关规定。

私募又称不公开发行或内部发行，是指面向少数特定投资人发行证券的方式。私募发行的对象大致有两类：一类是个人投资者，例如公司老股东或发行人机构自己的员工，俗称“内部职工股”；另一类是机构投资者，如大的金融机构或与发行人有密切往来关系的企业等。私募发行有确定的投资人，发行手续简单，可以节省发行时间和费用。私募发行的不足之处是投资者数量有限，流通性较差，而且也不利于提高发行人的社会信誉。

【交易点拨】

公募发行与私募发行所需的条件不同。目前，我国境内上市外资股（B 股）的发行几乎全部采用私募方式进行。

48. 什么是平价发行与折价发行？

平价发行也称为等额发行或面额发行，是指发行人以票面金额作为发行价格。如某公司股票面额为 1 元，如果采用平价发行方式，那么该公司发行股票时的售价也是 1 元。由于股票上市后的交易价格通常要高于面额，因此绝大多数投资者都乐于认购。我国最初发行股票时，就采用过平价发行方式。如 1987 年深圳发展银行发行股票时，每股面额为 20 元，发行价也为每股 20 元，即为平价发行。

折价发行是指以低于面额的价格出售新股，即按面额打一定折扣后发行股票，折扣的大小主要取决于发行公司的业绩和承销商的销售能力。如某种股票的面额为 1 元，如果发行公司与承销商之间达成的协议折扣率为 95%，那么该股票的发行价格为每股 0.95 元。

【交易点拨】

折价发行方式简单易行，但其主要缺陷是发行人筹集资金量较少，多在证券市场不发达的国家和地区采用。

49. 什么是上网发行股票？

上网发行是指投资者通过证券交易所电脑交易网络系统进行股票发行的方式。上网发行又分为上网竞价发行和上网定价发行。

上网竞价发行是指投资者通过证券交易所电脑交易网络系统进行竞价，确定股票实际发行价并成交的发行方式。竞价发行的具体办法与二级市场的股票买卖方式差不多，但是也有一些具体的差别。

竞价发行具有很多优点，在很大程度上解决了其他发行方式产生的问题。竞价发行由于采用计算机无纸化发行，节约了人力物力。由于竞价发行是通过股票交易所遍布全国各地的计算机网络发行，因此解决了散户购买股票的困难，体现了机会平等，也解决了现金大量搬运的问题。竞价发行极大地降低了投资者的认购成本，提高了发行效率。从实践情况看，竞价发行方法存在的主要问题是竞价发行股票有可能被与发行方有利益关系的机构操纵。

上网定价发行也是通过股票交易所交易网络系统发行股票的一种方式。与竞价发行不同的是，上网定价发行不是由股票的购买者通过集合竞价的方式决定股票的发行价格，而是在上网发行之前，由上市公司与承销商来确定股票的发行价格。

【交易点拨】

上网定价发行与竞价发行的区别在于一个是事先人为确定股票价格，一个是由市场竞争决定股票的价格。此外，上网定价发行在投资者认购股票时，往往需要按比例分配或经摇号抽签的办法确定中签数量。在其他方面，两者是完全一致的。

50．新股网上竞价发行程序有哪些？

（1）新股竞价发行，须由主承销商持中国证监会的批复文件向证券交易所提出申请，经审核后组织实施。发行人至少应在竞价实施前2～5个工作日在中国证监会指定的报刊及当地报刊上按规定要求公布招股说明书及发行公告。

（2）除法律、法规明确禁止买卖股票者外，凡持有证券交易所股票账户的个人或者机构投资者，均可参与新股竞买。尚未办理股票账户的投资者，可通过交易所证券登记结算机构及各地登记代理机构预先办理登记，开立股票账户，并在委托竞价申购前在经批准开办股票交易业务的证券营业部存入足够的申购资金。

（3）投资者在规定的竞价发行日营业时间办理新股竞价申购的委托买入，其办法类似普通的股票委托买入办法。申购价格不得低于公司确定的发行底价，申购数量不得超过发行公告中规定的限额，且每一股票账户只能申报一次。

（4）新股竞价发行申报时，主承销商为唯一的卖方，其申报数为新股实际发行数，卖出价格为发行底价。

（5）新股竞价发行的成交（即认购确定）原则为集合竞价方式。即对买入申报按价格优先、同价位时间优先原则排列。当某申报买入价位以上的累计有效申购量达到申报卖出数量（即新股实际发行数）时，此价位即为发行价。当该申报价位的买入申报不能全部满足时，按时间优先原则成交。累计有效申报数量未达到新股实际发行数量时，则所有有效申报均按发行底价成交。申报认购的余数，按主承销商与发行人订立的承销协议中的规定处理。

（6）电脑主机撮合成交产生实际发行价格后，即刻通过行情传输系统向社会公布，并即时向各证券营业部发送成交（认购）回报数据。

（7）新股竞价发行结束后的资金交收，纳入日常清算交割系统，由交易所证券登记结算机构将认购款项从各证券公司的清算账户划入主承销商的清算账户；同时，各证券营业部根据成交回报打印"成交过户交割凭单"，同投资者（认购者）办理交割手续。

（8）竞价发行完成后的新股股权登记，由电脑主机在竞价结束后自动完成，并由交易所证券登记结算机构以软盘形式交与主承销商和发行人。投资者如有疑义，可持有效证件及有关单据向证券登记结算机构及其代理机构查询。

（9）采用新股竞价发行，投资人仅按规定交付委托手续费，不必支付佣金、过户费、印花税等其他任何费用。

（10）参与新股竞价发行的证券营业部，可按实际成交（认购额）的3.5‰的比例向主承销商收取承销手续费，由交易所证券登记结算机构每日负责拨付。

【交易点拨】

投资者需注意的是，目前网上定价发行的具体处理原则为：有效申购总量等于该次股票发行量时，投资者按其有效申购量认购股票。当有效申购总量大于该次股票发行量时，由证券交易所主机自动按每1000股确定一个申报号，连续排号，然后通过摇号抽签，每一中签号认购1000股。

51．什么是股票承销？

当发行人通过股票市场筹集资金时，要聘请股票承销商来帮助它销售股票。股票承销商借助自己在股票市场上的信誉和营业网点，在规定的发行有效期限内将股票销售出去，这一过程称为股票承销，它是股票承销商的基本职能之一。

根据股票承销商在承销过程中承担的责任和风险的不同，承销又可分为代销和包销两种形式。

代销是指股票发行人委托承担承销业务的股票承销商代向投资者销售股票。承销商按照规定的发行条件，在约定的期限内尽力推销，到销售截止日期，股票如果没有全部售出，那么未售部分仍然还给发行人，承销商不承担任何发行风险。

包销是指发行人与承销商签订合同，由承销商买下全部或销售剩余部分的股票，承担全部销售风险。对发行人来说，包销不必承担股票销售不出去的风险，而且可以迅速筹集资金。与代销相比，包销的成本相对较高。

在实际操作中，包销有全额包销和余额包销之分。全额包销是指发行人与承销商签订承购合同，由承销商按一定价格买下全部股票，并按合同规定的时间将价款一次付给发行人，然后承销商以略高的价格向社会公众出售。

余额包销是指发行人委托承销商在约定期限内发行股票，到销售截止日期，未售出的余额由承销商按协议价格认购。余额包销实际上是先代理发行，后全额包销，是代销和全额包销的结合。

【交易点拨】

根据《公司法》规定，股份有限公司向社会公开发行新股，应当由依法设立的证券经营机构承销，签订承销协议。承销协议中应当载明承销方式。承销期满，尚未售出的股票按照承销协议约定的包销或者代销方式分别处理。

52．股票包销与代销有何区别？

股票在上市发行前，上市公司与股票的代理发行证券商签订代理发行合同，确定股票发行的方式，明确各方面的责任。如上所述，股票代理发行的方式按发行承担的风险不同，分为包销发行方式和代销发行方式两种，两者有着明显不同。

包销发行是由代理股票发行的证券商一次性将上市公司新发行的全部或部分股票承购下来，并垫支相当于股票发行价格的全部资本。由于金融机构一般都有较雄厚的资金，可以预先垫支，以满足上市公司急需大量资金的需要，所以上市公司一般都愿意将其新发行的股票一次性转让给证券商包销。如果上市公司股票发行的数量太大，一家证券公司包销有困难，还可以由几家证券公司联合起来包销。

代销发行是由上市公司自己发行，中间只委托证券公司代为推销，证券公司代销证券只向上市公司收取一定的代理手续费。

股票上市的包销发行方式，虽然上市公司能够在短期内筹集到大量资金，以应付资金方面的急需。但包销出去的证券，证券承销商都只按股票的一级发行价或更低的价格收购，这不免使上市公司丧失了部分应有的收益。对于上市公司来说，代销发行方式虽然相对包销发行方式能够获得更多的资金，但整个筹款时间可能很长，从而不能使上市公司及时得到自己所需的资金。

【交易点拨】

投资者在考察一家准备上市的公司时，看一看并分析一下它的发行方式是包销还是代销，有时也能看出一些比上市公司公告书更深一层的信息。

第七节 股票的分红与配股

53．上市公司怎样分配利润？

为了反映上市公司利润的分配及未分配情况，公司应该在年终编制利润分配表，并公开对外报告。按照现制度规定，公司实现的利润应按一定的顺序分配，这一分配顺序要求在上一顺序的项目未分配以前，不得进行下一项目的分配。

公司税前利润的分配顺序如下。

第一步，缴纳被没收的财物、滞纳金和罚款。

第二步，弥补以前年度的亏损。

第三步，提取盈余公积。

第四步，向投资者分配利润。

向投资者分配利润，是指向各类投资者分配的利润，如向国家、其他单位、个人以及外商等投资者分配的利润，但不包括向各种债权人支付的利息。在上市公司，向投资者分配的利润包括支付的优先股股利和普通股股利。

【交易点拨】

对于投资者来讲，应该重点了解上市公司股利分配的两种主要形式：一是现金股利，这是股利发放中最常见的方式。在我国，现金股利俗称“现金红利”。二是股票股利，这是指采用增发股票的方式向股东分派股利。发放这种股利时，一般要按法定程序办理增资手续，然后根据股东所持股票数按应发股利的等值比例折算后发放股票。

54. 什么是股票的分红?

股票分红是股份公司在支付股息之后仍有盈余，将盈余再分派给股东的分配活动。股东分得的除股息以外的盈余就是红利。

股票分红遵守下列原则。

分红的方法应在公司章程中做出明确规定，分红过程必须依照法规章程办理；公司无盈利不分红，盈利少则少分，亏损时不分。股东分红采用平等原则，分配的金额、日期等对各个股票持有者不应存在差别。

【交易点拨】

简单地说，经股东大会通过，上市公司定期以派发现金、股票等形式回报其股票投资者的行为叫分红。只要你拥有该公司的股票，即使只有1股，也完全拥有分红的权利。

55. 什么是股息和红利?

股息是股东定期按一定的比率从上市公司分取的盈利，红利则是在上市公司分派股息之后，按持股比例向股东分派的剩余利润。获取股息和红利，是股民投资上市公司的基本目的，也是股民的基本经济权利。

一般来讲，上市公司在财会年度结算以后，会根据股东的持股数将一部分利润作为股息分配给股东。根据上市公司信息披露管理条例，我国的上市公司必须在财会年度结束的120天内公布年度财务报告，且在年度报告中公布利润分配预案，所以上市公司的分红派息工作一般都集中在次年的第二和第三季度进行。

上市公司的税后利润既是股息和红利的来源，又是它的最高限额，因此上市公司的经营状况直接关系到股息和红利的发放。在一个经营财会年度结束以后，当上市公司有盈利时，才能进行分红与派息，盈利越多，用于分配股息和红利的税后利润就越多，股息和红利的数额也就越大。

【交易点拨】

股东一年的股息和红利有多少，要看上市公司的经营业绩。因为股息和红利是从税后利润中提取的，所以税后利润既是股息和红利的唯一来源，又是上市公司分红派息的最高限额。

56. 股息和红利是如何派发的?

在分配股息红利时，首先是优先股股东按规定的股息率行使收益分配，然后普通股股东根据余下的利润分取股息，其股息率不是固定的。在分取了股息以后，如果上市公司还有利润可供分配，就可根据情况给普通股股东发放红利。

除了经营业绩以外，上市公司的股息政策也影响股息与红利的派发。上市公司盈利以后，其税后利润有两大用途，除了派息与分红以外，还要补充资本金以扩大再生产。如果公司的股息政策倾向于公司的长远发展，就有可能少分红派息或不分红，而将利润转为资本公积金。反之，派息分红的量就会大一些。

股息和红利的分配受国家税收政策的影响。上市公司股东不论是自然人还是法人，都要依法承担纳税义务。我国就有明确规定，持股人必须缴纳20%的股票收益（股息红利）所得税。

上市公司分红派息时，其总额一般都不会高于每股税后利润，除非有前一年度结转下来的利润。各国公司法对公司的分红派息都有限制性规定，如我国就规定上市公司必须按规定的比例从税后利润中提取资本公积金来弥补公司亏损，或转化为公司资本，所以上市公司分配股息和红利的总额总是少于公司的税后利润。

【交易点拨】

上市公司在实施分红派息时，必须符合法律规定且不得违反公司的章程，这些规定在一定程度上也影响着股息和红利的发放数量。

57. 分红要遵守哪些基本程序？

由于要在获得利润后才能向股东分派股息和红利，上市公司一般是在公司营业年度结算以后才能进行这项工作。实际中，有的上市公司在一年内进行两次决算，一次在营业年度中期，另一次在营业年度终结，相应地就会向股东分配两次股利，以便及时回报股东，吸引投资者。年度中期分派股利不同于年终分派股利，它只能在中期以前的利润余额范围内分派，且必须是预期本年度终结时不可能亏损的前提下才能进行。

在沪深股市，股票的分红派息都由证券交易所及登记公司协助进行。分红时，深市的登记公司会把分派的红股直接登录到股民的股票账户中，将现金红利通过股民开户的券商划拨到股民资金账户。沪市上市公司对红股的处理方式与深市一致，但现金红利需要股民到券商处履行相关的手续，即股民在规定的期限内到柜台中将红利以现金权利卖出，其红利款项由券商划入资金账户中。如逾期未办理手续，则需委托券商到证券交易所办理相关手续。

【交易点拨】

分红必须遵守基本程序：首先由公司董事会根据公司盈利水平和股息政策，确定股利分派方案，然后提交股东大会审议通过方能生效。股利分派方案通过后，董事会即可依股利分配方案向股东宣布，并在规定的付息日在约定的地点以约定的方式派发。

58. 股息红利的发放形式有哪些？

股息红利作为股东的投资收益，一般按每股多少元向股东支付。但在上市公司具体实施分派时，其形式可以有四种：就是财产股利、负债股利、现金股利和股票股利等。

财产股利是上市公司用现金以外的其他投资向股东分派的股息和红利。它可以是上市公司持有的其他公司的有价证券，也可以是实物。

负债股利是上市公司通过建立一种负债，用债券或应付票据作为股利分配给股东。这些债券或应付票据既是公司支付的股利，又确定了股东对上市公司享有的独立债权。

现金股利是上市公司以货币形式支付给股东的股息红利，也是最普通最常见的股利形式，如每股派息多少元，就是现金股利。

股票股利是上市公司用股票的形式向股东分派的股利，也就是通常所说的送红股。

【交易点拨】

采用送红股的形式发放股息红利，实际上是将应分给股东的现金留在企业作为发展再生产之用，它与股份公司暂不分红派息没有太大的区别。股票红利使股东手中的股票在名义上增加了，但与此同时，公司的注册资本增大了，股票的净资产含量减少了。实际上，股东手中股票的总资产含量没有什么变化。

59. 送红股与派现金哪个更好？

在上市公司分红时，投资者都偏好送红股。其实对上市公司来说，在给股东分红时采取送红股的方式，与完全不分红、将利润滚存至下一年度等方式并没有什么区别。这几种方式，都是把应分给股东的利润留在企业，作为下一年度发展生产所用的资金。它一方面增强了上市公司的经营实力，进一步扩大了企业的生产经营规模；另一方面，它不像现金分红那样，需要拿出较大额度的现金来应付派息工作，因为企业一般留存的现金都是不太多的。所以这几种形式对上市公司来说都是较为有利的。

送红股与派现金相比，两者都是上市公司对股东的回报，只不过方式不同而已。只要上市公司在某年度内经营盈利，就是对股民的回报。但送红股与派发现金红利有所不同，如果将这两者与银行存款相比较，现金红利有点类似于存本取息，即储户将资金存入银行后，每年取息一次。而送红股类似于计复利的存款，银行每过一定的时间间隔将储户获得的利息转为本金，使利息再生利息，期满后一次付清。

但是送红股这种回报方式又有其不确定性，因为将盈利转为股本而投入再生产是一种再投资行为，它同样面临着风险。若企业在未来年份中经营比较稳定，业务开拓比较顺利，且其净资产收益率高于平均水平，则股东能得到预期的回报；若上市公司的净资产收益率低于平均水平或送股后上市公司经营管理不善，则股东不但在未来年份里得不到预期的回报，并且还会将上一年度应得的红利化为固定资产沉淀。这样送红股就不如派发现金红利，因为股民取得现金后，可以选择投资其他利润率较高的股票或投资工具。

【交易点拨】

落袋为安，才能真正放心。

60. 为什么中国股市送红股较为普遍？

我国的股市有其特殊性，因为上市公司中约有一半以上的股份为国家股，且其股权代表基本上都是上市公司的经营管理人员。由于切身利益的影响，经营管理人员基本上都赞同企业的发展与扩张，所以我国上市公司的分红中，送红股的现象就非常普遍。派现金还是送红股，取决于持多数股票的股东对公司未来经营情况的判断和预测，因为分红方案是要经股东大会讨论通过的。

【交易点拨】

送红股是中国股市的一大特色，但这种情况正在慢慢改变，因为在很多上市公司，国家控股的比例正在逐步降低。

61．B股如何进行分红？

通常上市公司会确定一个除权基准日，在该日之前买入并持有该股的投资者，可以享受分红的权利。根据国内有关规定，目前投资人从B股上市公司分红所得免征个人所得税。

分红一般有现金红利与股票红利两种形式。现金红利由指定结算会员按证券登记结算公司提供的领息名册，在上市公司公布的分红期限内直接将现金转入投资人的资金账户；股票红利则由证券登记结算公司自动加入投资人的股票账户，投资人可于除权基准日后第三个交易日选择卖出或持有所分得的股票。

【交易点拨】

B股与A股在分配上是同股同权，但具体操作上情况有所不同。

62．什么是除权和除息？

上市公司发放股息红利的方式虽然有四种，但沪深股市的上市公司进行利润分配一般只采用股票红利和现金红利两种，即通常所说的送红股和派现金。当上市公司向股东分派股息时，就要对股票进行除息；当上市公司向股东送红股时，就要对股票进行除权。

当一家上市公司宣布上年度有利润可供分配并准备予以实施时，该只股票就成为含权股，因为持有该只股票就享有分红派息的权利。在这一阶段，上市公司一般要宣布一个时间成为“股权登记日”，即在该日收市时持有该股票的股东才享有分红的权利。

在以前的纸质股票交易时期，为了证明对上市公司享有分红权，股东们要在公司宣布的股权登记日予以登记，且只有在此日被记录在公司股东名册上的股票持有者，才有资格领取上市公司分派的股息红利。实行股票无纸化交易后，股权登记都通过计算机交易系统自动进行，股民不必到上市公司或登记公司进行专门的登记，只要在登记的收市日时还拥有股票，股东就自动享有分红的权利。

【交易点拨】

进行股权登记后，股票将要除权除息，也就是将股票中含有的分红权利予以解除。除权除息都在股权登记日的收盘后进行。除权之后再购买股票的股东，将不再享有分红派息的权利。

63．怎样计算除息价和除权价？

在股票的除权除息日，证券交易所都要计算出股票的除权除息价，以作为股民在除权除息日开盘的参考。

因为在开盘前拥有的股票是含权的，收盘后的次日，其交易的股票将不再参加利润分配，所以除权除息价实际上是将股权登记日的收盘价予以变换。这样除息价就是登记日收盘价减去每股股票应分得的现金红利，其公式为：

除息价=登记日的收盘价－每股所分红利现金额

对于除权，股权登记日的收盘价格除去所含有的股权，就是除权报价。其计算公式为：

除权价=股权登记日的收盘价/（1+每股送股率）

若股票在分红时既有现金红利又有红股，则除权除息价为：

除权除息价=（股权登记日的收盘价－每股应分得的现金红利+配股率×配股价）/（1+每股送股率+每股配股率）

【交易点拨】

除权和除息是两个不同的概念，不能混为一谈。

64．什么是配股？

配股是上市公司根据公司发展的需要，依据有关规定和相应程序，向原股东进一步发行新股、筹集资金的行为。按照惯例，公司配股时新股的认购权按照原有股权比例在原股东之间分配，即原股东拥有优先认购权。

在一定时期，转配股是我国股票市场特有的产物。国家股、法人股的持有者放弃配股权，将配股权有偿转让给其他法人或社会公众，这些法人或社会公众行使相应的配股权时所认购的新股，就是转配股。在特定情况下，转配股虽然能解决国家股东和法人股东无力配股的问题，但它会造成国家股和法人股在总股本中的比重逐渐降低的状况，长此以往将会丧失控股权。

转配股产生了不能流通的社会公众股，影响了投资者认购的积极性，带来了股权结构的混乱。为克服转配股的局限性，越来越多上市公司的国家股东和法人股东纷纷以现金或者以资产折算为现金参加配股，大大提高了公司的实力，既保证股权不被稀释，又鼓舞了广大社会公众对上市公司的投资信心。

【交易点拨】

配股就是你有公司的股票，公司要继续发展，需要资金而采取的一种筹资方法。当公司要配股，你有公司的股票就有配股权，就可按一定的价格和比例，在约定的时间内买入相应的股票。不过也可弃权不参加配股，这就要由自己判断配股后是否划算了。

65．什么是后配股？

后配股是在利益或利息分红及剩余财产分配时相比普通股处于劣势的股票，一般是在普通股分配之后，对剩余利益进行再分配。如果公司的盈利巨大，后配股的发行数量又很有限，则购买后配股的股东可以取得很高的收益。

后配股一般在下列情况下发行。

（1）公司为筹措扩充设备资金而发行新股票时，为了不减少对旧股的分红，在新设备正式投入使用前，将新股票作后配股发行。

（2）企业兼并时，为调整合并比例，向被兼并企业的股东交付一部分后配股。

（3）在有政府投资的公司里，私人持有的股票股息达到一定水平之前，把政府持有的股票作为后配股。

【交易点拨】

对于企业来说，发行后配股，一般筹措的资金不能立即产生收益。因此对于投资者来说，持有后配股要慎重。

66．配股与分红有什么区别？

分红是上市公司对股东投资的现金回报，它的特征为：上市公司是付出者，股东是受益者，且股东收获的是上市公司的经营利润，所以分红是建立在上市公司经营盈利的基础之上的，没有利润就没有红利可分。

配股并不建立在企业盈利的基础上，只要股东情愿，即使上市公司经营发生亏损也可以配股，此时上市公司是索取者，股东是付出者，股东追加投资，股份公司得到资金以充实资本。配股后虽然股东持有的股票增多了，但它不是公司给股民投资的回报，而是追加投资的一种凭证。

根据《公司法》的有关规定，当上市公司要配售新股时，应首先在老股东中进行，以保证老股东对公司的持股比例不变。当老股东不愿参加公司配股时，可以将配股权转让给其他人。对于老股东来说，上市公司配股实际上是提供了一种追加投资的选择机会。

老股东是否选择配股以追加对上市公司的投资，可根据上市公司的经营业绩、配股资金的投向及效益的高低来进行判断。在现实的经济生活中，除了配股外，股民还可通过购买其他公司的股票、投资债权及居民储蓄来实现追加投资，其关键就视投资收益情况来确定。

如果配股上市公司的净资产收益率还达不到居民储蓄存款利率，显然上市公司的经营效益太差，其投资回报难以和居民储蓄相比拟，股民就可不选择配股这种方式来追加对上市公司的投资。当然，当一个上市公司确定配股以后，如配股权证不能流通，其配股就带有强制性，因为配股实施后股票就要除权，价格就要下跌，如老股东不参加配股，就要遭受市值下降的损失，其逃避配股的唯一方法就是在配股前将股票抛出。

【交易点拨】

在比较成熟的股市中，配股是不受股东欢迎的。中国股市创立的时间较短，投资者认为只要买到股票就赚钱，这极大地刺激了百姓入市投机的热情。上市公司正是利用这一点，低价向老股东配售新股，既壮大了公司的资金实力，也满足了股民对股票的渴求。

67．什么是股权分置？

股权分置是因特殊的历史原因和发展演变，中国 A 股市场的上市公司普遍形成了流通股和非流通股两种不同性质的股票。流通股主要为社会公众股，非流通股大多为国有股和法人股。这两类股票形成了“同股不同价、同股不同权”的市场制度与结构。1994 年 7 月 1 日生效的《公司法》，对股份公司已不再设置国家股、集体股和个人股，而是按股东权益的不同，设置普通股、优先股等。

股权分置问题被普遍认为是困扰我国股市发展的一大难题。股权分置使产权关系无法理顺，企业结构治理根本无法有效进行，企业管理决策更无法实现民主化、科学化，独裁和内部人控制在所难免，甚至成为对外开放、企业产权改革和经济体制改革深化的一大障碍。另外，三分之二的股权不能流通，“同股不同权、同股不同利”等弊端也严重影响了股市的发展。

2005 年 4 月 29 日，中国证监会发布了《关于上市公司股权分置改革试点有关问题的通知》，标志着股权分置改革正式启动。股权分置改革就是改革我国股市股权结构不合理的状况，把国有股、法人股等不能上市流通的股票变为流通股，保证股票市场健康发展。股权分置改革对我国股市有着重大影响，意义非凡，是对中国特色的股市动了一次大手术，并且手术非常成功。截至 2006 年 12 月 31 日，累计完成或进入股改程序的公司数已达 1303 家，总市值约为 60504.47 亿元，约占沪、深 A 股总市值的 98.55%，股权分置改革已取得决定性胜利。

股权分置改革对企业大股东和中小股民都是利好，2006 年开始的一波轰轰烈烈的大牛市行情，导火索就是股权分置改革。

【交易点拨】

2005 年以来，我国加大股权分置改革的力度，逐步规范上市公司的股权结构，统一股权，统一价格，统一市场，统一利益。随着改革的深化，中国股票市场存在的“股权分置”弊端逐步得到解决。

第八节　股票价格指数

68. 什么是股票价格指数？

股票价格指数是由证券交易所或金融服务机构编制的表明股票行市变动的一种参考指数。由于股票价格起伏无常，投资者必然面临市场价格风险。对于具体某一种股票的价格变化，投资者容易了解，而对于多种股票的价格变化，要逐一了解，既不容易，也不胜其烦。为了适应这种情况和需要，一些金融服务机构利用自己的业务知识和熟悉市场的优势，编制出股票价格指数公开发布，作为市场价格变动的指标，投资者据此可以检验自己投资的效果，并用以预测股票市场的动向。这种股票指数，就是表明股票行市变动情况的价格平均数。

编制股票指数，通常以某年某月某日为基期，以这个基期的股票价格作为100，用以后各时期的股票价格和基期价格比较，计算出升降的百分比，就是该时期的股票指数。投资者根据指数的升降，可以判断出股票价格的变动趋势。为了能实时地向投资者反映股市的变化动向，所有的股市几乎都是在股价变化的同时即时公布股票价格指数。

【交易点拨】

股票价格的上升或下跌，通过股价指数能非常敏感地反映出来。股价指数不仅是一种对现状的感觉和理解，更是对未来抉择的一种参考。

69. 计算股价指数要考虑哪些因素?

计算股价指数，要考虑三个因素：一是抽样，即在众多股票中抽取少数具有代表性的成分股；二是加权，即按单价或总值加权平均，或不加权平均；三是计算程序，计算算术平均数、几何平均数，或兼顾价格与总值。

计算股价平均数或指数时，经常考虑以下四点。

（1）样本股票必须具有典型性、代表性。

（2）计算方法具有高度的适应性，能对不断变化的股市行情作出相应的调整或修正，使股票指数或平均数有较好的敏感性。为了使股票价格指数更精确地反映股价变化的情况，一般要对采样股票加上适当的权数，如以股票发行量作为权数等。股票指数之所以能够较为客观地反映股票价格的总体变动情况，并能够为全世界的证券交易市场及股民普遍接受，是因为股价指数本身具有两个独特的基本特点，这是其他股价参数无法替代的，那就是股价指数所具有的代表性和敏感性。

（3）要有科学的计算依据和手段。计算依据和口径必须统一，一般均以收盘价作为计算依据，但随着计算频率的增加，有时以每小时价格甚至更短时间的价格计算。

（4）基期指数应有较好的均衡性和代表性。

【交易点拨】

在千变万化的股市行情之中，处变不惊，选择机会，果断投资，这才是股价指数敏感性的价值和真谛所在。

70. 价格指数的样本股票是如何选择的?

由于上市股票种类繁多，计算全部上市股票的价格平均数或指数的工作是艰巨而复杂的，因此人们常常从上市股票中选择若干富有代表性的样本股票，并计算这些样本股票的价格平均数或指数，用以表示整个市场的股票价格总趋势及涨跌幅度。

选择样本股票必须综合考虑其行业分布、市场影响力、股票等级、适当数量等因素。股价指数的代表性主要是指在股票市场众多的股票中，需要选择不同行业中具有典型性的若干种重要股票作为样本来进行计算。相反，如果仅选择了局限性较大且没有典型性的几种股票，或者虽选择了典型性的几种股票但却受到了行业范围的局限，同样也不足以反映整个股市的交易总体变化情况。通常的做法是，选择不同行业中真正具有典型性的重要股票作为样本，然后加以计算。即把采样的股票先分门别类，分别计算并公布其分类指数，然后进一步计算并公布其综合指数。

【交易点拨】

样本股票必须具有典型性和代表性。根据市场发展和上市公司经营情况的变化，样本股票也是要经常调整的。

71. 世界著名的股票价格指数有哪几种?

世界上各大股票交易所几乎都有自己的股票指数，其中最为著名和常用的有以下几种。

（1）道琼斯股票价格平均指数。这是世界上影响最大、最有权威性的一种股价指数，其起源要追溯到 1884 年。道琼斯股票平均指数共分为四组，第一组是由 30 种具有代表性的大型工商业公司的股票组成。由于其股票总值占全美股票总值的 30%，因此可以大致反映股市的基本变化趋势，人们通常所说的道琼斯指数即指这一种指数。第二组是由 20 家很有代表性的运输业公司的股票组成的道琼斯运输股票平均价格指数。第三组是由代表美国公用事业的 15 家煤气公司和电力公司的股票组成的道琼斯公用事业股票平均价格指数。第四组是由前面三组指数成分股即全美 65 家公司股票综合计算得出的道琼斯平均价格综合指数。

（2）标准普尔股票价格指数。这是美国最大的证券研究机构标准普尔公司编制的股价指数，是美国仅次于道琼斯股票平均价格指数的重要股价指数。该公司于 1923 年开始编制发表股票价格指数，最初采选 230 种股票编制出两种股票价格指数。到 1957 年，这一股价指数的范围扩大到 500 种股票，分成 95 种组合。其中最重要的四种组合是工业股票组合、铁路股票组合、公用事业股票组合和 500 种股票混合组。从 1976 年 7 月 1 日开始，改为 40 种工业股票，20 种运输业股票，40 种公用事业类股票和 40 种金融业股票。十几年来，虽然股市不断更迭，但样本股始终保持为 500 种。标准普尔公司股票价格指数以 1941 年至 1993 年抽样股票的平均市价为基期，以上市股票为权数，按基期进行加权计算，其基点数为 10。

（3）纽约证券交易所股票价格指数。这是由纽约证券交易所编制的股票价格指数，它起自 1996 年 6 月，最初是普通股股票价格指数，后来改为混合指数，包括在纽约证券交易所上市的 1500 多家公司的 1570 种股票。纽约股票价格指数以 1965 年 12 月 31 日确定的 50 点为基数，采用的是综合指数形式。纽约证券交易所每半个小时公布一次指数的变动情况。虽然纽约证券交易所编制股票价格指数的时间不长，但它可以全面及时地反映其股票市场活动的综合状况，因而很受投资者欢迎。

（4）金融时报股票价格指数。金融时报股票价格指数的全称是“伦敦金融时报工商业普通股股票价格指数”，是由英国金融时报公布发表的。该股票价格指数包括从英国工商业中挑选出来的具有代表性的 30 家公开挂牌的普通股股票，以 1935 年 7 月 1 日作为基期，基点为 100 点。该股票价格指数以能够及时显示伦敦股票市场情况而闻名于世。

（5）日本经济新闻社道琼斯股票平均价格指数，简称为“日经股价指数”。系由日本经济新闻社编制并公布的反映日本股票市场价格变动的股票价格平均指数。该指数从 1950 年 9 月开始编制，最初是根据东京证券交易所第一市场上市的 225 家公司的股票算出修正平均股价，当时称为“东证修正平均股价”。1975 年 5 月 1 日，日本经济新闻社向道琼斯公司买进商标，采用美国道琼斯公司的修正法计算，这种股票指数也就改称为“日经道琼斯平均股价指数”。1985 年 5 月 1 日在合同期满 10 年时，经两家商议，将名称改为“日经平均股价”。

（6）纳斯达克综合指数。纳斯达克（NASDAQ）是美国全国证券交易商协会于 1968 年着手创建的自动报价系统名称的英文简称。纳斯达克现已成为全球最大的证券交易市场，其特点是收集和发布场外交易非上市股票的证券商报价。纳斯达克是全世界第一个采用电子交易的股市，在 50 多个国家和地区设有 20 多万个计算机销售终端。纳斯达克指数是反映纳斯达克证券市场行情变化的股票价格平均指数，基本指数为 100。纳斯达克的上市公司涵盖所有新技术行业，包括软件和计算机、电信、生物技术、零售和批发贸易等。世人瞩目的微软公司便是通过纳斯达克上市并获得成功的。1971 年 2 月 8 日纳斯达克股市建立，最初的指数为 1000 点，10 年后即突破了 2000 点。

（7）香港恒生指数。这是香港股票市场上历史最悠久、影响最大的股票价格指数，由香港恒生银行于 1969 年 11 月 24 日开始发布。恒生股票价格指数包括从香港 500 多家上市公司中挑选出来的 33 家有代表性且经济实力雄厚的大公司股票作为成分股，这些股票涉及香港的各个行业，并占香港股票市值的 68.8%，具有较强的代表性。恒生股票价格指数的编制是以 1964 年 7 月 31 日为基期，其计算方法是将 33 种股票按每天的收盘价格乘以各自的发行股数为计算日的市值，再与基期的市值相比较，乘以 100 就得出当天的股票价格指数。由于恒生股票价格指数选择的基期适当，因此不论股票市场狂升或猛跌，还是处于正常交易水平，恒生股票价格指数基本上能反映整个股市的活动情况。

【交易点拨】

指数重要，价值更重要，千万不能只见树木不见森林，淹没在一片指数声中。

72．国内主要股票价格指数有哪几种？

国内的股票价格指数也有多种。除港台股市以外，目前国内市场的股票价格指数主要包括上海证券交易所编制的上证指数系列、深圳证券交易所编制的深圳指数系列和中证指数公司编制的包括沪深 300 指数在内的中证指数系列等。我国最主要、最常见的股票指数有以下两种。

（1）上证综合指数。由上海证券交易所编制的股票指数，1990 年 12 月 19 日正式开始发布。该股票指数的样本为所有在上海证券交易所挂牌上市的股票，其中新上市的股票在挂牌的第二天纳入股票指数的计算范围。该股票指数的权数为上市公司的总股本。由于我国上市公司的股票有流通股和非流通股之分，其流通量与总股本并不一致，所以总股本较大的股票对股票指数的影响就较大。

上海证券交易所股票指数的发布是和股票行情的变化同步的，是我国股民和证券从业人员研判股票价格变化趋势必不可少的参考依据。

（2）深圳综合股票指数。由深圳证券交易所编制的股票指数，以 1991 年 4 月 3 日为基期。该股票指数的计算方法与上证指数基本相同，其样本为所有在深圳证券交易所挂牌上市的股票，权数为股票的总股本。由于以所有挂牌的上市公司为样本，其代表性非常广泛，且与深圳股市的行情同步发布，是股民和证券从业人员研判深圳股市股票价格变化趋势必不可少的参考依据。

（3）深圳成分股指数。深圳成分股指数由深圳证券交易所编制，通过对所有在深圳证券交易所上市的公司进行考察，按一定标准选出 40 家有代表性的上市公司作为成分股，以成分股的可流通股数为权数，采用加权平均法编制而成。成分股指数以 1994 年 7 月 20 日为基期，基日指数为 1000 点，起始计算日为 1995 年 1 月 23 日。

深圳证券交易所选取成分股的一般原则是：有一定的上市交易时间；有一定的上市规模，以每家公司一段时期内的平均可流通股市值和平均总市值作为衡量标准；交易活跃，以每家公司一段时期内的总成交金额和换手率作为衡量标准。根据以上标准，再结合下列各项因素评选出成分股：公司股票在一段时间内的平均市盈率，公司的行业代表性及所属行业的发展前景，公司近年来的财务状况、盈利记录、发展前景及管理素质等，公司的地区、板块代表性等。

（4）沪深 300 指数。沪深 300 指数是由上海证券交易所和深圳证券交易所携手联合编制的第一只反映沪深两市 A 股综合表现的跨市场成分指数，2005 年 4 月 8 日正式发布。沪深 300 指数以 2004 年 12 月 31 日为基期，基点为 1000 点，其计算是以调整股本为权重，采用派许加权综合价格指数公式进行计算。其成分股由 300 只规模大、流动性好的股票组成，样本覆盖了沪深市场六成左右的市值，并且相当稳定。在我国现有市场分散化程度下，沪深 300 指数能够很好地刻画整个市场。从指数的行业贡献度来看，目前占权重最大的三个行业是金属和非金属（15%），金融和保险（10.94%）以及机械设备仪表（10.74%）。沪深 300 指数是沪深证券交易所第一次联合发布的反映 A 股市场整体走势的指数，它的推出丰富了市场现有的指数体系，增加了一项用于观察市场走势的指标，有利于投资者全面把握市场运行状况，也进一步为指数投资产品的创新和发展提供了基础条件。

（5）上证 180 指数（又称上证成分指数）。上证 180 指数是上海证券交易所对原上证 30 指数进行调整并更名而成的，其样本股是在上证所有 A 股股票中抽取最具市场代表性的 180 种样本股票，自 2002 年 7 月 1 日起正式发布。编制作为上证指数系列核心的上证 180 指数，目的在于建立一个反映上海证券市场概貌和运行状况，具有可操作性和投资性，能够作为投资评价尺度及金融衍生产品基础的基准指数。上证 180 指数的样本股均是一些规模大、流动性好、行业代表性强的股票。该指数不仅在编制方法的科学性、成分选择的代表性和成分的公开性上有所突破，同时也恢复和提升了成分指数的市场代表性，从而能更全面地反映股价的走势。统计表明，上证 180 指数的流通市值占到沪市流通市值的 50%，成交金额占比也达到 47%。

（6）上证 50 指数。上证 50 指数由上海证券交易所编制，于 2004 年 1 月 2 日正式发布。上证 50 指数是根据科学客观的方法，挑选上海证券市场规模大、流动性好的最具代表性的 50 只股票组成样本股，以综合反映上海证券市场最具市场影响力的一批优质大盘企业的整体状况。上证 50 指数依据样本稳定性和动态跟踪相结合的原则，每半年调整一次成分股，调整时间与上证 180 指数一致。特殊情况时也可能对样本进行临时调整，每次调整的比例一般情况不超过 10%。样本调整设置缓冲区，排名在 40 名之前的新样本优先进入，排名在 60 名之前的老样本优先保留。

（7）深证 100 指数（又称深证 100 总收益指数）。深证 100 指数是中国证券市场第一只定位投资功能和代表多层次市场体系的指数。由深圳证券交易所委托深圳证券信息公司编制维护。此指数包含了深圳市场 A 股流通市值最大、成交最活跃的 100 只成分股。深证 100 指数的成分股代表了深圳 A 股市场的核心优质资产，成长性强，估值水平低，具有很高的投资价值。深证 100 指数是以深圳市场全部正常交易的股票（包括中小企业板）作为选样范围，选取 100 只 A 股作为样本编制而成的成分股指数，并保证中小企业成分股数量不少于 10 只，属于描述深市多层次市场指数体系的核心指数。深证 100 指数每半年调整一次，合理的调整幅度和科学的调整方法保证成分股普遍质地优良，盈利能力强，业绩良好，提高了指数组合的投资价值。

（8）中证 100 指数。中证 100 指数是从沪深 300 指数样本股中挑选规模最大的 100 只股票组成样本股，以综合反映沪深证券市场中最具市场影响力的一批大市值公司的整体状况。中证指数有限公司于 2006 年 5 月 29 日正式发布该指数。

【交易点拨】

股价指数仅供参考，正如股市格言“在枪炮声中买进，在柔和的小提琴乐曲中卖出”这种说法已经过时一样，价格指数的变化，一切都要自己去衡量。

73．股票价格指数是如何编制的？

目前股票价格指数编制方法主要有三种，即算术平均法、几何平均法和加权平均法。

（1）算术平均法。该方法先选定具有代表性的样本股票，以某年某月某日为基期，并确定基期指数，然后计算某一日样本股票的价格平均数，将该平均数与基期对应的平均数相比，最后乘以基期指数，即得出该股票价格平均指数。

(2)几何平均法。在几何平均法中，报告期和基期的股票平均价采用样本股票价格的几何平均数。国际金融市场上一部分较有影响的股票指数是采用几何平均法编制的，其中以伦敦金融时报指数和美国价值线指数为代表。

（3）加权平均法。不同股票的地位不同，对股票市场的影响也有大小。加权平均法首先按样本股票在市场中的不同地位赋予其不同的权数，即地位重要的权数大，地位次要的权数小；然后将各样本股票的价格与其权数相乘后求和，再与总权数相除，得到按加权平均法计算的报告期和基期的平均股价，之后据此计算股票价格指数。加权平均法权数的选择，可以是股票的成交金额，也可以是它的上市股数。若选择计算期的同度量因素作为权数，则被称为派许（Paasche）加权法。

【交易点拨】

与前两类方法相比，加权平均股价指数能更真实地反映市场整体走势。

第九节 炒股与其他投资

74．怎样比较炒股与其他投资的收益？

随着经济的发展，人们的闲钱越来越多，手头越来越宽裕，握在手中的闲钱无论多少，都想好好地加以利用，不仅要保值，还要能增值，使资金像滚雪球一样越滚越多。买黄金首饰，投资房地产，存入银行生息，都是令人放心的去处。怎样比较不同投资方式的收益呢？

在买卖黄金过程中，由于金价一进一出之间价格差距不大，除非价格涨得很多，否则短期内买进再卖出，恐怕划不来。而且一旦金价下跌，亏损也相当厉害。

至于房地产，保值功能固然不错，但所需的投资金额却相当庞大，一般靠工资生活的人根本高攀不上。而且房地产变现不易，需要用钱时不能救急。

最传统最保守的方式就是把钱存入银行。存钱虽然能得到固定的利息收入，但低利率似乎并不能达到生财的愿望。

相比之下，股票投资所需的资金并非天文数字，几千上万元的闲钱就可以入市交易，而且随时可以买进卖出，同时也可作长期投资，非常灵活方便。更重要的是，这种投资不仅可以带来实质的金钱利益，有时还能享受到一些有价值的权利。

【交易点拨】

虽然投资的种类有很多，但相比较而言，对于普通百姓来说，较为适合的投资方式应属股票投资。

75. 股票与债券有什么不同？

两者都是有价证券，都是可以通过公开发行募集资本的融资手段，是证券市场上的主要金融工具。它们同在一级市场上发行，又同在二级市场上转让流通。

股票与债券的区别有以下几点。

（1）发行主体不同。作为筹资手段，无论是国家、地方公共团体还是企业，理论上来说都可以发行债券，而股票只能是股份制企业才可以发行。

（2）收益稳定性不同。从收益方面看，在购买之前，债券利息率已定，不管发行债券的公司经营获利与否，到期就可以获得固定利息。股票一般在购买之前不确定股息率，股息收入随股份公司的盈利情况而变动，盈利多就多得，盈利少就少得，无盈利不得。

（3）保本能力不同。从本金方面看，债券到期可回收本金，也就是说连本带利都能得到，股票则无到期之说。股票本金一旦交给公司，就不能再收回，只要公司存在，就永远归公司支配。一旦公司破产，还要看公司剩余资产清理状况，有时甚至连本金都会蚀尽，小股东特别有此可能。

（4）经济利益关系不同。债券和股票是两种性质不同的有价证券，两者反映不同的经济利益关系。债券表示的只是对公司的一种债权，而股票表示的则是对公司的所有权。权属关系不同，就决定了债券持有者无权过问公司的经营管理，而股票持有者则有权直接或间接地参与公司的经营管理。

（5）风险大小不同。债券作为一般的投资品种，其交易转让的周转率比股票低，价格变化幅度相对不大，因此风险性要小一些。股票交易转让的周转率高，市场价格变动幅度大，可能暴涨暴跌，因此安全性较低，投资风险很大。但同时股票可能获得很高的预期收入，故又能够吸引不少投资者参与。

【交易点拨】

股票的特性中，不可返还性决定了股票投资的风险性，价格的波动性决定了股票具有极大的投机性，这就是股市的奥妙所在。

76. 股票投资和储蓄有何不同？

股票投资和储蓄存款，都是将一定的资金交付他人，并获取相应的收益，但两者在本质上是不同的。

（1）两者的投资性质不同。股票投资和储蓄存款都是建立在某种信用基础上的，但股票是以资本信用为基础，体现股份公司与股票投资者之间围绕股票投资行为而形成的权利与义务关系；储蓄存款则是一种银行信用，建立的是银行与储蓄者之间的借贷性债务债权关系。

（2）法律地位和权利内容不同。股票持有者处于股份公司股东的地位，依法有权参与股份公司的经营决策，并对股份公司的经营风险承担相应的责任；而银行存款人的存款行为相当于向银行贷款，处于银行债权人的地位，其债权的内容仅限于定期收回本金和获取利息，不能参与债务人的经营管理活动，对其经营状况也不负任何责任。

（3）投资增值的效果不同。股票和储蓄存款都可以使货币增值，但货币增值的多少是不同的。股票是持有者向股份公司直接投资，投资者的投资收益来自于股份公司根据盈利情况派发的股息红利。这一收益可能很高，也可能根本就没有，受股份公司当年经营业绩的影响，处于经常性的变动之中。储蓄存款是通过实现货币的储蓄职能来获取货币的增值部分，即存款利息。这一回报率是银行事先约定的，是固定的，不受银行经营状况的影响。

（4）存续时间与转让条件不同。股票是无期的，只要股票发行公司存在，股东不能要求退股以收回本金，但可以进行买卖和转让；储蓄存款一般是固定期限的，存款到期时，存款人收回本金和利息。普通的储蓄存款不能转让，大额可转让储蓄存单除外。

（5）风险不同。股票投资是一种风险性较高的投资方式，其投资回报率可能很高，但高回报率伴随的必然是高度的风险。银行作为整个国民经济的重要金融支柱，其地位一般说来是稳固的，很少会衰落到破产的危险地步，因此储蓄存款的风险极低。

【交易点拨】

尽管银行存款的利息收入通常低于股票的股息与红利收益，但它是可靠的，而且存款人存款后，也不必像买入股票那样经常性地投入精力去关注它的变化，而投资股票就大不相同了。

77. 炒股所得怎样缴纳个人所得税？

根据国家税务总局的有关规定，个人转让股票所得属于“财产转让所得”应纳税项目，应按照20%的税率计征个人所得税。但是为配合我国企业改制，鼓励证券市场的健康发展，经报国务院同意，财政部、国家税务总局分别于1994年6月、1996年12月和1998年3月下发了《关于股票转让所得暂不征收个人所得税的通知》《关于股票转让所得1996年暂不征收个人所得税的通知》和《关于个人转让股票所得继续暂免征收个人所得税的通知》，规定从1994年起，对股票转让所得暂免征收个人所得税。

经国务院批准，自2010年1月1日起，对个人转让上市公司限售股取得的所得按20%税率征收个人所得税。对个人转让从上市公司公开发行和转让市场取得的上市公司股票所得继续实行免征个人所得税政策。

2005 年 6 月，根据财政部、国家税务总局在发布《关于股息红利个人所得税有关政策的通知》，规定对个人投资者从上市公司取得的股息红利所得，暂减为按 50%计入个人应纳税所得额，依照现行税法规定计征个人所得税。即自 2005 年 6 月 13 日起，现金红利暂减为按所得的 50%计征 20%个税。而对于所送红股，则依然按 20%税率缴纳个税，以派发红股的股票票面金额为收入额计征。以资本公积金转增的股本，则不征个税。

2013 年 1 月 1 日起，根据财政部、国税总局、证监会发布《关于实施上市公司股息红利差别化个人所得税政策有关问题的通知》，对个人从公开发行和转让市场取得的上市公司股票，股息红利所得按持股时间长短实行差别化个人所得税政策，凡持股超过 1 年的，税负为 5%；持股 1 个月至 1 年的，税负为 10%；持股 1 个月以内的，税负为 20%。

【交易点拨】

2007 年 1 月 1 日开始施行的个人所得税法实施条例规定，对于年所得 12 万元以上的个人，要自行向税务机关办理纳税申报，年所得中包括个人股票转让所得。对年所得 12 万元以上的纳税人而言，虽然其取得股票转让所得也要自行申报，但仍不征收个人所得税，即股票转让所得自行申报和是否征税是两回事。

78. 港股与 A 股的区别是什么？

港股与 A 股主要有以下区别。

（1）交易制度的区别。A 股现行的是 T+1 交易制度，且有涨跌幅限制；港股现行的规则是在当天交易时段内可以自由买卖，交易次数及涨跌幅均无限制的 T+0 交易制度。在股票买卖过程中，A 股每手统一实行 100 股为一个交易单位，而港股的每手交易单位主要是根据股票价格来定，并没有统一的规定，大致每手设有 400 股、500 股、1000 股、2000 股、10000 股不等。这也是有些投资者经常遇到未能全仓买入或出现买入股数不准确而被取消交易的主要原因。

（2）交收制度及资金的存取存在区别。目前，A 股实行的是 T+1 交收制度，在资金管理方面，由银行进行第三方托管；港股市场现行为 T+2 交收制度，在股票卖出后，向开户行提交提款申请后，需第二个工作日才能进行资金转取。资金托管实行第三方托管，常见的有汇丰银行、恒生银行、中国银行（香港）等，客户提取资金或股票转托管需要填写证券公司专用表格，并签字核实才可转取。由此可以看出，投资者开户签字样式是很重要的，它是资金存取的法律依据。

（3）交易品种的区别。A 股市场现存的交易品种，主要是以股票、基金为主，同时还有部分可转债等品种；港股市场上的交易品种众多，除股票、股指期货、基金之外，还拥有高息票据、股票沽空、期权、股票挂钩票据等各种衍生工具，并可实行保证金账户买卖。

【交易点拨】

其实，与交易制度、交收制度等技术细节的差别相比，投资理念的差别才是最大的差别。大多数内地投资者崇尚的是政策与消息面主导股市，很少关注境外市场的变化，投资港股则完全不同，因此投资港股也是对投资理念的一次挑战。

第二章 股票交易基本流程

有了基本知识作保障，我们就可以学习专业知识，尝试进入股市了。这是你投身股海的开始，学会开户和网上基本操作，学会买卖股票，你就可以去股海遨游了。打开这扇门，你可能进入一个神奇的世界。

第一节 新手入市心理准备

79. 炒股从哪里开始学起？

炒股应从何学起？这是初涉股市的朋友们最关心的问题。想要了解股市，首先要了解我们自身的状况。从某种程度上讲，如果你是一个从未接触过股票的新手，只要经过科学的训练，很快就会进入得心应手的状态。如果你对股票市场抱有成见，即使有一定的炒股经历，要想改变错误的行为方式也会极其困难。

第一步，学习常见的股市知识。比如，学习一些你不熟悉的技术图表以及它们的含义。一些常用的股市名词术语和概念，要知道它们的确切意思。比如成交量，就是单位时间内市场成交的数量，等等。最重要的是，要保持作为初学者勤奋好学的心态。

第二步，学习观察市场的方法。就像任何事物都有其发展变化的规律一样，虽然股价起伏不定，股市变化无常，但股市的变化也有其自身的规律可循。作为初入股市的投资者，学习正确的观察市场方法非常重要，观察方法正确，你才能得出正确的结论。

第三步，学习技术分析方法。观察市场的重点在于培养你对市场的感性认知，而技术分析则是一种理性判断。当你听到有人谈论股市感性认识的时候，你觉得很有道理，市场似乎就是这个样子。然后你又听到其他人谈论技术分析，你觉得也有道理。这时你开始迷惑了，到底是感性认识正确呢，还是技术分析更有道理？其实两者各有所长，只是侧重点有所不同。当你阅读一些投资著作时，经常会遇到波浪理论、江恩理论、周期理论等，虽然有些理论深奥难懂，但对你掌握技术分析方法会有一定的帮助。

【交易点拨】

在股市投资中，充斥着各种各样的概念和理论，如果没有一套正确的学习方法，会很容易陷入投资误区，迷失自己。正确的学习方法像一座灯塔，能指引投资者穿越股海迷雾，驶向成功的彼岸。

80. 股票投资算是什么行业？

投资股票算是一个什么样的行业？不知道专职操作股票的人碰到这个问题时会如何回答。

近几年，股票投资可以说是全民运动，马路上十个人里面就有三个人在做股票，这一点也不夸张。但在大多数人的眼中，炒股是一种赌博，十个赌九个输。一样是赌博，大家都会说自己买过彩票，但如果你说你在做股票，大概所有的人都会认为你不务正业。在大家眼中，只要是没有在上班的人，都归为无业或不务正业。做股票就被归为不务正业，就算是股市赢家，通常也得不到太高的评价。

为了不被人用这样的眼光看待，专职投资人通常会说，“和别人合伙开公司当股东”，或者说是做“金融事业”，也有人会说“做贸易”。笔者也碰到过这类问题，如果有熟识的亲戚朋友问到这个问题时，通常笔者会说“在做些小买卖”。

有人说，做股票就像猎人去打猎，打到猎物就有东西吃，如果没有打到猎物，就只能饿肚子，而且打猎搞不好还会被猎物咬伤甚至送命。也有人说，做股票就像农夫，要全心全意照顾田里的农作物（股票），希望来年有个好收成。有人说，做股票就像做生意，赚的是买卖间的价差。

说真的，专职做股票到底属于哪一个行业，笔者也搞不清楚。记得有一个朋友讲过一个故事，大意是说：有个专职做股票的人开了一家图书发行公司，但并没认真经营。别人追问，既然无心经营，为什么开这么一家公司呢？这位职业股民说：“为了怕孩子在学校里被老师或同学追问你爸爸是做什么的时候，孩子能有个职业可讲。”真是可怜天下父母心。

其实只要不太计较职业上的“名分”，做股票、玩股票也没啥见不得人的。专心致力于股票投资之后，每天认定的正规工作就是看盘和买卖股票，然后写写炒股心得与大家分享。由于是专职，一无退路，二是确实有兴致，且操作股票买卖本身就像是有趣好玩的网络游戏，只要找准时机，每天花时间勤奋地选股，也可能会有不错的报酬。看着账面上的资金慢慢多起来，是一件很快乐的事。

做股票也是正当赚钱，有什么不对？坐在家中做无店铺生意，有什么不对？难道非得上班打卡才算是“正式职业”？投资股票过生活就是不务正业、好吃懒做吗？虽然买卖股票没有升职的可能，但也可以表现一个人的企图心。即使炒股不是大家认可的工作或职业，可是只要有进账，就同其他工作一样有意思也有意义。让钱生钱，多好啊。

不过笔者并不鼓励大家辞去工作专职做股票，因为人在社会上总要有些“生产”才行，尤其是学生，如果以做股票为目标，除非你有机会到相关的金融机构接受专业训练，否则股市可能会让你亏损得受不了，生活都会很困难。

【交易点拨】

股市不会发给你固定的工资，不要只看到股市成功人士过光鲜亮丽的生活。想在股市做一个有稳定收益的投资者不是简单的事，你要有三五年没收入还能够维持生活的“预备金”，还要有真正的闲钱投入作为操作的本金，更要具备熟练的操作技术和已经养成的沉稳操作心态，这些条件可是缺一不可的。

81．如何做一个成功的股民？

做一个成功的股民需要很多条件。

首先，要学习和了解政府的经济方针和证券政策，了解《证券法》及其他相关法律法规，知法、懂法、守法，时刻关注国内外政治经济形势。

其次，要学会从基本面和技术面来分析股票走势，通过对决定股票投资价值和价格的基本要素，如宏观经济指标、经济政策导向、行业发展状况、公司经营状况等进行分析，以及通过股票价格、成交量等的变化，从技术形态和市场走势上进行分析，评估股票的投资价值，判断股票价格的未来走势，从而进行正确的投资操作。

再次，必须以良好的投资心态进入股市，不要希望一夜暴富。股市表面上看似乎是冒险家的乐园，实际上是智者的投资场。股民需要勇敢、机智、灵活，而不是懦弱、愚笨、固执。要能承受挫折，但也不能被胜利冲昏头脑，要胜不骄，败不馁，做一个理智的投资者。作为一个普通股民，要想准确把握股市的脉搏，踏准股市运行的节奏，这不是一蹴而就的，需要反复不断地摸索和实践。只有通过不断地学习，不断地积累经验，才能成为一个成功的股民。

【交易点拨】

找到自己的优势，就可以在投资市场上赚钱。

82．入市前应该做好哪些准备？

作为一位准备入市的新股民，入市前应做好三大准备。

（1）心理准备。

首先，要树立风险意识。光知道“股市有风险，入市需谨慎”是远远不够的，您还需要知道股市风险究竟有多大，这样的风险您是否能够承受。如果您希望通过股市一夜暴富，如果您希望手中个股天天涨停，如果您认为能靠运气来赚钱，那么建议您暂时先不要入市。

其次，要明确自己的风险承受能力。通过分析自己的家庭状况、收入稳定性、投资目的、证券投资的相关知识和资源等因素，明确自己的风险承受力，事先规划好投入股市的本金数额和投资风格。要有“利益自享，风险自担”的心理准备。当“被套”时，要有壮士断腕的勇气。

再次，要认清您的性格和身体是否适合参与证券投资。在风云变幻的股市中，要始终保持一颗平常心，不因暴涨而冲动，也不因暴跌而恐慌。“胜不骄，败不馁”，这一道理对于股市投资者也一样适用。在挫折面前，不要灰心丧气，避免作出错误的决定。另外，如果您身体素质较差，尤其是患有心脏病、高血压、心脑血管病的人，最好不要直接介入股市。

（2）资金准备。

入市一定要有一定的资金保障。资金来源最好是闲钱，不宜把家中的全部积蓄或有其他重要用途的钱投入股市，更不能借钱、贷款、卖房来炒股，这样风险过大，对于心理的负面影响极大。

（3）知识准备。

要掌握证券交易的基本知识，这是股市操作的基本功。要学会从基本面和技术面来分析股票走势，通过对决定股票投资价值和价格的基本要素，如宏观经济背景、经济政策导向、行业现状、公司经营情况等进行分析，评价股票的投资价值，判断股票的未来价格走势，从而进行正确的投资操作。

【交易点拨】

工欲善其事，必先利其器。有备无患，方能成功。

83. 怎样掌握炒股的基本技能？

可以阅读一些书籍，掌握以下理论。

（1）指标类分析技术。股市的未来可预测性决定了指标是用于实战的，不是靠几个做了手脚的数据游戏来安慰自己。很多投资者初入股市，学习的过程中不注意指标的特定应用范围和指标的含义，盲目地利用指标指导投资，结果得出了一个指标无用的结论。其实在新兴的市场里，主力常利用广大股民对指标的一知半解来达到自己不可告人的目的。

（2）切线类指标。切线类指标比较强调趋势，趋势简单地说就是股票价格运行的方向。某种趋势形成之后，若想改变的话，就要有足够的外力来影响它。一旦股票处于加速上扬走势，持有是最好的选择。当然这种趋势应该从长期去把握。切线理论比较重要的是一些趋势线与黄金分割线，这对于短线投资者来说很重要。适当地应用江恩回调带理论可以给你的操作带来极大的帮助。

（3）形态理论与周线理论。随着股民不断成熟，主力运作的周期出现加长趋势，长庄股粉墨登场。日线图上揭示的传统理论信息容易被主力骗线，所以有必要引入周线理论。从周线上可以以战略者的眼光观察股价现在处于何种状态，之后结合形态理论进行分析，才能得到比较准确的结论。如果只注意所谓的短期日线形态，投资者将饱尝主力骗线的苦果。

（4）波浪理论。这是天才才能掌握的理论，非一般的投资者所能把握。尽管波浪理论的原理很简单，但是如同一千个观众心中便有一千个哈姆雷特一样，对于数浪，大家很难达成共识。有个简单的办法，实际上可以在周线上来分析个股处于上升浪还是下跌浪。只要寻找到股票的上攻趋势浪，就可以进行买入操作，至于个股到底是处于波浪理论的哪一浪，则可以不必太关注。在上攻浪穿过前期头部以后，惯性上涨一段时间，如果股价有走软或者滞涨的苗头，就坚决出局。由于创新高的股票大多数市场人士都相对看好，主力容易反着做。所以对一些创新高的股票要特别小心对待，一味看多创新高的股票，只会受到主力无情的戏弄。

（5）K 线理论。这个技术分析方法常常被主力用来作为骗线。为什么很多主力喜欢用 K 线骗线呢？因为大多数投资者对于一只股票的走势判断多是基于 K 线及 K 线组合。很多人对 K 线理论一知半解，其他指标多半不看，所以主力会重点利用 K 线来制造骗线。

另外，还要多看盘，学习一些简单的股市投资技巧。

【交易点拨】

掌握技能无非两条路，一靠学习，二靠实践。学习靠书本，实践靠操练。

84. 新手上路有哪些外在表现?

股市投资的门槛较低，一个自然人办理了股东账户和资金账户，然后进入股市开始买卖，即成为一名投资者。

认为股市是赚大钱的地方，这是新手开始交易的第一个阶段。由于耳闻了众多百万富翁的发家史和朋友们炒股挣钱的案例，你知道“交易”是一个能赚大钱的买卖，于是你想进入股市大赚一笔。

不幸的是，就像你第一次坐在方向盘前开车一样，交易有点儿手忙脚乱。在一夜暴富思想的影响下，你开始不停地交易，不停地亏损。有时你一买进，股价就往下跌，于是你又卖出，买进、卖出，买进、卖出……行情好时你可能会赚点钱，不过这会让事情变得更糟，你以为炒股太简单了，然后开始“随心所欲”地操作。出现亏损时，你会尝试加仓去摊平成本，就像赌博时，这次输了一元下次就押注两元。有时你侥幸地赢了回来，但更多的时间却是断手断脚。这时你已经完全忘记了你还是一名炒股新手。

这个阶段通常不会持续很长时间，随着对股市的了解和周围信息的增加，很快你就进入到第二阶段，认为在股市赚钱很难。在这个阶段，你认识到炒股要想获利，还有不少功课要做，意识到自己还缺少真正可以获利的技术。

于是你开始读一些炒股的书籍，试图探索一套盈利的操盘方法，从葛兰碧八大法则、道氏理论开始学起，接着学习各种技术指标，希望在最短的时间里能够获得收益。学习了某种技术分析方法，你就开始模仿交易，希望能够因此获利。但是实践证明，你还在不断地给市场交学费。

又过了一段时间，你开始懂得要综合看盘，要把技术分析工具组合在一起，于是你在盘面上设置了各种指标，例如KDJ+MACD+RSI，又或者是移动平均线+KDJ之类的方法。

你想找到炒股必胜术，周而复始地尝试各种技术分析方法。每次你学习了一种方法，就会欣喜若狂，希望自己找到了屠龙之技。

你想成为一个在最低点买进、在最高点卖出的“大师”，用你的技术分析方法去寻找市场反转的精确点位。尽管你发现你还在亏损，但还是坚持不懈地努力，因为你坚信你的努力是值得的。

你希望在电视、报纸、股评会、投资报告会上遇到高手。如果遇到高手，你可能会问他们手中的个股套牢了该怎么办?其实你想听到的是：继续持股，不用担心！就算他们建议你割肉卖出，你也会用怀疑的眼光看着他们。

你可能还会在网上找一个“股神”来跟着他操作，这个“股神”可能会向你保证肯定赚钱，并且告诉你以前他的业绩有多好，当然，通常这种跟盘操作是收费的。不论这个“股神”是真神还是假神，你还是没有办法赚到钱。

其实，技术分析是统计学的一门旁支，没有一个工具是百分之百准确的，获胜概率能超过70%就算很不错了。技术分析高手比到最后比的是心态，而不是交易系统或交易工具。

这个阶段可能会持续数年，至少笔者看到的股民都持续一年时间以上。经过无数次的打击，好多人通常会放弃股市。

大约60%的新手在前3个月就放弃炒股了。试想一下，如果炒股是一件很容易的事，那么有多少人会成为百万富翁！另外 20%的人在坚持了一年以后，可能也会无可奈何地缴械投降了。只有 20%的人能够坚持 3 年之久，不过四五年之后，只有 5%～10%的人还在坚持，而且他们开始慢慢地赚钱了。

以上这些统计数据都是真实的，不是笔者在脑海里凭空想象出来的。

就算你真的在股市磨炼了五六年甚至十几年，可能你已经花了比你想象的多得多的时间和金钱。退出股市又进入股市，这样的循环已经经历数次了。你曾经许多次想要彻底退出股市，不过这时股市已经深深地融入到你的血液之中，想出也出不来了。

【交易点拨】

无知者无畏，大概就是这个道理。

85. 新手入市怎样磨炼耐心？

投资者从门外汉到最终成为一名成熟、成功的投资者，必须经历理论学习、实盘操作、总结经验、反复心理斗争，最终才能形成稳健、乐观、自信、不骄不贪的心态，这一过程一般需要 10 年左右的时间才能完成。也就是说，一个投资者从踏入股市到能够稳定获利，起码需要 10 年以上的时间。

（1）理论学习阶段。

投资者最初踏入证券市场时，以“小学生”的心态勤奋学习，通过钻研炒股图书，以及周围朋友、专业人士的讲解，来学习相关专业知识和交易经验。在股票操作上，这时投资者很少有自己的主见，买入股票一般都是电视上的股评人士推荐或身边朋友介绍的。这一阶段股民的心理特征主要表现为赚钱心切，着急恐慌，没有主见，心有余而力不足，为了赚钱不惜冒一切风险，追涨杀跌是经常犯的错误。

（2）自我封闭阶段。

经过第一阶段的学习、磨炼和总结，投资者很快找到了所谓的“赚钱秘诀”。这个所谓的“秘诀”，一般就是几个指标加上量价分析以及具备牛股特征的突破形态，这些内容在炒股书籍里介绍得很多，也比较容易掌握。市场上大多数投资者基本上都了解这些知识，但只有一小部分人才精通此道。

这些指标能够反映股价走势，依靠它们来操作，某一段时间内短线成功的机会很多，有时甚至可以买在最低点，卖在最高点。因此每一次操作成功，投资者都有一种很大的成就感，认为自己的才华终于找到了可以施展的舞台，自信、冲动、虚荣心甚至狂妄这时会冲昏大家的头脑。回想刚入市的时候，那些曾经向自己推荐过股票的人屡屡出错，这就更增强了自己的信心，更相信赚钱必须靠自己的能力，而且认为自己已经具备了赚钱的能力。

在操作上，这时的显著特点是频繁买卖。可以不吃不喝，就是手里不能没有股票。几分钟没有股票，或者自己看好的股票没买入就出现了大涨，就会如同猫抓一样难受。这一阶段大部分人都喜欢满仓操作，买了大涨的股票就到处炫耀，或者洋洋得意；买了大跌的股票就懊恼沮丧，闷闷不乐。要么处于大喜大悲状态，要么处于小喜小悲状态，要么处于忙里偷闲的休闲状态。这时投资者和股市的关系就像热恋中的情人一样，一天也不能分开，一开盘就必须看行情走势。买卖股票时，对于价位斤斤计较，买入价必须在最低价位附近，卖出价必须是在最高价位附近。有时爱追涨杀跌，追逐市场热点板块，脑子里几乎只有“赚钱”二字，对于亏损、风险控制等概念却很模糊。操作业绩要么大赚大赔，要么小赚大赔。

第二阶段至少需要 5 年以上的磨炼,有的甚至 10 年以上,这是投资者走向成功最困难的阶段，就像红军的两万五千里“长征”一样艰难！这一阶段也是投资者损失最惨重的阶段，在股市上损失几十万元或损失几百万元都不在话下。既想暴富，又不知道如何控制风险，盲目自信、自负和自我封闭、思想麻木阻碍了投资者的进步。一直到出现惨重的损失后，自己才忽然惊醒。惊醒以后有三条路可走，一条路是绝望地离开股市；另一条路是无奈地甘心听从“高人”指点；第三条路是休整一段时间后，开始反思和继续学习，重新修炼自己。

（3）再学习和反思总结阶段。

经过几年的反复折腾，最终结果又是大败，于是投资者开始醒悟了，认识到自己的水平还远远不行，以前的交易行为太幼稚了，于是开始再次学习。这次学习是系统地学习，学习内容包括各种技术分析方法、基本面分析方法、交易系统、投资组合、风险控制等。心态修养方面进步也很快，变骄狂为谦卑，逐步克服贪婪与恐惧。操作中不再喜怒无常，情绪基本稳定。面对盈利和亏损能够泰然处之，不再受他人和假象的干扰与迷惑，对于行情的大涨或大跌，也不再有很大的情绪波动了。

不再贪功好利，不再急躁恐惧，不再炫耀自己，能够认识到自己的不足并逐步改变，虚心好学，努力寻找一个能够长期获胜的操作方法，但是这时投资者的自我控制能力还不够强。在操作上，这一阶段以学习新理论和总结过去的经验教训为主，不再频繁操作。业绩上不再有大的盈亏波动，基本维持在微利或小亏状态。

这一阶段最重要的是心态修养，其次是系统掌握各种投资理论、分析方法和投资技巧，并与实际操作结合起来。这一阶段需要经过 3 年左右的时间。越过这一阶段后，投资者就如同大家常说的武林高手一样，一般情况下不会被对手打得大败，平手或小输小赢的机会较多。如果这时遇到成功高人的点拨，就会少走许多弯路，达到成功所需的时间就会大大缩短。

（4）成功阶段。

经过几年的学习、磨炼，到了这一阶段，可以说已经掌握了丰富的投资理论，能够把刻骨铭心的经验教训与投资理论有机地结合起来。心态方面，浮躁、冲动、贪婪、恐惧、争强好胜、妒忌、自负、沮丧的心态基本上都去掉了，能够真正做到不以物喜，不以己悲，能毫不含糊地牢牢控制住自己的欲望，能够把技术分析方法与基本面分析方法有机地结合起来，把风险控制摆在操作的首位。找到了一个切实可行的交易系统，能够真正做到知行合一，实现长期稳定的盈利。这一阶段的关键是把握心态。就像武林中得道的大师一样，该阶段的股民精通各种武艺，道德修养极高，买卖操作全出于“意念”之间，操作依据不再是各种技术分析与基本面分析了。

上述四个阶段的划分，尽管有其不足之处，但这个过程却是广大投资者必须要经历的，几乎每一个股民都能够从上述四个阶段找到符合自己的地方。之所以给大家介绍一个股民从初入市到成熟经历的四个阶段，是希望广大投资者入市之后不要只顾埋头于日常的炒单，整天沉迷于股海之中。有些人可能天生不适合炒股，这里奉劝这部分人不要再无谓地牺牲人力和财力，把闲散资金交给专业投资人士或者基金管理公司来打理，远远比你自己炒单赚钱。不相信这一点，那么就等10年以后让事实来说话吧！

【交易点拨】

大多数投资者不能成功的原因很简单，就是缺乏耐心。

86．新手怎样培养自主决断能力？

自主判断、自主决断的能力很重要，炒股不能总是跟在别人后面人云亦云。自己没有主心骨，永远也不可能在股市中大赢。

刚刚入市的投资者，应该学会在股市中冷静地分析市场行情，远离那些喜欢追涨杀跌的人，向有经验和有技巧的老股民学习，逐步在实战中调整自己的心态。投资者要努力培养赢家需要具备的心理素质，比如头脑冷静，不轻信市场传言，不轻举妄动，克服急躁和贪婪，养成独立自主的交易习惯。有条件的话，可以适当购买一些证券投资方面的书籍，学习股市投资知识要先于投资行为，尽可能为今后把自己锻炼成为驾驭股票的“行家里手”创造条件。

投资股市，要敢于自我决断，敢于承担风险。初入股市，先要清醒地估计自己承受风险的能力。承受风险的能力既包括个人的财力，也包括个人的心理承受能力。如果个人财力有限，就要采取稳妥的策略——先求保本，再求增值。假如个人心理承受能力较差，那么最好远离波动较大的股市。

【交易点拨】

进入股市后，投资者应该时刻提醒自己“是否有主见”？如果没有，必须加强培养这一素质。

第二节 股票交易步骤

87．股票交易有哪几个步骤？

投资者在证券市场上买卖已发行的证券，要按照一定的程序进行。股票交易步骤主要有几个环节，分别是开户、委托、成交、结算。

所谓证券交易程序，就是指投资者在二级市场上买进或卖出已上市证券所应遵循的规定过程。在现行技术条件下，证券交易已采用电子化形式。在电子化交易情况下，证券交易的基本过程包括开户、委托、成交、结算等几个阶段。

（1）开户。

开户有两个方面的内容，即开立证券账户和开立资金账户。由于采用电子化交易方式，证券和资金都可以记录在相应的账户中，不必再进行“一手交钱、一手交货”式的交易。

投资者买卖证券的第一步是向证券登记结算公司申请开立证券账户，用来记载投资者持有的证券种类、数量和相应的变动情况。

（2）委托。

在证券交易市场，投资者买卖证券是不能直接进入交易所办理的，必须通过证券交易所的会员来进行。换言之，投资者需要通过经纪商才能在证券交易所买卖证券。在这种情况下，投资者向证券经纪商下达买进或卖出证券的指令称为委托。

（3）撮合成交。

投资者下达的委托指令通过证券交易所的交易系统传送到交易所的撮合主机，撮合主机对接收到的来自全国各地的委托指令进行合法性检测，然后按“价格优先、时间优先”的竞价规则排队，确定成交价，自动撮合成交，并立刻将结果传送给证券商。投资者可以通过营业部的显示器看到自己的委托是否已经成交。不能成交的委托按“价格优先、时间优先”的原则排队，等候与其后进来的委托成交。当天不能成交的委托自动失效，投资者可在其他交易日用以上方式重新委托。

（4）交割。

投资者的委托成交之后，由证券登记结算公司负责对交易所传送的数据进行结算，证券营业部再根据登记结算公司发来的资金交收数据划拨证券，由银行代理完成资金的划拨。不同的交易所有不同的交割时间要求。

（5）过户。

当你买进某只股票时，必须到该股票发行公司办理登记过户手续，才算成了股票发行公司的股东，只有过户，才能在将来享受到拥有股票的好处。

如果是在交易所上市的股票，过户手续采用电脑自动过户，买卖双方一旦成交，过户手续就已经办完，即由计算机将交易信息传到证券登记公司，将买卖记录在股东开设的账户上。

【交易点拨】

如果是在交易所上市的股票，则只需委托买卖，其他步骤的交割与过户由计算机自动完成。

88. 什么叫开户？

买卖股票时，投资者需要办理两个账户：证券账户和资金账户。办理这两个账户的过程就叫开户。

证券账户是指证券登记结算机构为投资者设立的，用于准确记载投资者所持的证券种类、名称、数量及相应权益和变动情况的账册，是认定股东身份的重要凭证，具有证明股东身份的法律效力，同时也是投资者进行证券交易的先决条件。

资金账户即证券交易结算资金账户，是指投资者用于证券交易资金清算的专用账户。投资者只要在证券商或经纪人处开设了资金账户并存入了证券交易所需的资金，就具备了办理证券交易委托的条件。

开户的主要作用在于确定投资者信用，表明该投资者有能力支付买入股票的价款或佣金。投资者开设证券账户，是委托券商或经纪人代为买卖股票时，与券商或经纪人签订委托买卖股票的契约，确立双方为委托与受托的关系。

投资者委托买卖股票，须事先在证券经纪商处开立证券交易结算资金账户，资金账户用于投资者证券交易的资金清算，记录资金的币种、余额和变动情况。

【交易点拨】

开户是投资者走进股市的第一步。证券账户可以视为投资者进入股票交易市场的通行证，只有拥有它，才能进场买卖证券。

89．如何办理开户手续？

办理开户手续的一般步骤是：选择一家证券公司营业部 → 填写上证交易所《证券账户开户登记表》(办理深圳股票账户的，填写深交所《证券账户开户登记表》) → 出示有效身份证件和复印件 → 缴纳开户费用 → 获取证券账户卡。

个人开户流程：

(1)办理证券开户，需由本人亲自到证券公司柜台办理。若委托他人代办证券开户的，须提供经公证的委托代办书、代办人的有效身份证明原件(如果委托人身份证为二代证，需提供身份证正反两面复印件)。

(2)证券开户时需填写《证券交易开户文件签署表》和《证券客户风险承受能力测评问卷》。

(3)如果客户从未办理过证券开户，需填写《自然人证券账户注册申请表》。

(4)办理银行三方存管，需填写《客户交易结算资金第三方存管协议》，同时证券开户人携带本人银行借记卡去银行网点柜台确认。没有该银行借记卡者，需在银行柜台新办借记卡。

港澳台居民自 2013 年 4 月 1 日起可以开立 A 股账户，办理流程与境内个人投资者稍有不同，具体可以咨询有证券经纪资格的证券公司营业部。

机构开户流程：

(1)证券开户时需填写《机构客户证券交易协议书》。

(2)如果机构客户从未办理过证券开户的，需填写《机构证券账户注册申请表》。

(3)如果机构客户是投资代办股份市场的，需填写《股份转让风险揭示书》。

(4)证券开户费。中国证券登记结算公司上海分公司收取证券开户费 400 元/户，中国证券登记结算公司深圳分公司收取证券开户费 500 元/户，由证券公司统一代收。

(5)办理银行三方存管，需填写《客户交易结算资金第三方存管协议》，同时证券开户本人携带公司银行借记卡或公司银行账户号去银行网点柜台确认。

【交易点拨】

开立证券账户须持有本人身份证原件及复印件，开立资金账户还须携带证券账户卡原件及复印件。另外，一张身份证只能开立一个证券账户。如果您已在其他证券公司开户，那么您需要在该证券公司办理了撤销指定交易和转托管手续之后再办理开户，开户时您仅需开立资金账户和办理指定交易即可。

90. 如何开立 B 股账户?

对于境内的 B 股个人投资者，无论是深圳 B 股账户卡还是上海 B 股账户卡，都可以在全国任何一家交易所会员券商处开户。二者不同的是，深圳 B 股账户卡可以在多家证券营业部开户并可同时交易，而上海 B 股账户卡必须办理指定交易。办理指定交易后，只能在指定的一家证券营业部使用，转换证券交易营业部时，须办理变更指定交易手续。

开立 B 股账户具体顺序如下。

（1）境内居民个人首先凭个人有效身份证明到其外汇存款银行将其现汇存款或外币现钞存款划入拟开户的证券经营机构在同城、同行的 B 股保证金账户（证券经营机构须有 B 股交易席位和 B 股经纪业务代理权），暂时不允许跨行或异地划转外汇资金。境内商业银行应当向境内居民个人出具进账凭证，并向证券经营机构出具对账单。其次，凭本人有效身份证明和本人进账凭证到证券经营机构开立 B 股资金账户，资金最低金额为等值 1000 美元。最后凭 B 股资金账户证明在经证交所证券登记结算公司委托的证券经营机构或其他机构（如商业银行）开立 B 股股票账户。

（2）境外自然人（包括港澳台地区，下同）开户须提供本人有效身份证明或护照，提款印鉴，指派代理人的客户须与代理人同时来证券营业部填写代理人资料并签署《授权委托书》，明确授权范围。如果投资者本人由于种种原因，不便亲自来证券营业部开户和进行买卖操作，可由代理人出具《授权委托书》或由代理人签署《保证书》，然后在证券营业部开立资金账户，在交易所证券登记结算公司委托的证券经营机构或其他机构开立 B 股股票账户。

（3）境外机构开户须持境外注册商业登记证书原件及复印件，授权证券执行人的书面授权书，并明确授权范围和授权证券执行人的有效身份证明或护照原件、复印件，预留机构提款印鉴一份。余下手续同个人投资者一样，办理资金账户和 B 股股票账户。

【交易点拨】

注意，办理上述手续时必须由本人办理，不能委托他人代办。

91. 怎样进行清算、交割与过户?

清算是指证券买卖双方在证券交易所进行的证券买卖成交之后，通过证券交易所将券商之间证券买卖的数量和金额分别予以抵消，计算应收、应付证券和应付股金差额的一种程序。

交割是指投资者与受托券商就成交的买卖办理资金与股份清算业务的手续，沪深两地交易均根据集中清算净额交收的原则办理。

清算与交割以后，就要办理股票过户。所谓过户，就是办理清算交割后，将原卖出证券的户名变更为买入证券的户名。对于记名证券来讲，只有办妥整个交易过程，才表明拥有完整的证券所有权。深圳和上海两个证券交易所上市的个人股票，都不需要股民亲自去办理过户手续，而是由相应的计算机交易系统来完成。

【交易点拨】

只有办理了过户手续，才算完成了一笔股票的交易过程。

92. 股票成交的基本原则是什么？

“公平、公正、公开”是证券市场最基本的行为准则。体现在交易市场上，交易所的电脑交易系统则按照“价格优先”和“时间优先”的原则对买卖委托进行撮合，以确保“三公”原则得以体现。

【交易点拨】

由于电脑交易系统的广泛应用，“三公”原则在股票交易过程中得以充分体现。

93. B股清算交收有何规定？

（1）沪市B股清算交收程序如下。

B股的清算在成交后的第三日完成，但投资者可以在成交当天反向卖出已买入但未交收的股票，这就是所谓的“T+0回转交易、T+3清算交收”规则。不过由于目前B股交易实行的是有形席位交易方式，券商无法得到交易所的即时成交回报，因而T+0回转交易难以执行；出于活跃交易起见，卖出股票所得款项，各券商一般规定委托次日交割确认成交后即可再行买入，但资金的划转仍须在T+4日方能进行。

（2）深市B股清算交收程序如下。

①在交易所达成的所有B股交易记录在当日收市后传送至深交所的B股结算系统，并转化为一类指令。

②深交所在T+1日执行一类指令对盘，即核对成交资料内容，并在T+1日上午12：00之前将内容不符的一类指令通知结算会员。结算会员应当在T+2日14：00之前反馈更正指令。

③深交所在T+2日执行二类指令配对，即根据指令发送双方的内容完成指令配对，并在T+2日上午12：00之前将配对不符的二类指令通知结算会员。结算会员应当在T+2日14：00之前反馈更正指令。

④深交所在T+2日15：00之后执行资金试交收，列出结算会员T+3日应交收的资金净额。资金试交收完成后，所有交收数据不得变更。

⑤深交所在T+3日上午股份交收，即记加或记减投资者股份账户和结算会员的股份总账户。

【交易点拨】

要记住深市和上市清算交收程序的不同。

94. 沪深交易所有哪些基本交易规则？

根据有关规定，上海和深圳证券交易所有下列基本交易规则。

（1）交易原则：价格优先，时间优先。

（2）成交顺序：较高买进委托优先于较低买进委托；较低卖出委托优先于较高卖出委托；同价位委托，按委托时间顺序成交。

（3）报价单位：A股、B股以股为报价单位，基金以基金单位为报价单位，债券以100元面额为报价单位，国债以资金年收益率为报价单位。

（4）价格变化档位：A 股、债券、基金为 0.01 元；深市 B 股为 0.01 港元，国债回购为 0.01%；沪市 A 股、债券、基金为 0.01 元，B 股为 0.002 美元。

（5）委托买卖单位与零股交易：A 股、B 股、基金的委托买单为“股”（基金按“基金单位”），但为了提高交易系统的效率，必须以 100 股或基金整数倍进行委托买卖。如有低于 100 股（或 B 股 1000 股）的零股需要交易，必须一次性委托卖出。同时也不能委托买进零股，债券、可转换债券的委托单位为 1000 元面值（手）。

（6）交易时间：周一至周五，每天上午 9:30~11:30，下午 1:00~3:00。法定公众假期除外。

（7）竞价：集合竞价时间为上午 9:15~9:25。连续竞价时间为上午 9:30~11:30，下午 1:00~3:00。

（8）开市价：某只证券当日第一笔成交价（第一笔成交价有可能在连续竞价中产生）。

（9）收市价：深市为有成交的最后 1 分钟内所有成交价的成交量加权平均价，沪市为当日最后一笔成交价。

（10）涨跌幅限制：自 1996 年 12 月 16 日起，证券交易所对交易的股票（含 A 股、B 股）、基金类证券实行交易价格涨跌幅限制。在一个交易日内，除上市首日证券外，每只证券的涨跌幅度不得超过 10%，实施特别处理的股票（ST 股票）涨跌幅度限制为 5%。根据最新规定，实行 PT 的股票涨幅不得超过 5%，跌幅不受限制。超过涨跌限价的委托为无效委托。

【交易点拨】

投资者须注意，如果有低于 100 股的零股需要交易，必须一次性委托卖出，同时不能委托买进零股。

95. 新股网上申购的具体程序是什么？

网上申购就是通过证券交易所网上交易系统进行的公开申购。任何持有证券交易账号的个人或机构都可以参与此申购。网上申购新股和平时买卖股票一样，可以通过营业部电话委托、营业部终端自助委托或者网上委托进行。

网上申购主要是针对散户而言的，网下申购针对的是基金公司也就是大户，不过大户也有可能去网上申购。

（1）网上申购必须在申购日（简称 T 日）当天进行操作，申购时间为 T 日上午 9：30~11：30，下午 1：00~3：00。发行人和主承销商在网上发行申购日（T 日）会在一个交易日之前刊登网上发行公告。

（2）进入交易软件，选择买入，再输入新股申购代码，例如中国银行是 780988。每一股票账户只能申购一次，重复申购和资金不实的申购一律视为无效申购，无效申购不得认购新股。申购委托前，投资者应把申购款全额存入与证券交易所联网的证券营业部指定的资金账户。

（3）输入申购代码后，申购的价格就会自动显示出来，你只需输入申购的数量就可以了。

上交所规定，根据投资者持有的市值确定其网上可申购额度，每 1 万元市值可申购一个申购单位，不足 1 万元的部分不计入申购额度。每一个申购单位为 1000 股，申购数量应当为 1000 股或其整数倍，但最高不得超过当次网上初始发行股数的千分之一。

深交所规定，持有市值 1 万元以上（含 1 万元）的投资者才能参与新股申购。与上证所不同的是，深交所规定，每 5000 元市值可申购一个申购单位，不足 5000 元的部分不计入申购额度。每一个申购单位为 500 股，申购数量应当为 500 股或其整数倍，但最高不得超过当次网上初始发行股数的千分之一。

究竟申购多少，就要看你自己的资金能力了。申购数量越多，中签机会越大。

（4）申购操作完毕后，在申购当日可以撤单，即 T 日可以撤单，T+1 及以后不能再撤单。

（5）申购配号。申购配号根据实际有效申购进行，每一有效申购单位配一个号，对所有有效申购单位按时间顺序连续配号。

（6）资金冻结。申购日后的第一天（T+1 日），由结算公司将申购资金冻结。

（7）验资及配号。T+2 日，结算公司配合证券交易所指定的具备资格的会计师事务所对申购资金进行验资，以实际到位资金作为有效申购，当有效申购总量大于该次股票发行量时，上证所按照每 1000 股配一个号，深交所按照每 500 股配一个号。

（8）摇号抽签。主承销商 T+3 日公布中签率，并根据总配号量和中签率组织摇号抽签，于 T+4 日公布中签结果。

（9）资金解冻。T+4 日，对未中签部分的申购款予以解冻。如果中签了，中签的股票就会显示在你的证券账户上。新股认购款集中由中国结算上海分公司划付给主承销商，再划给上市公司，发行结束。

申购之后，账户配号那里可以查到你的配号号码。如果你申购了 4000 股（以沪市为例），那么你就有 4 个号码。因为号码是连续的，所以只显示第一个号码，其他号码自然就知道了。公布中签号码后，投资者可以看看自己是否中签。不看也没有关系，如果中签，股票自然会划到你的账户上。

【交易点拨】

这些程序虽然复杂，但投资者有必要了解其相应的过程。

第三节 股票的网上交易

96. 网上证券交易操作程序是什么？

网上证券交易，是指投资者使用终端设备（计算机、手机等）通过互联网和券商相连进行交易的方式。随着越来越多的家庭拥有电脑并连通了互联网，利用互联网在电脑上进行证券交易，成为越来越多投资者的选择。相对于传统交易方式，网上交易有诸多好处：成本低廉，突破地域限制，信息广泛快捷等。

与传统交易方式相比，网上交易有许多不同之处。首先你必须到证券公司开通网上交易，同时在你的电脑里安装交易软件，再连上互联网，方可进行交易。在交易前，要对下列过程有充分的了解。

（1）登录账号。网上登录和传统登录方式基本相似，只是有时网络可能繁忙或系统失灵，无法进入账户。在开通网上交易前，投资者应向证券公司问明网上交易无法进行时，可通过哪些途径进行委托。

（2）查询报价。通常网上报价是实时报价，但有时因为网络拥挤，数据不能及时更新，会产生时滞，屏幕显示为历史报价。投资者在看报价时应当确认报价时间，否则会带来投资风险。

（3）委托。网上委托和传统委托方式大致相同，但是投资者必须明确证券公司对委托是否有限制，同时了解委托被拒绝执行时证券公司如何发出通知。

（4）证券公司发出的通知。投资者应了解证券公司如何对委托的执行情况发出通知，以及如何确认委托的执行、取消或更改，以便了解信息。通常系统会自动发出通知更新委托的执行情况，投资者需区别委托确认及交易确认。委托确认只显示证券公司已收到委托，但委托仍未执行，交易确认指委托已执行。

（5）撤单。投资者撤单时，必须确定原先发出的委托尚未执行。交易确认的传送有时会出现延误，以致出现委托无法撤回的现象。遇到上述情况时，投资者应向证券公司查询，切勿盲目发出指令。

【交易点拨】

委托执行后，证券公司会把最新情况传送给客户，或向客户发出电子邮件确认交易，投资者应保留交易确认书或电子记录。对于证券公司发出的实物成交单据或电子成交单据，投资者需熟悉单据的一般格式，以及单据上必须列明的项目。

97. 网上交易有哪些优点？

与传统交易方式相比，网上交易具有以下优势。

（1）速度优势。与传统交易方式相比，网上交易更加快捷。随着我国网络带宽的增加与宽带网的建设，无疑使网上交易如虎添翼。

（2）便利优势。网上交易不受同城地域的限制，不受上班时间的限制，只要你办理了网上委托交易的相关手续，就可以坐在家里、办公室或出差在外的交通工具上，进行行情接收和委托下单，轻轻松松地实现交易。

（3）获取信息广，相关服务多。事实上，仅仅将网上交易理解为一种可利用的交易手段的话，未免过于简单。投资者上网交易更多的是可以方便、及时、全面地获取各种证券投资信息，而且在获取信息的选择上更具主动性。投资者可以随时查询想要了解的上市公司相关资料。如果是某证券公司的客户，只要点击一下，就可以获得证券公司所属证券研究所及其他咨询机构的股市分析与研究报告。得到特殊的信息资讯服务，如证券公司提供的即时信息服务，使投资者可以在第一时间获得与市场有关的信息，及时对市场走势做出判断和投资决策。此外，可以免费浏览其他证券资讯网站，免费定制各种需要的信息和个股行情。

证券网站推出的企业与个人理财服务系统，能为股市投资提供全方位的投资咨询服务。证券网站咨询系统提供证券分析师对大盘走势的基本看法，投资者还可以在网上与这些专家进行交流。这种互动性的交流不受时间、地域的限制，使投资者能够时时刻刻把握股市动态。

（4）费用相对比较合理。与传统交易相比，网上交易收费标准基本相同，按规定收取相同比例的手续费、印花税和其他规定的交易费用。网上交易的投资者在费用上需要多付出的只是通信费（电话费）和上网费。不过网上交易所提供的交易便利条件（不受交通、天气等的限制），获取信息的快捷便利，内容丰富、全面，使投资者在全面及时获取信息、判断信息、做出投资决策上，是传统的交易方式不可比拟的。相比之下，这样的费用是比较合理的。2002 年 5 月 1 日起，证券公司实行浮动佣金制，开通网上交易的证券商，在收费上基本采取了网上交易低于传统交易的收费标准，以鼓励更多的投资者使用网上交易。

【交易点拨】

总之，与传统交易方式相比，网上交易优势明显，是广大证券投资者广泛采用的证券交易方式。

98. 网上交易应注意哪些问题？

网上交易应注意如下问题。

（1）网络安全性。证券网上交易往往涉及巨额资金，一旦网络受到外部攻击，造成系统中断，或网络犯罪使信息泄露，会造成重大损失。

（2）网络速度和稳定性。网上交易主要是因为其便利的操作程序和快捷的传输速度，但只要黑客使用大量发送垃圾信息的方法，就会大大降低网络的运行速度，严重时网站甚至被迫关闭。

（3）交易成本。低成本是网上交易迅速发展的直接原因，如果上网费用过高，一般股民就难以涉足。

【交易点拨】

要选择安全快速的网上交易网站，使用安全无毒的电脑进行网上交易，定期对电脑系统进行查毒和杀毒。不要泄露个人账号和密码，定期更换密码。

99. 你是否适合网上交易？

网上交易又称为股票的无形市场交易。无形市场是相对于有形市场而言的，无形市场不设交易大厅作为交易运行的组织中心，投资者利用证券商与交易所的电脑联网系统，直接将买卖指令输入交易所的撮合系统进行交易。投资者委托买卖、成交回报以及资金的交割，均通过证券商与交易所的电脑联网系统实现。

理论上，只要你具备了上网条件，均可办理网上交易的开户手续，并通过互联网进行网上交易。当然，投资者还要根据自身的经济情况，以及对电脑和互联网的了解程度来决定是否开通网上交易。

网上交易作为交易的一种手段，并不是唯一的交易方式。在网上交易的各项因素不能尽善尽美的情况下，传统的交易方式仍然被很多人所采用，最起码要作为一种备用的交易方式。

【交易点拨】

为避免因不熟悉网上交易方式而造成损失，投资者可以将网上交易方式与传统的交易方式结合起来使用。

100．怎样规避交易堵单带来的损失？

“我买的股票正在下跌，想早点出手抛掉，网上却不能正常交易，一下子就损失了 3000 元。”这是一位股民痛心疾首的抱怨。

中国股市经历二十多年的发展，燃起了无数投资者或投机者的欲望。股民热情高涨，交易数量剧增，使得很多交易信息集中在某一时间段进行，证券交易系统网络阻塞的现象经常发生，许多股民因此遭受重大损失。如何有效预防股票交易信息堵塞现象，减少股民的意外损失呢?

网上交易的股民急于买进或抛出时，可以选择市价委托，就是在下单买卖的时候，只需要填写买入股票的名称和数量，无须填写成交限价。交易系统会按照委托单到达之时的股票即时最新成交价格来成交，也就是“随行就市”成交，以避免堵单带来的损失。

市价委托虽然不能彻底避免堵单发生，但至少可以降低交易失败的风险。比如某只股票当前价格是 20 元，股民若一定要买到它，最好用市价委托来买入，这样即使出现堵单现象，也不至于错过交易机会。

【交易点拨】

堵单事件多因技术原因引起，股民可以提前操作，避开在集合竞价或开盘交易时以电话委托或网上委托方式交易。

101．如何用手机炒股？

手机炒股不受时空的限制，比较适合白领上班族，即使是在工作间隙或者在旅游途中，也能满足热衷炒股者随时随地获取股市信息的需求。

手机炒股的相关信息较之电脑更为安全和令人放心。中国移动、中国联通等几大电信运营商都开通了移动证券业务，推出了相应的炒股服务，即“掌上股市”，手机炒股已成为一种很普通的交易方式。

一般来说，只要是能上网的手机，都可以用来炒股。目前手机炒股的主要方式有短信、WAP、客户端软件等，其中短信是最为传统的方式，短信只能获取简单的行情查询、个股推荐等信息，无法进行实时交易；WAP 方式炒股则是通过手机上网操作；如果安装有客户端炒股软件，就能够像在电脑上一样进行实时的行情查询和股票交易。

大屏幕的智能手机在炒股上占有优势，因为大屏手机能清楚地看出个股和大盘的走势。同时，智能手机大多具备软件拓展功能，具有广泛的兼容性。目前网络上有各种各样的手机炒股软件供炒股者自由下载，稍有电脑操作经验的用户，下载后就可以轻松地使用了。

常用的手机炒股软件很多，只要登录官方网站，大部分手机炒股软件都可以免费下载和注册，运行后按照注册的用户名和密码登录就可以炒股了。有些软件可以无限期免费使用。

【交易点拨】

用手机炒股，不要让人随便翻看您的手机，不要打开不知名的短信，要定期修改您的密码，定期给手机杀毒。

102．手机炒股有哪些优势？

相对于传统的炒股方式而言，手机炒股显得更加灵巧方便。通过下载运营商或者证券商提供的一些小型的股票软件，投资者就能够通过手机查看行情甚至下单。

很多年轻的投资者喜欢使用手机上的股票软件进行炒股，每个月只要交纳一定数额的手机上网费，就能享受这一服务。

在手机的自选股票栏目中，数据是即时的，比用电脑上网看还要方便。中国的主要运营商中国移动和中国联通都开通了手机网上炒股服务。

市场上许多款专用炒股的手机，价格也不算贵，其中有些手机在出厂时就安装了炒股软件，还有些手机可以到网站上免费下载炒股软件进行安装。

【交易点拨】

手机炒股主要是凭借移动通信网络，通过空中加密传输，能最大限度地保护用户数据的安全。用手机炒股的用户很多，查询股票行情和进行交易也很方便。

103．不同交易委托形式有哪些区别？

投资者办理委托买卖证券时，必须向证券经纪商下达委托指令。委托指令需要反映投资者买卖证券的基本要求或具体内容，这些主要体现在委托指令的基本要素中。另外，委托指令可以有不同的形式，这些形式应符合证券市场相关的规定。目前投资者常用的股票交易委托形式主要有四种：营业部现场委托、电话委托、磁卡委托和网上自助交易。

（1）当面委托。又称柜台委托，即投资者亲自到证券营业部填写委托单，签章后将委托单、股东卡、身份证交给营业部工作人员办理，工作人员将投资者委托输入电脑并签章后完成，委托单一式两份，双方各持一份。证券部工作人员审核上述证件并确认委托单填写内容后即可接受委托。证券商可以通过电话告知其在交易所大厅内的出市代表，将客户的委托输入交易所电脑自动撮合系统。有的也可以通过与交易所主机联网的电脑终端，直接将委托指令输入交易所交易撮合系统。交易完成后，交易所电脑系统立即将成交情况传递到证券营业部，投资者可以在证券营业部的柜台通过成交回报终端查看成交结果。这种委托形式必须由投资人亲自到证券营业部大厅办理，主要是老年人采用，委托费用较高。

（2）电话委托。投资者要和证券商签订电话委托买卖契约，明确双方的权利和责任，填写专门的电话委托开户表，并亲自在柜台输入自己的电话委托交易密码。开设电话委托专户后，投资者可在任何一个地方直接拨通证券商的电话委托热线，电话委托交易系统会自动提示投资者通过电话机上的数字键输入密码、股票种类、数量、价格等。只有在投资者确认而且系统回答委托完毕后，该委托才生效，并将委托输入交易所电脑系统。其最大的特点就是投资者可以不必亲自到证券营业部，无论在家里、办公室或其他场所，只要有一台双音频电话即可进行委托。

电话委托的缺点如下。电话委托采用的是语音提示，拨错就得重来。用电话委托完成一笔交易最快也要 15 秒，而且电话委托在碰上大行情时，由于大部分股民都要进行交易，经常会出现“堵单”的现象。电话交易委托的费用也不便宜，特别是经常出差在外的股民，电话委托就必须要交昂贵的长途费用。在最敏感的安全问题上，由于固定电话功能的不断完善，许多电话已经可以记录用户拨打的多个号码，因此也容易造成用户密码和交易信息的泄露。目前虽然电话委托这种形式并不太多，但仍可作为一种应急备用的委托方式。

（3）电脑终端自助委托。自助委托是委托通过证券营业部设置的专用委托电脑终端，凭证券交易磁卡和交易密码进入电脑交易系统委托状态，自行将委托内容输入电脑交易系统，以完成证券交易的一种委托形式，这也是一种自主性强并充分体现无形席位之高效率的委托方式。

一般来说，对于中老年投资者，互联网知识有限，在家里进行网上交易或者电话委托交易都很不方便，虽然现场交易费用要高一些，但是大家在一起交流方便。所以自助委托交易也是一种方便、合适的交易方式。

（4）网上委托。网上委托就是证券经纪商的电脑交易系统与互联网联结，委托人利用任何可上网的电脑终端，通过互联网凭交易密码进入证券经纪商电脑交易系统委托状态，委托人自行将委托内容输入电脑交易系统，完成证券交易。要网上交易，只要下载一个券商指定的交易软件就可以了。

数据显示，目前通过网上交易来委托买卖的成交金额占到总成交金额的 70%左右，部分地区高达 80%。原因很简单，网上交易相比现场委托和电话委托更自由、快捷和方便，而且收费还是三种方式中最低的。

【交易点拨】

具体来看，营业部现场委托的费用最高，电话委托次之，网上交易的费用最低。

104. 网上交易安全性如何保证？

对于网上交易的安全性，主要可从委托数据的输入、数据的传输和证券营业部数据库的安全这几方面分析。

在数据的输入方面，主要涉及交易密码的保密和隔离黑客进入两个问题。股民在上网交易时，只要注意在输入密码时做好自我保护就可以了。网上委托系统有专门的防止黑客入侵的安全措施，其不采用浏览器的方式，而是通过专门的程序进行问答式的数据通讯，因此隔离了其他文件的访问功能。

在数据的传输方面，主要涉及数据传输过程中的盗取和篡改问题。目前的网上交易系统通过对交易数据加密的方式保证委托数据的传输安全，保证委托数据在传输过程中不被盗取和破译。

为防止委托数据被复制，网上交易系统对每笔委托数据加时标，从而保证每笔委托的唯一性。此外，网上委托系统还设制自动报警系统，在系统出现可疑的非法操作时，自动断开系统并锁定用户。通过以上种种措施，网上委托系统能确保委托数据传输的安全性。

在证券营业部数据库管理和处理方面，都有一整套严密、安全的措施，保证委托数据安全、及时、高速地处理。在营业部的委托系统中采用并口隔离技术，能完成网上的数据交换功能，也能有效隔离一切来自互联网上的对证券公司的网络攻击。

可见，在网上交易的各环节，委托系统有安全性极高的程序和措施，能保证网上交易的安全进行。

【交易点拨】

网上交易的安全性是有保障的，只要你的交易密码不被盗，基本上不存在安全的问题。

105．使用网上银行应注意哪些问题？

随着近年来股市行情火爆，网上炒股的股民数量直线上升。据一些券商的统计显示，在新开户的股民中，至少有七成人选择网上交易模式。网上炒股需要进行资金转账，这就离不开网上银行。投资者在使用网上银行时，黑客极可能通过植入木马病毒等手段“攻陷”、偷盗股民的股票账户和密码。

不法分子针对股民作案主要有 3 种类型：一是发送电子邮件，以虚假信息引诱用户中圈套；二是利用木马和黑客技术窃取用户信息后实施盗窃；三是假冒网上银行网站，骗取受害人账户、密码实施盗窃。

针对上述情况，投资者在申请网上银行账户后，必须尽快更改初始密码，并且尽可能不与银行密码相同。同时，要尽量避免在网吧使用网上银行。如果使用了公用电脑，须及时修改 IE 浏览器“自动设定”选项，取消系统对用户名、密码的默认状态，并及时、有效清除上网记录，防止网上银行信息泄露。

要安装正版杀毒软件，并及时升级杀毒软件病毒库，经常查杀木马病毒，防止感染，避免在网上购物时被人窃取网上银行信息。同时，投资者还要定期查询账户，一旦发现账户金额有出入，要立即与银行取得联系，了解相关情况。如发现银行账户被盗用，要及时报警。

【交易点拨】

使用网上银行，最容易出现的问题是账户密码被盗。很多投资者缺乏必要的网络安全常识，密码设置过于简单或者长期不更换，给不法分子制造了可乘之机。

第四节 股市行情图表

106．怎样看懂股市行情表？

股市行情表反映了每天的证券交易和证券价格变动情况，是投资者必须认真研究的信息。沪深两地行情表大同小异，其不同之处在于以下几个方面。

第一，上海行情表第一栏是证券代码，每一种证券的代码是六位数，其中第一位数字代表证券类别，如 6 代表上市股票，0 代表国债，2 代表上市金融债券，4 代表上市企业债券。

第二，上海行情表中有一栏是上市至今最高价、最低价，指交易所开业至今各种股票成交的最高价格与最低价格。

第三，上海证券交易所有“发行股数”一栏，指股票发行时的总股本，包括国家股、法人股、个人股。

第四，市价总额指当时收盘价乘以发行股数之积。

第五，上海行情表上方的数据是所有各栏目当时的汇总数。其中成交笔数是各类证券当日成交业务量汇总数；上市品种与成交品种表示批准在交易所上市的证券种类和当日成交的证券种数，上市总额指批准在证券交易所上市的各类证券的发行数及面额计算的汇总数。除此以外都是共同的。

以下这些股市行情术语，是每一位投资者必须了解的。

（1）收市。收市是指收盘价格，收市价并非指证券交易所闭市收盘时的价格，而是指当天交易中最后成交的一笔价格。目前沪深两市开市时间为星期一至星期五上午 9:30~11:00，下午 13:00~15:00，法定节假日不开市。在开市时间里，成交的最后一笔价格，即为收市价。收市价又分为上午（又称为前市）收市价与下午（又称为后市）收市价。

（2）开盘。开盘是开盘价格的简称，每天每种股票第一笔成交的价格为开盘价格。如开盘 30 分钟后仍未产生开盘价，一般取前一日收盘价为当日开盘价。如前一日无成交价格，则由交易所提出指导价格，促使成交后作为开盘价。若是首日上市买卖的证券，其开盘价取上市前一日的柜台转让平均价格；如无柜台转让价格，则取该证券的发行平均价格。

（3）最高。每天的证券交易，成交的笔数很多，价格也不相同，行情表中的“最高”系指当天不同成交价格中的最高价格。有时成交的最高价格只有一笔，有时有几笔。

（4）最低。最低是指当天成交的不同价格中的最低价格。最低价格有时只有一笔，有时不止一笔。

（5）升、跌。以当天的收盘价格与前一天的收盘价格比较得到的结果，正为涨，负为跌，涨跌幅度用百分比来表示。

（6）成交量。成交量是指股票当天的交易数量，其计算单位有两种，一是以股数计算，另一种是以金额计算。在深圳、上海证券行情中，往往将成交量与成交金额分开来，前者以股数来计算，后者以金额来计算。

（7）手。手是国际上通用的计算成交股数的单位和名称，通常是一个整数，100 股为一手。

（8）停板。停板是出现对整个股市有极大影响的事件时，交易所停止所有的买卖，防止股市暴涨或暴跌。交易所适当利用停板，可以使股市安然度过危机。普通股票的涨跌停板一般都是 10%，ST 股的涨跌停板是 5%。

（9）停牌。指暂时停止股票买卖。当某家上市公司因一些消息或正在进行的某些活动有可能引起该公司股票的价格大幅度上涨或下跌时，这家公司就需要停牌。

（10）市盈率。市盈率即市价盈利率，又叫本益比。它是上市公司的股票在最新年度每股的盈利与该公司最新股价的比率。

【交易点拨】

能够看懂股市行情表，是对炒股者最基本的技术要求。

107. 怎样根据企业业绩判断股票价值？

一只股票涨或不涨，主要取决于公司的经营业绩与被估计的市场价值。在一定时期内，被估计的市场价值会受到投资者风险偏好等各种因素的影响，只有企业长期的盈利能力和增长速度，才是决定这家公司的股票是否具有投资价值的核心因素。

怎样根据企业的经营业绩选择股票呢？可以借鉴企业生命周期理论，把企业分为突出成长、调整稳定成长、调整周期成长及成熟成长四大类别。然后从客观的财务数据出发，通过系统地筛选和分析来识别经营业绩持续增长的企业。

说得具体一点，就是依据最近企业的销售收入、利润、现金流和经营利润率的变化，来识别行业或企业基本面的变化趋势。

对于利润增加较快的企业，投资者要分析增长背后的驱动力量，判断这些力量是否会推动企业的行业地位、产品的特性和市场需求的变化等因素，来判断这些驱动力量带来的增长是否具有持续性和长期性。

【交易点拨】

成功投资的关键在于敏锐地抓住各类公司成长的不同阶段，提前一步发掘公司的核心价值和成长驱动要求，分析风险，理性投资。

108. 怎样看懂招股说明书与配股说明书？

投资者申购新股，首先是从发行人的招（募）股说明书、配股说明书获取信息，因此招（募）股说明书、配股说明书是投资者获得公司信息的最佳途径之一，也是投资者对公司股票进行价值判断的主要依据。

在阅读招（募）股说明书与配股说明书时，投资者应重点关注以下内容。

（1）发行概况。包括发行人、股票种类、发行数量、发行价格、发行方式、发行对象、发行费用、募集资金、参与本次发行的所有当事人或机构，包括承销商、推荐人等，这些机构将对与发行相关的各自义务承担责任。

（2）风险因素。充分披露发行人风险因素，是投资者应仔细阅读的部分，包括发行人在业务、市场营销、技术、财务、募股资金投向及发展前景等方面存在的困难和障碍。如果风险提示非常简单，投资者就要小心谨慎。

（3）募集资金的使用。募集资金的用途是投资者对发行人未来发展的价值判断之一，如果说明书没有满意地解释募集资金的用途，就不要轻易作出投资决定。

（4）经营业绩。投资者可以根据这一部分专业人员的审计报告和审查结论，分析判断发行人过去 3 年的经营业绩，包括：最近 3 年的销售总额和利润总额；发行人业务收入的主要构成；发行人近期完成的主要工作；产品或者服务的市场情况；筹资与投资方面的情况等。以此来判断公司经营的稳定性。

（5）股利分配政策。公司的股利分配政策反映股票是收益型的还是成长型的。如果是收益型股票，公司应该有一个很好的股利分配历史；如果是成长型股票，公司就可能没有发放股利的历史记录。有些公司由于受到债权人的限制，很少分配股利。

（6）财务资料。发行人的财务资料披露了发行人资产负债表中主要项目的重要事项、经营业绩和现金流量的情况。

（7）关联交易。各式各样的关联交易可能会将资金和收益转移出去，因此要对有问题的贷款、担保、用于个人收益的商业资产、没有竞争力的销售和购买保持警惕。

（8）诉讼或仲裁。诉讼或仲裁事项汇总了公司正在进行的重要诉讼活动，这些诉讼是导致风险的重要因素，是投资者不得不关注的内容之一。

（9）管理层。管理层对公司财务状况、经营成果的解释是招股说明书中最重要的内容之一，特别是在投资者对财务数据产生疑问的时候，它会告诉你管理层对公司运行状况的认识，并给出收入、成本、盈利方面变化趋势的预测。说明书还提供了经理人员的年龄、地位、过去的经历、发起者、追随者的信息；对管理者的报酬计划、期权计划、股票认购权利、其他奖励，这些将对雇员、高级管理人员产生激励。值得注意的是，过度的报酬对股价也会产生不利的影响。

（10）股本。股本项目描述了股票的类别，投资者拥有的权利，哪些股票可以流通，哪些拥有决策权，主要股东是谁。这些信息告诉投资者可以被出售的股票总量，它们的增加可能会对股票价格产生的不利影响。

（11）会计师的审计意见。要特别关注独立会计师的审计意见。仔细阅读审计意见，寻找公司财务报告与公认会计原则不一致的地方。如果审计意见涉及保留事项，就要保持警惕。

【交易点拨】

招股书是投资者申购新股前用以考察上市公司最直接的信息来源。在对待招股说明书的态度上，投资者必须保持独立思考。具体而言，既要心存怀疑，又要相信自己的判断力。投资者应尽可能多地提出与发行相关的问题，如果得不到这些问题的合理答案，就不要轻易做出决策。

109. 什么是利多与利空？

利多是指刺激股价上涨的信息，如上市公司经营业绩好转、银行利率降低、社会资金充足、银行信贷资金放宽、市场繁荣等，以及其他政治、经济、军事、外交等方面对股价上涨有利的信息。

利空是指能够促使股价下跌的信息，如上市公司经营业绩恶化、银行紧缩、银行利率调高、经济衰退、通货膨胀、天灾人祸等，以及其他政治、经济、军事、外交等方面促使股价下跌的不利消息。

【交易点拨】

在股票投资中，投资者都是根据获取的信息来预测股票将来的走势，以进行投资的决策。有时主力资金为了造成一种对自己有利的局面，无论是下跌趋势或是上升趋势，都乐于制造或传播一些流言来影响股价走势。对于投资者来说，除了辨别流言的真伪外，最关键的就是要区分信息的性质是利多还是利空。

110．什么是涨停板和跌停板？

涨跌停板制度源于国外早期证券市场，是证券市场中为了防止交易价格的暴涨暴跌，抑制过度投机现象，对每只证券当天价格的涨跌幅度予以适当限制的一种交易制度。

上海、深圳两家交易所自 1996 年 12 月 16 日起，分别对上市交易的股票、基金类证券的交易实行价格涨跌幅限制，即在一个交易日内，证券的交易价格相对上一交易日收市价格涨跌不得超过 10%；超过涨跌限价的委托为无效委托。

1998 年 4 月，沪深两市交易所根据股票上市规则对部分股票进行特别处理，即“ST”与“*ST”股票。此类股票的涨跌幅限制为 5%。另外，未完成股改的 S 股涨跌幅限制为 5%。

我国的涨跌停板制度与国外制度的主要区别在于股价达到涨跌停板后，不是完全停止交易，而是在涨跌停价位或之内价格的交易仍可继续进行，直到当日收市为止。

沪深交易所规定属于下列情形之一的，首个交易日无价格涨幅限制。

（1）首次公开发行上市的股票和封闭式基金。

（2）增发上市的股票。

（3）暂停上市后恢复上市的股票。

（4）交易所认定的其他情形。

【交易点拨】

股市交易中有涨停战法与跌停战法，值得投资者认真研究学习。

111．设立涨停板和跌停板有哪些优缺点？

涨跌限制起源于涨跌停板。“涨停板”或“跌停板”的说法起源于过去国外交易所在拍卖时，以木槌敲击桌面来表示成交或停止买卖。此法运用到股市中，就是当股票价格涨到上限或跌到下限时，叫涨幅限制或跌幅限制。不过在涨限价或跌限价上并不停止买卖，交易继续进行，只是价格不变而已。深交所和上交所对上市的股票、基金的交易实行涨跌幅限制在 10%以内，对 ST 股实行涨跌幅限制为 5%。

管理层为了控制过度投资，缩小股价上涨的波动幅度和减缓上升的速度，倡导市场理性投资，压制和防止过度炒作，推出了对股价涨幅进行限制的制度。这种制度总体来说在市场中起到了一些作用，达到了设置时的初衷，但是任何事情都有其矛盾的两面性，利弊相统一，涨停板制度的推出也有其优缺点。

（1）庄家、机构容易利用涨停板制度来进行高效率的炒作。庄家和机构是市场的主力，拥有比一般散户投资者得天独厚的资源优势，例如资金、技术、研究人员、信息等。他们完全可以借助涨停板，有计划地对市场行情进行有效的控制，以便达到自己的目的。

（2）股票市场中的涨停板与期货市场中的涨停板有较大的区别。期货市场采用双向交易，既可以做空，也可以做多。涨停板的限制对于单向交易的强化程度在股市中远远不及期货市场。期货市场中采用的交易规则是 T +0，即当日介入证券价格发生波动时，投资者能够进出，而股票市场中采用的交易规则是 T+1，即当日介入个股股价发生波动时，投资者只能进，而不可能出，这实际上加大了助涨功能。

（3）个股涨停板带来市场的联动效果。个股涨停可能会带动该类板块个股的强烈反应，进而刺激市场人气，带动大盘上涨。某些个股连续涨停，很容易引起投资者的关注，从而判断大盘持续上涨，使市场投资者的参与热情高涨，带动整个板块上涨，其市场影响面可能超过人们的想象。

（4）小盘股由于流通盘较小，易于控盘。庄家可以用少量的资金操控小盘股，以达到控盘的目的，进而影响同类板块甚至大盘的走势。

（5）涨停板对股票成交量的变化也是有影响的。股市中出现涨停板后，成交量有可能减少，但并不意味着顺势操作的人在减少，有时甚至可以反映出操作的人在增加，只是在当日受涨停板限制的影响不可能实现就是了。

【交易点拨】

涨跌停板制度旨在保护广大投资者的利益，保持市场稳定。

112．什么是停牌？

停牌是指暂时停止股票买卖。当某家上市公司因一些消息或正在进行的某些活动而使该公司股票的股价大幅度上涨或下跌时，这家公司就可能需要停牌。如果遇到以上情况，股票行情表中会出现“停牌”字样，该股票买卖自然停止，该股票一栏是空白。

对上市公司的股票进行停牌，是证券交易所为了维护广大投资者的利益和市场信息披露的公平、公正，对上市公司行为进行监管约束而采取的必要措施。

根据《证券法》规定，因突发事件而影响证券交易的正常进行时，证券交易所可以采取技术性停牌的措施；因不可抗力的突发事件或者为维护证券交易的正常秩序，证券交易所可以决定临时停牌。

一般来说，股票停牌有以下三个方面的原因。

一是上市公司有重要信息公布时，如公布年报、中期业绩报告、召开股东大会、召开董事会、增资扩股、公布分配方案、重大资产重组、重大收购兼并、股权分置改革、投资以及股权变动等。

其次是证券监管机关认为上市公司需要对公司有重大影响的问题进行澄清和公告时。

再者就是上市公司涉嫌违规需要进行调查时。

至于停牌时间长短，要视情况来确定。

对于交易出现异常波动需要决定停牌的情况，主要有以下四种情形。

（1）连续三个交易日内日收盘价格涨跌幅偏离值累计达到±20%的。

（2）ST 股票和*ST 股票连续三个交易日内日收盘价格涨跌幅偏离值累计达到±15%的。

（3）连续三个交易日内日均换手率与前五个交易日的日均换手率的比值达到 30 倍，并且该股票连续三个交易日内的累计换手率达到 20%的。

（4）交易所或证监会认定属于异常波动的其他情形。

【交易点拨】

遇到停牌时，一天都没有价格，也不能交易。

113. 什么是股票市盈率？

股票市盈率即市价盈利率，又叫本益比，是上市公司股票在最新年度每股的盈利与该公司最新股价的比率。其计算公式为：

市盈率=公司股票最新市价 ÷ 公司最新年度每股盈利

市盈率是分析股票市价高与低的重要指标，是衡量股票投资价值的一种方法。市盈率是一个风险指标，它反映了某种股票在某一时期的收益率，是市场上影响股价诸多因素的综合指标。市盈率综合了投资的成本与收益两个方面，可以全面地反映股市发展的全貌，因而在分析上具有重要价值。市盈率不仅可以反映股票的投资收益，而且可以显示投资价值。市盈率急剧上升，可能使炒股有利可图，使上升趋势活跃。

市盈率的作用还体现在可以作为确定新发行股票初始价格的参照标准。如果股票按照溢价发行的方式发行的话，要考虑按市场平均投资潜力状况来确定溢价幅度，这时股市各种类似股票的平均市盈率便可以作为参照标准。现在上海市场等股票溢价发行即是采取此种方式。

一般认为该比率保持在 20 ~ 30 之间是正常的，过小说明股价低，风险小，值得购买；过大则说明股价高，风险大，购买时应谨慎。市场上的高市盈率股票多为热门股，低市盈率股票可能为冷门股。

【交易点拨】

为了反映不同市场或者不同行业股票的价格水平，也可以计算出每个市场的整体市盈率或者不同行业上市公司的平均市盈率。具体计算方法是用全部上市公司的股价总值除以全部上市公司的税后利润总额，即可得出这些上市公司的平均市盈率。

114. 影响股票市盈率的因素有哪些？

市盈率是一个相对指标，它会由于股票价格的不断变化而变化。影响股票市盈率的因素有以下几种。

第一，公司的发展前景及利润的长期成长能力直接关系着股价的趋势，是影响市盈率的首要因素。每个企业都有一个从发展、成熟到衰退的生命周期，市盈率也相应地有一个从高向低的变化过程。由于购买一个公司的股票在很大程度上是购买公司的未来，因此投资者热衷于购买正处于发展期的公司的股票。在发展期，投资者看好的是企业的预期增长，预期高增长的企业会对应较高的市盈率。

第二，上市公司的规模也是影响股票市盈率的重要因素。规模小的企业市盈率一般较高，且变化频繁；大型企业的市盈率常保持在市场平均线附近，且比较稳定。这是因为小企业在管理上灵活，业绩在短期内有大幅增长的可能性，并且小盘股在股票市场容易被市场主力操纵，因此小企业股价较高，市盈率也相应较高，振幅较大。相反，大型企业的股本相对较大，流通盘子也大，其股价一般不易为庄家所控制，因此市盈率较低，且比较稳定。长期来看，稳定增长的大型企业股价增长十分突出，可其市盈率的增长水平要明显小于股价的增长。

第三，利率水平影响股票的市盈率。利率下调，会促使社会资本向证券市场分流，增加股市的资金来源，加强市场上的买方力量，促使其股价上涨。另外，利率下调还可以降低企业的财务费用和融资成本，从而增加收益。基于以上两方面的因素，利率下调时，市盈率会明显攀升。当利率上调时，情形则相反。

【交易点拨】

只要记住两点：经济发展水平和市场利率水平与股票市盈率密切相关。

115．怎样正确看待市盈率？

在股票市场中，当人们完全套用市盈率指标去衡量股票价格的时候，会发现市场变得无法理喻：股票的市盈率相差悬殊，并没有向银行利率看齐；市盈率越高的股票，其市场表现越好。是市盈率没有实际应用意义吗？其实不然，这只是投资者没能正确把握市盈率的含义而已。

（1）市盈率指标对市场具有整体性的指导意义。

（2）衡量市盈率指标要考虑股票市场的特性。

（3）要以动态的眼光看待市盈率。

市盈率高，在一定程度上反映了投资者对公司增长潜力的认同，不仅在中国股市如此，在欧美、香港等成熟的股票市场上同样如此。

从这个角度去看，投资者就不难理解为什么高科技板块的股票市盈率接近或超过 100 倍，而摩托车制造、钢铁行业的股票市盈率只有 20 倍了。当然，这并不是说股票的市盈率越高就越好，我国股市尚处于初级阶段，主力肆意拉抬股价，造成市盈率奇高、市场风险巨大的现象时有发生。投资者应该从公司背景、基本素质等方面多加分析，对市盈率水平进行合理判断。

【交易点拨】

市盈率指标和股票行情表一样，提供的只是一手的真实数据。对于投资者而言，更需要发挥自己的聪明才智，不断研究创新分析方法，将基本面分析与技术分析相结合，才能做出正确、及时的决策。

116．决定股市价格涨跌的因素有哪些？

指数持续上涨，就是我们通常所说的牛市，也就是投资者相信这种上涨势头会长期保持。就一个正常成熟的股票市场来说，牛市常常要有经济强劲增长、居民充分就业和收入大幅提升作为强大的后盾。相反，股票持续下跌就是熊市。当熊市出现时，大多数投资者相信这种下跌还会长期持续，进而相继卖出股票，进一步加剧市场下跌。通常熊市是由宏观经济紧缩、公司盈利和个人收入增长大幅下滑导致的。

牛市和熊市的表面特征是股价的上升或下降，但透过表面现象可以看到背后隐藏着的深层次的原因，影响股市涨跌的主要因素有以下几种。

（1）宏观经济表现。人们通常把股票市场与经济发展的关系形象地比喻为“股市是反映国民经济发展情况的晴雨表”，这表明股市的冷暖与宏观经济形势有极强的正相关性。虽然形成股市牛市或熊市的原因众多，但最根本的基础还是一国或一个地区的经济发展状况。虚拟经济可以在一段时期内与实体经济不匹配，但最终还是要靠实体经济作依托。上市公司的业绩表现如何，老百姓的钱袋子鼓不鼓，决定了投资者的投资意愿，也决定了股市是“牛”还是“熊”。

（2）投资者的心理。由于市场行为是由无数个人的行为集合而成的，投资者的心理和情绪自然会影响到股市的涨跌。在牛市中，几乎人人都想参与到股市中来以获取丰厚的回报，乐观的情绪会不断地推升股价。在持续下跌的熊市中，投资者的信心受到打击，就会相继把资金从股市撤出。投资者的投资信心一旦失去，短时间内很难恢复，熊市就会持续很长时间。

（3）股票供求状况。在牛市中，投资者对股票的需求高涨，而股票供给却相对紧张。也就是说，大多数人都想买进股票，很少有人愿意卖出股票，求大于供，自然会形成股价持续上涨。在熊市中，大多数人都不愿意持有股票，纷纷抛出，股价自然会越走越低。

【交易点拨】

股票走势本来就难以预测，虽然不应该凑热闹，瞎起哄，但一味地孤芳自赏，一意孤行，很容易使自己蒙受不必要的损失。从长期来看，应多听取稳健型投资者的意见，以基本分析、技术分析作为选股的依据，这样才不至于有太大的偏差。

第五节 股票委托

117. 什么是市价委托？

市价委托是指定交易数量而不给出具体的交易价格，要求按该委托进入交易撮合系统时以市场上最有利的价格进行交易。市价委托的好处在于，委托价格紧跟市场价格变化，随行就市，成交迅速且成交率高。

换句话说，市价委托就是按照场内挂出的买入或卖出价格进行交易，不限制成交价格，这样就可以确保即时成交。在市况极具追涨和杀跌价值时，这种委托方式特别有效。市价委托只适用于连续竞价期间申报，不适用于集合竞价。

目前，一些证券公司营业部的交易系统并无设置市价委托程序，投资者委托只能以限价委托的方式进行，无法以市价委托进行。即投资者在填写委托单的时候，要明确具体成交价格，其成交价不得高于或低于委托价。例如，甲以 20.00 元委托买入某股，券商不能以 20.01 元成交；或甲以 20.00 元委托卖出某股，券商不能以 19.99 元成交。

市价委托的缺点是：实际成交价格不由委托者控制，成交价会与投资者预期价格有差距。在股价暴涨暴跌时，可能出现买高卖低的现象，使投资者有资金损失的风险。

市价委托的类型有两种，分别为：最优五档即时成交剩余撤销，最优五档即时成交剩余转为限价。

最优五档即时成交剩余撤销委托是为了避免市场价格波动过大而对即时成交剩余撤销委托的改良。其与即时成交剩余撤销委托方式的区别在于，即时成交剩余撤销委托可以与对手方数笔不同价格的委托撮合，直至无有效对手盘，而最优五档即时成交剩余撤销委托只能与一定范围内的对手方队列成交。

最优五档即时成交剩余转限价是指无需指定委托价格，委托进入交易主机时能与最优五档范围内的对手方队列成交或部分成交即予以撮合，未成交部分自动转为限价的委托方式，一笔委托可以与对手方数笔不同价格的委托撮合成交。

此外，深市还有对手方最优价格委托、本方最优价格委托、全额成交或撤销委托等几种市价委托方式，因散户较少使用，这里就不再详细介绍了。

【交易点拨】

市价委托只适用于开盘后的委托买卖，不适用于开盘前的竞价，并且适用于有涨跌停价限制的股票。

118. 什么是限价委托？

限价委托是指股票交易中，股民对委托券商买卖的股票在价格上附加有限定条件。对于申买委托，其成交价格不得高过客户的报价。如股民以 10.00 元的价格买入某股票，券商就不能以 10.01 元的价格成交，否则视为无效，股民在确认时可不进行交割，由券商承担一切后果；对于申卖委托，其成交价不能低于股民的报价。

经纪商在接到客户这种委托后，只可按客户提出的限价或低于限价买进证券，按限价或高于限价卖出证券。如果市场上的证券价格符合客户的限价要求，委托可以立即成交。如果其价格不符合要求，经纪商则要耐心等待。

在股票的撮合成交过程中，证券交易所的交易系统对交易的申报价格都有一定的限制，如上交所接受的委托范围是在上一笔成交价的 ± 10% 的范围内，深交所接受的委托是限制在上一笔成交价的 ± 5 元的范围内。如果股民的委托超出当日成交价的这个范围，虽然其委托在券商处有效，但证券交易所的交易系统将不接受这些委托，所以这些委托必然不会成交。

采用限价委托策略，最要紧的是合理确定限定价格。例如，在买进证券时，如果限价过高，就起不到限价的作用；如果限价过低，则难以成交而坐失购入良机。一般来讲，委托的价格是以现行市价为基础并根据市场短期走势来灵活加以确定的。

限价委托策略的优点是，投资者可以低于市价的价格买进证券或以高于市价的价格卖出证券，从而获得较大利润。缺点是当限价与市价出现偏离时，容易出现无法成交的结果。即使限价和市价持平，但若同时有市价委托出现，则市价委托就会优先成交，从而容易降低限价委托的成交率。

【交易点拨】

证交所撮合交易时，采取时间优先、价格优先的原则，即先输入委托单者先成交，如果同时输入，则市价优先于限价。

119. 怎样合理使用限价委托和市价委托?

采用限价委托的最大好处是买卖操作成交的具体价格比较理想，符合炒股者的意愿，缺陷是不一定能成交，即无法保证一定能够买入或卖出；市价委托的最大好处是能保证买卖成交，但如果遇到市场价格剧烈波动时，成交价格不一定理想。

实际操作中，投资者如何合理运用限价委托和市价委托呢?

在实盘交易中，如果投资策略是侧重价格的高低，则应采用限价委托，即买入股票时希望价格能够尽量便宜点，就以某个固定限制性价格或者更低一些的价格作为委托价格。反过来，卖出股票时期望成交价格能够尽量高些，就委托某个固定的价位或更高一些的价位。

在股市技术分析中，通过分析确认某个位置是市场重要的支撑位或阻力位，就可以运用限价委托，在股价跌破某个价格或更低一些才限价卖出，或者限定价格上涨突破某个价格或更高一些的价格才限价买入。

其实，股票交易新手还是多运用限价委托操作比较好，因为限价委托最多是错失买卖机会，但总比入市买卖价格不利而被动套牢好得多。在股市里少做一笔价格不利的买卖操作，比多做一笔亏损套牢操作更有利。

如果投资策略侧重市场趋势，则应该采用市价委托。股市里任何一个突发性的利多利空消息，都会给市场价格走势造成较大的影响，此时操作应该在第一时间内以市价委托去追市，确保能够顺利成交。在技术分析里，头肩顶图形形成后，价格跌破颈线支撑位是大跌信号，大型头肩底图形完成股价突破颈线启动大涨行情时，都可以用市价委托去进行买卖操作。

【交易点拨】

总的来说，股市里限价委托和市价委托各有优劣，实盘操作中只有反复磨炼，才能“熟能生巧”、“见机行事”，最终成为这两种委托方法交替使用的熟手。

120. 什么是股权登记日?

上市公司的股份每日在交易市场上流通，上市公司在送股、派息或配股的时候，需要定出一个时间点，以便确定哪些股东可以参加分红或参与配股，定出的这一天就是股权登记日。也就是说，在股权登记日这一天仍持有或买进该公司股票的投资者，可以享有此次分红或参与此次配股。这部分股东名册由证券登记公司统计在案，届时将所应送的红股、现金红利或者配股权划到这部分股东的账上。

如果投资者想得到一家上市公司的分红或配股权，就必须知道这家公司的股权登记日在哪一天，并保证当天持有该公司股票，否则就会失去分红或配股的机会。

股权登记日后的第一天就是除权日或除息日，这一天或以后购入该公司股票的股东，不再享有该公司此次分红配股权。

【交易点拨】

股权登记日后的第一天就是除权日或除息日，这一天购入该公司股票的股东，是不同于可以享有上一年度分红的“新股东”，不再享有公司此次分红配股权。

第六节 股票的成交

121．股票交易时间是如何规定的？

除开国家法定假日外的所有周一至周五均为股票交易日。

目前，我国证券交易所采用两种竞价方式：集合竞价方式和连续竞价方式。

上海证券交易所规定，采用竞价交易方式的，每个交易日的9:15~9:25为开盘集合竞价时间，9:30~11:30，13:00~15:00为连续竞价时间。

深圳证券交易所规定，采用竞价交易方式的，每个交易日的9:15~9:25为开盘集合竞价时间，9:30~11:30，13:00~14:57为连续竞价时间，14:57~15:00为收盘集合竞价时间。

大宗交易的交易时间为各交易日的15:00~15:30，沪深交易所在上述时间内受理大宗交易申报。大宗交易用户可在交易日的14:30~15:00登陆大宗交易电子系统，进行交易前的准备工作；可在交易日的15:30~16:00通过大宗交易电子系统查询当天大宗交易情况或接收当天的成交数据。

【交易点拨】

世界各国的股市交易时间不尽相同，但都有相对固定的时间。

122．为何办理指定交易？

沪市股票由上海证券交易所进行中央托管，投资者的上海股票可在任何一家券商进行交易。为保证投资者的股票安全，上交所推出“指定交易”服务，就是由投资者自愿选定一家券商，限定其上海股票交易只在此家券商交易，不能在除此之外的第二家券商交易，以防止其股票在其他券商处被盗卖，保证其股票安全。

“指定交易”只可指定唯一的一家券商，若重新指定第二家券商，则必须在原“指定”券商处办理“指定撤销”后，方可在第二家券商办理“指定交易”。此种指定交易可以随时办理，也可随时撤销。

【交易点拨】

指定交易必须唯一，不允许“一女二嫁”。

123．办理指定交易有哪些好处？

办理指定交易有以下好处。

（1）股票安全性加强。如果投资者的上海股票账户丢失，只需到指定券商处办理挂失，就能保证其股票安全；否则他人拾到，就可到其他任意一家券商抛出套现。

（2）上海股票红利自动到账。办理了指定交易，如果投资者的某只上海股票红利在挂牌期间未领，上海证券交易所会在该红利挂牌的最后一天自动派到投资者账户，投资者不用办理任何手续；否则，投资者要到证券登记公司或指定的地点补领。

（3）可享受上交所发送的股票对账服务。对于办理了指定交易的账户，可在上交所不定期发送对账数据的次交易日在指定券商处查到上海股票余额。上交所不发送未指定交易账户的股票余额，只能到证券登记公司申请查询。

（4）防止他人误指定。已办理指定交易的账户，不可能被其他投资者误指定。而未办理指定交易的账户，有可能因为其他原因的误指定而被锁定股票，造成无法正常交易。

【交易点拨】

凡已开立上海股票账户的投资者，均可在券商处利用交易系统委托办理，其委托方式如下：买卖方向为“买入”，代码为“799999”，价格为“1”，数量为“1”。次交易日办理交割确认，指定交易会在指定次日生效。

124．什么是股票电子交易系统？

股票电子交易系统是由中国证券交易系统有限公司（简称中证交）开发设计，并于 1993 年 4 月 28 日由当时主管金融的中国人民银行批准投入试运行的。该系统中心设在北京，利用覆盖全国 100 多个城市的卫星数据通讯网络连接起来的计算机网络系统，为证券市场提供证券的集中交易及报价、清算、交割、登记、托管、咨询等服务。股票电子交易系统由交易系统、清算交割系统和证券商业务系统这三个子系统组成。

投资者要通过电子交易系统进行股票交易，必须先在系统内券商处开立账户，委托券商为你交易。起初委托交易要填写委托单，券商工作人员接单后将指令输入计算机，按照价格优先、时间优先的原则进行自动撮合，及时将结果返回券商，并自动办理交割清算业务。网络交易普及后，投资者已不再填写委托单，而是在电脑中自动下单。

【交易点拨】

全国电子交易系统采用先进的通讯技术手段，行情显示快速及时，撮合成交效率高，公平公正，回报情况迅速快捷，覆盖面广，容量大，能够很好地保障投资者的合法权益。

125．如何办理非交易过户？

证券类财产发生继承、馈赠、分割时，在经过公证后，需要进行非交易过户。沪市证券过户时，证券受让人可持本人身份证、资金账户、证券账户及公证书到指定交易证券营业部申请办理证券的非交易过户手续。对于深市证券的非交易过户手续的办理，还需要到深圳证券登记中心在各地的代理机构方能办理。对流通股的非交易过户手续，中国结算深圳分公司只受理流通股遗产继承、职工股赠与两种。夫妻离异的财产分割不能通过非交易过户进行，由双方自行通过交易方式解决，结算公司不受理。

【交易点拨】

新入市的投资者需要注意的是，上海和深圳证券交易所在办理非交易过户时的做法并不完全相同。

126. 如何进行转托管？

转托管是专门针对深交所上市证券托管转移的一项业务，是指投资者将其托管在某一证券商处的深交所上市证券转到另一个证券商处托管。对于深市来说，投资者在哪个券商处买进的证券，就只能在该券商处卖出。投资者如需将股份转到其他券商处委托卖出，则要到原托管券商处办理转托管手续。

投资者在办理转托管手续时，可以将自己所有的证券一次性全部转出，也可以转出其中部分证券或同一券种中的部分证券。深交所现行的转托管业务是通过深交所的交易系统进行办理的，但需要注意的是，利用交易系统办理转托管的证券品种，只包括在深交所挂牌的A股、基金、可转换债券等，权证、国债不能转托管。

下面举例说明办理转托管的程序。

例如，某投资者在A券商处开户买卖沪深两市股票，由于某种原因，欲将资金和股票移至B券商处，此时他资金账户内既有上海股票，又有深圳股票，还有资金。那么他要办哪些手续？

（1）问清B券商的深圳席位名称和席位号。

（2）在A券商处撤消沪市指定交易。

（3）在A券商处将资金账户内的资金取出。

（4）在A券商处办理转托管手续，详细填写转托管申请单，并向A券商交纳30元转托管手续费。

（5）在B券商处开立资金账户。

（6）在B券商处存入资金并办理沪市指定交易。

（7）在A券商处办理转托管手续的第二天，到B券商处查询转托管的股票是否已到其在B券商处开立的股票账户内。如在B券商处查不到转托管股份，应到A券商处查询，也可到相关登记机构查询，以查明转托管申请失败的原因。

转托管要注意以下事项。

（1）深圳上市A股已托管股份的转托管只能在交易所会员证券商之间进行。

（2）深圳上市A股分红派息截止过户日一周内，登记机构停止办理分红股票的转托管，直至该股票完成本年度分红派息，方能办理转托管。

（3）股民申请证券转托管，应首先在转入证券商所属登记机构建立证券账户，取得证券账户卡（股东代码卡）；了解转入证券商全称、简称及代码（即席位号）。如属于同城（地）转托管，则不需要另行开立证券账户。

【交易点拨】

投资者需要注意，转托管成功后，在原转出券商处的深圳账户如不销户，仍可继续使用，但还是要在哪儿买就在哪儿卖。

127. 股票交易是如何撮合成交的？

一般而言，证券经营机构（证券公司或券商）受理投资者的买卖委托后，即刻将信息按时间先后顺序传送到交易所主机，公开申报竞价。

股票申报竞价时，可依有关规定采用集合竞价或连续竞价方式进行，交易所的撮合主机将按“价格优先，时间优先”的原则自动撮合成交。

在集合竞价期间，交易所的自动撮合系统对所有接收的委托单只储存而不撮合成交。当申报竞价时间结束，撮合系统将根据集合竞价原则，产生该股票的当日开盘价。沪深新股挂牌交易的第一天不受涨跌幅10%的限制，但深市新股上市当日集合竞价时，其委托竞价不能超过新股发行价的上下15元，否则该竞价在集合竞价中作无效委托处理，只可参与随后的连续竞价。

集合竞价结束后，就进入连续竞价时间。在连续竞价阶段，投资者的买卖指令进入交易所主机后，撮合系统将按“价格优先，时间优先”的原则进行自动撮合成交。价位相同时，以时间先后顺序依次撮合。

在撮合成交时，股票成交价格的决定原则为：

（1）成交价格的范围必须在昨日收盘价的上下10%以内。

（2）如买（卖）方的申报价格高（低）于卖（买）方的申报价格时，采用双方申报价格的平均价位。比如平安银行（000001）买方申报价格为14元，卖方申报价格为12元，其有效成交价格是14+12/2=13元。交易所主机撮合成交的，主机将成交信息即刻回报到券商处，供投资者查询。未成交或部分成交的，投资者有权撤销自己的委托或继续等待成交，一般委托有效期为一天。

另外，沪市收盘价为当日该证券最后一笔交易（含最后一笔）前一分钟所有交易的成交量加权平均价。深市证券的收盘价通过集合竞价的方式产生，收盘集合竞价不能产生收盘价的，以当日该证券最后一笔交易前一分钟所有交易的成交量加权平均价（含最后一笔交易）为收盘价。

【交易点拨】

电脑撮合成交，可最大程度地减少人为干预的因素。

128. 如何查询自己购买的深市股票？

一般情况下，投资者可以通过电话委托、上网交易方式查询自己的证券账户资料。除这两种方式之外，投资者还可凭本人身份证、深圳证券账户卡，直接在买卖股票的证券营业部查询股票和资金余额、委托成交、分红派息、配股确认等信息；也可以通过中国证券登记结算公司深圳分公司或其指定的证券营业部查询股票余额及其变动历史记录。

为方便投资者查询，深圳证券交易所还开设了查询电话，投资者可以直接拨打查询电话。凡参与A股或基金交易的个人投资者，可以查询最近七个交易日的历史成交、新股中签配号及上一交易日的股份余额。

【交易点拨】

一般情况下，投资者可凭本人深圳证券账户卡和交易密码，直接在网上查询股票和资金余额、委托成交、分红派息、配股确认等情况；如遇特殊情况，也可通过券商到当地登记机构或深圳证券结算公司查询。

129．如何查询自己购买的沪市股票？

就查询而言，只要投资者在某一证券营业部办理了证券账户的指定交易，就可以在办理指定交易的次日起，凭身份证和证券账户卡到指定交易所所属证券营业部进行有关证券余额的查询，或通过证券营业部的电脑、电话、网上交易系统自行完成证券账户的各项查询。

【交易点拨】

上海证券交易所在全面推行指定交易制度后，对投资者办理查询手续作了相应调整，使查询更加方便了。

130．股票账户卡遗失了怎么办？

一旦发生股票账户卡遗失，必须赶快到原开户的证券公司营业部，通过他们向中国证券登记结算公司申请办理股票账户挂失及补办手续。办理挂失要带好本人身份证，若身份证遗失，可以持公安局派出所出具的身份证遗失证明书（证明书必须贴有照片及公安局派出所加盖的骑缝章）。

【交易点拨】

投资者办理挂失后，可到证券公司指定的代理开户机构重新办理新的股票账户，并持重新领取的股票账户申请办理转户。

131．股票交易包括哪些手续费？

股票交易手续费是投资者在委托买卖证券时应支付的各种税收和费用的总和，通常包括印花税、佣金、过户费、其他费用等几个方面的内容。

按目前的政策，印花税当前由向双边征收改为向卖方单边征收，也就是说买入股票不收印花税，卖出股票才收印花税。印花税收取标准是成交金额的 0.1%，此税收由券商代扣后由交易所统一代缴。债券与基金交易均免交此项税收。

过户费是指股票成交后，更换户名所需支付的费用，只有沪市股票、基金交易才收取，深市交易无此费用。该费用按股票成交数量来计算，每 1000 股收 1 元钱，不足 1000 股按 1 元钱收取。

证券交易经手费：A 股，按成交额双边收取 0.087‰；B 股，按成交额双边收取 0.0001%；基金，按成交额双边收取 0.00975%；权证，按成交额双边收取 0.0045%。

券商是不能调整印花税和过户费的，普通股民应重点关心股票交易手续费，也就是券商佣金。按规定，券商最高只能收取成交金额 0.3%的手续费，最低是 5 元，单笔交易佣金不满 5 元的按 5 元收取。

假设你的佣金是 0.2%，你买了 1000 元某只股票，按比率算佣金应该是 2 元，但是不到 5 元，都要按照 5 元收取，所以成交金额较小的股民要注意。

既然股票交易手续费中佣金是能够调整的，那么股民要尽量选择那些能提供低佣金的证券公司。但是证券公司的手续费往往是根据客户的资金量、交易量来给出相应的佣金优惠的，资金量和交易量越大，优惠越大，普通股民如果佣金能优惠到万分之五（0.05%）就很不错了。

新股民到证券营业部开户的时候，最好问清楚佣金有没有优惠，优惠多少。有些证券营业部为了吸引投资者开户，也有很多免收 90 元钱开户费的。一般自己直接到营业部柜台开户，开户费是不免的，佣金也会收得偏高，当然最高是 0.3%。和券商客户经理或者经纪人预约，谈好佣金标准后再到营业部开户，这样一般开户费 90 元就能免掉，而且佣金也可以优惠，能优惠多少看你资金量大小了。

另外，不同地方、不同证券公司、不同交易方式、不同资金量，佣金可能是不同的，一般是网上交易佣金最低，电话委托次之，到营业部下单最贵。

佣金低了，那么整个股票交易手续费就能省下不少钱。千万别小看了佣金费率，佣金的多少在一定程度上能影响到你的交易结果。

下面以股票为例说明佣金的重要性。

（1）假如你的资金量为 10 万元，每月交易 4 次，佣金为 1‰、2‰、3‰等三种费率情况下的交易成本如表 2-1 所示。

表2-1

证券交易客户	资金量（元）	每年交易次数（次）	年交易量（元）	佣金	每年交易成本（元）	每年节约成本（元）	节约成本产生的收益率
A	10万	48	480万	1‰	4800	9600	9.6‰
B	10万	48	480万	2‰	9600	4800	4.8‰
C	10万	48	480万	3‰	14400	0	0‰

（2）假如你的资金量为 10 万元，每月交易 20 次，佣金为 1‰、2‰、3‰等三种费率情况下的交易成本如表 2-2 所示。

表2-2

证券交易客户	资金量（元）	每年交易次数（次）	年交易量（元）	佣金	每年交易成本（元）	每年节约成本（元）	节约成本产生的收益率
A	10万	240	2400万	1‰	24000	48000	48‰
B	10万	240	2400万	2‰	48000	24000	24‰
C	10万	240	2400万	3‰	72000	0	0‰

【交易点拨】

调整印花税是国家进行宏观经济调控的手段之一，直接影响到股票交易的成本，需要投资者引起注意。

132．什么是“银证通”业务？

“银证通”业务是指在银行与券商联网的基础上，投资者直接应用在银行各网点开立的活期储蓄存款账户卡或存折做为证券保证金账户，通过银行的委托系统（如电话银行、银行柜台系统、银行网上交易系统、手机银行），或通过证券商的委托体系（电话委托、自助键盘委托、网上委托、客户呼叫中心等）进行证券买卖的一种新型金融服务业务。

“银证通”业务中，投资者的股票由券商管理，相应的资金清算由银行直接在投资者的银行账户进行记账，投资者不用频繁地将资金在银行跟券商间划拨。股民可直接用存折或银行卡买卖股票及查询交易成果，不必到证券公司开设专门的资金账户，无须在银行与券商之间往返划转资金，投资理财更便利、更快捷。因为资金始终在股民的银行账户上，不受证券公司营业时间的限制，储蓄账户资金可以随时提现，包含休市日。

“银证通”买卖股票与传统的证券营业部买卖股票差别如下。

（1）临柜地点不同：“银证通”投资者是通过银行的储蓄网点来受理投资者的开户等临柜业务，投资者不需要到证券营业部的柜台处置以上业务。

（2）委托渠道不同：“银证通”投资者既可通过银行方的委托方法（如电话银行），也可通过所选择的证券商一方的委托方式（如证券网上交易系统、证券营业部证券委托电话、证券商客户呼叫中心等）。

（3）资金结算单位不同：“银证通”投资者不需要在证券商处开立资金账户，只需将钱存入银行的活期存折就能够交易股票。

【交易点拨】

“银证通”提高了投资者的资金使用效率，免除了资金调拨手续，最大限度地满足了投资者集中理财的要求，最适合需要进行股票投资但又时间不多的投资者。

133．投资者如何解决交易中的疑难问题？

（1）咨询证券营业部。投资者在交易过程中遇到疑难问题，可以咨询证券营业部柜台营业员。随着证券行业的不断发展，现在证券营业部为客户提供的服务越来越细。例如，许多券商成立客户服务中心，有专职人员专门解答投资者的疑问，或者提供免费咨询电话为客户服务，还成立专门的专家顾问群为客户提供投资咨询服务等。

（2）求助于相关报纸和媒体。目前证券类报纸、杂志一般都设置一些栏目为股民解答疑难。在家里有上网条件的投资者，还可以通过上网进行查询。

（3）咨询交易所里的投资者热线。交易所服务专线专为投资者、券商和上市公司服务，例如，深圳证券交易所设有几条专线电话为投资者、券商和上市公司服务，此外还设立了投资者教育服务中心。

【交易点拨】

俗话说“兼听则明”。遇到疑难问题，应该多方咨询求教，但最后拿主意还要靠自己。

第七节 港股投资

134. 什么叫“港股直通车”？

2007年8月，经国家外汇管理局批准，境内个人投资者可以直接购买港股，此项业务被称为“港股直通车”。这就意味着个人投资者不仅可以投资境内的A股和B股市场，还可以直接投资香港股市。

根据国家外汇管理局的规定，内地居民可以使用自有外汇或人民币购汇直接投资香港股市，但需要通过中国银行在内地的分支机构和香港中银国际证券有限公司办理。中国银行将内地客户投资港股的代理业务命名为“港股直通车”，中国银行在内地的分支机构提供资金存管与清算服务，中银国际负责客户的全部证券结算。

在“港股直通车”开通初期，内地居民可以直接投资港股，但不能直接认购在香港发行的新股，仅限用现金购买已上市的流通股票，且不设透支融资服务。“港股直通车”同样需要缴纳印花税和佣金，单向税费标准低于内地的A股。

“港股直通车”制度的出台，受到了广大投资者的欢迎，给内地普通股民投资香港股市提供了方便的条件。

【交易点拨】

从“港股直通车”推出初期的税费标准来看，直接投资港股，确实比投资内地A股具有一定的成本优势。

135. 从哪些渠道能获取港股信息？

自从2007年8月“港股直通车”正式推出以来，广大投资者最为关心的一点就是如何获取港股信息。最为便捷的方法，投资者可以通过香港中文财经网站了解信息，或者订购一些香港的报刊，也是获取信息的重要途径。但是投资者不能盲目相信这些信息，因为有的文章是散户写的，往往带有散户分析股市的片面性。还有一些人写文章带有一定的倾向性，他们有可能是海外某些投资机构的喉舌。

现在内地一些专业报刊、著名财经网站也有专门的港股频道，这是了解香港股票信息的重要途径。甚至包括现在的股市直播节目，也有港股相关信息。需要提醒的是，在了解港股信息时，一定程度上也要了解美国股市的信息，因为美国股市对港股市场的走势影响非常明显。

目前好多炒股软件上都有港股走势图，投资者可以到券商指定的网站下载港股交易软件。

【交易点拨】

了解港股信息的渠道很多，但不要迷信媒体对港股的分析，要辩证地去看这些分析意见，也要有自己的独立分析和判断，最好结合内地的媒体资料去看，这样更为客观一些。

136. 投资港股怎样办理开户手续？

根据相关规定，内地居民须通过中国银行的分支机构开设外汇户头，并在香港中银国际开立对应的投资户头，才可以直接买卖港股。

资金方面，居民个人可使用自有外汇资金及人民币购汇。有了收益，可以保留外汇，也可以在开户行结汇。

“港股直通车”开户的具体方法如下。

第一，投资者凭本人有效身份证件，在中国银行的分支机构开立个人证券投资外汇账户。该账户收入范围是：本人境内个人外汇储蓄账户划入的或购汇存入的证券投资资金、境外汇回的证券投资本金及收益；支出范围是：用于证券投资及相关费用的支出、划入本人境内个人外汇储蓄账户、结汇或经外汇局批准的其他支出。个人证券投资外汇账户不得存取外币现钞。

第二，凡是经过批准的中国银行境内分支机构，均可办理个人证券投资外汇账户开户及代收中银国际证券代理账户开户申请材料。

第三，投资者应在中银国际开立证券代理账户，中银国际按照香港特别行政区法律法规为投资者开立证券代理账户。

如果投资者需要撤销账户，应先撤销在中银国际开立的证券代理账户，再撤销在中国银行境内分支机构开立的个人证券投资外汇账户。

【交易点拨】

对于普通投资者而言，香港市场是一个国际各路资金聚集的地方，一切都是陌生的，市场的各种风险更大，而且还有汇率风险。

137. 投资港股怎样进行外汇结算？

根据国家外汇管理局的规定，以自有外汇投资的，应将投资资金划入本人在中国银行分支机构开立的个人证券投资外汇账户。购汇进行投资的，应通过中国银行境内分支机构办理，所购外汇应直接汇入个人证券外汇账户。售汇银行应凭投资者提供的本人有效身份证件和个人证券投资外汇账户开户凭证办理售汇。

中国银行分支机构将严格区分投资资金来源，从投资者本人境内个人外汇储蓄账户划入的投资款，均视为自有外汇投资。

投资者以自有外汇或购汇进行投资时，该境外证券投资账户项下购汇不受年度总额限制。在结汇方面，以自有外汇投资的，其本金应划回本人境内个人外汇储蓄账户。如需结汇，按照《个人外汇管理办法》相关规定办理。

投资收益及购汇投资的本金可划回本人境内个人外汇储蓄账户，也可直接在个人证券投资外汇账户办理结汇。在个人证券投资外汇账户直接结汇的资金不纳入个人结汇年度总额，个人外汇储蓄账户资金结汇按照《个人外汇管理办法》相关规定办理。

【交易点拨】

投资者需注意，办理投资收益及购汇投资本金结汇，其结汇后个人证券投资外汇账户余额应不低于以自有外汇投资的本金余额。

第三章 股票投资理念

正确的投资理念是投资者在股市长期稳定盈利的基本保证。一夜暴富的想法以及贪婪、恐惧等情绪，都会影响在股市中获利。要想在股市中长期稳定获利，首先要树立正确的投资理念，这样才能达到事半功倍的效果。

第一节 炒股要有正确的理念

138. 炒股的基本原则是什么？

（1）掌握基本的技术分析知识，把命运掌握在自己手中。股票投资是一种高风险与高收益并存的投资方式。股市是一个没有硝烟的战场，它不同情无知与弱者。所以劝告您，不能把炒股作为谋生之路，也不能把股市作为暴富的赌场。股市是投资理财的一个渠道，由于不成熟、不规范和特定的客观条件，对于中小散户而言，在目前的股市中，掌握基本的交易技巧和基本分析方法，是少赔多赚的开始。

（2）不要盲从媒体、股评和各种消息。许多投资者选股的主要依据是传媒消息、媒体股评，这种选择随意性、盲目性太强，结果是赢少输多，最终成为劣质股评、谋利小报的牺牲品。对于股评，要在自己掌握技术分析的基础上，一分为二地加以分析判断，去伪存真。应该相信，这些铺天盖地的股评家很可能水平还不如自己高呢！

（3）重视个股，抓小放大。随着股市的逐步完善，早期的各种股票齐涨齐跌的现象将逐步成为历史，今后选股要更注重技术分析。跑赢大市的关键在于选股，投资者应该关注公司的经营业绩，题材性的炒作永远是短线，大盘趋势研判可以交给股评家来分析，个股的选择却要自己掌握。在股市中应注意抓小放大，坚持优中选优的策略。另外，果断换股与止损是获利的重要保证。

【交易点拨】

股市中赚与赔都是不可避免的，只有保持平常心，从容应对，才能在关键时刻作出正确的抉择。不要被市场气氛及各种骗局所左右，稳健把握市场中的成功机会，才能从中获得财富。

139. 怎样成为稳健型投资者?

稳健型投资者，就像上面谈到的股票专家一样，他们大都将股票投资的重点放在基本分析和技术分析上。由于本身精于研究分析，因此在操作时有自己的思路和原则，同时也较易获利。虽然有时难免因判断失误而发生亏损，但总的来看不会赔大钱。

如果你想成为稳健型的投资者，除了练就一身过硬的“功夫”外，还需注意影响股价变化的并非都是经济因素。如果仅凭基本分析和技术分析来对股价动向作推测的话，可能与实际情况有一定的差距，因此千万不可忽略对其他投资者的心理分析。

【交易点拨】

知己知彼，才能百战百胜。既能用技术方法分析股市，又能分析自己的心理，还能较透彻地洞悉他人心理，这样的稳健型投资者怎能不更胜一筹!

140. 如何培养持股耐心?

投资者买进了自己看好的股票，就开始了漫长的等待历程。等到持有的股票大幅上涨，大获其利后，就会归纳出一个成功的经验，那就是：总会等到你!

有了这种耐心等待的信念，才会尝到久等之后的甜美。当然，股市中也不乏手疾眼快、追涨杀跌、随机应变的换股老手，他们不断地追逐轮番上涨的个股，累得半死，有苦也有乐，但也的确有那么一部分咬定青山不放松，海枯石烂不变心，死钻牛角尖的硬汉子，他们买进之后，股价不涨就坚决不卖。眼见别的股票都涨了，就是自己持有的股票不见动静，生气、郁闷也是难免的。但他们能够持之以恒，最终等到水落石出，以证明自己的选择是英明的。

有统计资料表明，一般的短线投资者，持股耐心不超过 3 天。3 天内股价不涨，就会转换目标。进一步观察会发现，在股民的操作行为中，也有耐心比较大的，最长可持股一周以上、10 天以内。这时如果股价还不涨，十之八九就卖掉了。只有一两个人还会耐心地等待下去。

缺乏耐心的人，总会在股价上升前一分钟放弃持股信念。富有戏剧性的是，往往自己出手之后，股价就会扶摇直上，导致自己悔之不及。天天等等不来，一时不等就来了。投资者要想获得丰厚的回报，需要付出的最大代价就是耐心等待，以及眼见别的股票大涨，自己持有的股票偏偏不涨的痛苦折磨。

苦熬苦煎的投资者，都有一种共同的心得体会，那就是不断换手并不比耐心等待获得的回报多。人们往往就因为忍受不了这种寂寞冷落，才让赚钱机会到了门口却最终错过去了。

等待是艰苦的，等待之后的结果却是甜美的。美国投资大师沃伦·巴菲特说：“如果你因为等一种股票的升值等得不耐烦了而把它抛出的话，那么第二天这种股票就可能升值了。这种事情肯定会发生，我称它为脱离后的繁荣。”

【交易点拨】

利润是需要付出巨大的忍耐和等待的代价的！投资者买进了大器晚成型的实力股之后，就该坚定持股信念，不为所动，千万别三天不涨就犯急，五天不涨就动摇了信心。一念之差，或许就半途而废，把本该到手的利润化为泡影。

141. 哪些因素影响投资者作出判断？

很多人不断地重复他们错误的投资行为，原因就在于他们没有以正确的态度看清楚面前的障碍究竟是什么。

下列这些因素往往会蒙住了投资者的双眼。

（1）不动脑子思考。一些投资者根本不看大势，不分析公司的基本面，长期持有一只经营业绩不好的股票，还寄希望于“乌鸦变凤凰”，绝地重生，亏损变盈利。现实中，这种翻身的机会很难遇到，大部分情况下的结局是投资者的资金长期套牢，无法取得收益，破坏了收支平衡，增加了心理焦虑。

（2）情绪反复无常。情绪化是投资者在投资活动中最普遍、最容易犯的一种毛病，看到盘面翻红就兴高采烈，看到满盘皆绿就灰心丧气。这种情绪化的表现会阻碍投资者进行理性思考，导致经常做出错误的投资决定，不是买在最高点，就是卖在最低点。股价此时也最会捉弄人，你认为会跌的，它却涨了；你认为会涨的，它反而跌了，投资者往往是在买进或卖出以后后悔不已。

（3）不具备起码的投资知识。有不少投资者认为，炒股不是什么高科技，连退休人员和看自行车的老太太都能做，只要选择“正确”的股票买卖就可以赚钱了，难道自己还做不来？这些投资者不清楚股票市场是如何运作的，不知道股票价格受什么因素的驱动才出现涨跌，不了解什么才是真正正确的投资行为，怎么能在股市中获利呢！

（4）盲目追风。相当多的投资者很容易被一些当前表现良好但未来表现并不确定的股票吸引，也就是所谓的追逐热点，炒作题材。在没有充分了解其上涨的原因和具有哪些风险的情况下，就贸然买入这些热门股。有许多投资者不知道该何时卖出那些已经赚钱的股票，他们往往选择长时间持有这只上涨的股票，总认为股价涨了还会再涨，却不知这个做法并不总是正确的。

（5）缺乏长期投资眼光。许多投资者都知道应该树立长期投资思想，但在实际操作过程中，却仍然只是根据股市的短期波动和突然冒出的想法进行操作。如果没有长期的投资规划，决策就很容易受市场短期波动的影响，依据不可预知的市场波动来操作。因为没有长期的投资规划，投资行为就极其危险，犯错的概率也极大。在牛市中，他们会倾其所有，希望跟着专业投资者大赚一笔，但此时往往是牛市已经接近尾声；当股市出现大幅下跌时，又难免惊慌失措，经常在熊转牛时的底部卖掉股票。

【交易点拨】

股市本身就是一个强大的平衡机器，它不会一直青睐某些股票，冷落另一些股票，用“风水轮流转”来形容股市是非常贴切的。投资者必须主动、适当地调整投资组合品种，踩准股市变化的节奏。明智的做法是卖掉一部分获利的股票，把变现的收益投资到其他一些更有增长潜力的股票上。

142. 为什么说要找到一个适合你的市场？

人类的投资行为是一个涉及很多因素的复杂组合，每个人都有各自的知识领域和个性，所以每个人对市场的看法和喜好都是不一样的。比如说，在电子业服务的人，他看到的更多是电子市场，电子类股里面甚至又可以分为上游、中游、下游企业，然后再进行更细的分类。

有的人喜欢跟随别人操作，有的人喜欢自己独立操作；有的人喜欢探听消息，有的人则喜欢自己选股；有的人注重基本面，有的人注重技术面；有的人喜欢成长稳健型的股票，有的人则喜欢投机性浓厚的概念股或题材股……

最后，我想请问你：你的市场在哪里？哪里是适合你的市场？

投资者一定要根据自己的性格和经验，选择一个适合自己的市场，这是在股市里长期稳定盈利的基础。

【交易点拨】

有人喜欢做商品期货，有人喜欢做股指期货，还有人喜欢做个股。看看自己适合哪个市场，只有自己熟悉的，才能把握住市场机会。

143．炒股能当职业吗？

当炒股赚钱了，尤其是赚了不少钱的时候，会让人觉得赚钱好像很容易。辛苦工作一个月，也不过领几千元钱的工资，倒不如辞职专心炒股去。说真的，当一个大的上升趋势之后，有这种心态的人还真不少。

大家看过的股票书里，很多都提到巴菲特、索罗斯……那种用几十万美元赚到几十亿美元的故事，光这个钱的单位，听起来就让人飘飘然。问题是，你可知道在众多投资人当中，有几人能获得他们这样的成就？万分之一、十万分之一，还是百万分之一？全世界也不过只出了一个巴菲特。

也许你说不必像巴菲特那么辉煌，只要炒股收益能够比现在的工资收入高一些就够了。但你要知道，股市是不会付给投资者工资的，它只是给你一些暂存款，这些钱只是暂时寄放在你这儿，让你高兴一下而已。这些钱市场随时都会向你要回去的，而且还会向你索要高额的利息，这利息可能是你全部的家当，有些甚至是你向银行借来的贷款。你可以看看身边有多少人因为炒股而黯然神伤，最终倾家荡产甚至绝望自杀。

【交易点拨】

股市有金山银山，但能拿股市赚来的钱买车、买房的人毕竟不多。未赢先想输，不要光想股市中好的一面，也要看看不利的那一面。赢了固然很好，万一输了，你可有心理准备？

第二节　克服恐惧与贪婪心理

144．为什么说股市是投资者的心理搏击场？

在这个世界上，还没有哪一个地方像股票市场一样，在十分短暂的时间里，就能让投资者充分地经受各种情绪的考验——喜悦、悲哀、追悔莫及……毫无疑问，股票市场是投资者的心理搏击场。

作为一名投资者，对此必须有一个清醒的认识。既然已经进入了这一行，就得准备付出艰辛的劳动，准备经受无尽的心理煎熬，准备把字典中原先写着的“失败”换成“暂时受挫”，准备千百次东山再起。作为一个股票投资者，必须有一种百折不挠的勇气，有一种坚韧不拔的决心，有一种抗战到底的恒心，还需要练就一种“不以涨喜，不以跌悲”的胸怀。这一切都要求投资者具有优良的心理素质。

股票投资是一个充满辛劳和易受挫折的职业，其精神磨折是每个投资者都躲避不了的。市场内人声鼎沸，行情涨涨跌跌，时时刻刻刺激着人们的神经，影响着人们的情绪。面对如此变化多端、动荡剧烈的市场，没有优秀的心理素质是不可想象的。

塑造良好的投资心态是股市高手必修的课程。将军在战场上指挥作战，要有泰山崩于前而色不变的胆识；投资者决战股票市场，同样也需要这种心胸和气魄。

【交易点拨】

不为心理的波动而改变操作策略，确定长期的投资目标和原则，这是股票交易的首要问题。

145. 新手如何克服恐惧心理？

新入市的投资者往往有恐惧股市的心理，投资时犹犹豫豫，放不开手脚，结果是越怕输就越输，弄得十分狼狈。

要在股市中放开手脚，就应该做到以下几点。

（1）大胆实践，敢于磨炼。该买进时就买进，该卖出时就卖出。刚进入股市的投资者，有许多时候不敢操作，总觉得经验不够丰富。越是不炒作，越是没有经验，这就造成了多米诺骨牌效应。其实每个人的炒股经验都是在实践中历练出来的。要成为一个富翁，总得经历一个艰辛的过程。

（2）探寻规律，适可而止。刚涉足股市的投资者不敢炒作，还有一个心理障碍就是避险，总想穷尽股市的规律，把风险降为零。股市的有些规律，靠理性是总结不出来的，而更多的是靠投资者的直觉发现。要想穷尽股市的一切规律，把风险降低为零，这是不现实的，也是不可能的，它只能使你丧失机会，束缚你的手脚。

（3）面对图形，沉着应战。股市炒作，最神秘的就是技术图形。许多新投资者一见到它脑袋就发蒙，觉得信心不足。其实只要有初中文化水平的人，就能看懂技术图形。在股市中，用得最多的是K线图，K线图主要用于股价短期波动分析。K线图又称为红黑线图或阴阳线图，分为日线图、周线图、月线图等多种，分别表示股票日、周、月的开盘价、收盘价、最低价及其涨跌情况。

【交易点拨】

常在河边走，哪有不湿鞋。常在股市上转，没有不亏损的。炒股有赢也有输，输了不能气馁。炒股就要有一种不怕输的精神。

146. 炒股心理是如何失衡的？

初入股市者都想早赚钱，多赚钱，永远赚下去，只赚不赔就更好了。比如你现在有 5000 元，但你只投入 500 元买进，买了 100 股 4 元左右的股票。两个星期后，这只股票可能涨到 6 元，然后你就赚了 200 元，于是你心理不平衡了。

你会这样想："要是我当初买了 1000 股的话，不就赚了 2000 元吗？"于是你就将剩下的钱全部投进去，又买了 900 股，这时你的成本价已经是 5 元多了。很可能主力是从 1 元开始赚钱，现在涨到 6 元他全部抛了。这时你就被套在里面，只能看着股票一直下跌。股价跌那么两三块钱，你就亏了两三千元了。这时你的心理还会平静如水吗？

炒股如同吃鱼。鲜鱼上桌，有的人抢吃鱼身，有的人抢吃鱼头、鱼尾。头尾的肉固然鲜美无比，然而结构复杂，肉少刺多。当费尽心力地吃了鱼头之后，回头再看，中段鱼身味道稍逊的大块鱼肉早已被分食精光！追求大赚，一夜巨富，不是绝对不可能，而是极难，搞不好本金都保不住。所以秉持"中庸之道"，少赚不贪多，才是老百姓炒股的准则。

【交易点拨】

要想取得投资胜利，关键是要对金钱持有一个正确的态度，投资的基本点包括想象力、耐力、远见以及经验。

147. 哪些情绪会影响股市操作？

（1）偏执的情绪。许多投资者不会客观地对待市场，也就是俗话所说的"一根筋"，他们固执地认为股市总是会朝着他们自己设想的方向发展。实际上股市是不会随任何人的意愿运行的，只有客观理性地看待股市，才能从中获得收益。投资者应当学会不把自己的观点强加于市场，而是敏锐地察觉市场传递出的信息，哪怕是蛛丝马迹都不要放过。

（2）过于相信直觉。心理学认为，判断和决策与实际情况之间的偏差经常是由认知假象导致的。与视觉假象一样，人类很难消除由直觉推理产生的失误。面对股市复杂的环境和不确定性，如果仅仅依赖直觉做判断和决策，容易受认知假象的迷惑，导致对风险视而不见，做出理由不充分的交易判断。一旦结果不如意，则开始责备自己或迁怒于他人。有些投资者总是自我感觉良好，忽视一些自己不喜欢但其实很重要的事实，这是非常危险的倾向。

（3）盲目乐观的情绪。盲目乐观，对于股市投资者来说可能会遭遇灭顶之灾。在投资者决策的过程中，如果出现盲目乐观的情绪，就容易高估自己的知识和技能，高估市场的表现，低估或忽视风险的存在，夸大自己掌控局面的能力。

（4）懊悔焦虑的情绪。在股市里，投资者经常后悔没做某事。"这只股票现在涨得这么好，为什么当初我就没买呢？"这是人们经常听到的声音。股市里的这种懊悔情绪，只会把事情变得更糟，把投资者的心态搞坏，进而可能陷入恶性循环之中。如果投资者经常有这种懊悔情绪，时常把失败挂在嘴边，就难以振作起精神来。

【交易点拨】

在决策过程中，投资者要时刻注意控制自己的情绪，牢记股市是一个高风险场所，不要为暂时的成绩忘乎所以，也不要为一时的失误而灰心丧气。

第三节 正确把握趋势

148. 什么是股票市场的“势”？

涉足股市，一定要掌握“势”的概念。什么是“势”？这里指的就是股价波动的走势。围棋也讲究“势”，它所指的势含有趋势的意思，也有实力的意思。几粒棋子摆在不同的位置，组成的形状不同，具有的威慑力和攻击力就不同。如果一开局棋势不错，就为下一步的行棋打下了良好的基础。尽管对手采取各种攻击手段，但只要没有大的闪失，棋局是会按照最初的棋势发展下去的。

股票交易当中的“势”也有类似的特点。如果确定是一段涨势或跌势，股价波动必朝此方向进行；在上升行情里，可能有时也会出现下跌，但偶尔的下跌不影响涨势，股票不时还会出现新的高价，以扭转股价偶尔下跌的现象。同理，在股市下跌趋势里，尽管也会有暂时的回升，但回升只是短暂的，无法中断跌势。

所谓股价变动中的“势”，是力量性、时间性和趋势性的综合。一旦股价形成涨势或跌势，那么逆势而动都是一种愚蠢的行为。

【交易点拨】

趋势就是事物发展的走向。研究事物发展的趋势，对于正确把握方向，修正行为偏差，调整行动方案，都是十分必要的。

149. 把握股价趋势的方法有哪些？

把握股票价格走势的方法有很多，根据事物的性质、特点不同而方法各异。简单概括起来，不外乎经验型、技术型两大类。

经验型是根据对该事物以往发展状况的概括、归纳，研究出带有规律性的东西，用以对未来该事物状况进行判定。比如，一般情况下，元旦、春节期间的市场销售量是每年的高峰时期，这个时候企业单位发奖金、分红利，人们手中的票子一下子多了许多，当然要想办法花出去。即使是在过去艰苦的日子里，再穷困的人家也要尽力置办点儿年货，以图欢欢喜喜过个年。近年来，年节消费又有了新的规律，一些福利较好的单位把年货给员工们基本都置办齐了，大家过年几乎什么都不需要买了。在这种情况下，商品批发可能会比商品零售还要“火”。类似这种商品销售趋势，只要凭经验一般就可以掌握。

判断趋势的另一类方法就是技术型，包括指标公式、计算机模拟、图形判断等。技术型方法含有相当多的技术含量，在科技日新月异、知识爆炸的今天，此类方法越来越多，而且准确程度也越来越高。计算机模拟已经可以展示未来战争对抗情形、航天器在太空遨游以及各种设备性能、参数的变化趋势等。总之技术型方法的普及性越来越强，越来越令人信服，被社会各界包括股票投资者普遍采用。

【交易点拨】

凡事预则立，不预则废，多算胜，少算则败。能赚钱的方法就是好方法。

150. 如何判断市场是牛市还是熊市？

简单地讲，牛市就是指数持续上涨，并且投资者相信这种上涨势头会长期保持。就一个成熟的股票市场来说，牛市常常要有经济强劲增长、居民充分就业和收入大幅提升作为强大的后盾。相反，熊市中大多数股票都在下跌，并且投资者相信这种下跌趋势还会长期持续，进而相继卖出股票，进一步加剧市场的下跌深度。通常熊市是由宏观经济紧缩、公司盈利和个人收入增长大幅下滑导致的。

常常听到人们用牛市和熊市来形象地比喻股市发展状况，然而准确地定义和理解牛市与熊市，并不像人们说的那么容易。由于股市的发展方向是决定投资者投资热情大小的最主要原因，所以了解牛市和熊市意味着什么，它们有什么特征，以及会带来哪些影响，对投资决策非常重要。

在实际操作中，准确判断牛市开始和结束的时间是非常困难的。判断股市是“牛”还是“熊”的关键，是观察分析市场发展的长期趋势。市场的小幅波动只是在一种大趋势下的局部调整，比如在一个长期走熊的市场格局下，出现个别几周的市场转暖，并不能认为是熊市的结束。

【交易点拨】

投资者都喜欢牛市而力图避开熊市。那么处在熊市怎么办呢？最稳健的投资策略就是把资金投到低风险的固定收益型产品或防守型股票上来，因为在熊市里风险远远大于收益。

151. 判断牛熊市的依据是什么？

判断股市是“牛”还是“熊”的关键是股市发展的长期趋势，而不是股市对突发事件的短期反应。市场的小幅波动只是在一种小趋势下的主动调整，比如在一个长期走熊的市场格局下，出现个别几周的市场转暖，不能认为是熊市的结束。通常情况下，只有当股市变动的幅度达到15%~20%时，才可以基本确认股市发生了趋势性的转折。

一般来说，牛市来临之时，市场会呈现出如下现象。

（1）小型股先发动涨势，不断出现新的高价。

（2）不利股市的消息频传，但是股价却跌不下去，为多头买进时机。

（3）利多消息在报刊杂志上宣布时，股价迅即上涨。

（4）股价不断地以大幅上扬、小幅回档再大幅上扬的方式波段推高。

（5）个股不断以板块轮涨的方式将指数节节推高。

（6）人气不断地汇集，投资人追高的意愿强烈。

（7）新开户的人数不断增加，新资金源源不断涌入。

（8）法人机构、大户进场买进。

（9）除息、除权的股票很快就能填息或填权。

（10）移动平均线均呈多头排列，日线、周线、月线、季线呈平行向上排列。

（11）6 日 RSI 介于 50 ~ 90 之间。

（12）整个经济形势明显好转，政府公布的利好消息频传。

（13）本地股市和周边股市同步不断上扬，区域间经济呈活跃趋势。

熊市来临之时，市场一般会呈现出如下现象。

（1）市场普遍看好，人气沸腾，股民疯狂抢进，是空头市场即将来临的先兆。

（2）有利好消息传出，股价不涨反跌。

（3）市场不利消息不断传出，行情呈兵败如山倒之势，纷纷跌停挂出。

（4）法人机构、大户大量出货。成交量明显放大，股价却滞涨。

（5）投资者纷纷弃权，而即将除息除权的股票亦毫无表现。

（6）人气涣散，纷纷抛售股票，股价快速下跌。

（7）RSI（相对强弱指标）介于 20~50 之间。

（8）宏观经济指标呈明显下降趋势，周边市场纷纷下跌，政府对资本市场采用紧缩政策，物价上涨迅速。

在牛市中，最理想的情况是投资者在牛市启动前买入股票，并在牛市达到顶部前卖出，以充分享受股市上涨带来的丰硕果实。但在实际操作中，准确判断牛市开始和结束的时间几乎是不可能的。我们可以做到的是，经过认真分析，从总体上判断这是一个牛市还是熊市。

【交易点拨】

通常情况下，只有当股市变动幅度达到 15%~20%时，才可以基本确认股市发生了趋势性的根本转折。这个时候，投资者应该及时调整自己的投资思路和投资策略。无论是在牛市还是在熊市，顺势而为，不逆势而动，才能获得最大的收益。尤其是投资于真正的绩优股时，长期持有，风险就会变得很小。

152．决定牛熊市的主要因素是什么？

中国的股市是政策市，也就是说与大的宏观经济政策有很大的关系，所以有很多人炒股喜欢去打听消息。如果整体经济不景气，人们就不会对股市抱有太高的期望，也不会有很大的购买股票的热情。

现在的 A 股很容易被大机构控盘，所以股民的大众心理很容易被利用。如果所有的人都看多时，可能市场已经到了将要调整的时候，这时就要当心了。

股市的真正繁荣取决于经济的发展，换句话说，取于人们的钱袋子。闲散资金越多，可投资的钱就越多，对股票的需求也就越多，就会推动股价上涨。当然，中国股市有相当的政治因素在起作用，特别是政府的调控政策有时候能起到决定性的作用。另外，股票市场的透明度也是决定市场走牛或走熊的一大决定因素。

【交易点拨】

牛市、熊市的出现，有其基本的表象和内在的规律。遇到牛市、熊市发生转折时，投资者应该及时调整自己的投资思维和投资策略。

153．牛熊市应采取怎样的投资策略？

对于大多数投资者来说，在牛市时买入股票的风险相对较小，盈利的概率远大于亏损的概率。即使出现暂时亏损，一般来说很快就会扭亏，而且亏损的幅度也很小，投资者是可以忍受的，不会对资金造成致命的伤害。此时，投资者应该以更加积极自信的态度买入经过自己认真研究后看好的股票，以扩大回报。

牛市行情基本的投资策略是持股。只要没有确认市场已脱离多头状态，就不要抛出股票，并且每一次回落都是宝贵的买入机会，上升就不必去管它。不要以为股价升了很多就可以抛掉股票，在一次真正的牛市行情中，股价升了可以再升，以至于升到你不敢相信的程度。如果在升势中间抛出有一些获利的股票，除非你不再买入或者换股，一般来说都会截掉一段你应得的利润。从本质上说，在整个多头行情的上升过程中，这种在中间抛掉股票之后又不得不用高一点的成本补回的错误操作，是上升行情的重要推动力。

在牛市运行的整个过程中，选股也是至关重要的操作环节。一般来说，牛市的起始阶段应当是优质股率先上升，如果优质股表现不佳，具有投机题材的低价小盘股轮番跳升，则意味着当前行情很有可能是一段投机性升势，在这种情况下，应当随时做好出货离场的准备。不过有时候大的多头行情也可能由投机题材引发，但接下来一线优质股必须要能够及时跟上，然后再一路带头向上涨升，并由此给二三线股腾出上升空间，拉动大市一路向上。如果一线股和二线优质股的升势一直靠低价投机股的上升推动，并且成交量过多地分布在投机股上，升势就难以持久。操作中要千万注意这些重要的行情迹象，不可被一时繁荣热烈的市场表现冲昏头脑。

在熊市中，股价的主体趋势是向下的。跌势中的主导策略应是抱住现金，看准反弹做个短线，并尽快平仓离场。千万不要以为股价出现反弹就会升到哪里去，能搏到一点短线差价就已经很不错了。不要怕买不到股票，也不要以为股价跌了这么多已经很便宜了，买了套住也不怕，这些想法是很害人的。长期弱势所能达到的低价往往在我们的想象之外，股价跌了可以再跌。

当然，在熊市中也不是说就一定不能操作和盈利，熊市中也有反弹，关键就是看你如何操作了。抢反弹一定要在看准的有效支撑位处买入，仓位不要太重，三分之一的仓位即可。看不准时宁可错失短线机会，也不宜在跌势未尽时束手被套。

【交易点拨】

如果判断是牛市，则牛市不言顶，最好持股不动；如果判断是熊市，则熊市不言底，那么规避风险的最好办法是“现金为王”。

154. 股票适合长期投资吗？

笔者的操作模式着重于资金有效地利用，属于中短线波段操作，目的在赚取中短线波动的价差。因为笔者有不错的选股策略，所以资金运用上会向最有效率的方向移动，也就是一档股票做满一个波段就会出场，以后除非它又出现了设定的买进条件，否则可能就遗忘了。买进后长期持有的操作方式，并不是笔者追求的操作方法。

对笔者来说，长线操作是不可能的任务。为什么会这样说呢？因为那种能够抱三五年的长线股可遇而不可求，真实的操作中很难碰到。如果不相信，你可以认真地找找看，给你挑 20 只股票，挑好后买进，长期持有三五年，看看有几只股票可以大涨，三五年后可能总的收益还不一定是正数。

股票投资谁不喜欢轻轻松松地就能够获得暴利？但是长线上涨的股票,除非你的运气特别好，否则实在很难碰到。这又涉及景气循环的问题，当景气好的时候，这类股票会走一大段上升趋势。当景气循环结束，哪一只股票能够长久地停留在高档？这是不用争辩的事实，打开 K 线图查看一下你就知道了。

既然长线抱到大涨的股票是可遇而不可求的事，当然对笔者来说，长线持股就是不可能的任务了。笔者手上有十几只长期保留的股票，其中有的已经持有十几年了，当时也是满怀希望才去除权的，但是检视一下这些长线持有的个股，大部分都比当初买进的价位差，有的甚至已经退市了。所以股票操作不要有长期持有的打算，只做波段价差，能拿多少就拿多少，这才是理性的投资之路。

【交易点拨】

这种观点对喜欢长线投资的人来说是很难接受的。笔者只能说，各有各的投资观点，你找你喜欢的股票就好了，因为每一个人参与交易的背景都不同。换个角度想，如果每个人都做长期投资，股市交易就不会活跃了。

155. 为什么说股市下跌暗藏机会？

很多人认为买股票就是要涨，难道股市下跌就不好吗？有没有想过，很多做空股指期货的人很喜欢股市下跌，因为做空也可以赚钱；有没有想过，很多空仓的人很喜欢股市下跌，因为下跌才有便宜货好捡。

为什么股票一直要上涨才是对的？股市本来就有多空，你是要遵循市场的方向，还是要坚持自己的看法？

话说回来，指数下跌期间也有上涨的股票，指数上涨期间也有下跌的股票。股市很公平地提供了多空两个市场，喜欢做多的就去选择上涨的股票，喜欢做空股指期货的就去做空股指期货，其间并没有矛盾。有供给有需求，股市不过是各取所需罢了，不是吗？

说到技巧，笔者学习技术分析十多年了，一直在抛弃更多的东西。有用的方法并不需要很多。学了很多，要用的时候还是需要选择，精通少数几种方法就可以了。专精并不比博学差，尤其在股市，专精比博学重要，更重要的是依法下单的心态。

操作层面的东西，尤其是操作技术，都是“一理通，万理通”，一个方法精熟了，到任何地方都可以套用。你要找一个操作的主轴，不断地学习，把可以增加这个主轴效用的东西加进来，其他的技术了解一下，当做一般知识就可以，未必非要使用，非要加入你的操作系统中。

当你拿起一本书，觉得书中内容讲得太浅显太简单；拿起另外一本书，也会摇摇头又放下，最后已经找不到可以让你惊喜、适合你看的书的时候，差不多表示你已经进入另外一个境界了。

【交易点拨】

当然不是说这时候你可以目中无人，只能说你的境界已经达到一个比较高的层次。这时候你需要关注的不再是技术分析类的书，而是交易心理方面的相关书籍，以及其他关于投资理念和交易心态的著作，这绝对是你将来要涉猎的领域。

第四节　管理好资金

156. 为什么说资金管控非常重要?

对走势要永远抱有敬畏之心，不要看到走势大好就全力买进，将本求利，要掌握你能看到的、能得到的，同时要留一些可用资金，做到进可攻退可守，永远保持操作的弹性。

每个人对行情的看法都有所不同，融资融券放开后，大力买进的人会嘲笑谨小慎微的人胆小。嘲笑就嘲笑，胆小也没什么大不了的，因为一个中级回档之后，笑脸变哭脸的总是数不胜数，这样的例子太多了。

资金管控这个题目说大不大，说小也不小。资金怎样管控，这牵涉到你有多少资金。如果你的资金量很大，就需要做好资产配置。你可以投资的领域和品种很多，如房市、股市、基金、保险……品种一大堆。

资产够多的人，大都有一套理财规划。笔者这里想说的是，散户已经投入股市的资金要怎样管控。笔者有如下建议。

（1）用闲钱投资。有多少钱办多少事，不怕钱少，就怕没钱。

（2）不要借贷，不要融资买股票，因为利息和还款负担会增加你的操作压力。

（3）分散投资。持有的股票要分散，不要只押一只个股。做期货也要分一些钱做股票。

（4）最多投入七成资金。永远要保留三成资金，当做万一大跌可以进场的预备资金。

（5）期货三手资金留一手仓，永远不要留满仓，尤其是做多的时候。

（6）赚钱的时候要记得拨一些钱出来放入银行定存，同时和家人去饭店吃一次饭，或者一起出去旅游一趟，以分享你的获利喜悦。

（7）不管盈亏，都要吃得下饭，睡得着觉，笑得出来。

用闲钱投资，这个道理大家都明白。笔者还没看到过用不能输或输不起的钱投资，能在股市里稳定获利的。不能输或者输不起的钱，会给你造成压力。在压力之下，怎么可能操作好呢？结果就变成小赚就跑，小跌也跑，因为你耐不住震荡，因为你经不起亏损。不要以为股市赚钱很轻松，除非你打定主意长期投资，领取股息股利。股市不会付给你工资，也不可能给你定额的报酬。

也许你会觉得奇怪，为什么要保留三成资金？其实这有双重意义。消极来说，这三成资金可以让你在发生不可预测的意外时有个回旋的余地，不至于一下子惨遭灭顶之灾；积极的目的是，在遇到股灾或非理性的杀盘时，可以慢慢地挑选条件优良的股票，安心地抢股票超跌区间的快速反弹利润。

利弗莫尔说：“每一位投机客在成功结束一笔交易时，都要记得将获利的半数抽出来锁进保险箱里。投机客唯一能从华尔街赚到的钱，就是这些他们在结束一笔成功交易后从户头提出来的钱。”

很少有人会在一个波段交易结束后，把赚到的钱取一半出来存到其他的银行账户上。大家总认为好不容易赚来的钱，就要用来增加赚钱的本钱，怎么可以提出来让本金减少？其实这是人之贪婪本性。但你可能不知道，股票市场很可能是一个钱坑，很多人不断地拿钱进去，但却很少有人拿得出来。

在交易成功结束后，大部分人不会把钱提出来，因为他会对自己说：“有了这些钱，下次我一定可以赚回更多的钱。”对他们而言，账户里的钱只是交易用的筹码，很少有投机客真正见过自己赚的钱；账户里的钱是不真实的，因为他们根本就触摸不到。

这种情况在期货交易上更是如此，比如你用 100 万元投资期货，经过一个上升波段，你的账户变成 150 万元、200 万元甚至更多。资金变多了，下回你可以买入的手数也就变多了，于是你的交易金额会越做越大，这种投机操作永远都是贪得无厌的。不断地四处杀伐，总有一天你会失手，其结果是惨烈、措手不及和毁灭性的，接下来的一幕很可能就是券商向你追缴保证金。没钱交的结果，是让这场大胆冒险成为南柯一梦。

顺风船扯得越足，风险也会跟着升得越高。假如你每次都将获利金额提出一些到外面的账户，你操作的资金就会变少，操作的手数就会降低，风险也会跟着降低。

股市赢了钱之后，要把它提一点出来，拿在手里摸一摸，体会一下盈利的真实感，让自己知道手上有些钱，让自己感受它们的存在，因为这是辛苦的代价啊。

资金管控这四个字，是要花很多的钱和时间才能够学会的。没有经历大风大浪的人，一定会想：“投资的钱不就是要用到极大化吗？”他们很难想象保留一部分资金的意义。只要遇到一次系统性风险，保留的资金就能够发挥很大的作用。这种资金管控方法也许不会让你赚得很快，但是也不会让你很快阵亡。有资本市场，活得久就有获利的机会。

【交易点拨】

仓位比例太高，赚的时候很爽，可是这些钱都只是账面数字，看得到未必花得到。为了在将来收手的时候口袋里面有足够的钱可以花，适量的仓位才是中短线操作的王道。

157. 集中资金只买一只股票可行吗？

将全部资金押在一只股票上，如果这只股票大涨，你就会赚很多。这样的做法很好。我们看到飙升股时，常常就会想：如果我全部的资金都押在这一只股票上该有多好！这是一般人的正常想法。但是你有没有想到过，万一你押中的股票大赔呢？你会损失很多！万一是地雷股呢？那不一切都完了吗？

很多股票书籍告诉我们：不要把鸡蛋放在同一个篮子里。分散投资可以降低风险，这也是涉入投资市场，实现轻松、安全赚钱的法宝。如果你买 10 只股票，虽然不太可能每只股票都大涨，但也不太可能每只股票都大跌。在 10 只股票涨跌互相抵消之后，结果一般是小赚或者小赔。如此一来，分散投资使得结果的不确定性变小，也就意味着风险降低了。

这就好比考大学填报志愿，每年都会有这样的新闻：某某考生分数很高，却只填了一个志愿，结果落榜了。成绩高，多填几个志愿不就考上了吗！好比出版，如果要出版图书，你并不知道哪本书会赚钱，因此可能出十本书或者二十本书，只要这些书中有一两本大卖，那么你就赚钱了。

因为我们并不知道哪只股票将会大涨，所以求快不如求稳。最好的方式就是平均分配资金，多押几只股票，然后赚取平均利润。笔者在操作股票的过程中，也有好几次只买一只股，从各个方面分析它都会大涨，于是用全部的资金买入该股，但是结果并不如愿，它并没有大涨。只持有一只股票，因为资金压力太大，一有风吹草动，或者股价稍微下跌，就很容易被甩出去。

笔者也做过分散投资实验，看好的股票就买入，但都只买一两手，结果持股多达三四十只。这就好像开杂货店，每种商品都有，每天要检查一遍的话，真的很累。

渐渐地，后来持股总维持在三到六只的范围，平时专心追踪这些股票，淘汰弱势股时才会加入新的股票。从经验上来说，笔者持有的股票大概有三分之一会亏损，有三分之二会赚钱，亏损的股票很快就卖掉，赚钱的股票则用自然淘汰法出场。

持有的几只股票中，很可能会有一两只是飙升 50%或一倍以上的黑马股，这样的情况下，每个波段持有的股票组合，总的来说操作下来都会有小小的获利。这样一波又一波地操作，积小胜为大胜，慢慢也可以积累起不少的财富。

除非你的资金很少，少到只能买入一只股票，否则笔者不建议只赌一只。20 万元以内的资金买两三只，50 万元以内的资金持有三到六只是不错的数量。随着资金量的增加，你可以加大投资的广度，但也不必像开杂货店那样持有很多只股票。

【交易点拨】

持有的股票品种不是越多越好，而是要能够让你的精力随时可以照顾到它们。能够简化管理才是最好的局面。

第五节 果断止损

158. 炒股亏损的原因是什么？

众所周知，中国证券市场是一个以小投资者即大家俗称的“散户”为主的市场。据不完全统计，目前在沪深两市开户的散户投资者总数已超过了 1.3 亿，其中绝大多数投资者资金量在 20 万元以下。他们中很多人站在散户大厅中眼巴巴地盯着大屏幕，企盼着自己的股票投资有所收益，其中不乏已经修炼成“股精”并彻底改变了自己人生道路的人，但大多数中小投资者却亏损累累。

作为散户，有没有想过自己为什么会亏损呢？

散户主要的想法是如何一夜暴富，如何让自己的三五万元资金尽快变成三五十万元甚至一百万元。应该承认，绝大多数小投资者之所以踏进股市，是因为看到或听到某人炒股票赚了钱，是受到“财富效应”的驱使。过去大家常说“榜样的力量是无穷的”，但是“榜样”能够做到的事情，大家能够做得到吗？要知道，“榜样”在全国也只有为数不多的那么几个人，否则就不能称其为“榜样”。

请允许笔者问这么一个问题：对于你要进入或已经进入的证券市场，你知道投资者的收益率有多少吗？如果你不知道，笔者告诉你。在中国证券市场，上市公司净资产收益率能够达到 10%的，可以被看做优秀的上市公司。净资产收益率能够达到 20%以上的，就属于凤毛麟角，整个市场中屈指可数。要知道，上市公司一般都是各地企业中的精华，而且它们大多数得到了当地政府的大力扶持和帮助。

对于广大中小投资者而言，最好把自己看成一家既不能借贷也没有政府部门扶持和帮助的小的“投资公司”。如果你能够保证每年的“净资产收益率”超过 10%，那么你的经营水平就已经超过很多上市公司的总经理了。

在 1999 年的“5・19”行情中，某著名机构在股市中投入了 40 亿元资金，最终收回了 56 亿元，净赚 16 亿元。猛地看起来，这个数字很大，但机构的资金收益率有多少？只有 40%。这 40%的收益率是怎么取得的呢？它们不仅拥有巨大的资金优势，还拥有众多的研究人员、畅通的信息渠道，以及与有关部门良好的关系等优势。对于广大的中小投资者而言，如果你不具备上面所说的条件，投资收益率能超过 40%，完全可以找个没人的地方偷着乐去了，还有什么不满足呢？

相信在“5・19”行情中，很多小投资者的收益率远远超过了 40%。但随着时间的推移，他们又慢慢地把获利还给了市场。

这里要劝告广大的小投资者，一定要彻底抛弃“一夜暴富”的幻想，树立正确的投资理念，与市场共同发展壮大。不要以赌徒的心理盲目操作，以致屡战屡败，最终被市场淘汰出局。

【交易点拨】

切记中国古训“心急吃不了热豆腐”，千万不要“贪心不足蛇吞象”，“既得陇来又望蜀”，最终落得“赔了夫人又折兵”。

159．为什么说止损很重要？

关于止损的重要性，专业人士常用鳄鱼法则来说明。鳄鱼法则的原意是：假定一只鳄鱼咬住你的脚，如果你用手去帮助你的脚挣脱，鳄鱼便会同时咬住你的脚与手。你越挣扎，就被咬住得越多。所以万一鳄鱼咬住你的脚，你唯一的机会就是牺牲一只脚。在股市里，鳄鱼法则就是：当你发现自己的交易背离了市场的方向，你必须立即止损，不得有任何延误，不得存有任何侥幸。鳄鱼吃人听起来太残酷，但股市其实就是一个残酷的地方，每天都有人被它吞没。

再请看一组简单的数字：当你的资金从 10 万元亏成了 9 万元，亏损率是 1÷10=10%，你要想从 9 万元恢复到 10 万元，需要的盈利率是 1÷9=11.1%。如果你从 10 万元亏成了 7.5 万元，亏损率是 25%，你要想恢复到 10 万元，你的盈利率将需要达到 33.3%。如果你从 10 万元亏成了 5 万元，亏损率是 50%，你要想恢复到 10 万元，盈利率将需要达到 100%。在市场中，找一只下跌 50%的个股不难，而要骑上并坐稳一只上涨 100%的黑马股，恐怕只能主要靠运气了。

俗话说得好：留得青山在，不怕没柴烧。止损的意义就是保证你能在市场中长久地生存。甚至有人说：止损=再生。

人们通常认为股市高手每战必赢，站在云端，高高在上。其实不然。华尔街的顶尖高手，成功几率大都在 50%左右，有的甚至不到 50%。他们是怎么获利的呢？一般来说他们每次的亏损都很有限，最多在 7%～8%左右，而他们每次的盈利都在 20%～30%，有时甚至达到几倍。这样总的看来，他们的收益就很可观了。

如果你也能这样去做，在看错的时候坚持止损，看对的时候坚持持股，在获利丰厚时及时止盈，你也能获得可观的盈利。

如果可以的话，从现在开始，你就要抛掉手中持有的垃圾股，改掉随意买卖股票和打听小道消息买卖股票的习惯。从现在开始，只买基本面有良好预期的股票，只在适当的时机买进有技术面支持的股票，设立止损位和止盈位。

做一个详细的计划，不断总结经验和教训，长期坚持下来，你就建立了一个良好的获利模式，这样你一定能够在股市中实现稳定的获利！

【交易点拨】

你应该认真对待手中的资金，进行审慎明智的投资。投资前你需要阅读一些投资书籍，学习相关理论，重新评估自己的投资方式并做出重大改进。现在做出这些改变正当其时，下定决心之后马上就去做吧！索罗斯讲：“让你的亏损减小，让你的盈利奔跑”，说的就是这个意思。

第四章 股票实战策略

成功的交易者都有一套适合自己的交易策略。当你发展出一套股票交易策略时，你需要确认这套方法适合你的个性，并且是你擅长的方法，能够与你的禀性兼容。任何一个伟大的交易者，最终都得益于发展出了适合自己个性的交易策略。

第一节 制定炒股计划

160. 如何制定炒股计划？

一个良好的炒股计划，要能记录你买进股票时的想法，可以帮助你控制情绪，让你操作之前有一个思考的过程，便于你总结经验教训。总之，制定完善的炒股计划对你很有好处。

一个完整的操作计划应该包括以下内容。

（1）良好的预期和介入时机。你依据何种预期，是否是一个可行的入市时机。

（2）良好的分析计划。分析内容有：大幅增长的盈利报告；大比例的股分送转；是否是当前的市场热点；有无突发利好；是否是季度结算前的敏感时间；基本面有无其他积极的变化。

（3）主要风险提示。股票市场是一个高收益、高风险的市场，建仓前要把如何控制可能出现的风险放在首位，这直接决定你多次交易后是否能获利。

（4）预期收益。你建仓一只股票，是因为你认为它会上涨，而且还会有可观的涨幅。估计一下可能的收益，这需要经验的积累，积累的时间越长，你的估计可能就越准确。如果股价如你预期的那样出现大幅上涨，你需要在某个地方卖出以实现你的获利。比如，盈利报告发布前的一到两天，或者股价下调到盈利 15%或 20%处，这些内容最好在建仓前就在计划中明确下来。

（5）能够承受的损失。根据你的预期收益和你可能的最大损失，你可以得到一个收益风险比。如果这个风险收益比小于 3:1，你可能需要寻找更好的投资目标；如果你的风险收益比大于 3:1，那么按这个计划做下去，成功的可能性会高一些。

（6）总结。如实记录你建仓的时间、价位、数量以及是否需要加仓，止损的价位，止盈的价位，跟踪计划，这样你就可以大胆地做交易了。

【交易点拨】

做股票和做任何其他生意一样，做什么，什么时间做，具体每一步该怎么做，这都是事先要想好的。

161．炒股如何布局？

笔者的操作哲学是波段顺势操作，大部分都是股价突破转强才追价买入，从来不会去想如何布局。记得有一次朋友聚会，有位大户说了一个笑话：“我做对冲从来没有赔过钱。”

当时我很惊讶。后来他解释原因：“因为如果赔钱了，就留仓当做布局……”此话一出，当场笑倒一群人。

其实，他真正的意思是——我在逢低布局，我都还没有买够，你怎么可以拉上去！当然要把股价打压下来。当天接到的筹码有“意外”拉抬的价差，就先卖出获利，这样一方面制造卖压，一方面也顺便赚点利息钱。所以他布局的时候，满手都是赔钱的筹码。

他也谈到：“我买股票都是在跌的时候买，平盘以下就不买；卖股票也是涨了才卖，平盘以下就不卖。”

对于顺势追高或杀低操作的人，可以仔细思考这两句话。

（1）下跌才有低价筹码可以吸纳。主力的思考方式都是从基本面出发，他们会选定一组符合选股条件的股票，等到股价超跌到低于价值，股票“物超所值”的时候，才逢低布局慢慢买进。也唯有在下跌的时候，才有足够的低价筹码可以吸纳。越是大跌的时候，低价筹码吸纳得越快。也唯有在大涨的时候，才有足够的追价买盘可以消化大量的抛筹。挂出多少卖盘就马上被抢走，对主力来说是最爽快的事。

（2）布局其实和资金大小并没有关系，重要的是你要把资金管控好，也要经得起时间的煎熬。也就是说，你在心态上要清楚地知道你在干什么。笔者认为自己无法做到逢低布局，因为操作风格实在跟逢低布局不相容，自己的个性无法忍受下跌带来的损失，所以只要一出现亏损，差不多就是大刀一砍，一了百了。

柯斯托兰尼说：“没钱的时候要投机，有钱的时候要投资。”现在每一分钱都要用在刀口上，买了就要涨，宁愿休息等机会，也不要套在布局中动弹不得。也许将来资金稍大时，笔者也会拿出一部分闲置资金学着做布局吧。

【交易点拨】

有一个东西可以布局，就是你的观念和技术可以慢慢布局。行情不好的时候，多读几本书，多学习一些知识，花不了多少钱，又有很好的提升效果。笔者总在行情不好的时候找几本书来看，因为把心思放在书本上，反而不会手痒乱做单。看书实在是一件很棒的事。

162．确定投资目标要考虑哪些因素？

投资者在迈入股票市场之前，必须要有一个明确的投资目标，那就是你为什么要炒股？

一般而言，投资目标大致有以下三个。

（1）保存资金。投资的目的为确保资金的安全性，可选择的途径包括将资金存入银行生息，购买短期国债等。

（2）赚取固定收益。目的为赚取稳固的定期收入，以应付各种生活开销。较适宜的选择有购买国库券、声誉卓越的公司债券或高素质的优先股等。

（3）资金增值。目的为确保货币的购买力不会因为通货膨胀而被吞噬。较适宜的投资工具是买入有成长潜能的公司股票，以便在较长时期的投资中分享公司业绩稳健成长带来的收益。

炒股的目的就是为了赚钱，但还必须考虑相关因素，包括个人和配偶及子女的年龄、健康情况、职业稳定性、负债及财富情况等。由于每个人的情况不同，其投资目标也截然不同，能够承担的风险大小也不一样。

以一对收入稳定的年轻夫妇来说，每月的收入若应付生活开销绰绰有余的话，可以将剩余的资金投入股票市场，购买有增长潜能的股票，坐收资本增值带来的好处。但这种投资需要承担的长期风险也不低，因为一旦选择错误，可能会遭受重大损失。

对于一个已届垂暮之年的老人来说，身边的积蓄就必须小心保管，谨慎理财，既要使资金能够保值增值，又要能够随时变现，以应付日常生活或者突如其来的开支。老年人不能像年轻小伙子那样在投资上具有冒险精神，较适宜的投资产品是银行储蓄及购买债券。

【交易点拨】

投资理财之道因人而异，必须针对投资者个人的特殊情况，包括上面所谈到的投资目标、预期收益、资金流动性等，制定适合自己的投资方案，因此投资理财并无一个放之四海而皆准的方案。

163. 普通散户的炒股原则是什么？

（1）安全第一。虽然股民来到股市都是为了赚钱，但股市始终是一个充满风险的“游乐场”。特别是在目前上市公司不注重对股民投资回报的情况下，股民亏损的可能性很大。俗话说：“留得青山在，不怕没柴烧。”只要自己在股市中能确保资金安全，确保自己不被机构消灭，赚钱有的是机会。

（2）能赚就好。首先，要保证赚回不算太高的银行存款利息；其次，要保证赚回上网用的电费、网费；第三，尽可能地赚回自己在股市中打工的工资，工资多少视行情发展而定。基于这三方面的考虑，为自己定下的目标利润下限为10%。每年能赚10%，也就算对得起自己在股市中一年的辛劳了，这比许多上市公司做假账都做不出10%的利润来要强得多。

（3）见好就收。贪婪是股民的天敌，所以要始终牢记“见好就收”这一条原则。每年为自己订下的目标利润是10%～50%，达到10%就算完成任务了，达到50%就是超额完成任务了。此后便进入保守操作阶段，以保住获利成果为主。对看不准的行情，宁可放过，也决不做错。

（4）分散投资。分散投资指的是中长线投资与短线操作之间的资金分配比例关系，通常将这个关系确定为6：4比较好。这样做的好处在于既可以确保大部分资金即中长线资金的安全性，也可以博取一定的短线收益。不过这一资金分配比例关系并非是一成不变的，随着目标利润的完成，短线投资的比例可以适当缩小，而中长线的筹码也可以逐步变现为资金。

【交易点拨】

选择投资目标要尽量符合自己的个性。

164. 中小投资者如何分配仓位？

资金的有效管理，也就是俗称的仓位配置问题，对于中小投资者是很重要的。很多时候，投资的成败往往就在于能否很好地调配仓位。

很多投资者在选定股票后，往往一口气满仓杀入。这种做法其实带有很大的赌博性，如果出现始料不及的状况，其损失也是不言而喻的。

还有一部分投资者知道留有一部分现金以便灵活运用，但是总在操作过程中不断补仓，特别是爱在下跌过程中补仓，越补越套，最后变成了满仓。出现这种局面的原因，在于没有一个良好的资金管理计划。

在不同市场行情中，如果事先已经计划好了现金与股票的比例，就应当严格按照计划执行。如牛市现金与股票的比例可以控制在 2：8，平衡市现金与股票的比例可以控制在 5：5，熊市现金与股票的比例可以控制在 8：2。

加仓或补仓也有很多技巧。一般刚开始建仓时，投入的资金量应当占到预计总投入资金量的20%左右。如果第一次介入发生亏损，应当仔细观察，分析是否属于判断失误。如果是判断失误，就应该坚决止损。

有一些投资者能够做到现金与股票的合理配置，但往往在品种搭配上出现一些问题。例如在选股时过分集中在某一个板块。这种持股策略很难说对或不对，要看实际情况。有时这么做对，但随着市场的不断发展变化，可能这样持股就显得不是那么合理了。因此随着各路市场主力运作思路的变化和发展阶段的不同，适当分散投资品种也是要考虑的一个方面。

【交易点拨】

选股时要考虑总体仓位布局，对于市场上重要的主流板块，要合理分配资金。仓位布局在某一阶段可以适当做调整，同时还要考虑中长线仓位与短线仓位的搭配。

165. 调仓换股应遵循哪些原则？

股市如战场，没有永远的对与错，只有认清形势，调整思路，顺势而为，才是制胜之道。在择股换股上如何顺势而为，有的放矢，可以遵循以下几个原则。

（1）以弱势股替换手中已持有的强势股。股票走势按发展阶段来划分，大致可以分为孕育期、发展期、衰老期，其中发展期又可以分为启动期、快速发展期、后发展期。当手中持有的筹码已完成主升段，进入后发展期，也就是说上攻能量已经用尽，股价因惯性仍维持着暂时的强势，实际已是强弩之末，此时可以将其卖出，选择进入正处于孕育期的相对弱势股，将生命的接力棒传递下去，这是保持长期获利的积极的制胜之法。

（2）用强势股替换手中持有的强势股。两者都属于强势股，但所处阶段不同，前者是从启动期即将进入快速发展期，此时该股具有强劲的生命力；后者是由快速发展期即将或者已经进入后发展期，上攻能量已快要用尽，只是还保持着上冲的惯性。这时换股，就犹如从一辆已经开始减速的列车跳上了一辆刚开始提速的列车，前途如何自是一目了然。通常情况下，如果人们已有一定的获利，都不愿去追逐其他同样已有一定涨幅的个股，因此此种换股方式要求投资者能够克服畏高的心理障碍。所谓心病还要心药医，解决的方法是，在心理上将原来持有的获利股票的利润转移到新进入的股票上，这样持股成本相对摊低，利润也能得以保存。这是一种自我心理调节，而非自欺欺人，是为了获胜而采取的积极的应对手段。

（3）弱势股替换弱势股。在相对的弱市中，大部分股票都会表现得平淡。此时换股，就要将手中已无前途的弱势股调换成未来有发展前途的弱势股，这样一进一出，其未来的发展前景是不可同日而语的：前者在弱市中就像自由落体掉入深渊，甚至万劫不复，即使大盘走强，在整个上涨行情中也未必会有出色的表现；后者的发展前途可谓是无可限量，目前只是因时机未到而短期内显示弱势，但终有见底掉头转为强势的一天。

【交易点拨】

投资者不要因为看中一点小利，就去搞所谓的调仓换股，导致坐失其他可以盈利的大好机会。

166. 什么是趋势投资计划调整法？

如果投资者打算进行长期投资，就应该研究一下趋势投资计划调整法。

趋势投资计划调整法的基本前提是认定一种趋势，这个趋势会持续一个相当长的时期。投资者顺应股价走势买进股票后，就应保持其在市场上的持有地位，不因小的风浪和波动而随意放弃持股。只有到股价走势出现真正反转向下的信号时，才能卖出股票。待股市行情转好时，再入市购买。

趋势投资计划法关注的是市场主导趋势。一旦认准了大的趋势，投资者就不会被股市中小的短期波动所影响。趋势预测准确，股票收益就丰厚无疑。如果错误地判断了股市的走势，一味因循趋势投资计划法买入卖出，投资者的损失就会非常大。即便趋势判断正确，如果市场短期波动使投资者心烦意乱，过早收兵，也不会实现令人满意的利润。

由此可见，对大趋势的判断至关重要。《孙子兵法》推崇趋势。书中说："制胜者，势也。"对势的阐释为："计利以德，乃为之势，以佑其外。""势者，因利而制权也。"这正好讲出了投资的大智慧。

【交易点拨】

股价的变动走势，就是投资者进行决策的依据。投资者要在这一系列虚实变化中找到自己的定盘星，必须积累丰富的经验，使知识转化为技能，灵活地运用到市场操作中去。

第二节 找准买卖点

167．怎样分析股市行情？

股市行情向来有国民经济晴雨表之称。当国民经济总体向好时，股市一般会提前走牛并持续相当长的时间；当国民经济不景气的时候，股市或以股灾或以阴跌不止的方式反映出来。所以在分析股市行情性质的时候，一定要结合宏观经济背景加以判断。

应该提醒的是，牛市中有回调，熊市中也有反弹。当回调与反弹幅度较大时，常常与大势反转形态相似，区分起来并非易事。一般的做法无外乎依据对宏观经济深刻的认识，对市场人气进行冷静判断。当市场出现如下迹象时，一般预示着趋势由强向弱反转：一是股价严重偏离其内在价值，整个市场泡沫化程度极高；二是成交量在屡创天量之后略有缩小或出现疲态。

根据国际上股灾带来的教训，当市场热到疯狂时，男女老少都会蜂拥进入股市，所以成交量会持续一段时间保持大量。但这种情况毕竟不能长久维持，有先见之明的投资者，往往都会在成交量开始缩小的时候全身而退。建议投资者一定要密切关注成交量指标，并以此作为增撤资金的依据。

中国股市发展时间不长，信息往往不能公平地为市场参与者所享有。此外政府管理层为规范市场而出台一些监管措施，由于政府部门的监管手段还处在市场化进程中，所以这些措施和手段常会给市场带来幅度不小的振荡，造成一定程度的政策风险。对此，中国投资者决不能视而不见，听而不闻，甚至逆势而为。投资者应注意了解管理层的意图，当管理层开始表达意图时，投资者可以给自己一段时间用于分析思考，即利用市场反映政策的滞后性，从容地顺势而为。

【交易点拨】

虽然股票分析不是每个投资者都能胜任的，但搜集有关分析资料，却是每个投资者都有能力办到的。即使投资者不能自己分析股票行情，也要通过各种途径搜集有关资料，为自己的投资多提供一些参考。

168．如何判断中长期投资的买进时机？

选择股票买进和卖出时机，是股票交易最为复杂的问题。后面会谈到买入股票各种各样的技术方法，这里着重谈一下如何根据宏观经济因素、公司经营状况、国家财政金融政策等因素，判断中长期买进股票的时机。

投资者可以试着回答下面的问题，如果对大多数问题的回答为“是”，再结合其他因素进行综合分析，就可以考虑买进股票了。

（1）宏观经济因素方面：市场是否继续呈现疲软状态？通货膨胀是否开始减缓？国民经济领域主要指标是否开始回升？

（2）上市公司经营状况：公司盈利是否减退？能否预测到它们将会开始增加？公司产品存货是否开始降低？

（3）财政金融政策方面：中央银行是否开始采取信用扩张政策？短期利率是否正在下降？它们是否能够降到足以使经济扩张的地步？

（4）股票价值方面：股市的平均收益率是多少？是否已经达到上次股市最低点的收益水平？

（5）股票供求方面：上市公司的大股东是否很少卖出？新上市的股票是否很少？短期抛出者是否大增？

（6）投资者个人因素：现在自己的投资组合市场风险是否低于原先预计的水平？在最近的股市下降中是否赔了不少？

【交易点拨】

抓住了时机，好事会做得更好，不利会转化为有利；失去了时机，好事也会变成坏事。所以对买进时机的判断非常重要。

169. 如何把握中短线操作的买入时机？

如果是中短线操作，可以把握以下八种买入时机。

（1）平台突破。股价横向整理，涨跌幅很小，形成 K 线整理平台。如果长期横向整理，5 日、10 日、20 日均线交织在一起，近乎一条直线。如果整理时间较短，5 日、10 日、20 日均线在横向整理末期三线合一。此时 K 线突破平台上轨，成交量放大，收盘价在上轨之上，可以买入。

（2）颈线突破。股价震荡盘整，呈现箱体走势，沿箱体上轨形成颈线；股价下跌，之后走出双底、三重底、多重底、头肩底、圆弧底等底部形态，形成颈线。股价运行至颈线处并形成有效突破，收盘时股价站在颈线之上，便是较好的买入时机。

（3）庄家洗盘。庄家洗盘的目的是继续吸筹，降低拉升阻力。手段是制造剧烈震荡，震出免费坐轿搭车的其他投资者。其 K 线表现是破坏拉升行情所依托的技术指标系统，即均线系统或上升通道。庄家洗盘行为会导致股价跌破原有的均线支撑，形成新的均线支撑，或跌破通道下轨形成新的支撑，此时可以买入。

（4）突破阻力位。当股价运行至阻力区域时，如能继续上行突破阻力位，并站稳阻力区域上方，阻力区域则成为支撑区域，可以买进。

（5）均线上穿并确认。5 日、10 日、20 日均线是股市操作中的三条关键均线，与其他均线一起构成均线系统，对投资者买入、卖出股票具有重要的参考作用。5 日均线上穿 10 日均线，是买入信号，激进的投资者可以介入。因为该作多信号没有得到进一步确认，需做好止损。5 日均线继续上穿 20 日均线，是对前一买入信号的初步确认，可以继续介入。如果 10 日均线上穿 20 日均线，俗称金叉，是对前期买入信号的再次确认。

（6）上升缺口回补止跌。出现 K 线缺口，意味着原有趋势将继续下去，该涨的会继续上涨，该跌的会继续下跌。当上升缺口因获利回吐而回补缺口时，如果补完缺口后停止下跌，就是买入时机。但此时需要警惕，如果回补缺口后继续下跌，则表明原有趋势发生反转，必须及时止损。

（7）早晨之星。股价下跌过程中出现早晨之星，表明市场可能见底回升，可以适宜介入。早晨之星是重要的转势 K 线形态，表示原有跌势的终结，取而代之的是后市升势。需要注意的是，投资者需要准确确认早晨之星。

早晨之星是预示后市见底回升的阴阳K线组合形态，一般由三个交易日的三根K线构成：第一个交易日，股价继续下跌，恐慌性抛盘致使长阴K线产生；第二个交易日，股价跳空下行，跌幅不大，实体较短，形成星线，星线可以收阴，也可以收阳；第三个交易日，K线收阳，股价回升，收复第一个交易日大部分跌幅，看涨信号明显。

（8）5日、10日、20日、30日、60日均线呈多头排列，形成上升趋势。在上升趋势中，任何一次缩量回调都是较好的买入时机。当然股价回调至哪条均线时买入为宜，必须结合个股和大盘的走势确定。需要说明的是，在多头排列中，可以随时介入。

以上八大买入时机能否成为真正的买入点，需要投资者结合K线形态、均线系统、技术指标、成交量、市场热点、个股基本面和大盘动向等作出综合判断并进一步验证。为了不至于错失良机，投资者必须果断出击，及时介入，同时做好止损，尽可能以小的损失为代价来换取大的盈利机会。

170. 如何把握股票卖出策略？

投资者买入股票后要谨慎持股。一般来说，买入之后，如果买入正确，很快就能够获利。但有些人一旦持股之后，情绪就紧张起来，无法正确把握卖出的时机。为了避免不理智的情绪对操作决策带来干扰，投资者需要给自己确定一些基本的卖出策略。

具体来说，主要的卖出策略有以下几种。

（1）在出现更好的投资机会时。能够准确预测价格走势的底部和顶部，可以说是投资者梦寐以求的理想，但现实却很难做到这一点。因此一个较好的操作策略就是不去判断哪里是顶部，哪里是底部，而是一旦确定发现了更好的投资机会，便随时把原来的股票抛出，买入新的股票。

（2）在调整投资组合时。股票投资的成功主要是取决于如何分配资金比例，采用了合理的投资组合才能稳中求胜，并且应不断定期调整投资组合。例如你可能决定把三分之一的资金投入高科技股中，三分之一资金投入低市盈率股中，还有三分之一投入小盘股中。几个月后，由于高科技股市值上升，已占到资金二分之一的比例，此时就可能要减持高科技股，把资金补充到其他板块中去。

（3）在股价超过目标价位时。如果你定下了目标价位，一旦真的达到这一价位时，就应该按计划抛掉。因为人们在制定目标价位时，一般都会比较理智。但当股价上涨时，多数人会头脑发热。为了避免犯错，最好及时抛掉。当然卖出后，股价可能还会上涨，但羡慕没赚到的钱，总不如牢牢抓住已到手的盈利来得实在。

（4）在公司基本面恶化时。如果公司的基本面开始恶化，投资者应果断卖出该股票。通过分析公司的资产负债表和利润表，你可以得知公司基本面是否恶化。上升的负债水平、上升的库存和应收账款是否比收入上升更快，是判断公司效益开始恶化的三个常用预警信号。公司基本面开始恶化的其他预警信号还有：降低的股东权益回报率，下降的利润率，市场份额萎缩，不明智的并购，意想不到的管理层变更。

例如某公司主营收入由前一年末的222亿元下降到本年末的98亿元，而应收账款由前一年末的 2768 万元上升到本年末的 2958 万元，这就表明该公司的基本面已经严重恶化。如果继续持股，就会遭受损失。

（5）在买错股票时。大部分投资者都有可能买错股票，即使像巴菲特和彼得·林奇这样伟大的投资者，也都犯过投资错误。当买入一只股票后，可能碰到该公司出现一些意想不到的状况，使股价不断下滑，此时就应该考虑卖出，即使卖出意味着损失。明智的止损远优于继续持有一只注定会表现不佳的股票。

171．如何判断股票的卖出时机？

（1）连续放量冲高，换手率突然放大。上升行情中，股价上涨到一定阶段，累计涨幅超过 40%时出现连续放量冲高，有时是连续 3～5 个交易日连续放量，有时 2 个交易日放量，每日的换手率都在 3%以上，当最大成交量出现时，其换手率往往超过 10%，这意味着主力在拉高出货。如果收盘时出现长上影线，表明股价冲高回落。次日股价如不能收复前日的上影线，成交量开始萎缩，表明后市将出现调整，遇到此情况要坚决卖出。

（2）当日放量过急，次日成交量锐减。这主要是指股价出现急拉，使得成交量成倍放大，次日成交量急剧减少 50%以上，这种情况可以判断为机构为减仓或洗盘而拉高股价。不管是在上升行情还是下跌调整过程中，只要出现这种情况，就应坚决卖出。

（3）击破重要日均线指标。放量后股价跌破 5 日均线，并且 3～5 个交易日不能收复，随后 5 周均线也被击穿，此时应坚决卖出。对于刚被套的人来说，此时退出特别有利。如果股价击破 30 日或 60 日均线等重要均线指标，就要坚决清仓了。许多投资者被套后往往漠视股价下跌，或者操作犹豫不决，从而导致此后深度被套。

（4）反弹时股价冲击重要均线失败。随着股价下调，逐渐形成了下降通道，日均线、周均线出现空头排列。如果此后出现反弹，股价上冲 30 日或 60 日均线没有站稳，则应坚决卖出。若周均线设定为 30 周、60 周、90 周，通过周线观察会有同样的感受。

（5）放量后股价高位滞涨或量价背离。股价经过较大幅度拉升并伴有放量后，成交量明显萎缩，不支持股价继续上涨，预示着调整压力在不断增大，此时应卖出。

（6）利空突发，应第一时间斩仓。对于突发的利空消息，决不要有任何的犹豫与幻想，因为后期走势实在难以预测，所以遇到此情况时应果断卖出股票。

（7）第一时间成交急剧放大。股价上涨到一定阶段后，如果开盘迅速上涨，在 30 分钟和 60 分钟 K 线图中第一时间成交量超过前一个交易日或与之接近，则应坚决卖出，因为此时机构正在集中出货。

（8）出现“双头”形态。认清“双头”形态对于把握卖点很有帮助。当股价不再形成新的突破，形成第二个头时，应坚决卖出，因为从第一个头到第二个头都是主力派发阶段。虽然双头之间的距离不一，但只要出现就应该减仓。

【交易点拨】

选择最佳卖出时机，是一个技术性很强，难度很大的分析、决策过程。以上讲的是总体原则，在具体的股票操作中，还有不少特定的时机需要注意掌握，有些时机有较强的规律可循。

172．怎样确定买卖的具体点位？

根据一般投资原理，投资者应关注的是选股是否正确，买进与卖出的时机恰当与否，而不应一味计较买卖股票的价格差额。如果选股得当，买进就上涨，即使买高了一个价位也不用担心。卖出时也一样，虽然卖到了次高档的价位，但能获利就足够了。卖出之后，即使股价再涨一两个价位，如果随后又大幅下跌，也证明你的卖出操作是成功的。

投资者在买与卖之间，买点或卖点的确定十分重要，当自己拟定的出价为 50 元，却发现目标总也过不了 49.80 元的关口，就只能调整自己的卖点了。市场上有所谓“两次高价不过就涨不过，两次低价不破就跌不破”的说法。以一般的经验来看，此说法准确性极高，因为这实际是市场心理对价格变动的预期反应。

比如甲股上午 9：30 涨至 49.80 元，然后下跌，至 10：20 分又升至 49.80 元处，上冲之后再次回落。通常经过这两个回合后，当天第三次上冲时应及时抛出，不要为多赚几分钱而丧失卖出的机会。

同理，下跌低点也一样。第二次下探的低点与前一低点相同时，如果股价再次出现抵抗性反弹，就该是一个很好的买进点。分时走势中的这种涨跌规律，也可以扩展到中短期股价变动高低区域的认定依据。股价的某一高位，在随后几日的上冲过程中，两次都无法越过时，必定会引发失望性卖出，使股价再次回落整理。

【交易点拨】

股票投资无非是追求低价买进，高价卖出。这个要求看似简单，实则不然，确定买点与卖点的价位实际上最为艰难。

173．如何进行波段操作？

波段操作是针对股市呈波段性运行特征的有效的操作方法，投资者在价位高时卖出股票，在低位时买入股票。波段操作虽然不是赚钱最多的方式，但始终是一种成功率比较高的方式。这种灵活应变的操作方式还可以有效回避市场风险，保存资金实力，培养市场感觉。

很多个股在运行中都具有一定的波段，我们对一些个股进行仔细研判，再确定个股的价值区域。股价向上远离价值区域后，市场会出现回调的压力，这时候要卖出；当股价进入价值低估区域后，再在低位买入，耐心持有，等待机会，这样一般都会获取较大收益。

比较适合波段操作的个股，在筑底阶段会有不自然的放量现象，量能的有效放大显示出有主力资金在积极介入。因为散户资金不会在基本面利空和技术面走坏的双重打击下蜂拥建仓，所以这时的放量说明了有部分恐慌盘正在不计成本出逃，而放量时股价保持不跌，恰恰证明了有主流资金正在乘机建仓，因此就可以推断出该股在未来行情中极富有短线机会。

波段操作强调在波谷时买入。从技术上看，波谷一般出现在以下位置：布林线下轨线，趋势通道下轨支撑线，筹码密集区边缘线，技术形态向上突破位置等。这个时期的大盘相对不稳定，随时有抛盘的可能，但逢低介入是不错的选择。

波段操作强调在波峰时卖出。从技术上看，波峰一般出现在以下位置：布林线上轨线，趋势通道上轨阻力线，筹码密集区边缘线，技术形态向下突破位置等。

市场总是处于波段运行之中，投资者如果能够把握好波段运行的规律，在市场悲观、股价进入相对低位时买入，在相对高位抓住机会卖出，每年只需做几次这样的操作，就会获得良好的收益。

【交易点拨】

波段操作属于短线操作，故交易佣金的多少在一定程度上会影响到交易成本。

174. 怎样分析下跌市的变化趋势？

如果股市长期处于下跌趋势，其下跌趋势变化大致包括三个阶段。

第一阶段，由于上升市已经结束，此时交易量虽未减少，甚至反而略有增加，但已有减少的趋势。投资者的交易仍很活跃，但股价的涨幅日趋缩小，所得的差价利润大大减少，整个市场购买气氛已经转冷，敏感的投资者预感到企业收益已经达到高峰，衰退将至，于是开始抛售在低价时购进的大量股票，以锁定利润。于是股价开始回落，但仍时见反弹。

第二阶段，该阶段属于恐慌抛售阶段。此时股价前景开始趋向不利，投资者们大量抛出股票，使市场供需转向，买方数量减少而卖方数量增加，股价急剧下跌，交易量大幅减少，投资者参与交易的活跃程度也大大下降。股价下降过快对持股者特别是主力极为不利，因而快速下跌之后股价会出现短期回升，回升幅度大致为股价跌幅的 1/3 左右，这称为第二期回升。但由于股票市场前景暗淡，股价回升后不久就会继续下降。经过较长时间的喘息或停滞，便进入第三阶段。

第三阶段为分化下跌阶段。恐慌抛售阶段之后，先前买进的投资者纷纷卖出，股价再次急剧下跌。此时有关企业收益恶化的消息到处流传，加速了投资者的卖出。品质较好的股票价格下跌较为平缓，而投资价值较低的股票下跌较为剧烈。当股价下降至足够低的水平时，某些投资者又开始重新积累股票。

【交易点拨】

这三个阶段结束时，坏消息充斥股市。只有这些坏消息消灭后，下跌阶段才算结束，上述整个市场过程又重新开始。

175. 市场行情暴涨时怎样保持冷静？

盼望已久的牛市终于到来，许多存在着暴富心理、盲从心理的投资者，往往会失去应有的理智，盲目追涨杀跌，造成高买低卖，连连亏损。牛市尽管行情似乎每天都很热闹，少数股票涨幅也相当惊人，但是大多数投资者却收益不多。

股票市场处于牛市时，各种交易行为频繁，形成了更加浓烈的交易气氛。不少投资者被这种气氛左右，以至于不能作出正确的投资决策。当投资者情绪高涨时，其心情就像是坐在空中缆车上一样，一会儿是刺激、兴奋，一会儿又焦虑、沮丧，非常容易做出不理智的决策。

对于中小散户来说，当股市牛气冲天时，千万要摒弃只要买到股票就能赚钱的想法。在牛市，买股票也要看时间，看形势。比如，在股市开始大涨时，如果抓住有利时机买进，或许你能够搭上主力炒作的轿子而获取丰厚的利润。但当股价已经上升到很高的价位，你再追涨买入，就很可能在高位套牢。因此投资者一定要认真冷静地综合分析股市行情，迅速作出自己的判断，并谨慎行动。如果盲目地追涨杀跌，误入市场陷阱，结果很可能是高买低卖，或高位套牢，在牛市里损失惨重。

【交易点拨】

业绩好的股票在整体股市下跌的时候也涨不起来，相反，当整个行情处于牛市时，业绩差的股票也会上涨，甚至比业绩好的股票涨得更多，面对这种情况，投资者一定要保持清醒的头脑。

176．股市出现暴涨时应该如何操作？

当股市出现暴涨时，投资者要认真分析一下股市为什么会暴涨，这对做出正确的投资决策是十分必要的。

股市之所以会出现暴涨，原因主要有这样几个方面。

第一，主力机构操纵市场。一些主力资金利用股市飙升和散户跟风的机会，频频坐庄，轮番炒作，牟取暴利。

第二，银行违规资金入市。非银行金融机构炒买股票，大量银行资金流入股市，推动股价上扬。

第三，证券机构违规透支。

第四，新闻媒介推波助澜。一部分报刊、电台、电视台的股评节目和证券咨询机构极少进行风险提示，而是一味鼓噪，有的甚至传播谣言，误导投资者买入。一些报刊信口开河，发布“大牛市赚大钱”之类毫不负责的言论，以此招徕读者，牟取利益。

第五，投资者的追涨操作。实际上股票市场上没有永远的牛市，市场总是有涨有落，暴涨之后必然是暴跌。由于很多投资者在股票上升时期入市，没有摔过跤，缺乏风险意识，轻信舆论误导，误认为股市不会下跌，结果就会吃大亏。

【交易点拨】

因许多不正常因素而暴涨起来的股市，是不可能长久维持的，其后必然会有暴跌。盲目追涨杀跌的投资者，总是被高位“套牢”或被迫“割肉”。慎重抉择，可以避免不必要的损失。

177．股市大跌时怎样进行抄底操作？

遇到股市暴跌，大部分投资者都会恐慌抛售，其实在底部反向抄底，同样可以获利。待大盘反弹，别人争相买入的时候，你就可以趁机抛出，着实大赚一笔。

炒股最根本的原则就是“低买高卖”。任何试图买在最低点或卖到最高点的行为，都是一种不理智的贪婪表现，其结果也大多是事与愿违。

当大盘和个股进入底部区域后，投资者应该抱着主动出击的态度，积极地选股，把握正确的时机买入。如果大盘和个股在底部已经出现了企稳迹象，或者出现横盘整理的走势，即可大胆买入。在大盘和个股均经过了长时间下跌之后，如果又出现了加速下跌，之后突然连续放量上涨、回调，此时也可大胆买入，短线操作获取利润。

市场经过长时间的下跌之后，突然出现一根大阴线，接着出现一根缩量的长下影线 K 线，下影线的长度在 3%～4%最佳，这往往是标准的市场见底动作。

一旦确定大盘已经进入牛市，应该果断买入人气最旺的股票，不管这些股票的价格有多高。坚决果断地介入热门股，一定能有非常丰厚的回报。

【交易点拨】

谁都知道要抄底，但不是谁都能抄到底。抄底必须耐心等待，看准时机再进。一般情况下，当残酷的暴跌到达末期时，市场会进入温柔筑底阶段，行情走势往往反复震荡。这时投资者必须要耐心等待，顺势而为，不盲目斩仓，也不急于抄底。

第三节 把握人气景象

178．人气景象对股市有哪些作用？

人气是对大众投资心理的形象表述。人气的聚集表示市场信心增加，而人气涣散则表示市场信心不足。有人说："行情是三分资料，七分人气。"还有人说："股价变动只占一成，二成是时局的变动，七成是人气的变动。"从某种角度而言，这些话不无道理。

散户是股市最大的购买群体。一般而言，他们都想在短时间内获取最高的回报，这是大家共同的目标，从而形成他们彼此间共同的话题。尤其是不断针对股市未来动态进行的研讨，也塑造出了共同的思考方式及社交话题。

由于现代资讯传递快捷，股市消息往往能迅速地在人群中传开，加上人们的期待、恐惧和贪欲等情绪非常容易互相感染，因此直接影响股市的涨跌。在股市中，价格往往不是大涨就是大跌，这也就解释了股市为何总是单向运动——要涨，全盘皆涨；跌时，全盘皆跌。其实这就是人气的作用，价格涨跌本身并不和上市公司的业绩相关联。

这种群体特性使得投资者更加敏感和情绪化，从而影响股市的波动，有时甚至造成莫名的不稳定走势。人气是影响市场走势非常重要的因素，它可以主导股价创出新高或跌至谷底，这往往又是投资者投机心理一致的表现，所以分析人气有时比基本面分析来得更重要。

【交易点拨】

股市中的大众心理反应像是在剧院里：一个人打哈欠，马上每个人都打；一个人咳嗽，立刻整个大厅都咳嗽。

179．如何从人气看市场走势？

股市上曾流传过这样一个故事。

有一位在证券公司营业部门口看管自行车的大妈，对股票投资一窍不通。她既不懂什么股市交易技巧，也不会看上市公司财务报表，更不懂技术分析，但她入市以后却总赚不赔，屡战屡胜。人们问她有什么窍门，她说也没什么，只是当她看到证券营业部门外的自行车摆满时就把股票抛出，当营业部门外的自行车摆放得稀稀拉拉，甚至营业部内也难以寻找到几个投资者时，她就买进股票。

正是这种不看公司业绩，不打听市场消息，不对市场进行技术分析，单看证券营业部门外自行车数量的操作方法，恰恰符合"数人头理论"。

牛市时，股票市场人山人海，投资者你争我夺，这时买入股票不需要看公司业绩，不需要打探市场消息，单看营业部涌动的人头，就已经表明股市有买家支持。大家的心理是你炒我也炒，因此股市人气旺盛，股票行情也会节节升高。相反，当交易大厅冷冷清清，人头稀少时，则说明市场人气清淡，股票仍有下跌的可能性。当股市人气聚集，万头攒动时，就像刮大风一般，股价也必然有大幅度波动和冲高的可能。

【交易点拨】

人们常常用海浪来比喻股票价格，以刮风来比喻股市人气。股市低迷不振时，市场里人气涣散，因而股价也毫无上涨动力可言，就像夏天平静无风的日子，给人的感觉是沉闷无聊，透不过气来。

180. 怎样看待股市上的"人气效应"？

股市上的"人气效应"是指如下情况。

（1）股市上投资者越来越多，股市看涨。

（2）当股市上的投资者已经多到密不透风，无缝可插时，表示股市已经过热，危机四伏，应该考虑出货。

（3）当股市上的投资者人数一日少于一日，说明股市前景不乐观。

（4）当股市上的投资者已无心恋战，匆匆远离市场，没人再有兴趣谈论股票时，却又是一个入市购买股票的最佳时机。

股市里的人气需要一段时间去凝聚，一旦人气汇集起来，外力是很难阻挡的。随着牛市的形成，追涨情绪就成为股市的主流，此时的股市即使出现盘整，股价的波动也会遇到强有力的支撑。

股市人气聚集后，股票行情往往会走出一波漂亮的上涨行情，而且由于"惯性"的作用，上涨走势往往可以持续一些日子。一旦大的利空消息出现，行情走低，人气散失之后，再聚集起来就非易事，给投资者一种大势已去的感觉。此时指数的各个重要关口均会应声而破，纵有反弹力度也不会太大。

【交易点拨】

投资者可以通过研究股市人气聚离的情形，推论出大势的走向。这种省时省力的方法有助于投资者在股市上获得成功，这也说明了人气对股市行情的重要性。

181. 如何避免股市“气氛效应”的影响？

在股票市场上，由于拍卖、哄抬、讨价还价等各种交易行为，形成了一种浓烈的交易气氛。不少人被这种气氛牵着鼻子走，致使投资者作出错误的决策；一种本不起眼的股票，在某种浓烈气氛的渲染下，也会身价百倍，购买者甚多。这就是“气氛效应”。

投资者如果不到股票市场中去从事交易，受“气氛效应”的影响可能不大。但如果收听广播或翻阅报纸，一旦行情出现一边倒地买进或卖出，就是会受到“气氛效应”的影响，不由自主地做出买进或卖出的决定。

除了分析判断能力特别强的人不易受“气氛效应”的影响外，一般的投资者往往会受其左右。有些投资者本来决定要买进的，到了市场之后，可能受到市场中卖气的感染，非但没有买进，反而将手中持有的股票卖掉了。有的人本来决定要卖出的，但在市场受买气的影响，不但没有卖出，反而加码买进。

“气氛效应”是一口看不见的陷阱，常常使善良的投资者上当。有的人本来可以获利的，却由于“气氛效应”的影响而坐失其利；有些人明知道少数股票被炒得很离谱，但因受“气氛效应”的影响，糊里糊涂地跟着买进，不该套牢而被套牢了。当然也有人本来并没有明确的买卖意向，但因为受到市场“气氛效应”的影响跟着买进或卖出，最后成为受益颇丰的幸运者。

股市投资，个人要有独立的判断，不能人云亦云，随波逐流。但个人的独立判断必须建立在坚实可靠的信息之上，必须对股市、上市公司状况、发展前景以及宏观经济有一个准确的把握，盲目跟进和随波逐流是不明智的。

【交易点拨】

要想避开“气氛效应”的影响，最好的办法就是不去接触这种气氛，可以采取不到交易大厅交易，或委托他人代为交易的办法。

第四节 正确对待公司基本面及消息

182. 怎样分析公司财务报告？

公司财务报告包含的内容很多，投资者要重点抓住以下几项关键数据。

（1）观察利润构成。上市公司的利润总额一般由主营业务利润和营业外利润两大部分构成。其中主营业务利润来自于主营收入，而主营业务收入的强弱变化，恰恰是评判上市公司拳头产品市场竞争力的重要标志。如果主营业务利润占企业利润的比例较高，说明企业竞争力较强。

（2）关注应收账款。应收账款的品质决定了企业价值的高低，品质越好，所列金额越有参考性，反之，则应打折扣。如果上市公司应收账款呈现出大幅度增加和账龄高龄化趋势，就应该引起投资者的警觉。从公司来讲，产品销售出去只是完成了销售过程的一半，接下来就是尽快回收货款。如果企业不能及时回收货款，不仅将打破企业的产销平衡，而且会严重影响企业的资金利用率，最终可能导致企业发展计划“搁浅”。从财务实践看，应收账款账龄过长，一方面意味着资金被别人占用，丧失了资金周转的收益，另一方面往往隐含着一定的坏账风险。

（3）了解财务风险。公司发展过程中，除了市场带来的经营风险，宏观调控带来的政策风险之外，还有自身运作不慎产生的财务风险。

（4）考察募股资金投向。公司募集的资金如何运用，投入项目的资金到位情况如何，是考察公司发展后劲的一个指标。有的公司注重募集资金的运用，讲究时效性，收益在当年就可体现；相形之下，有的公司就显得不尽如人意，募集资金产生不了应有的效益。

【交易点拨】

作为投资者，在考察公司财务报告时，首先应该看一看编制账目的会计师是谁，初步鉴定报表的可靠性，然后再分析其具体数据。

183．怎样正确看待公司的盈利水平？

投资者选择股票的第一参照要素，就是公司的获利能力。然而一般人看到的公司财务情况都是过去的，公司去年的盈利水平只表明去年的获利能力，不能代表今年，更不能说明明年。当然也不是说公司过去的财务情况毫无参考价值。作为着眼于未来的投资者，应该把目光放在公司发展前景良好的股票上。

目前，许多投资者都太重视上市公司上一年度的盈利，经常以当前的股价与过去的股利来计算本利比，并将之作为评估股票质地好坏的标准。实际上，这样做是有明显缺陷的。因为股票投资者衡量的基准，应该是以目前的股价与未来的股利相比，推算出本利比，这个本利比才具有较高的参考价值。

【交易点拨】

一般人认为，绩优股都是高成长股，而高成长股都是主营业务突出，有稳定利润和增长点的股票，主要是一些经营有方、市场占有率不断提高的公司股票，这些数据都应该在公司盈利上有所体现。

184．公司财务报表应包含哪些内容？

一套完整的财务报表，至少应包括资产负债表、利润表、现金流量表、所有者权益变动表（或股东权益变动表）和财务报表附注。

（1）资产负债表。

资产负债表是反映企业在某一特定日期（如月末、季末、年末）全部资产、负债和所有者权益情况的会计报表，它表明企业在某一特定日期所拥有或控制的经济资源、所承担的现有义务和所有者对净资产的要求权，是一张揭示企业在一定时点财务状况的静态报表。它能反映企业资产、负债及资本的期末状况，以及长期偿债能力、短期偿债能力和利润分配能力等。

（2）利润表（或称损益表）。

利润表反映企业一定会计期间（如月度、季度、半年度或年度）生产经营成果，全面揭示企业在某一特定时期实现的各种收入、发生的各种费用、成本或支出，以及企业实现的利润或发生的亏损情况。

（3）现金流量表。

现金流量表是指在一个固定期间（通常是每月或每季）内，一家企业的现金（包含银行存款）的增减变动情形，主要反映出资产负债表中各个项目对现金流量的影响，并根据其用途划分为经营、投资及融资三个活动分类。现金流量表的主要作用是分析公司短期内有没有足够的现金去应付开销，特别是缴付账单的能力。

（4）所有者权益变动表。

所有者权益变动表是反映构成所有者权益的各组成部分当期增减变动情况的报表，反映本期企业所有者权益（股东权益）总量的增减变动情况，还包括结构变动情况，特别是要反映直接记入所有者权益的利得和损失。通过所有者权益变动表，既可以看到所有者权益总量增减变动的信息，也能提供所有者权益增减变动的结构性信息，特别是能够让报表使用者理解所有者权益增减变动的根源。

（5）财务报表附注。

财务报表附注是对资产负债表、利润表、现金流量表和所有者权益变动表等报表中列示项目的文字描述或明细资料，是对财务报表的补充说明。财务报表附注一般包括如下项目：企业的基本情况；财务报表编制基础；遵循企业会计准则的声明；重要会计政策和会计估计；会计政策和会计估计变更及差错更正的说明；重要报表项目的说明；其他需要说明的重要事项，如或有和承诺事项、资产负债表日后非调整事项，关联方关系及关联交易等。

在财务报表中，如果附有会计师事务所的审计报告，其可信性将会提高。在每年的股东大会上，财务报表一般要附有审计报告。

在上市公司的公司年报中，按上市规则要求，除了要公布公司财务报表外，还要公布公司主要业务报告、企业管理报告、投资项目进展报告等多份文件。不过股民最关心的，还是公司年报内的派息建议，以及财务报表上的每股收益、每股净资产、净资产收益率、现金流量等。

【交易点拨】

在任何一个成熟的股市，理性的投资者都必须对宏观经济状况和上市公司情况做深入扎实的研究，浮光掠影、蜻蜓点水式的一知半解，不可能取得投资成功。

185．上市公司如何利用财务报表造假？

（1）虚构收入。

这是最严重的财务造假行为。虚构收入有几种做法，一是白条出库，作销售入账；二是对开发票，确认收入；三是虚开发票，确认收入。这些手法非常明显是违法的，但有些手法从形式上看合法。虚构收入这种造假情况在企业中非常普遍，如上市公司利用子公司按市场价销售给第三方，确认该子公司销售收入，再由另一公司从第三方手中购回。这种做法避免了集团内部交易必须抵消的约束，确保在合并报表中确认收入和利润，能够达到操纵收入的目的。

（2）提前确认收入。

这种情况包括：一是在存有重大不确定性时确认收入，二是完工百分比法的不适当运用，三是在仍需提供未来服务时确认收入，四是提前开具销售发票，以美化业绩。

（3）推迟确认收入。

延后确认收入，也称递延收入，是将应由本期确认的收入递延到未来期间确认。与提前确认收入一样，延后确认收入也是企业盈利管理的一种手法。这种手法一般在企业当前收益较为充裕，未来收益预计可能减少的情况下采用。

（4）转移费用。

上市公司为了虚增利润，有些费用根本不入账，或由母公司承担。一些企业往往通过计提折旧、存货计价、待处理挂账等跨期摊配项目来调节利润。少提或不提固定资产折旧，将应列入成本或费用的项目挂列递延资产或待摊费用。应该反映在当期报表上的费用，挂在“待摊费用”和递延资产或“预提费用”借方这几个跨期摊销账户中，以调节利润。目前通常的做法是，当上市公司经营不理想时，或者调低上市公司应交纳的费用标准，或者承担上市公司的相关费用，甚至将以前年度已交纳的费用退回，从而达到转移费用、增加利润的目的。

【交易点拨】

一些上市公司公布的财务报表华而不实，避重就轻，甚至是鱼目混珠，以掩盖其外实内虚的经营情况。投资者应该仔细研究公司的财务报表，避免被各种假象迷惑。

186. 如何看懂上市公司利润预测？

上市公司盈利预测信息反映了企业在预测期间内可能达到的营业收入、利润总额、净利润、每股收益、市盈率水平，是广大投资者非常关注的重要信息，也是投资者做出投资决策的重要依据，不应有半点虚假。从我国的实际情况看，新上市公司的利润预测又是确定股票发行定价和上市交易开盘价的重要参考依据，用以预测的数据直接影响股票的股价，甚至决定市场的波动方向。

为投资者提供科学恰当的利润预测数据，是上市公司应尽的义务。但是在我国的股票市场上，仍然有不少上市公司表现不尽如人意。它们有的是不负责任地对利润进行猜测，有的是利润预测水分太多，将不真实的数据提供给投资者。利润预测与实际情况不相符合，对广大投资者构成了极大伤害。

还有少数上市公司居心叵测，有意欺骗投资者，损害投资者的利益。它们为了多募集资金，在信息披露时真真假假，报喜不报忧，使投资者上当受骗。

盈利预测难度大，主观性强。为了避免被利润预测误导，建议投资者关注会计师事务所对利润预测的审核结论，同时关注同行业的平均利润水平。如果信息披露的利润预测大幅超过同行业平均利润水平，就要分析该企业过高的利润是不是过分乐观，对其可信性要进行质疑。

【交易点拨】

如果依据有问题的利润预测选择股票，就有可能造成决策失误，不但赚不了钱，反而要赔本。

187. 如何看待中期报告的业绩增长？

一般来说，沪深两地上市公司披露的中期报告，都是业绩报喜的公司“打头阵”，而且普遍存在报喜的多，报忧的少，扭亏为盈的多，由盈转亏的少。如果仅仅依据上市公司公布的中期报表表面数据而沾沾自喜，并因之盲目投资，则会遭受损失。

某些上市公司披露的中期业绩增长含有不少的“水分”，要么是因为股权投资，要么是因为账务处理，要么是因为资产重组，而其主营业务并没有什么明显的起色。上市公司业绩持续增长毕竟只能寄托在主营业务上，股权投资收益也好，账务处理产生的利润也好，严格地说都是“一次性消费”，不可能长久维持。只有主营业务上的增长，才是上市公司盈利增长的基础，也是其做大做强的基本保证。

【交易点拨】

投资者在分析公司中期报告时，要懂得“去伪存真”，将那些非经常性损益“剥离”出来，如此才能认识其业绩的全貌，也便于投资者进行理性决策。

188. 如何正确分析股市指标？

股市有多种多样的指标，每种指标都会反映不同的股市特征。在各种指标中，有表示股价的，有表示成交量的，有表示利率的。所有这些指标都对股价的变动发生这样那样的影响。

指标代表了一种对股价产生影响的因素。在股价分析中，只偏信一种指标，就等于只相信这一种因素对股价产生的影响，这是一种错误的做法。在一定意义上，世界上发生的任何重大事件，都会对股票价格产生影响。影响股价的因素有成千上万个，如果只重视少数几个指标，肯定不能对股价的发展变化做出符合实际的预测，也容易引发投资失误。

兼听则明，偏信则暗。进入股市后，投资者要多向别人请教，多方面搜集信息，多角度进行分析，不可偏信于三五种甚至一两种指标。

【交易点拨】

股市上的信息真真假假，很难分辨。如果不放开视野，很难识别出庐山真面目，获得准确、科学、符合实际的判断。如果是一个连自己都认为不那么科学的判断，又怎么会让你有信心买入呢？

189. 如何判断哪些是成长股？

成长股是指迅速发展中的企业发行的具有高报酬率的股票。成长股具有几乎是永恒而又神秘的魅力。在过去的股市历史中，成长股的价位似乎永远偏高，买到它就可以将其束之高阁，基本不用为之操心。成长股可以确保利润快速成长，足以抵消目前认为高昂的超额溢价。既然成长股具有如此优势，无疑对任何一个投资者来说都是首选的投资对象。一般来说，带有成长性质的公司具有以下特点。

一是劳动成本占适度比率。因为具有高劳动成本的公司更容易遇到劳动力方面的困难。如果这个公司依赖稀有资源，那么它在原料成本上涨时，就会被迫增加劳动成本，稀有原料成本上涨又几乎是必然的。因此具有成长股性质的公司的劳动成本一定要适当。

二是价格是否具有弹性。受通货膨胀和其他因素的影响，每一家公司都想提高售价，以便抵消日渐上升的产品成本。另一方面，在高度竞争的市场里，公司提高售价又十分困难，因此有发展前途的公司必须使自己的产品价格具有弹性。

三是政府法规的限制达到最低限度。任何经营活动都受到政府法律法规的限制，如果公司的每一个重要决定都可能受到政策的某些限制，那么就可以想象它在前进中所遇到的困难，它的股票也就很难成为成长股。

四是成长型公司的资金，多用于建造厂房，添置设备，增加雇员，加强科研，将经营利润投资于公司的未来发展，往往派发很少的股息或不派发股息。

还有一些参考标准，如公司管理是否以其具有杰出的专业管理能力而闻名？公司管理是否能够控制公司本身的命运，能否受益于经济形势、银行、竞争者和政府管理部门？公司产品单位销售成长率高不高？将来能否持续？适应这些标准的，也有可能成为成长股。

【交易点拨】

持有成长股的投资者，应将目光放得长远一些，尽可能长时间地持有，以期从股价的上升中获得丰厚的利润。

190．如何判断哪些是绩优股？

绩优股就是业绩优良公司的股票，也叫做“蓝筹股”。对于绩优股的定义，国内外存在不同。

在我国，投资者衡量绩优股的主要指标是每股税后利润和净资产收益率。一般而言，每股税后利润在全体上市公司中处于中上地位，公司上市后净资产收益率连续三年显著超过10%的股票当属绩优股之列。

在国外，绩优股主要指的是业绩优良且比较稳定的大公司股票。这些大公司经过长时间的努力，在行业内达到了较高的市场占有率，形成了经营规模优势，利润稳步增长，市场知名度很高。

绩优股具有较高的投资回报和投资价值。其公司拥有资金、市场、信誉等方面的优势，对各种市场变化具有较强的承受能力和适应能力。绩优股的股价一般相对稳定且呈长期上升趋势，因此绩优股总是受到投资者，尤其是从事长期投资的稳健型投资者的青睐。

【交易点拨】

投资绩优股报酬率相当优厚稳定，股价波幅不大。当上升趋势市场来临时，它不会首当其冲地使股价上涨。经常的情况是，其他股票已经连续上涨一截，绩优股才会缓慢攀升；当下跌趋势到来，投机股率先崩溃，其他股票大幅波动时，绩优股往往仍能坚守阵地，不至于在原先的价位上过分下跌，具有典型的防守性特点。

191．如何正确看待专家股评？

一个成熟的股民，必须学会正确看待股评。对股评的正确理解应包括以下几点。

（1）散户股民不要指望股评人士指点迷津。股评家不是炒股高手，否则他绝没有时间去做股评。在股市里，能说和能做是两码事，甚至是“能者不言，言者不能”。不要迷信什么专家和名人，股评只是专业人士对股市进行的专业分析和评论，只能作为股民实际操作时的参考，不是依据。

（2）股评家一般与主力都有或多或少的瓜葛。不管股评家愿不愿意承认，他们与那些试图操纵市场的主力的关系是明摆着的。首先，股评家大都隶属于某个券商机构，或是它们的研究机构，因此他们讲的话都是有一定立场的。其次，股评家从来不敢得罪主力，这是因为主力最有条件让股评家出丑。在不太成熟和规范的市场里，股评家的“政治生命”是握在主力手里的，这就使股评家在权衡利弊时，极容易选择得罪散户也决不得罪主力。最后，如果股评家主动跟主力配合，他可以从主力的利润中分得一杯羹，主力也可以照顾他在大众面前的形象。

（3）股评是操作时的参考，不是依据。客观地讲，大部分股评家大部分时候并不是在胡说八道，否则这个行业早就不存在了。

【交易点拨】

一般来说，股评中对于政策面的宏观分析都是比较有道理的，个股基本面方面的信息也还是比较可靠的。因为这些观点很容易验证，无法造假。而对于技术分析的论断，则常常是公说公有理，婆说婆有理。

192．外国投资者怎样看待专家股评？

外国投资者与中国股民一样，随着股市规模的扩大和股票数量的增多，也面临一个同样的难题，那就是选择投资标的股。没有哪一个投资者能够具备完备的投资知识、操盘技巧和个股信息。在不太了解股市行情及信息不全的情况下，投资者往往很难做出自己的独立判断。

虽然西方国家信息比较发达，但作为一个普通投资者，在迅猛发展的股票市场中，也面临着资料和信息不全或不完备带来的盲目投资风险。为了应付这种风险，投资者主要是通过报刊、电视、广播、专业咨询公司等机构向有关专家请教，以增加自己的知识和信息量。

在国外成熟股市中，都设有专家组成的证券投资顾问，为投资大众提供比较有权威的服务。在各级各类新闻媒体，也都开设有专家专栏，供投资者参考。

【交易点拨】

据调查，外国投资者入市操作，主要是受各种媒体股评的影响，这一部分人约占投资者总数的40%以上，其中尤以报纸股评影响为大。

193．专家股评有哪些片面性？

股市有句名言：股市中没有专家，只有输家和赢家。这句话让人颇不理解。

三百六十行，行行有专家，为什么股市没有？大大小小的股评专家、炒股大师，不是正在证券传媒上高谈阔论，在股市沙龙上频频曝光吗？面对花招迭出、变幻莫测的股市，许多新投资者在茫然不知所措的时候，不正是股市专家的评论、预测为他们指点迷津吗？

人们一听到专家，就非常地信任，认为专家向来是一言九鼎。如果某件事情众多专家都持同样的意见，就更具有权威性。不过这应有个前提，就是这些专家的意见必须是经过独立思考，不经过讨论的，这样的结果才会使我们坚定信心。

股市中的专家意见往往不是这么一回事，他们的想法常常相互影响，所以他们对股市走向的预测就不那么完全可信，甚至有时候股市专家的预测是与实际结果完全相反的。

【交易点拨】

有一千个专家可能有一千种看法，由于专家们自认为自己的看法正确而不愿吸纳别人的意见，这也会降低其结果的可信度。

194．怎样鉴别专家股评的正确性？

散户投资者喜欢看股评，却又怀疑股评，而实际操作中又往往受到股评的影响。现在的报纸、杂志、网络、电视，股评无处不在，每天都有许多股评家发表不同的观点。这其中不乏一批敬业和高水平的股评家，但也有许多伪劣股评者，更有少量居心叵测者混杂其中。

既然股评回避不了，其中又鱼龙混杂，我们就要鉴别专家股评的可靠性。

（1）看其判断依据。股市分析的方法多种多样，股评人士应当全面地运用多种方法进行客观评价。如果以某一种方法或单一指标来下结论，则依据不足，结论值得怀疑。当然，若将全部方法列明也不现实。这就要求投资者从股评人士以往的分析中，了解其综合判断力和洞察力，注意其下结论的依据是否充分，后市是否给予验证等。

（2）判断其动机。股评人士因各自的地位和情况而怀有不同的目的。独立股评人士靠股评的准确性吃饭；有人希望借此出名；有人自己炒股，时常以股评相助；有人被机构买通，替机构行骗；有人借股评卖炒股软件或者售书。单从股评专家某次讲话或某篇文章判断，投资者或许不易辨别其动机，但从一段时间的言论变化中可以看出不少问题。一般来说，独立股评人士和企望出名者较重名望和成绩，可信度高。

（3）留意其变化。股评人士判断失误是常有的事，但能主动修正失误则属难能可贵。这样的修正表明其分析具有系统性，所作的修正必然经过一番研究。

（4）关注其业绩。由于散户投资者对经济金融及行情分析方法了解不多，难以从股评中分析股评人士水平的高低，连续观察几位股评人士的预测准确率，就是主要的鉴别方法。找到较为成功的股评家并追随其指引，不失为良策。

（5）股评结论仅供参考，但参考的方法和方式又有学问。仅关注涨跌的预测是过于依赖股评的表现。利用股评结论，还要建立在自己分析的基础上。当某个问题拿不定主意时，再看各种股评怎么说，有的放矢的股评才值得参考。

（6）学习专家的分析方法。股评人士进行分析预测时，总要运用一些方法。更有股评人士在股评中特意指出他是如何运用分析方法的，还有不少人士创造了新的独特的分析方法。这些人士大大丰富了市场分析的宝库，值得散户投资者好好学习。

（7）超越股评。散户投资者按照以上方法对待股评，不断丰富自己的知识和实践，就可以逐步辨别股评人士的真伪及水平的高低，甚至成为股评家中的行家。

特别提醒，目前许多电视台开辟的股评栏目中，名义为股评实则推销炒股软件的不少。请散户投资者想一想，假如他们推销的炒股软件真的那么神奇，这些股评人士也不会这么辛苦地做股评，早就运用他们的炒股软件发横财去了。

【交易点拨】

投资者应纠正靠股评来操作的依赖思想，在自己独立分析研究的基础上，与股评观点进行对照，以提高自己的分析能力。

195．如何正确对待股市传闻？

股市是一个大舞台，各种人物尽心尽力唱着自己的那场戏；股市是一个消息与传闻最多的地方，有相当一部分人乐于相信它们，也有一部分人认为那只不过是黑嘴在误导投资者。其实消息与传闻并非总是在误导投资者，要看消息传来时市场处于一个什么样的状态。直接接受消息和传闻的观点是非常危险的，应该视具体环境来正确区分。

必须相信，有实力的主力一定也在利用并影响传媒，另外他们大多也能得到上市公司的配合。投资者应该学会从消息和传闻与盘面的表现关系中发现大势的真正变化。利空袭来但盘面似跌非跌，则应看好；利好消息满天飞但股价却放量滞涨，那当然要警惕。

实际上，一条消息是利多还是利空，并不取决于消息本身，而是决定于接受消息时市场的状态。在主力吸货时，即使有实质性的利好消息，也无法使股价大幅上扬，即便勉强反弹，也会被打回原形。当主力拉抬股价的时候就大不一样了，任何消息都能被吹鼓手们拐弯抹角地分析发挥，最后解释成利多。

盲目听信消息与传闻是危险的，但完全不理睬也是不明智的，只有把它们与盘面走势及主力动向结合起来分析，才能洞察主力的真实意图。主升段的利好是朦胧的，好像花蕾般含苞待放，主力不断抛出一些诱饵，吊起投资者的胃口；另一方面，吹鼓手们总是以专家的姿态指出股价将会涨到多少，其广阔的获利空间足以令人垂涎三尺，令人感觉好像一夜之间就可以暴富。其实主力要将股价做到何处，完全由市场情况决定，当主力感到形势不妙时，决不会傻乎乎地硬顶，而是第一时间想办法溜掉。如果市场反应良好，做到预定价位后，完全有可能喊出一个更高更美好的诱人目标。

其实并不是这些消息引起了股价的涨跌，而是股价涨跌以后，人们才去寻找消息以解释市场走势，似乎股评家们的任务就是要立即找出市场涨跌的原因。1996 年政府两次宣布减息，当天股价都是大幅下跌。而 2007 年五次宣布加息，第二天股价都是大幅上涨。难道减息不是实质性利好，加息不是实质性利空？但有人却解释为：利好出尽就是利空，利空出尽即是利好。多么可笑的解释！事实上，市场在宣布减息或加息前，已经开始了下跌或上涨，消息公布只是让市场向它想走的方向走得更快一些而已。

【交易点拨】

股市消息可谓五花八门，应有尽有。从实质上讲，消息不外就是利好和利空两种。消息的来源大致可分为新闻媒介、市场传闻、内部人士指点三种。在这当中，存在着种种的消息陷阱，投资者不得不防。

196. 怎样合理利用股市消息？

股市中经常流传各种消息。部分投资者由于本身的综合技术能力有限，在不能依靠自己的分析能力盈利后，便转而依赖各种消息。另外一部分人需要安慰自己，需要给自己打气或者希望别人给自己抬轿，也有传播消息的本能冲动。

“搏消息”是一部分投资者甚至主力机构的主要操作方式，有少数人可能会碰巧获得一些利润，但更多的投资者则因此陷入泥潭。股市经典理论之一就是“没有白吃的晚餐”，特别是平常人能够吃到的消息晚餐。

有经验的投资者重视消息，但不迷信消息。下面笔者把他们对待消息的处理方法总结如下，可能会纠正一些读者的偏激看法。

（1）再可靠的消息，也需要用自己熟悉的方法去审视，不能轻易把自己的重仓资金交给没有把握的消息。

（2）对于消息的利用，可以根据效能原理投入实战。比如说上涨幅度大或者上涨速度快的特别有把握的股票可以重仓出击，反之则根据情况按照技术指标操作。

（3）对于符合自己操作原则的消息，可以加大操作力度，反之则减少力度。

（4）有的消息适合传播，有的消息一经传播，将会影响自己的利益，其标准是消息传播后是否影响主力的利益和心态。

（5）要善于扩大消息的实际作用，比如说盘面异动。

【交易点拨】

有时市场传言确实可以让人见好就赚钱，但也有许多传言往往是为了配合主力行动而传播的，据此操作风险极大，投资者千万不可丧失警惕。信息就是金钱，涉足股市的投资者都有深刻的体会。投资者要理智地分析股市上的各种消息，不仅要能分辨消息的真假，还要跨越各种消息陷阱。

197. 买入股票后应关注哪些信息？

有经验的股民都懂得，买入股票后，要经常了解有关股市行情信息。

（1）随时掌握国家有关政策以及对股市整体和个股的影响。国家政策对股市和个股的影响是显而易见的，如政府陆续出台关于减轻上市公司税负、剥离社会负担、提供优惠贷款、进行资产重组置换等新措施，反映了政府对股市发展的支持和重视态度，这些都与股市的发展密切相关。

（2）要随时了解上市公司的营运业绩。上市公司的业绩是股民投资与否的主要衡量标准，国家政策也鼓励股民投资于那些效益好的上市公司，使资金产生更大的增值作用。有些投资者完全持投机心理，并不在意上市公司的效益情况，这种做法是不对的。

（3）及时掌握上市公司公告书和经常性的澄清公告。上市公司公告书是全面介绍上市公司基本状况及营运情况的材料，是股民选购该股票的必读资料。不熟悉企业性质、技术特点、资金情况、配股分红等内容，就盲目入市炒股，只能是短期投机行为，有时赚了钱可能还不知道是如何赚的，赔了本可能更糊涂。为了通告情况或澄清某些传闻，上市公司会经常发布一些澄清公告，这些公告对于正确引导股民投资起到重要作用，投资者必须经常了解这些内容。

【交易点拨】

练武的人每天都要练上几招，风雨无阻；唱戏的人每天早上要吊吊嗓子，走走台场，否则功夫就会生疏，技艺就会荒废。投资于股票的股民，不能够股票一买便束之高阁，任其涨跌，而应该及时关注其行情变化。

198. 如何防止被虚假消息误导？

股市上各种消息来源大致可以分为三大类：新闻媒介、市场传闻和内部人士透露的信息。由于它们发布消息的原则有所不同，处理方法亦应不同。

市场传闻是股市消息的一大来源。由于发布者没有任何责任的约束，可靠性就不是很大，甚至有些就是谣言，是有人故意“制造”出来，以诱导散户为其抬轿，达到反向出货或进货的目的，对此不能不防。当然，并非市场上的所有传闻都是空穴来风，有的也具有一定的参考价值，这需要具体情况具体分析。对于市场传闻，关键是要根据各种形势进行判断，确定其可信度有多大。

还有一类是所谓的“内部消息”。如果是真正的内部消息，当然可信度高，照此操作，一般会有可观的盈利。但这类消息普通散户是很难得到的，并且有“内幕交易”之嫌。

身处信息爆炸时代的投资者，应当学会滤去不必要的信息干扰，把精力放在研究足以扭转大市方向的重大消息，从而识大势，赚大钱，且不可频繁炒作小道消息。

投资者要确信，只有与市场趋势一致的消息才会发挥较大的作用，但这种作用只对股价的短期波动有影响，很少能影响到股价的中长期趋势。不要因为一则消息就随便改变对大市的基本判断，更不应在大盘整理时一厢情愿地赌消息。

【交易点拨】

市场上的消息来源繁杂，有的是真实信息被泄露，有的是主力配合操盘有意释放的，投资者在短时间内无法证实其正确性，如果依靠它来进行操作，会增大风险。

199. 如何根据消息面选择买卖点？

所谓消息面，就是决定公司盈利的一些利空或者利好消息。根据消息面选择买卖点，要把握以下原则。

（1）强势市场出现利空消息时，伺机买进。大市处于强劲涨升阶段，市场人气旺盛，不利消息传来造成了股价下跌，但并不被市场所接受，大家只知道指数还会上升，股价还要上涨。在这种情形之下，某只个股突然下跌正是最佳的买入时机。

（2）弱市出现利好消息时，伺机卖出。在股市上，如果大盘波幅较小，指数跌多升少，成交趋于萎缩，这是典型的弱势市场特征。如果投资者手中还持有股票，此时市场又传来利好消息，操作上应趁机出货，以避免损失，保存实力。

（3）行情极度低迷时有利好消息传出，则应追高入货。世上没有只升不跌的股票，也没有只跌不升的股票，股市自有其运行的规律。当股市连续下跌，时间跨度和下跌的幅度都达到极限时，人人企盼股市反弹，但又没人敢轻易入货，怕被套牢，成交量极度萎缩，此时股市欲跌不能，反弹是迟早的事。这时一旦出现利好消息，股市反弹，就应该果断追高买入。

（4）行情涨升中利好消息被证实时，应适时卖出。主力利用朦胧题材吸纳股票，逐渐拉高股价，待消息证实后趁机出货，获利盘利用高开的时机平仓了结。当市场传闻初起时，应立即买入，待传闻证实后卖出。

（5）行情低迷时利空消息证实，则应适时吸纳。这与上面的情况有异曲同工之处。当朦胧利空消息传来时，股价已开始急跌。经过消化后，股价会在较低位回稳，窄幅波动。一旦消息明朗或被证实，大势不但不会下跌，反而有反弹走高的可能性。

【交易点拨】

天才并不常有，但有一点是肯定的：根据消息面的特点果断出击，同样可以把握住难得的机会。

200．股市无消息时怎样操作？

股市有时也会出现消息“真空”期，无消息时该如何操作呢？此时的市场只有两种可能：如果大市在无消息时悄然上升，这种涨升比利好消息刺激的升势更加持久，更加凌厉；大市如果在没有任何利空消息的影响下无端下跌，一定会比在利空消息引起的跌市跌得更沉重，更加持续。

在没有消息影响的情况下，大市的升跌反映了人气的聚散，尤其反映了投资者对中长期市场趋势的看法。此时股价的变化，完全反映了投资者对未来一段时间政治经济形势的信心。正是由于短时间内各种猜测无法证实，此种行情的趋势也就会走相当长一段时间，直到消息出现为止。

在无明确消息的情况下，以下可以作为买卖的准则。

（1）市场无消息而股市上升，表明人们对前景乐观，一旦买入，中线看好。

（2）市场无消息而股市下跌，未来形势可能恶劣，应适当卖出离场。

（3）市场无消息而股市成拉锯局面，呈胶着状态，不要轻易冒险，要以静制动。待大市有迹可寻，形成明朗的趋势时再作决定。

【交易点拨】

此时无声胜有声，关键在于自己拿捏得准。

第五节 告别套牢

201. 怎样处理主力被深度套牢的股票?

股票被主力炒作，由于受突发性的利空消息影响，使得大市急转直下。主力吸纳了大量筹码，遇到恐慌性抛盘，市场内接盘稀少，主力因无法出货而被深度套牢。此时主力持有相当数量的筹码无法抽身，又不忍心不惜血本地杀跌出货，造成主力只好持股不动。

此类股票是需要特别关注的。当大市止跌并出现回升的迹象时，主力便会借机大炒手中被套的个股，这样的话，在低位买进的筹码又可摊平被套股票的成本，更可借大势来推高股价，最终解套或获利了结。

例如某只股票在大市下跌时主力被套，开始时主力只能通过尾市拉抬来吸引人气，但始终未能完全解套。后来当大市出现转机时，主力拼命拉抬，三周内大盘升幅约为40%，而这只股票升幅却高达90%。

【交易点拨】

对于这种主力深度套牢的个股，在大市反弹时往往表现出众，如果投资者能够在低位时跟进，盈利幅度相当可观。但由于主力也在拉高出货，目的是获利并解套，因此投资者应注意持股时间不可太长，以免自己被套在里面。

202. 刚入市就被套牢了怎么办?

对于刚入市的投资者来说，没有经历过被套牢是不可能的。要成为一名成熟的投资者，必须经历从新手到逐渐成熟的几个阶段，其中就有被套的经历。

新手被套牢大致情形是这样的，由于初期连战连胜，于是忘乎所以，不知大市反转，结果全线被套住。被套后不舍得割肉，只会消极等待，于是首次尝到赔钱和套牢的滋味。还有的新手由于操作技巧差，虽然一些买卖交易流程熟悉了，股票知识也了解了一些，但对抗风险的技巧不熟练，表现在不会及早割肉止损，只会一味傻等解套的机会，结果越套越深。深套后有些投资者心情慢慢急躁，产生后悔心理，思想上想不通，不愿意和周围人谈论股票。别人问及，往往支支吾吾，或强撑面子说“还行”。因为不甘心被套，这时有钱就投进股市，不断加大投资，期望摊低成本以尽快捞回来。这个时候被套的股民特别爱打听消息，爱收听收看股评，以获得精神上的安慰，或者从中汲取一些技巧策略。对于不符合自己心愿的股评甚为反感，怕由此造成市场波动，加大其持股损失。

初入股市就被套牢，这并不可怕。经过小赚、深套、解套后，投资者会逐渐成熟起来。有了被深套的经历，在选择股票时，也会参考更多方面的因素，并对技术分析有了更深入的见解和应变能力；在判断盘面大势以及个股走势上，渐渐有了成熟的经验和操作方案。身经百战以后，就能在股市中挥洒自如了。

【交易点拨】

不经历风雨怎能见彩虹。所以股市有谚：没有经历过熊市的投资者，不是成熟的投资者。

203．套牢时有哪些补救的基本策略？

（1）分清造成套牢的买入行为是投机性买入还是投资性买入。凡是根据上市公司基本面情况，从投资价值角度出发选股的投资者，不必关心股价一时的涨跌起伏，只要看好了就要坚定持有。

（2）分清该次买入操作属于铲底型买入还是追涨型买入。如果是追涨型买入，一旦发现判断失误，就要果断地止损。如果没有这种壮士断腕的决心，就不能参与追涨。

（3）分清这次炒作是属于短线操作还是中长线操作。做短线最大的失败不是一时盈亏多少，而是因为一点失误就把短线操作成中长线。不会止损的人是不适合短线操作的，也永远不会成为短线高手。

（4）认清自己是属于稳健型投资者，还是属于激进型投资者。要认清自己的操作风格和擅长的操作技巧，如投资者有足够的看盘时间和较好的盘中感觉，可以通过日内加减仓来降低成本。

（5）分清买入时大盘指数是处于较高位置，还是处于较低位置。大盘指数较高时，特别是市场中获利盘较多时，如果投资者们大都有盈利，并且人人喜气洋洋，夸夸其谈时，要考虑止损。

（6）分清大盘和个股的后市下跌空间大小。后市下跌空间大的要坚决止损，特别是对于一些前期较为热门、涨幅巨大的股票。

（7）分清主力是在洗盘还是在出货。如果是主力出货，那么要坚决彻底地止损。但要记住：主力出货未必在高位，主力洗盘未必在低位。

【交易点拨】

股票被套时，市场所处的状况不同，应对的策略也就不同。止损的最终目的是保存实力，避免小错铸成大错，甚至导致全军覆没。在股市中生存下来，才有机会去赚钱。

204．股票被套时怎样灵活止损？

所谓止损，就是遏止损失继续扩大。一旦股价接近“止损线”，投资者就要立即采取行动。股市震荡起伏的时候，也正是投资者备受煎熬的时候。手里握着被套的股票，是割肉止损还是忍痛捂股，这让新老投资者伤透了脑筋。

被套的投资者一般也分为两派：一派认为止损是为了防止账面损失继续扩大，避免深度套牢，是“壮士断腕”的英勇之举；另一派则认为止损实际就是割肉，是把自个儿的股票以低价让给主力的“愚蠢行为”。

在震荡行情股票被套的时候，止损更多的是投资者自我保护的一种有效手段。大多数投资者都会认同这种观点，但在实际操作上有一定的难度。有时亏损出局的人们会非常舍不得。如果仓位过重而被套的，一定要适当减掉一部分股票，这样不仅仅是为了回避风险，也有利于心态保持稳定。

【交易点拨】

股市上非常难的两件事是：接受损失和不盈小利。最难的是有自己独立的见解，做与多数人相反的事。

第六节 逐渐稳定盈利

205．为什么说只有汰弱留强才会赢？

在股市里面如何进行汰弱留强？首先要给强弱一个定义。何谓强？何谓弱？强弱不是跟强势股比，而是将自己手中的股票比一比。怎么比呢？以赚赔来评估是一种方法，反正让投资者赔钱或者赚得少的股票就是弱势股，这是很简单也很现实的比较方式。另外，就是依据技术图形来评估。哪一只股票涨幅较大，技术图形漂亮，哪一只股票刚脱离底部，哪一只还在底部，也是判断走势强弱的一种方式。

股票操作就是这样，很多人一开始会买进多只股票。在卖股票的时候，选择把赚钱的股票先卖掉，留下赔钱的或赚得较少的，最后可能只会留下还没涨的股票或亏钱套牢的股票。这样做的结果，大多数情况下，你会看到被卖出的股票开始上涨，而手中留下来的反而成了不怎么涨的弱势股。从这里可以看出，上面的汰弱留强方法其实是错误的卖股观念。

我们必须了解，强势股和黑马股是无意中跑出来的，除非你有强力的内线，否则不管用什么方法筛选股票，你都不可能一下子挑选到强势股。能够大涨的股票，大都是筹码很干净的股票。所谓筹码很干净，就是散户手中基本都没有。如此一来，能够大涨的强势股，散户投资者的命中率很低。如果你手中有 10 只股票，其中有一两只股票涨得特别快，你就应该很高兴了。“汰弱”就是要把最弱的股票淘汰掉，这样才能够把强势的赚钱股票留下来。如果你每次都这样做，到最后手中的股票便都是强势股。

“赚多想平仓，亏多想捂股”，这是一般人的通病。汰弱留强的方式，就是卖掉弱势股，保留强势股。但哪一只是真正的“弱势”股票，这需要你进行严密的分析判断。当然，赔钱的股票先卖出，所有持股中形态较差的股票先卖出，这是汰弱留强的基本原则。不过说真的，今天的看法到了明天以后，可能不一定是对的。

实战中，有人总结出这样一种汰弱留强方法，即除了买进时用一根 K 线止损法出场外，已经开始上涨的股票，用一个止损机制来做自然淘汰——只要股价跌破最近三日最低价就卖掉。这种汰弱的方式，也就是只要股价跌破最近三日低点就出局了。这种简单的动作，不用投资者费脑筋，让手上的股票自己去表现，没有被淘汰的自然就是强势股。如此操作，就让汰弱留强这个操作过程变得很简单。

【交易点拨】

汰弱只是暂时不持有，并不是永久淘汰。因为转弱而被淘汰的弱势股，仍然可以列为目标股来追踪，将来有买点出现的时候，还可以再次买回来。

206．怎样进行股市预测模拟练习？

经常做一些股价走势预测练习，对股票投资者很有好处。

常看K线图，对于掌握K线图的基本原理及含义，判断股价后期走势有较大作用。熟能生巧，经常看图或经常观察分析图表，很快就会找出股市运行规律，发现关键点。

围棋比赛讲究“形”。一般情况下，好“形”都是好棋，坏“形”都是臭手、败者；围棋界还总结出许多栩栩如生的棋形术语，如“扭羊头”、“大雪崩”、“刀把五”等，熟练的棋手一看此形就知道该棋是死是活，今后局势如何发展。同理，许多技术分析图表也形成了一些十分形象的“形”，如K线图出现“乌云盖顶”或“岛形反转”，一般都是卖出的标志。

常看常想，大家就会形成一种良好的条件反射机能，一看到图表形态，就会预感到股市的涨跌。

【交易点拨】

炒股需要悟性，这种可以称为第六感觉的能力，决不是凭空臆想的，而是平时积累和训练的结果。

207．股民进步的三个阶段是什么？

一个投资者办理了股票账户和资金账户，然后进入股市开始运作，即成为一名股民。但是要成为一名成熟的股民，必须经过三个阶段。

（1）初级阶段。此阶段股民的特征如下。

①盲目性。不知道如何开户；不了解股票知识或知之甚少，对“除权”、“每股收益”等专业名词更不知何意；不会具体操作，更不知道该买什么股票。但有一点很“清楚”，认为买股票肯定赚钱。

②冒险性。由于对股票知识知之甚少，特别是认定“买股票会赚钱”，因此操作胆子大，敢买任何股票。特别表现在刚一开户手就发痒，马上买进若干股票，好像不买入股票，心里就不踏实。

③初战告捷。初入股市者往往通过瞎蒙能赚上一笔小钱，这让他们兴高采烈，更加认准了“股票能赚钱”。同时，他们还会强化这种认识，认为“股市赚钱易，赚钱快”。他们还逢人便吹，“股市看不出有什么风险，不需要那么多知识，我一入市就赚钱了”，同时鼓动周围人赶紧加入炒股队伍。

④短暂性。初战告捷时间很短，最多3个月，随后就转入了下一阶段。

（2）中级阶段。此阶段的整体特征均围绕套牢展开。

①被深套。由于“连战连胜”，忘乎所以，结果全线被套，或割肉，或等待，第一次尝到赔钱的滋味。

②技巧差。虽然一些操作手段熟悉了，股票知识也了解一些，但抗风险的技巧没有掌握，表现在不会尽早割肉，一味傻等解套机会来临，结果越套越深。

③心情沉重。胜利果实和老本一下被跌进去，想不通，很后悔，心烦意乱，不愿意和周围人

谈论股票。

④不甘心。这时有钱就转投股市，期待通过不断买入来摊低持股成本。特别爱打听消息，爱听股评，以获得精神上的安慰，或从中汲取一些策略。对不符合自己心意的股评甚为反感，怕由此造成市场波动，加大其损失。

⑤长期性。被套时间长。如果选择的个股不争气，更是赚指数赔钱，解套无望。最长的套牢要等三年甚至更长的时间。

（3）成熟阶段。经过小赚、深套、解套后，股民开始成熟。

①终于解套。苦等了相当一段时间或几次割肉抄底成功后，终于赚回老本。头脑不再发热，不再贪心，充分认识到股市存在的风险，交易行为变得稳重和谨慎。

②股票知识及操作技巧有很大提高。特别关注宏观面，选股结合技术面，分析判断的能力明显提高。对股评少听少看，仅作参考。

③谈话慎重。与周围人谈股票时讲风险的次数多了，股市上胜与负的结果不再流露到脸上和语言中，行事风格变得沉稳老练。风险意识大大提高，常常见好就收，落袋为安，操作坚持谨慎为上的宗旨。

【交易点拨】

炒股是一个渐进的过程，不可一蹴而就。

第五章 选股秘笈

人人都想挖掘出一只真正的潜力股，然后坐收渔利。在潜力耗尽时卖出股票，再去寻找下一只潜力股。但是股票市场并不以个人的意志为转移，想要从市场中挑选出好的股票，就要遵循股市的运行规律。怎样寻找潜力股，这是一门大学问。

第一节 基本面选股

208．初入股市应该选择哪种股票？

选择合适的股票，重点要考察股票所属行业和上市公司情况，两者缺一不可。

（1）股票所属行业。每一时期都有不同行业的股票取得骄人的成绩，这些行业一般都与国计民生密切相关，对这个时期的经济发展起到促进作用。公司的成长更是受其所属产业或行业兴衰的制约。

（2）上市公司状况。目前我国一些上市公司行为不规范，如招股说明书与上市公告书相差很远，股票价格和回报率相差较多等。另外，投资者的知识和分析能力也不高，这些都使得正确评价一家上市公司有很大的难度。

【交易点拨】

上市公司业绩是股票价值的基础。在选择股票时，重眼前，更重长远；重价格，更重业绩。

209．选择股票要看重哪些因素？

股市投资，最重要的核心就是选择股票。沪深 A 股市场股票种类繁多，表现也各不相同。对于新股民来说，应该如何选择操作的股票呢？一般而言，选择股票可以从以下几个方面来考虑。

（1）行业选择。上市公司总是归属于某一行业，投资股票，首先要选择上市公司所属的行业。上市公司可以分为工业、商业、房地产、公用事业和金融等行业或部门。通常情况下，公用事业部门、工业部门中的食品、日常生活用品等与人们生活关系密切的行业，受经济周期变化的影响较小，稳健的投资者可以选择这类行业或部门的股票进行投资。

相对于汽车、钢铁、纺织、化学等工业部门来说，电子、计算机、激光、生物工程、新材料则属于新兴工业。新兴工业近些年来发展迅猛，前景广阔，被称为是“朝阳工业”，因而是长期投资者重点关注的对象。

房地产业作为许多国家的重要经济支柱，是一个高利润行业。在中外股票市场上，不少房地产股票都有良好的表现，投资者应该给予足够的重视。不过房地产股也容易受到经济景气状况的影响，在宏观经济相对疲软或者国家对宏观经济进行调整时，这类股票的表现就会受到制约。

在进行行业选择时，投资者还要关注国家的产业政策。政府鼓励发展的产业，往往会获得信贷、税收、进出口等方面的优惠，从而使该行业的公司利润提高，奠定这些公司进一步发展的基础；反之，受到政府限制的产业，就会遇到种种发展困难。

当前，国家在产业政策上对农业、交通、能源、城市基础设施建设、化工、汽车以及高科技行业有一定的鼓励；从地域上分析，对中西部地区的发展也有一定的倾斜，投资者对此应该引起重视。

（2）公司选择。同一行业中有许多家上市公司，因此在投资股票时，投资者还要对公司进行选择。一个好的公司应该具有较强的获利能力、偿债能力和扩展经营能力。选择公司主要是对其进行财务分析，特别要注意每股净资产值和市盈率这两个基本指标。

每股净资产值是股东权益与公司总股本之比，它表明了股票真正的内在价值，因而被称为股价的“绝对支撑”。一般经营状况良好、财务健全的公司，其每股净资产必定大大高于每股票面价值。如果每股净资产逐年提高，表明公司的资产逐年增值。

股价运行的一个规律是股价略高于每股净资产值。假若一家公司经营状况良好，由于各种原因，其股价却低于每股净资产值，那么这种股票迟早会脱颖而出，因此值得投资者追踪观察。

市盈率是指股票市价与每股税后利润之比，在国外也称为本益比，这是选择股票投资对象时被广泛采用的一种分析手段。市盈率是对收益率指标的补充，因为有时收益率无法真实地反映企业的经营水平。例如有的企业着眼于长远利益，把相当一部分利润用来再投资，这样就减少了股息的分配，使收益率降低。投资者如果不明底细，就会望而却步。

一般情况下，市盈率较低的股票，投资风险较低；市盈率较高的股票，投资风险也较高。但是另一方面，在多数情况下，市盈率越高，表明市场越看好这只股票。有些市盈率较低的股票，由于其成长性较差，投资以后其风险也未必小，必须综合其他因素一并加以考虑。

在计算市盈率的时候，可以采用以一个时间段的平均市价来推算市盈率的方法，这样的结果具有更大的参考价值。

（3）市场属性的选择。根据市场属性，可以把股票分为以下类型。

一是热门股与冷门股。热门股是指股票流动性强、成交量大、股价变化范围大的股票。热门股是主力大户和散户乐意投资的对象，因为其变化大，投资机会也就更多。但是热门股还具有时间性特点，往往一阵风以后，热门股就变得不热门了。同时热门股也不一定是优良股，所以投资者应保持清醒的头脑，不要被表面现象迷惑。

和热门股相对应的是冷门股。冷门股是指那些流动性弱、成交量小、股价变化范围相对较小的股票。一般情况下，冷门股与其内在素质有一定的关联度。但也有的冷门股内在素质不错，只不过是暂时被市场忽视了，其投资价值未被发现，所以问津者甚少。在冷门股中，常常会跳出一两匹“黑马”，这些“黑马”就是投资价值被发掘了出来。投资者如能从冷门股中发现“黑马”，就能获取较大的收益。

二是投资股与投机股。投资股是指股票发行公司经营有方，获利丰厚，历年来保持相对增长的那些股票。持有这种股票，一般可以获得优厚的股息。这种类型的股票价格通常比较稳定，因此这类股票常常为稳健型投资者所青睐。

投机股是指在股市行情大涨大落的情况下，被主力人为操纵的那些股票。投机股的基本特征是股价与其实际价值相脱离，因此具有很大的风险。新涉市的股民在参与其炒作时，一定要持谨慎心态，一般可适度参与，如拿出一部分资金投入其中，在操作中采取“割取中段”上涨的办法，即在投机股被炒作以后跟进，在其尚在上冲但未达到顶峰时退出。

如何选择成长性股票？成长性股票是股市中最具投资魅力的股票。成长性股票往往开始时规模较小，但是活力强，公司发展潜能大，年利润增长率一般在20%以上。有的成长性股在几年内价格会上涨几十倍甚至几百倍，如果发现这类股票，可以买入并长期持有。

【交易点拨】

股市投资，最好选择那种有垄断产品与核心技术的上市公司。

210．经济政策如何影响股价走势？

由于股票在资本主义国家十分流行，所以许多西方学者、专家纷纷研究股票市场的预测问题，提出了许多理论，如道·琼斯股票波动理论、期望理论和有效市场假说等；有的甚至建立了分析预测模型。这些理论和模型虽然能从某一方面描述股票市场的情况，但它们主要建立在对股票市场本身的分析上，如股票市场过去的价格趋势、股票市场上各种指标的变化等。其实，影响股票市场走势的不仅有市场本身因素，也有外部因素，政府的经济政策就是很重要的外部因素。在研究股票市场走势时，不能不考虑这些因素。

世界各国的证券行市几乎都受到国家经济金融状况和政策的影响。在我国，国家的金融政策直接影响到证券交易的交易价格。国家重大经济活动和金融政策的出台，都会对股市行情产生影响。

【交易点拨】

为了在股票投资上获得收益，投资者事先应对股票市场走势进行预测。一个成功的投资者必须是一位敏锐的经济分析家，同时又是一名训练有素的经济政策专家。

211．企业经营状况如何影响股票质量？

股票质量指发行企业的信誉、经营状况、经济效益、企业发展前景、产品销售以及股息红利率等因素。目前我国股票的质量主要是指企业发行的信誉和股息红利率。由于我国证券发行和流通市场机制尚未完善，缺乏一整套评定企业信誉的科学指标体系，也缺乏一批具有权威的从事企业信誉评价的机构，因此发行企业的信誉在很大程度上主要取决于其在社会公众中的印象，特别是该企业产品在市场上的销售情况，该企业的级别大小，人员多少，该企业原有的所有制性质等。

从理论上讲，企业经营效益好，股息红利就高，反之亦然。由于我国证券发行企业还未向社会公开资产负债情况，投资者无从得知企业的经济效益如何，因此股息红利率的多少是反映股票质量的一个重要因素。

【交易点拨】

由于社会公众是从股息红利率来看企业经济效益和经营状况的，所以说股息红利率是影响股票质量和股票价格的一个重要因素。

212．怎样判断哪些股票最赚钱？

股票要赚钱，必须具有投资价值。股票的价值决定于其投资标的物的价值。一般来讲，股票的价值是由其投资标的的基本面决定的。不同的投资理论和流派对上市公司基本面的分析评价方法是不同的，公认的简单衡量上市公司基本面的指标是其市盈率。市盈率是指每股市价与每股收益的比率，该指标可以用来估计公司股票的投资回报和风险。

从长期来看，市盈率越高，该公司投资价值越低；市盈率越低，则投资价值越高。当然，评价上市公司的基本面，还要考虑宏观经济环境，行业发展前景，企业的行业竞争能力，现金流量折现和未来发展战略等诸多因素。

投资者判断股票能否赚钱，可以从股票市场以下几个特征进行观察。

（1）股市的偏向性。指股票价格总体上具有不断向上增长的长期历史趋势，而非短期市场表现。这是股票长期投资能够盈利的重要理论依据。

（2）股市的随机性。指股票价格的统计分布服从随机性分布的特征。一般投资者很难准确把握股票价格的涨跌。

（3）股市的跳跃性。指股票价格运动具有的以较短的交易时间完成较大运动距离的特性。

（4）股市的周期性。指股票价格波动的频率具有相对稳定的重复性特征。

（5）股市的心理性。指股票市场价格波动受到市场心理因素强烈影响的特性。

这五个特征并不是一种平行并存的关系，而是一种相互作用、相互制约的关系。投资者可以利用股票市场价格波动的这几个特征，来制订自己的投资战略和交易策略，或赚取上市公司的红利，或博得二级市场的差价。

【交易点拨】

棒打牛熊，股市常情。然而不管牛市、熊市，都有可以炒作的成分，都有可能赚到大钱，但也都有可能赔个精光，关键还在于投资者的素质与经验。

213．选股重点关注哪些要素？

（1）关注个股成长性。个股的成长性是股市恒久的话题，也是股价上涨最主要的推动力。但要注意，分析上市公司成长性需要剔除其非经营所得，考察上市公司经营业绩增长是否具备可持续性，收益增长有无销售增长作为支撑，以及增长率是否有明显放缓。如果增长放缓，其股价可能会发生下挫。

（2）关注个股收益。年度每股收益持续增长，连续多年业绩稳定增长30%～50%以上的公司股票，最有可能成为“牛股”。当然其收益必须是基本面能支撑其上涨，而不是靠非经营收益所得。要注意，市盈率低并不一定有投资价值，有时候钢铁类股票市盈率很低，但股价并没有大幅上涨的动力。业绩大幅增长的预期才是股价上涨的动力。

（3）关注个股消息。新产品上市，增加新的生产能力，公司机构发生新变化，管理层的更换，都可能带来好的投资机会。关注行业变化和个股公开信息，机会往往就在其中。

（4）关注流通盘的大小。同等条件下，流通盘小的股票涨幅可能会大一些。

（5）关注强势股。强者恒强。找出行情中表现最好的几只股票，在它们再度向上时买进，年报或者季报公布前卖出，或在其趋势发生改变时卖出。

（6）关注基金公司选股动向。基金公司的研究能力比较强，捕捉市场机会的能力也很强，它们是否愿意买进一只股票，也可以作为投资者选股的参考依据。机构认同度高，机会可能会高一些。

要仔细阅读每家公司的年报、中报、季报和其他公开信息，从中选出有良好预期的个股，坚持对它们进行跟踪观察，在适当的时机采取行动。你不可能跟踪所有的股票，但如果你每天只关注10至20只股票，你的工作量就会相对较小，精力更加集中，操作成功的机会就会大大增加。

【交易点拨】

人们在买进股票时需要有想象力，在卖出时需要明智。

214. 怎样根据公司综合实力选股？

上市公司综合实力主要反映在公司利润增长的稳定性上。投资者可以结合上市公司数年的财务报表，考察其利润构成、利润的稳定性及可比净利润增长的稳定性。在利润总额中，主营业务利润应该占70%以上，对于那些因投资收益而导致利润高企的公司应敬而远之。应投资那些主营业务利润占利润总额70%以上，利润呈稳定上升趋势，可比净利润增长率呈稳定上升趋势的公司。同时，还要考察上市公司有无新利润增长点，即有无前景良好的新上马项目。

分析公司的综合实力，可以看出竞争力强的公司生命力旺盛，盈利丰厚，这类公司是投资者首选的目标。对公司竞争能力进行分析，应着重对产品质量、创新能力、市场开拓能力等作详尽周密的分析。

【交易点拨】

市场竞争也是公司经营管理水平的竞争。一个员工素质高、管理有方的公司，必然会兴旺发达，给投资者以丰厚的回报。

215. 如何根据公司经营状况选股？

（1）分析每股收益。中期报告出来后，计算出可比净利润年增长率。选择可比净利润年增长率超过25%～30%的公司股票，上市公司每股收益应多于0.15～0.20元。

（2）分析公司的偿债能力。主要指标有：速动比率、流动比率、现金比率、股东权益比率、固定比率。

（3）分析公司的经营能力。主要指标有：应收账款周转率、存货周转率。一般来说，应收账款周转率应为30左右，存货周转率为7.5左右。

（4）分析公司盈利能力。主要指标有：营业利润率、成本利润率、资产收益率、收益成长率。同时还要分析上市公司股本有无扩张能力，即公司的送配股能力。

（5）分析上市公司的行业属性，即该上市公司是属于朝阳产业还是夕阳产业；分析该公司在行业中的地位，即该产品的市场占有率。

【交易点拨】

上市公司的经营状况主要反映在每股收益、公司偿债能力、经营和盈利能力等诸多方面。本着以上原则选择绩优股，你的投资就有了一定的把握。

216. 哪些公司的股票不能买？

沪深两市有几千家上市公司，有的公司好，有的不好，有的一般。那么应该如何根据公司的基本面选股呢？在学习了股票基本面分析方法以后，不同的投资人可能有不同的选股标准。如果大家还没有掌握如何选择绩优公司，那么至少应该知道避开哪些绩差的公司。剔除股市中的“陷阱”公司，剩下的就是好的和一般的公司，这就缩小了选股范围。这种方法可以从一定程度上提高选股的准确性，减少投资风险。

当看见上市公司有以下特点时，就要格外小心。

（1）权威媒体和机构的负面性报道。通常新闻媒体偏向报道上市公司好的消息，这些信息有的是真的，有些是假的，所以我们不能全信。但是如果发现有权威人士或新闻媒体批评或者质疑某公司的经营管理，那么就要格外重视这种“负面”新闻了。

为什么？这就好比上网购物前看别人的评论，好的评论不用太在意，因为可能是“托儿”写的。负面的评价就要重视，因为如果不是利益受到损害，谁也不会浪费自己的时间来恶言相向。也可能有人恶意诽谤，但是诽谤是违法的。

（2）过多的利多消息。在股市中，往往利空出尽股价就要上升，利多出尽股价就要下降。为什么有好消息股价反而下降呢？有两个原因：第一，有一小部分人提前于大众知道消息，当好消息公布给大众时，价格上涨，这些先入场的人就卖出股票，落袋为安。第二，物极必反。当所有的人都看好该股票，该买入的人都买入了，那么谁还会继续买入呢？没有人愿意再买了，股价怎么可能上升？所以有人说，股市中要逆向操作：大家都不买时，我买；大家都想买入时，我卖出。注意：这里所说的是一个极端情况，并不是鼓励“逆市操作”。

（3）公司高层管理人员大量卖出本公司股票。公司高管对自己公司股票的持有程度，在一定程度上反映了他们对自己公司的信心。如果连公司的管理人员都对该公司的未来发展没有信心，这怎么可能是个好公司。公司员工应该比普通大众更加了解公司的实际运营状况，这就是为什么在选股票时，有人把“内部员工买入”（特别是主管财务的人员）作为选股标准之一。

（4）频繁更换公司高层，特别是财务主管，或者是更换为财务报表审计的会计公司。这可能说明该公司的财务数据中有“人为操作”的成分。一个需要粉饰会计数据的公司，其运营必定有问题。

（5）公司高管滥用权力挪用公司资金。如果高管不能把股东的钱当做自己的钱来小心使用，那么他们就不值得股东信任。

（6）公司内部财务结构复杂，拥有很多子公司，存在互相担保借款，大量复杂的关联交易等。这使得公司的经营管理难度加大，很难让投资人准确评估公司实际的财务状况。在复杂的关系中，可能隐藏了很多财务问题。对于看不懂的公司，还是要采取回避的态度。不确定性本身就是一种风险，投资就是要规避不必要的风险。

（7）盈利公司的利润“质量”差。非经常性的，主营业务以外的收入在利润中占比很高，这可能说明该公司不具有长期持续稳定赚钱的能力。

（8）财务报告中，应收账款、存货、固定资产出现异常变动。要比较公司以往数据，以及同行业竞争公司的数据来做出判断。

【交易点拨】

投资者在选择公司的股票时，不妨充分利用上述八个特点，对上市公司进行对比分析。

217. 产品竞争力强的公司股票也强吗？

回答是肯定的。由于公司有突破性的产品或高科技产品，在市场上具有较强的竞争能力，社会对产品的需求并不会受景气的影响，即使在经济普遍不景气时，该公司仍能获得较好的利润。我们可以从公司业绩报表上发现在经济不景气时还能保持相当高成长率，并能很好地完成年度计划的公司。

固定资产较多的公司，其股票的保险性较好，在不景气时，因为其有较雄厚的财力作后盾，对长期的衰退有较强的应变能力。

【交易点拨】

此类股票深度下跌的可能性不大，是较值得投资的公司。

218. 如何看待行情走势与个股质量的关系？

股市行情和个股质量是选股时必须考虑的两个重要因素。

当市场处于全面上涨，人气高昂，各项指标向好时，股市行情大势看好，选股的目标应放在近期具有较大上涨潜力的股票上，如主力股、小盘股、弹性大的个股、已显示启动迹象或正在热涨中的个股。以势取股，可能有片面性，但是不利用大众的热情，同样也是愚蠢的。

在强势行情的调整阶段和第二次上升阶段，应特别注意，一些涨幅小或反跌的弱势股是不宜选入的。在弱势股中可发现一些盘子不大、业绩中等而价位偏低的股票，这种股票应分析其在最近几次行情中的表现。如果指数上升而该股最高价却不上升或越来越低，其收盘价在指数上台阶后仍保持在原水平或上升比例较小，则表明投资大众对该股不看好，投资者无法盈利并急于抛出，从而进入压价恶性循环，这是一种典型的弱势股。在上升趋势市场中，这些股票形成拖人后腿的股票陷阱。

在下跌趋势市场及上升趋势市场启动前期，选股要注重股票本身的质量。在弱市后期，股票价格都已偏低，可选股票的范围也很大，低迷的市场为选股提供了充足的时间。这时可依次按业绩、行业前景、流通盘大小、以往的市场表现和价位等股票特征来衡量比较各只股票，价位标准应当从潜在的上涨幅度来考虑，不应在价位普遍偏低的情况下，去计较绝对幅度多一点或少一点。立足于未来的上涨能力，是弱市投资的原理所在。

【交易点拨】

在行情发展的不同时期，选股的重点也有所不同。一些老投资者都认同的一条基本原则是：强市重势，弱市重质。

219．选择成长股一定有高回报吗？

成长股通常代表时代的经济发展趋势，可以从现在一直增长到未来，投资成长股一般都能获得很高的利润。比如说，20 世纪 80 年代，股票市场是电子工业，尤其是以半导体为主的电子工业的天下。可是到了 90 年代就不同了，当时的成长股属于以互联网为主体的信息产业，也就是与高科技有关的股票。成长股一般是规模小、活力强、利润增长率高的股票，比较适合积极的投资者。

持有成长股当然会有可观的回报，但是这类股票也有很大的风险，因其易受国家产业政策、金融财政政策及经济周期的影响。尤其是一些发展速度过猛，资金无法跟上上市公司需求的公司股票，比如房地产股，就受到经济紧缩的影响而很长一段时间难以抬头。

【交易点拨】

选择成长股，高回报的后面往往有高风险。

220．如何选择市盈率低的个股？

一般来说，原始股的发行价以市盈率的 6 ~ 7 倍作为参考标准。我国新股的发行，市盈率一般定在 11 ~ 12 倍，加上发行费用和其他费用，实际市盈率约为 15 倍。这本身就是以较低的市盈率来保证新股的顺利发行，说明市盈率在 6 ~ 7 倍时，股价已经在新股的发行价之下了。

随着大市股价的下跌，如果市盈率跌到了 6 ~ 7 倍，新股就难以上市发行。谁都知道，如果股市上的股票更便宜，二级市场的风险就比一级市场还要小。这充分说明此时的股票已经超跌，其下跌空间十分有限，此股正是投资的最佳选择对象。中国股市本身市盈率较高，一旦大市回暖，股票市盈率重上 10 ~ 15 倍就轻而易举了。

【交易点拨】

考察市盈率时，要考虑到中国股市的特殊情况。

221．怎样选择资产隐蔽股？

资产隐蔽型公司指的是它的资产存在和实际价值没有引起绝大多数人的注意。这种资产，有时可能只是一笔现金，有时可能是房地产或是将来待发展的行业。例如在深圳市，从刚开始时楼房价格几百元一平方米都无人问津，到后来随着房价的快速上涨，变成 2 万元一平方米大家还急着抢购。

如果投资者希望选择资产隐蔽型公司的股票，就要首先考虑哪些资产是隐蔽型的，其价值是多少？该类公司是否有政府或其他组织的帮助？如果对这类情况了如指掌，选择此类股票就能得到很大的收益。

抛售资产隐蔽型股票时应注意以下问题。

（1）政府的政策出现不利于公司隐蔽型资产发展的规定。

（2）公司销售的房产或其他隐蔽型资产，没有到达预计的高速销售期。

（3）公司的股权份额大部分被金融机构购买。

【交易点拨】

要注意识破伪装，辨明真相。

222．如何选择周期性起伏的股票？

这种股票的增长速度没有稳定的比率，其销售和利润情况无法完全预料。但总有一定的规律可循，即呈规律性的波浪起伏：扩展——收缩——再扩展——再收缩。

周期起伏股一般规模大，知名度高，非常容易和蓝筹股混在一起。这类股票也最能迷惑人心，许多投资者在这类股票上赔钱折本，还自以为买进了很保险的股票。

要做好周期起伏股的投资，关键在于及时发现上市公司萧条或扩展的早期迹象。比如汽车、电器行业股，就具有相当大的周期起伏。抛售这类股票的一个明显信号，就是公司产品出现积压，而且很难再销售出去，社会需求降低，这意味着这类企业的产品价格和盈利都将越降越低。事实上，出现明显信号时再抛售股票，可能已经晚了。商品价格降低是抛售的另一个征兆，商品价格被迫下降，也说明此行业开始萧条。

【交易点拨】

此类股票受外部环境和政府政策的影响很大。

第二节 技术分析选股

223．挑选什么样的股票比较好？

投资股票，目的无外乎赚钱。有了目标，还要有方法，对于投资选股，投资者要全力以赴。号子不必天天吹，股票不必天天买，功课却要天天做。

如果你想成为赢家的话，必须全身心地投入，不要随意地买入和卖出股票，要用心去做。俗话说：靠山山会倒，靠人人会老，靠自己最好。市场长期在运行，想在股市乘风破浪，扬帆远行，一切都要靠自己。

如果你想做短线投机，下面两个功课是必须要认真做的，不可偷懒。

（1）每天找出涨幅前 30 名的股票，认真观察股票的 K 线图，思考它为什么会上涨？上涨前的征兆是什么？哪类股票上涨的数目最多？电子、金融还是食品？哪种价位上涨的股票家数最多？高价、中价还是低价？资金集中在哪类股票上？从这些信息中，你可以发现哪一类股票将可能成为主流上涨品种，哪一种技术形态会使股价后期大涨，然后你就可以在可能的主流股票群中找到你最喜欢的股票。

（2）每天抓住 5 只上涨的股票，或者找到 5 只下跌的股票，做好记录，看看你的功力如何。三日内股价果真上涨，那么就记下来，并从中检视你的选股能力。为什么让大家从涨幅排名去寻找股票呢？这是因为进入涨幅排名榜前列的股票，一定是当日的强势股。经常排在涨幅排名榜前列的股票，一定是现阶段中表现最强势的股票。选择强势股是最快最好的选股方法。

每天会有很多符合标准的股票，但是你只能选 5 只。为什么呢？因为这样你才能淘汰那些不好的股票。笔者看到很多人见了喜欢的股票就买，过一段时间后，才发现原来自己开了杂货店。分散投资说起来好像很不错，鸡蛋不要放在同一个篮子里，这样的思想似乎很有道理，不过多数股市赢家告诉我们，集中资金操作少数几只股票，比分散投资效果更好。

【交易点拨】

只能选 5 只，最多只有 5 只。试试看，相信经过一段时间的训练后，你的选股能力将会大幅提高。

224．选股的基本原则是什么？

为了使操作更安全，选股的时候必须注意并严格遵守四项基本原则。

（1）只选取主要趋势向上，正处于上升通道的股票进行操作，决不理会重要趋势明显处于下降通道的股票冒险；买进时最好选择主要上升趋势良好，在中级上升趋势向上的拐点刚刚出现的第一时间介入，在主要趋势上轨遇阻回落的第一时间卖出；长期在低位横盘的股票，在放量向上启动的第一时间介入是比较安全的。

（2）大盘是个股的风向标，买进卖出必须要注意大盘的脸色。大盘的主要趋势和次要趋势均朝下时，最好停止波段操作。确实有中长期趋势向上可以买进的股票时，仓位也应该比较轻。整个大市处于大跌的时候，一定要暂停操作，清仓观望；不过，大市大跌数天之后，可以瞅准机会迅速来一次波段操作，所赚必然更丰厚。

（3）只买进和持有在底部刚刚启动，或者刚刚脱离底部区域的股票。短时间内股价已经翻倍的股票，原则上不参与；个股的主力只有经过充分吸筹和洗盘后，才会大幅度拉升，绝对不要参与各种不确定的刚刚开始的调整行情。

（4）努力学习技术分析理论，不断提高自己的分析、研判水平和实战能力。信心十足才会心态良好，情绪稳定，才会从图形中看到一般技术分析者难以破解的盘面语言，永远不要相信小道消息和股评人士，只有不断完善自己的交易系统，不断提高操盘水平，才会找到打开财富宝库的金钥匙，赚到属于自己应该得到的钱。

【交易点拨】

无论什么样的选股原则，根本目的就是选择具备优良素质的个股，其所代表的上市公司一般经营状况较好，股息丰厚，每年能定期公开披露信息，市场成交量大，而且价格呈上升趋势。

225．怎样依据市场大势选股？

市场上的势便是资金的流动。以买方为主导时，上升趋势得势；以卖方为主导时，则是下跌趋势得势。当然上升趋势和下跌趋势也包括一些拳来脚去的相持阶段。资金流动方向的强弱就代表了势的强弱。势的动因是由于投资者渴望赚钱，这种期待越强烈，则资金的流动性越强。资金流动性越强，势便越强劲。人们会不自觉地跟随这个势，这就增加了势的力度，产生所向披靡的威力。

兵法讲，得势者胜。势也会发生可怕的逆转，随强随弱的势有时会反目成仇，敌方一有动静，我方就要随势而定，否则一不留神，就会陷于失势的无力状态。

选股也是一样，因为大家都想乘势去买入某一股票，股票价格就会暴涨。但这时候只要某些人开始套利，原有的期望就会转移方向。持股者获利了结，场外的买方持观望态度，势就会慢慢疲软。攻守易势，下跌趋势就又得势了。这期间，卖方压力一增加，就意味着市场对于上涨的期望接近破灭，股价就会一路下跌。

市场的动态完全由势来支配，选股要随势而作，选择强势的股票来跟随。但跟随也要见好就收，不然就会像足球比赛那样得势而不得利。

势的转化、流动难以捉摸，利害变化无常。投资者一方面要追寻大势，一方面也要随时观测其势头逆转的信号。头脑保持冷静，纵观全局，明辨虚实，这种心理准备在股市操作中是很有必要的。

【交易点拨】

市场的来势或去势完成的过程，就像月亮的圆缺，视觉上虽然发生了变化，而实质上是虚实之中保持了一种自然界的恒数。

226．如何用 K 线图选股？

K 线又称为阴阳线或蜡烛线，据说起源于 18 世纪日本的米市。当时日本的米商用这种图形来表示米价的变动情况，后来被引用到证券市场，成为股票技术分析的一种理论。K 线是一条柱状的线条，由影线和实体组成。影线在实体上方的部分叫上影线，下方的部分叫下影线，实体分阳线和阴线，其中影线表明当天交易的最高和最低价，而实体表明当天的开盘价和收盘价。

（1）日 K 线是根据股价（指数）一天的走势中形成的四个价位即开盘价、收盘价、最高价、最低价绘制而成的。收盘价高于开盘价时，则开盘价在下，收盘价在上，二者之间的长方柱用红色或空心线绘出，称为阳线；其上影线的最高点为最高价，下影线的最低点为最低价。

收盘价低于开盘价时，则开盘价在上，收盘价在下，二者之间的长方柱用黑色或实心线绘出，称为阴线，其上影线的最高点为最高价，下影线的最低点为最低价。

（2）根据K线的计算周期，可以将其分为日K线、周K线、月K线、年K线。周K线是指以周一的开盘价、周五的收盘价、全周最高价和全周最低价绘制的K线图。月K线则以一个月第一个交易日的开盘价、最后一个交易日的收盘价、全月最高价与全月最低价绘制的K线图，同理可以推得年K线定义。周K线、月K线常用于研判中长期行情。对于短线操作者来说，众多分析软件提供了5分钟K线、15分钟K线、30分钟K线和60分钟K线图，也具有重要的参考价值。

（3）K线图的意义。通常来说，极阴线和极阳线的波动范围在0.5%左右；小阴线和小阳线的波动范围一般在0.6%～1.5%；中阴线和中阳线的波动范围一般在1.6%～3.5%；大阴线和大阳线的波动范围在3.6%以上。

还有一种情况，股价走势若表现为全日宽幅振荡，尾市放量拉升收阳，可能是当日主力通过振荡洗盘驱赶坐轿客，然后轻松拉高，后市可能继续看涨。

光头阳线：光头阳线若出现在低价位区域，在分时走势图上表现为股价探底后逐浪走高且成交量同时放大，预示一轮上升行情开始。如果出现在上升行情途中，表明后市继续看好。

光脚阳线：表示上升势头很强，但在高价位处多空双方有分歧，购买时应谨慎。

上影阳线：表示多方上攻受阻回落，上档抛盘较重，能否继续上升局势尚不明朗。

光头光脚阳线：表明多方已经牢固控制盘面，逐浪上攻，步步逼空，涨势强烈。

小阴线：表示空方呈打压态势，但打压力度不大。

光脚阴线：光脚阴线的出现表示股价虽有反弹，但上档抛压沉重，空方趁势打压使股价以阴线报收。

光头阴线：如果这种线型出现在低价位区，说明抄低盘的介入使股价有反弹迹象，但力度不大。

下影阴线、下影十字星、T形线：这三种线型中的任何一种出现在低价位区时，都说明下档承接力较强，股价有反弹的可能。

上影阴线、倒T形线：这两种线型中的任何一种出现在高价位区时，说明上档抛压严重，行情疲软，股价有反转下跌的可能；如果出现在中价位区的上升途中，则表明后市仍有上升空间。

十字星：这种线型常称为变盘十字星，无论出现在高价位区或低价位区，都可视为顶部或底部信号，预示大势即将改变原来的走向。

大阴线：股价横盘一日，尾盘突然放量下攻，表明空方在一日交战中最终占据了主导地位，次日低开的可能性较大。如果股价走出逐波下跌行情，说明空方已占尽优势，多方无力抵抗，股价被逐波打低，后市看淡。

【交易点拨】

K线图具有直观、立体感强、携带信息量大的特点，预测后市走向较准确，是现今应用较为广泛的技术分析手段，每个投资者都要好好掌握K线分析技术。

227．为何选 RSI 值偏高的股票？

RSI 是相对强弱指标，它是通过比较一段时期内平均收市价涨数和平均收市价跌数来分析市场买卖盘的意向和实力，从而分析未来市场的走势。一般来说，RSI 所用的天数为 6 日、9 日、14 日。6 日 RSI 由于周期较短，较为敏感，通常作为短线操作的重要参考指标；14 日 RSI 则从中线的角度把握建仓和出货的时机，是较理想的股市参考指标。

股市的投资心理是买涨不买跌，所以有些升了又升的股票反而成为“黑马”。如果选择 RSI 值偏低的个股守株待兔，往往令人失望，而领先上涨、RSI 值偏高的个股，后期涨势反而会令人目瞪口呆。

不过对于整个大市来说，6 日 RSI 在 85 以上，14 日 RSI 在 75 以上时，应考虑出货。因为股市经过连续上升后，期间任何一个点位买进的投资者都有盈利。随着股价的不断上升，市场对资金量的需求亦趋增大，急需更多的资金进场才能将股价继续推高。与此同时，高额利润的回报又使获利平仓的压力增大。

【交易点拨】

RSI 值的不断升高，实际反映了股市的供求矛盾正在逐步转化，即获利平仓和解套的压力渐渐大于市场需求。如果这种矛盾发生明显转化，股市下跌就是必然的结果。

228．选股与选时哪个更重要？

有些人认为选择股票比选择市场时机更为重要，因为从长期来看，优质的股票即使碰到短期回落，也完全有能力恢复上升，给投资者带来丰厚的利润。这一点并不错，但是最佳的股票也无法避免在整个股市下跌时出现下降趋势。如果投资者能够通过对市场时机的分析和选择，在持有优质股票的同时，又避免下跌带来的损失，岂不更好？

很显然，在股市上涨时应长期持有优质的股票，在行情下跌时，应让别人去持有，自己则持有银行存单或债券，等股价跌到较低水平以后，再把优质的股票买回来。

【交易点拨】

选股与选时都很重要。选对股票，掌握时机，就能牵住股市的牛鼻子。股票市场上，投资者对牛熊气息的嗅觉能力并非天生造就的，而是要通过后天的刻苦研究获得。

229．为何选择技术走势特殊的个股？

有些个股从技术面分析比较特殊，主要有以下几类。

（1）突破压力线的个股。投资者可以通过技术分析研究一些个股，从中留意它们的走势形态。一旦股价突破压力线并在两三天内站稳，应果断买进，因为此时各项阻力大减，股价一般会有相当漂亮的涨幅。

（2）未跌破支撑线的个股。当股价反转向下时，成交量逐渐萎缩，此刻不妨留意跌幅不大的个股。这些个股受到下方支撑线的支持，如果支撑线没有被突破，股价站稳在该线之上，亦可大胆介入。一般来说，经过充分调整后，这些股票就会首先掉头向上。

（3）冲破天价的个股。天价就是该股创下的历史最高价位。上涨行情中，这类股票能挑战天价，并屡破天价，股价的上升空间必然大，因为上档没有卖压，持股者人人获利，此股为理想的黑马。如果此时它能领先于大市和其他股票，更说明它还会大幅飙升。

（4）出现利空不跌的个股。利空消息往往会引起股价下跌甚至急跌。当利空消息出现时，股价却跌不下去，甚至逆势上升，说明消息对该股并不是实质性的利空，或者股价已先行做出了反应，对于这类股票可介入持有。

（5）换手率高的个股。股票换手率高，说明投资者对该股热烈追捧，股票深受大众的欢迎。由于换手率高，获利筹码能得到充分消化，卖压越来越轻，所以在未来的走势中会有出众的表现，后市飙升的可能性也非常大。不过如果进入了急升阶段，换手率虽高，但上涨势头趋缓，就必须提高警惕，此时主力有可能开始出货，匆忙介入易被套牢。

（6）有大手成交的个股。在众多的股票中选股，寻找其中的“黑马”，看盘就显得非常重要，要时刻注意成交量的变化。如果某股成交量放大，但抛出的筹码被大单承接，显然有主力大户介入。股价稍有回调便有人追进，这类个股很可能就是明天的“黑马”。

根据这几类个股的情况，选择特殊的个股要掌握以下几项原则。

——股市萧条时，跌幅最深的个股反弹也较为迅速。

——具有良好业绩的绩优股，往往是先被照顾的对象。

——股价低于实际价值的股票，可以优先考虑。

——有主力照顾的股票，反弹较为轻松有力。

——股市中谈论较多的股票，表示关心的人较多，上升的机会往往也较大。

——在沉寂的股市中率先复苏的股票，表示在弱市中价值仍然被投资者看好，选择作为投资标的是不错的选择。

【交易点拨】

个股的特点在于各有特色，必须区分不同情况，一把钥匙开一把锁。

230. 股市长期低迷时如何选股？

当股市长期低迷时，在小幅振荡中能够准确把握机会的投资者可以说是凤毛麟角，中小投资者往往在此时赔得血本无归。

但是连短线投机者都无投机机会的低迷股市，恰恰是中长线投资的最好机会。此时股价一跌再跌，股价通常较为便宜，如果投资者吸纳建仓，做中长期投资的打算，获利反而高于短线投机者。

中长线投资者要善于从中选择“物超所值”的个股，重点关注以下两类股票。

（1）收益率达到 5%以上的个股。投资者投资股市，主要是赚取股价波动产生的差价，对于上市公司的分红派息，则不必过分关注。中国股市投机性较强，因为银行利率比西方发达国家高出许多，相对而言分红派息则难以与银行利率相匹。但如果上市公司的年回报率达到 5%以上，则这只股票就完全可以作为中长线投资的目标股了。

（2）行业前景光明，高速发展的个股。此类股票以前并没有被投资者重视，但由于国家调整产业政策，政策向部分产业倾斜，这类个股的业绩就有可能因此而突飞猛进，进入快速增长期。

【交易点拨】

对于大多数散户投资者来说，是没有时间和精力进行短线投机的。如果大家不求实际，不根据自身的具体情况投资短线，频繁买卖，只会徒增交易手续费，最终还是只赔不赚。股市长期低迷时，中长线投资是个不错的选择。

231．股市暴跌时应关注哪些股票？

跌势中选股，应该重点关注以下两类股票。

（1）有明显短期底部特征的个股。股价走势大都是波浪形的，浪谷过后就是浪峰。跌势中抢反弹是比较常用的短线操作手法，抢反弹的关键是寻找走势的拐点，也即股价的短期底部。

从技术上讲，短期底部比较容易在以下点位附近形成：一是重要的历史点位和密集成交区；二是均线系统支撑位；三是箱体底部或前次浪谷的时间共振窗口；四是股价的整数关口；五是布林线、轨道线的下轨处。投资者可以据此判断短期底部。另外，个股的止跌企稳总是与大盘的企稳保持一致，因此在寻找个股底部时，还必须密切关注大盘走势。

（2）具有明显抗跌特性的股票。股票抗跌有两种情况，一种情况是大盘深跌但个股拒绝下跌，或仅仅是小幅下跌。这样的股票后市看好的可能性大，原因很简单，大盘下跌时它都跌不下去，大盘不跌时，它就更没有理由下跌了。另一种情况是顺势回调，卷土重来。这类股票一般都处在上升通道中，虽然也随着大盘下跌，但并没有放量，走势也没有破坏上升通道。对于这样的股票，大盘的回调仅仅起了震仓作用，大盘止跌后，股价会迅速恢复到原来的位置，显示极好的弹性。因此对于那些在大盘跌势中仍然保持良好上升势头的股票，投资者应该密切关注。介入时应尽量参考均线系统的支撑，上升通道的箱体下轨，以及布林线和轨道线等指标，最好选在这几个指标的共振点上。

毋庸置疑，下跌中仍然有市场机会。即使在大盘深幅下跌的时候，仍然可以在涨跌排行榜上看到不少个股逆势飘红，仍然可以从K线图上看到一些个股沿着上升通道缓慢攀升，或走出10%以上的反弹行情。

【交易点拨】

一般来说，在跌势中选股的难度很大，介入的风险很高。对于一般投资者来说，跌势中应以保全资金为第一原则，宁可不赚，也不妄动。

232．如何看待过度暴跌的个股？

过度暴跌是指股价单日跌幅超过7%或三日累计跌幅超过15%。

暴跌是空方能量过度释放，导致股价远离平均成本。由于股价有向平均成本靠拢的趋势，远离均线的幅度越大，其回归的可能性和力度相应也就越大。因此暴跌之后常常有较好的抢反弹机会，是短线买入的时机。个股暴跌有时是以大盘暴跌为背景的，这时可以选择有主力关照的股票介入，因为有主力控盘的个股反弹力度更强。

个股暴跌的原因主要有突发因素和主力出货两种。突发性事件造成的暴跌，有可能伴随强力反弹，而主力出货引发的暴跌则难有反弹。两者的区别主要是看暴跌放量之后的股价走势。一般来说，主力出货造成的放量暴跌，之后股价仍会不断创新低，而突发利空引发的暴跌虽然也可能放量，但之后股价会止跌企稳。因此暴跌抢反弹的最佳入市时机并不是在暴跌当天，而是在股价真正企稳之后。

【交易点拨】

如果个股的暴跌没有大盘暴跌的背景，则需要先了解清楚个股暴跌的真正原因。

233．选股时为何要“留有余地”？

“留有余地”是一种哲学思考。在西方的艺术哲学中，也有“留有余地”的说法。比如为了增加绘画中人物的动感，要在画布上留出大片空白，以给人想象的空间。正因为留下了这么个“空白”，才让人越想越有味道。在摄影中，尤其是体育摄影，跳高运动员过杆也总要定格在要过又未过之际，这样的作品才会吸引人们的注意。这一点，可以说是东西方文化的相通之处。

选股要“留有余地”，这种思路与东方哲学中的刚柔相济同理。俗话说，“金无足赤，人无完人”。选股要留有余地，不要走极端，这个“余地”就是要把握好买进和卖出的度。因为有这点“余地”，后退半步海阔天空，中庸精神就体现出来了。

中国人尤其讲究和气生财，让人一步，天地自然宽阔。反对锋芒毕露，提倡韬光养晦，也就是“留有余地”。东方人表面上不像西方人凡事走极端，咄咄逼人，其实质是在追求真理度与量的过程中，包容了真理的同时也兼具了攻防策略。

【交易点拨】

炒股不但需要技巧、策略，也需要文化。

234．如何辩证地看待指数？

有些投资者经常会问，目前的点位是否是选股介入的时机呢？其实投资者要辩证地看待市场的指数点位，在某种程度上，解析市场的结构远比看市场的点位更为重要。

从近几年选股经验看，及时发现市场的结构性机会和局部性机会非常重要。即使指数下跌，只要选对了个股，仍有获利的机会。即使指数一路上扬，如果选错了个股，也同样潜伏着风险。

【交易点拨】

指数只是股市中的一个指标，必须考虑各种综合因素对股价的影响，切不可一叶障目，不见森林。

第三节　题材与板块选股

235．如何根据板块题材选股？

板块的划分依据一般有三条：地域、行业、市场特征。按地域划分，如浦东板块、广东板块、山东板块、北京板块等，差不多一个省份就是一个板块；按行业分，如电力板块、汽车板块、百货板块、房地产板块等。

事实上，板块的分类并无定式。按市场的特性划分板块，最需要的是想象力，如达标板块、逆势板块等。只要能想象出市场认同的题材，马上就会诞生新的板块。

根据板块的联动效应，如果操作得当，能获得不小的盈利，但板块的投资关键在于题材。不同的题材，会启动不同的个股。同时题材又具有时效性，上一次的题材这一次未必就管用。比如，北京概念股往往被看作国家政策股，常因为国家的重大政治活动而启动，然而并不是每项重大政治活动都能使主力投资北京概念股。

另外选板块也要注意板块本身的变化。股票越来越多，板块也自然而然地变得庞大，联动效应必然大打折扣。现在已出现了地域板块、行业板块数量过大的问题，投资整个板块需要更多的资金量，主力往往力不从心。

在同一地域、同一行业的上市公司，又存在着不同的业绩，有的甚至差距非常大，这使板块间个股的互相联动有些牵强附会，投资风险也就相应地增加。另外，这类板块变化最多，想象力就成为关键因素，越是大家不容易想到的，越具有投资的潜力。

【交易点拨】

从资金量来看，板块越小越新就越好，板块的活力也就越强；因为使用相同的资金量，小板块的联动性必然比大板块好得多。

236．牛市如何选题材股？

当股价从谷底爬升时，正是投资者买进股票最适当的时机。此时市场的特点是换手积极，人气旺盛，股价大涨而小回，天天都有“黑马”出现，顺势炒作题材可大获全胜。

在牛市行情中，市场对利好消息非常敏感，哪怕是不确切的消息，也会刺激投资者热烈追捧。此时，如果仍然认为只有老牌绩优股才是唯一选择的对象，就会错过好多赚钱的机会。

【交易点拨】

牛市中选股，尽可能选择题材股，在消息朦胧时进货，待消息正式公布时出货，这是炒作题材股的常用手法。

237．怎样选择蓝筹股？

蓝筹是指赌场上资金实力雄厚者持有的一种赌博筹码。蓝筹股主要是指实力强、营运稳定、业绩优良且规模庞大的公司发行的股票，其特点是投资回报率相当优厚稳定，股价波幅变动不大，当市场上升趋势来临时，它不会首先上涨。经常的情况是其他股票第一轮上涨行情过后，蓝筹股才缓慢攀升，当市场下跌趋势到来时，投机股率先崩溃，其他股票大幅滑落时，蓝筹股往往仍在坚守阵地，不会出现过分滑落的现象。

对于蓝筹股的投资策略是：一旦在较合适的价位购进了该种股票，就不要轻易地频繁换手，而应将其作为中长期投资的较好对象。以这类股票作为投资目标，不论市况如何，都无需为股市涨落提心吊胆。而且一旦机遇来临，也能收益甚丰。长期投资这类股票，即使不考虑股价变化，单就分红配股而言，往往也能有不错的收益。

不过有些蓝筹股变化多端，有时会一改往日形象，启动大盘走势，成为领头羊，这也说明此类股票具有相当的活性。

【交易点拨】

这类股票一般可以作为中庸型且愿作长线投资的投资者的理想选择。

238. 怎样选择大盘股？

大盘股是指流通盘较大的股票，目前 A 股市场流通盘在 10 亿股以上的股票可以称为大盘股。大盘股公司通常为造船、钢铁、石化类公司。

大盘股的长期价格走向与公司的盈余密切相关，短期价格的涨跌与利率的走向成反向变化。当利率升高时，其股价降低；当利率降低时，其股价升高。

大盘股的买卖策略如下。

（1）关注历史价位。大盘股过去的最低价和最高价具有较强的支撑和阻力作用，投资者要把其作为股票买卖时的重要参考依据。

（2）关注利率变动。当投资者估计短期内利率将升高时，应抛出股票，等待利率真的升高后，再予以补进；当预计短期内利率将降低时，应买进股票，等利率真的降低后，再予以卖出。

（3）关注经济景气程度。投资者要在经济不景气的后期低价买进股票，在业绩明显好转、股价大幅升高时予以卖出。

【交易点拨】

大盘股在过去的最高价位和最低价位上，具有较强的支撑和阻力作用，因而其过去的高低价位是投资者的重要参考依据。

239. 怎样选择中盘股？

一般认为流通股份在 2 亿股至 10 亿股之间的股票为中盘股。中盘股由于投资资金较之大盘股要少，比大盘股的成长空间更大，比小盘股流动性更好、更为稳健，因此容易吸引主力大户入驻。又因为其股价涨跌幅度较大，搏差价也比较理想。中盘股上市公司业务通常比较单一，比较容易分析，市场对其研究也较为充分，而且由于数量最多，比较容易出现投资机会。尤其是中盘股受消息面影响较大，对利多或利空消息更加敏感，所以往往成为上升趋势或下跌趋势主力大户之间互相打消息战的争夺目标。

同样的业绩，宁可投资炒中盘股，也不投资大盘股。同样的风险，宁可持有中盘股，也不持有大盘股。按中国的中庸之道来说，选择中盘股更适合于大多数的普通投资者，因为中盘股的股性活跃，炒短线有利可图。对于中盘绩优股，中长线投资更可获利。

【交易点拨】

一般来说，在一至两年内，中盘股大多有几次涨跌循环出现，如果把握住了市场行情，投资此类股票获利大多比较可观。

240．如何选择小盘股？

通常情况下，流通股份在 2 亿股以下的股票属于小盘股。小盘股是相对而言的，从趋势角度来看，小盘股必将逐步向大盘股过渡，但小盘股的独特优势在某个阶段是显而易见的，有时甚至能左右大盘的走势。

在股市上涨时期，几乎所有股票都在上涨，但大盘股终究不是主力大户炒作的理想对象。小盘股的盘子小，筹码少，只要主力稍加介入，价格就会上扬，而且非常容易飙升，可以有几倍甚至十几倍的涨幅。

沪市炒作小盘股是闻名于世的。现阶段中国的股市仍喜欢炒作小盘股，尤其是那些投机性的小盘股，经常能够成为整个大市的明星。

【交易点拨】

大有大的作为，中有中的特色，小也有小的优势。

241．如何选择含权股？

一个会计年度结束后，股份公司进入盈余分配时期，这个时期的股票就是含权股。此外，公司增资配股也形成含权股。我国股市对分红配股的实施日期无统一规定，实际上往往一年到头都有上市公司在进行分红配股，分布较密集的月份是 5、6、7、8、9 几个月。

在分红派息的前夕，持有该公司股票的股东，一定要密切关注与分红派息有关的四个日期。

股息宣布日：即公司董事会将分红派息的消息公布于众的时间。

股权登记日：即统计和确认参加本期股息红利分配的股东的时间。

派息日：即正式将股息发放给股东的时间。

除息日：即不再享有本期股息的时间。

在这四个日期中，最重要的是股权登记日和除息日。由于每天都有投资者在股票市场上买进或卖出，公司股票不断易手，这就意味着股东在不断变化中。因此公司董事会在决定分红派息时，必须明确公布股权登记日，派发股息以股权登记日这一天的股东名册为准。

一般来说，绩优、盘小、送配股比例大、配股价比正股价有较大落差的含权股，多会形成一小段上升行情；送配股比例小，配股价接近正股价的含权股，则多会走出一波下跌行情。

其次，上升趋势市场购进股票参与除权，获利机会多；下跌趋势市场参与除权，亏损情况多；

震荡盘整市场参与除权，则优选的含权股仍有较多的获利机会。

再次，在无主力操纵的情况下，抢权行情与填权行情彼此间具有消长关系，二者总升幅的上限，即填权价的上限应符合市场比价体系。

【交易点拨】

选含权股，目的是要获取抢权行情和填权行情的差价。只要选得准，就有盈利的机会。

242．怎样选择成长股？

选择成长股，一是要注意选择属于成长型的行业。目前，生物工程、电子仪器以及与提高生活水准相关的工业均属于成长型行业。二是要选择资本额较小的股票。资本额较小的公司，其成长的期望也就较大，资本额较大的公司要维持迅速扩张的速度是很困难的。很显然，一个资本额由 5000 万元变为 1 亿元的企业，要比一个由 5 亿元变为 10 亿元的企业容易得多。三是必须注意选择那些在过去一两年成长率较高的股票。

成长股的投资策略是，由于成长股的涨跌幅度较其他股票更大，因此可以采取在经济衰退、股价跌幅较大时购进，而在经济繁荣、股价预示达到顶点时卖出。在牛市时，首先投资热门股票，在中期阶段则购买较小的成长股，而当股市疯狂蔓延时，则应不失时机地卖掉持有的股票。

【交易点拨】

成长股的盈利增长速度要远远快于其他种类的股票，一般为其他股票的 1.5 倍以上，这是成长股的一大亮点。

243．怎样选择投机股？

这类股票是指无业绩支撑，但易受消息影响和人为控制，股价“上天入地”的股票。投机股可能有好股，也有可能是烂股，全凭投机者的操纵而使股价暴涨暴跌。

由于投机股有主力进行干预和控盘，所以短期内股价会有很大的变动，通常是主力进行买卖的主要对象。虽然投机股可能会在短期内获得可观盈利，但操作不当就会产生巨幅亏损。

投机股的投资策略是，选择上市公司资本额较小的股票作为投资目标。因为资本额较小的股票，一旦投下巨资，容易造成价格的大幅变动，投资者可以通过股价的这种大幅波动获取买卖差价。

可以选择新上市或新技术公司发行的股票。这类股票常令人寄予厚望，容易导致买卖双方加以操纵，使股价出现大的波动。另外，要注意选择那些改组和重建公司的股票，因为业绩差的公司进行重建时，容易使投机者介入股市来操纵该公司，从而使股价出现大幅变动。

【交易点拨】

选投机股切莫盲目跟进，否则极有可能成为“大鳄”的盘中餐，散户应小心谨慎。

244．怎样选择循环股？

循环股是指股价涨跌幅度很明显，且一直在某一范围内徘徊波动的股票。由于循环股的价格经常固定在一定范围内涨跌，因此对应的买卖策略是趁跌价时买进，涨价时卖出。实施此项策略的关键是有效地发现循环股。

寻找循环股的一般方法是从公司的营业报表，或者根据公司有关的资讯了解最近三四年来股价涨跌的幅度，编制出一份循环股一览表，依此确定股票及股票的买卖点。

采取循环股买卖策略时，应避开以下三种股票。

（1）股价变动幅度较小的股票。波幅较小的股票，即使能在最低价买进和最高价卖出，扣除股票交易的税费后也所剩无几，因而不是理想的操作对象。

（2）股价循环间隔时间太长的股票。间隔时间越长，资金占用成本越大。宜把股价循环的时间限定在一年以内。

（3）成交量小的股票。成交量小的股票，常会碰到买不到或卖不出的情形，所以也宜尽量避免。

【交易点拨】

操作选循环股的关键，是编制出一份循环股一览表，统计出这类股价的涨跌幅度和范围，以确定循环股的买点和卖点。

245．如何选择缓慢发展股？

缓慢发展股因资金或建设周期长等原因，一时无法给投资者带来很大的收益，比如电站、港口等公用事业，其投入资金大，建设周期长，产出慢，敢冒风险的投资者当然不会喜欢它。但这类股票却受到基金或机构的青睐，由于它风险小，收益稳定，反而会被机构长期持有。

缓慢发展股的增长速度一般在10%以下。由于公司想不出新的投资项目扩大生产，此类公司往往定期慷慨地支付股息，因而可以通过股息来证明公司的收益能力。

对于敢冒风险的短期投资者来说，一旦发现自己持有的股票是缓慢发展股，应立即抛出，转而投入风险较大的高速成长股。对保守型的长期投资者来说，就不一定急于抛售了。

【交易点拨】

买股票就是买未来，买上市公司的发展前景，这类股票应是中长线投资的首选目标。

246．如何选择业绩激变股？

所谓业绩激变股，是指受景气或其他因素的影响，公司经营业绩呈现不规则性极端变动的股票。一般来讲，这类股票的价格涨跌幅度较大，而且其涨势与跌势的时间，也比其他类型的股票持续时间长。

参与业绩激变股的操作技巧如下。

（1）待其涨势明显后赶紧买进。有时也可以抓住时机，抢短线以增加利润。

（2）在跌势明朗时，应将所持股票尽快抛出，甚至可以融券放空。

参与业绩激变股，要求投资者密切关注公司的经营变化，如果能抢在公司业绩变动之前进行买卖，则投资效果更为理想。

【交易点拨】

有时业绩变化无常，抢点的关键是以动制动。

247. 如何选择业绩复苏股？

这类股票是指经历过衰退、萧条，并且很难支撑下去的公司的股票。它们不属于缓慢发展股，因为这种公司毫无增长可言。但是一旦经济出现复苏，这类公司的股票将会有较大的收益。

复苏股虽然极其萧条冷落，但有其内在的价值，如在低潮时加强管理，有改进大局的新举措，就会吸引实力雄厚的主力大户的注意。在萧条冷落期，投资者不妨耐心收集低价筹码，一旦形势好转，收获必然丰厚。不过这类公司顺利度过复苏期，东山再起，重振雄风之时，便是考虑出货的日子了。

对于投资者来说，投资复苏股，首先要考虑公司是否有改变经营状况的计划，改进的计划是否切实可行，另外还要注意观察财务收支情况有没有显著改变。

投资者在选择复苏股时，最有利的一个特点是，在所有各类股票中，复苏股票的涨跌和一般股市行情关联度最小，这是因为这种股票被人们认为无力东山再起而被忽略了。在选择复苏股时要注意一点，那就是必须要看到上市公司有复苏的迹象。在情况不明时，不要对这类公司进行股票投资。

【交易点拨】

选择复苏股的投资者，通常应是有耐心且策略积极的中线投资者。

248. 如何选择潜力股？

有一些股票具有某种将来的、隐蔽的或为大众所忽视的利多因素而存在推动股价上升的潜在力量，发现这些利多因素并耐心等待，是投资潜力股的重要方法。

（1）反潮流法。在低迷的市场中，个股的重大利多消息常常与一些次要的利多消息不加区别地被市场忽视，要反其道而为之。

（2）运用周期法。许多股票的业绩表现常常受到行业周期及公司经营周期的影响，一些年份偏高，另一些年份就会进入低潮。深市中的地产股已显现强烈的行业周期性质，而公司的增资配股则可能使个股周期表现明显。通常配股当年无法取得投资收益，而配股本身反倒摊低了每股收益，但在随后的年份，则可能会有优良业绩出现。

（3）超前行动法。一些个股可能有潜在题材，但要到未来的某一不确定时刻才能表现出来，这种超前认识常常需要有缜密分析的支持。超前的关键就是善于从真实信息中挖掘出其内在的价值。

【交易点拨】

股票的潜在价值也许要经过相当长一段时间才会显现出来。投资潜力股，常常需要有一段较长的持股期，而一旦潜力爆发，就应及时出手了结。

249．如何选择申购新股？

新股上市首日的表现并非一定会是上涨的。2010年以来上市的新股，上市首日就分化明显。同一批上市新股中，有的涨幅达到30%～40%，有的开盘就破发。在这种情况下，投资者打新股时必须有所选择。

那么投资者该如何选择新股呢？申购新股有哪些窍门？

（1）看新股所处的行业。如果公司所属行业为新兴产业，是国家政策扶持的产业，有很大的发展前景，那么这类新股可以看好。相反，如果公司所在的行业属于夕阳产业，行业在走下坡路，这类新股就应相对看淡。统计显示，2010年以来，新股上市首日涨幅靠前的多属于电子、信息技术、生物医药等新兴产业，涨幅靠后的多属于传统行业，因此投资者在选择新股时，应尽量选择有发展前景的公司。

（2）看绝对价格。一般来说，绝对价格低的新股，破发的概率相对较小；绝对价格高的新股，在市场悲观的情况下，破发的概率要大一些。因为如果市场风险加大，投资者规避风险的情绪上升，资金最先规避的就是高价股。

从统计中可以发现，在中小盘新股中，上市首日涨幅领先的多是绝对价不高的新股。例如创业板刚上市时，一些股票的开盘涨幅都超过100%，位于新股开盘涨幅榜前列，这些新股发行价的绝对价格都不高。相反，一些高价发行的新股，上市首日却表现不佳。比如2010年发行价格最高的新股海普瑞，发行价高达148元，上市首日涨幅却只有12%，上市不久即跌破发行价。其他几只绝对价格高的新股，上市后也表现平平，比如世纪鼎利、奥克股份、科伦药业，上市首日开盘涨幅分别为37.5%、-0.47%和0%。因此在申购新股时，投资者应选择绝对价格低的新股申购。

（3）看相对估值。一般来说，与同行业相比，估值相对比较低的新股破发的概率较小，因为新股定价给股票上市后的上涨留出了空间。而估值相对比较高的新股，破发的概率相对较大。

（4）看盘子大小。一般来说，发行盘子小的新股，更容易受到资金的炒作和追捧，破发的概率比较小。相反，盘子过大的新股，资金难以炒作，破发的概率相对较大。统计显示，2010年以来上市的新股中，小盘股上市首日平均涨幅为37.15%，而大盘股上市首日平均涨幅为17.8%，远低于小盘股。

【交易点拨】

股票不在新旧，关键看其业绩。有些股票虽然上市时间较长，但业绩一直坚挺，仍不妨长期持有。

250．如何选择价格明显偏高的股票？

此类股票是指那些由于人为炒作而使股价明显偏高的股票。股价偏高的股票，其涨升状况有时不符合常理，因此股性也难以捉摸。有时在公司处于亏损的状态时，因某项未来的利多消息在背后支撑，或是多空之间已演绎成轧空的做多战，也会导致股价明显偏高。甚至在股价已明显偏离价值的情况下，仍有主力不断地做多买进，使股价继续一路上扬。一旦做多者停止了操作，股价很快就会下跌。

对于价格偏高的股票，其投资策略是，除了熟悉内幕的经验行家之外，最好不要受股价暴涨的诱惑而轻易介入买卖。但在其股价盘整之后的涨升初期，可以小额资金短线抢进。如果遇到主力撤离股市，使该股转为跌势之时，则要迅速忍痛卖出所持股票。

【交易点拨】

在选择这类股票时，万万不可在跌势中期望其反弹再卖出，以免被高位套牢，蒙受更大的损失。

251．如何根据行业题材选择股票？

行业题材与国家经济发展状况有关，如生物制药产业、信息产业等成长型产业，其发展前景比较好，对投资者的吸引力就大；反之，如果公司属于煤炭与纺织行业，则属于夕阳产业，其发展前景欠佳，投资效益相应较低。当然，再好的产业都会有盛衰兴亡的周期。在这种情况下，该如何判定股票所属行业的状况呢？

（1）从产品形态分析公司产品是属于生产资料还是消费资料。不同行业的股票，受经济环境的影响不同，一般来说，生产资料受景气变动的影响要比消费资料大。当经济好转时，生产资料的生产增长要比消费资料快；反之，生产资料的生产萎缩也快。在消费品种中，还应该分析上市公司产品是必需品，还是奢侈品。不同的产品性质，对市场需求、公司经营和市场价格变化都会产生不同的影响。

（2）从需求形态上分析公司产品的销售对象及销售范围。显而易见，内销产品易受国内政治、经济因素的影响，外销产品易受国际大环境的影响。此外，还必须掌握公司产品对不同需求对象的满足程度。不同的需求对象，对商品的性能和质量等有不同的要求，公司必须以需求对象的满足程度，不同需求对象对商品性能和质量的不同要求，以需定产，否则必然影响到公司产品的销售和盈利水平，使投资效益降低，股价下降。

（3）从生产形态上分析公司是劳动密集型、资本密集型还是知识密集型。随着技术进步的不断深入和加速，技术密集型企业已经逐步取代资本密集型企业。不同的生产形态，所产生的劳动生产率和竞争力不同，同样会影响到企业的经营效益，使投资收益产生变化。

（4）从行业发展阶段分析。一个行业所处的发展阶段不同，也会使行业内各公司的股票价格深受影响。在行业开创期，技术进步非常迅速，企业经营利润极为可观，但风险也最大，因此表现在该类公司的股票价格也是呈大起大落状态。这时候投资者要胆大心细，果断积极，以追求最大的效益。在行业扩张期，少数大公司已经控制了该行业，它们已积累了雄厚的财力和较高的经济效益，其他新进入的企业，就难以获得较高的经营利润。

【交易点拨】

在行业停滞期，由于市场饱和，使行业生产规模的增加越来越困难。此时行业内部的竞争不减，但利润普遍下降，这时股票行情表现得比较平淡或出现下跌，有的企业甚至被淘汰，此时投资者应谨慎应对。

252．怎样根据季节选择股票？

股市的季节性变化有其自身的规律，这种变化大多与节庆有关，如春节、中秋等。民间习惯把这些节日作为清理借贷活动和整顿企业财务的时机，尤其以春节最为明显。一般来说，节前是还账的最后截止日期，在这一时期，企业要偿还贷款，给职工发放工资、奖金，有的企业还要大量进货，以准备节日市场供应，总之，方方面面都要用资金。有的时候，国家还会紧缩银根，因此，此时股市一般会因为买进资金不足而陷入短暂的低潮期。

另一方面，股市在重要的节日放长假时，会有若干天的休市，不少投资者为安心度假，一般多会在节前数日先行卖出，这时的股价会因为卖出的人较多而相对便宜。如果投资者能够预料到股市休市期间不会有重大变化，手头又有现成的资金可用，不妨在假期前先行买进，免得节后开市时去争先恐后地抢购高价股。

从企业生产的角度来讲，由于季节不同，原料来源或是消费需求会出现非常强的季节特点，个别股价也因此有所不同。比如水泥制造业在第二、第四季度生产表现较好；食品加工业都是在第一、第二季度较好；钢铁工业、塑胶工业、造纸业和电机电器业等在第一季度表现较好。在行业的旺季时，其股价长期坚挺有力，在淡季时则显得疲乏无力。

【交易点拨】

留神研究各个行业在不同季节的特点，就能够保证你抓住获利的机遇。

253．如何根据经济循环周期选股？

宏观经济的发展会呈现出不同的周期性。资本主义经济危机时，形成了复苏、繁荣、危机和萧条四个周期。随着一个经济循环周期的变化，股票价格也像波涛一样起伏，而且股价往往在经济周期变化前超前发生变动。国外经济学家认为：在从复苏到繁荣期间，股票市场一派乐观情绪，股价会出现狂热的高潮，这是投资证券的黄金时期。

中国的社会主义市场经济，有时也表现出某些周期性变化，如投资过热，消费资金增长过快，通货膨胀率较高；国家银根紧缩后，市场又显得疲软，经济发展不足，企业效益降低等。掌握国家经济发展的周期性，并将其与国家经常出台的方针政策相结合，就一定能够探索出股市运行的规律，找到投资股票的黄金时期。

【交易点拨】

投资者要经常关注时事政策，未雨绸缪，了解并注意经济周期的特点和规律。

第四节 外部环境选股

254. 经济不景气时如何选股？

一般来说，熊市投资是很难赚钱的。整个宏观经济不景气，使得各行各业都呈现出低迷的状态，上市公司也不能例外。即使是绩优股、热门股或获利甚佳的公司，也都会呈现负增长，股价下跌就成为必然。

对投资人而言，此时无论是基本分析或是技术分析，都不可能满足投资的需要。从表面上看不出哪个上市公司是理想的投资对象。这样并不等于说，经济不景气时，股市就完全没有投资价值了，如果人人都远离股市，股市也就无法存在下去。投资者可以根据弱市的规律作适当的投资，以免当经济复苏时措手不及。

投资者都知道，股市是国家经济形势的晴雨表，但它并不完全随着国家经济形势的变化而变化，事实上总是给人一种相反的感觉，这是因为股市具有超前预见性。当国家经济繁荣时，股价往往进入熊市。比如20世纪90年代前期，中国经济发展至最高峰，经济增长达到20%多，而股市却进入了相当长的一段萧条期，显然这里有经济发展过热的倾向，不久国家宏观调控政策就出台，经济也随之冷下来。

到了20世纪90年代后期，随着宏观调控发挥作用，经济增长率逐年逐月回落，股市却走出一段长达半年的上涨行情，沪市再次突破1000点大关，深市则创下历史高位3651点。深市1996年的升幅，位列全球股市最大涨幅。这正说明经济熬过冷冬后，不久将全面复苏。

总之，经济不景气往往是全国性甚至是全球性的，投资者不必苛求在此时期内获利，使自己吃苦受累又赔钱。倒是应该保持平静的心态，正确看待市场，在选择投资对象上多加考虑，以便在将来经济复苏时连本带利地赚回来。

【交易点拨】

由于股市总是超前于宏观经济一步，说明投资者在经济不景气时，并不是没有投资的机会。如果此时选股正确，日后必然获利丰厚。

255. 怎样根据利率变化选股？

银行利率是影响股市价格的重要因素之一，也是政府进行经济宏观调控的重要杠杆。大多数投资者都非常关注利率的变化，更关注利率的升降与股票价格之间的相互关系。一般来说，股票短期价格涨跌，与利率的走向成反向变化，利率提高时，股价下跌；利率降低时，股价上涨。

【交易点拨】

与此相对应的买卖策略是：当预测短期内利率将升高时，应大量抛出股票，等待利率升高后，再予以补进；反之，当预测短期内利率降低时大量买进，等到利率真的降低后再卖出。

256．银行加息时怎样选股？

中央银行上调存贷款利率，其中原因之一是股市过热。加息对于股市的走势有怎样的影响？加息后股市又该如何操作？

有人把央行提高利率看作是对股市投下的一枚“利空炸弹”，这有一定道理。但是还应该知道的是，决定市场或股价变化的最根本原因，是上市公司盈利能力。从短期看，存款利率的提高，会使一部分资金从股市分流到银行，这是存款利率提高带来的影响；对于企业来说，贷款时会更加谨慎，因为贷款利率提高会给公司经营带来不利的影响。

央行的加息举措旨在为增长较快的信贷和固定资产投资适度降温，确保宏观经济持续平稳增长。而股市最终走势仍取决于宏观经济状况，取决于上市公司的盈利能力。

虽然加息对资金面来说不是有利的因素，但仍然有理由对股市保持审慎乐观，只不过投资时需要更谨慎地操作。投资者首先要明确投资的目标，不妨先投入30%的资金。假如市场面临调整，再将资金逐步投入，这样操作会比较稳妥。

【交易点拨】

最好选择抗周期性较好的股票，这种股票在波动的市场中能够获取稳定的收益。

257．通货膨胀时期如何选股？

通货膨胀多是由于经济形势过热造成的。由于经济过热，工商企业生产加速，固定资产投资增加，银根出现较为宽松的现象。此时有些企业将部分资金投入股票市场，造成所谓的“虚假行情”。在物价上涨加剧的通货膨胀后期，囤积居奇的商品投机资金也会流入股市，为市场上涨推波助澜。

在通货膨胀时期，物价剧烈上涨，投资者为了保值起见，多购买具有较多土地资产的公司股，购买这种股票有时也会造成一段上涨行情，这就是所谓的“通货膨胀行情”。但如果该种股票价位已高，那又另当别论了。

总之，在通货膨胀行情初期，一般应将持有的股票卖出，暂时采取观望的态度较好。

【交易点拨】

通货膨胀是一场舒适的温水浴，但是如果人们一直加热，浴盆最后就会爆炸。在下一次爆炸中，首先受到伤害的当然是坐在浴盆里的人。

258．大众竞购期如何选股？

在大众竞购期，广大投资者认为投资股票比储蓄更有利可图，所以股市出现竞相购买的状况。这时经济形势较好，厂商赚钱，外汇增加，普通百姓手头也较宽裕。由于大众投资者的偏好，买卖证券的目标大多集中在经营状况好、成长性高的股票上，无股利及亏损公司的股票很少有人问津。此时有息成长股的涨幅会比较大，无息投机股可能也会随大势上涨，但涨幅不如有息股涨幅大，这是上升趋势市场行情的表现。

【交易点拨】

应该持股延长投资，并尽量参与除息及除权交易。

259. 行家活跃期如何选股？

这一时期，投资大众对高价位的股票产生戒心，或因暴跌吃亏，不再参与股票买卖，逐渐暂时退出股票市场。精于股票投资的证券公司或行家里手等投机大户，为了使市场不至因人心涣散而立即衰退，便于出卖手头的存货，或者赚取更多的买卖佣金，就会开始拉升较易上涨的小盘股，制造股市较为活跃的行情，以诱惑不明真相的散户投资者。

【交易点拨】

买股时，投资者一定要千万谨慎从事，切忌盲目跟进。

260. 金融机构购买期如何选股？

金融机构主要指银行、保险公司等机构，这些机构信息灵通，财力雄厚，影响力强，散户投资者遇到不同的大户购买期，就要采取不同的对策。

大的金融机构进场买进时，股价不一定是最低点，所以有时金融机构买进会成为助涨的一个因素。金融机构买进之后，一般也都只做中期投资，很少参与拉高或压低的股票买卖。所以它们卖出时，也只以本益比已经偏高为依据，很少卖到最高价格。

【交易点拨】

抓住机会，跟随行动，必然有利可图。

261. 信托及投资公司进场时如何选股？

信托公司及部分证券公司与银行及保险公司有所不同，它们在证券市场上除了做部分零股买卖之外，大多还承担调节市场供需的任务。既然信托公司也要以获利分红为目标，当其有较充裕的资金可用于投资时，为达到盈利的目的，就会在适当的时候买进本益比较高的利优股票，或偶尔参与热门投机股票的买卖活动。不过这些热门投机股必须是具有股息的盈余公司发行的。

至于一些一般的非官方投资公司，大多是财团或一些中大户出资组合，它们买卖的股票并不一定以有息投资股为限。这种投资公司的买卖行为，大多依据其较雄厚的资金进行差价套利。它们对少数具有内幕消息的中小型股票做有计划的操纵，当其吸进的筹码较多时，便极力设法推动其价格上涨，以便达到高价出货的目的。

【交易点拨】

当知道信托及投资公司大量买进时，马上跟随参与买进。但如果投资公司买进的消息在市场盛传已久，或所传买进的股票已大幅度涨升的时候，则不宜再跟随买进了。此外，如果有大型投资公司的股票在年底急速涨价，不论它是否为信托公司买进的，都应保持观望的态度，最好不要介入其交易活动。

262．境外投资大举参与时如何选股？

我国是实行外汇管制的国家，境外资金进入内地股票市场受到政策的限制，按理说并无外资参与的行情可言。但是我国股价一直偏低，投资报酬率相对很高，这往往会吸引外国投资者的注意力。例如，与我们比邻的香港股市，由于实行证券开放政策，股价暴涨暴跌是其一大特色。其涨幅较高，持续时间也长。

随着我国证券市场日益对外开放，特别是对一些境外投资机构的资金，已允许其一部分进入我国投资市场。另外，境外资金通过各种渠道、各种途径进入内地股市投机的情况越来越多，这会给普通投资者选股带来一定的影响。

投资者获悉有外资大举参与时，股价大多已上涨许久。此时跟进虽然能够获得一些小利，但因涨幅已高，随时都有行情反转的可能，因此应该提高警觉，随时注意外资是否有卖出撤退的行动。

【交易点拨】

当股价处于一段快速上涨行情的高位时，可以抓住强势股做一段短线行情，但应时刻关注K线反转信息，及时获利了结。

263．消费高涨期如何选股？

在经济繁荣的鼎盛时期，一般居民由于积存的外汇较多，手头资金也较充裕，因而对生活必需品以外的消费品很舍得花钱。此时除了食品以外，高档衣料及较奢侈的耐用消费品等也很受欢迎。相应地，生产该类产品的上市公司获利必然不错，其股价也一定容易上涨。

【交易点拨】

此时持股或买新股，应以上述受欢迎的消费品生产公司的股票为宜。

264．证券公司盈余期如何选股？

各上市公司在年终结算前后，除了公布上年度盈余及股利数字以外，还会公布本年度营业总额及盈余等预估数字。上市公司公布的这些数字如果比投资大众预想的高，就会产生所谓的“盈余行情”。

另外，在经济复苏初期至经济繁荣结束这段时期，由于多数公司的盈余都不错，也常会有盈余行情出现。

【交易点拨】

选择业绩显著好转的股票，作为长期持有的对象。

265．经济不景气时怎样选股？

宏观经济并不总是处于快速平稳发展的过程中，其中难免有起伏，有挫折，甚至有反复，选择股票时，要选择那些能经得起经济动荡考验的公司股票。

（1）营运顺畅的公司。有时经济不景气虽然会使公司获利能力降低，但能保持正常的营运，就表明该公司内部机制健全。只要景气指数改观，这类公司一定会很快复苏，相应地，这类公司的股票可以作为优先考虑的投资对象。

（2）财务结构良好的公司。财务结构良好的公司负债比率较低，利息负担也就较轻，劳动成本较低，亏损就可以相应地降至最低，比较容易渡过不景气的时期，可以列为投资对象。

（3）管理水平较高的公司。公司管理水平较高，工作效率高且成本较低，其竞争力也就相对提高，对外部环境的适应能力也较强，此类公司的股票可以列为投资的选择对象。

（4）劳资关系良好。劳资和谐对公司的发展很重要，公司上下团结一心，拥有共渡难关的决心和信心，能使公司更快地走出低谷，这对于投资者来说也不无益处，此类公司也值得投资。

【交易点拨】

路遥知马力。越是经济困难，越能看出公司的实力。上述几类公司的股票，可以作为优先投资的对象。

第五节 热点选股

266．如何根据突发事件选股？

所谓突发事件，主要是指超出人们预料的，在时间上非常紧急，对各方面影响较大的事件。如上市公司遭受台风、地震，主要经营者突然逝世，或者有重大的违法行为，已严重影响到公司的信誉和下一步的经营活动等。

突发事件一般会使该公司股票暴跌，投资者应该迅速抛出，将损失减少到最低限度。但并不是发生任何意外事件公司都会倒霉，如日本神户大地震，很多房屋倒塌，但日本建筑业的诸多公司都可以大显身手。还有的公司虽然遭受较大损失，但一般都可以得到保险公司的合理赔偿。因此对于突发事件，投资者要谨慎观察，不必过于紧张，以免弄巧成拙。

【交易点拨】

突发事件难以预测，投资者应建立炒股应急措施，做到有备无患。

267．如何根据重大政治事件选股？

什么时候持股者愿意卖出股票呢？就是在他们认为未来行情会下跌的时候。反之亦然，购买者认为未来行情会上涨，才决定购入股票。股市的涨落，就取决于买卖双方对未来前景的判断。单只股票的价格变动除受大市影响和偶然因素作用外，取决于上市公司的经营状况，特别是未来盈利多少。股市的整体波动，取决于所有上市公司的盈利前景，取决于国民经济发展形势。经济形势总体向好，就有利于上市公司改善经营，增加盈利，增强投资者的信心。如果国民经济紧缩或衰退，就会影响上市公司的获利，股民心理必遭压抑，股市自然就会下跌。

客观上，国家经济的任何调整，尤其是财政、金融政策的出台，都会强烈冲击股市敏感的神经，引发股民对未来的预期收益做相应的调整。特别是一些重大的政治事件，如国家领导人的更替，政策的重大变化与调整等，都会对股市产生很大的影响。

一些重大的政治性事件对股市的影响是很大的，投资者对此要作出正确反应，有时甚至要站在国家大局的高度上思考问题，对事件性质及影响有合乎情理的认识，恰如其分地在投资策略上作出反应。不断提高投资者素质，包括政治的、经济的、文化的、心理的，等等，确实是提高股市投资水平的重要一环。

政治稳定和经济发展，这两个互相影响的因素会推动股市活跃。水涨船高，大牛市正是股民热情高涨，整体经济普遍看好的时候。波浪一旦涌起，就会有越来越多的人蜂拥而入。

【交易点拨】

正如人们所看到的那样，政治和股市是携手相连的。如果政治敏锐性不强，判别力较差，最终吃亏的还是自己。

第六节　选择与股市挂钩的理财产品

268. 与股市挂钩的理财产品有何优势？

国内银行推出的与股市挂钩的理财产品很多，如某家银行的“人民币理财双季计划”三款产品，募集资金达到50亿元人民币；“理财新年计划1号”年收益率达到10%，2号产品达到4%。从发售情况来看，基本上推出不久就会销售一空，预期年收益率达到4%~8%。这些理财产品的收益到底如何呢？对于普通百姓来说，值不值得购买呢？

这类挂钩股票的理财产品，是比较典型的搭乘股市飙升快车并在一二级市场全面开花的产品。在一级市场打新股，对投资者来说是属于非常稳健、保本的理财方式。在股市前景不明朗的情况下，将资金交给银行“抱团”参与一级市场并获得稳定收益，是许多不愿意承担二级市场风险的投资者考虑的途径。

随着银行涉足证券市场力度的加大，相关理财产品的收益率也日益攀升，过去4%~5%的年收益率，是大多数理财产品的价值中枢，而现在没有6%~8%的预期收益率，已经很难打动投资者了。反之，如果收益率能达到10%以上，那么对于投资者的诱惑力将是非常大的。

【交易点拨】

在股市大牛市中，银行等金融机构发行的许多理财产品被“冷落”了。但是银行等金融机构并没有干坐“冷板凳”。许多银行推出的挂钩股市的产品，都有不错的收益，而且银行理财产品走向股市的趋势越来越强。

269. 怎样选择与股市挂钩的理财产品？

股市高位震荡时，单边牛市的风光难以持久，个人投资者在股市赚钱非常不容易。银行等金融机构推出的理财产品，特别是挂钩股市的理财产品，可以提供不错的收益，值得稳健型投资者关注。

除了推出内地的挂钩股票理财产品之外，越来越多的银行也开始将目光投向境外市场。如民生银行推出的理财产品与一篮子股票指数挂钩，投资标的包括香港上市的中国移动和中国联通，纽约纳斯达克上市的新浪网和携程网，预期年收益率达到6.5%。挂钩的一篮子股票均为电信及网络行业的精选优质股票，且两者为相关性一般的热门板块，产品同时投向两个不同的股票市场——香港和纽约，可以实现充分的风险分散，以避免系统风险带来的损失。

渣打银行也推出了一系列与境外股票市场挂钩的产品，包括新能源股票挂钩投资、亚洲基建股票挂钩投资、中国行业龙头股票挂钩投资、自然资源股票挂钩投资、中国新经济股票挂钩投资等多款产品，其中年收益率普遍在10%以上，最高的达到20%。

银行理财产品的目标客户是对股市有一定认识，但又不愿意承担过高风险的投资者。银行本来就以安全收益为目标，参与二级市场应该不是它们的特长，与券商、基金等相比也没有任何优势可言。

但是股市波动比较大，前景也存在许多不确定性因素，所以投资者不能用储蓄的心态来购买银行的二级市场产品。

【交易点拨】

银行推出二级市场理财产品，基本上与基金的投资方式大同小异，要求投资者有更强的风险承受能力和行情判断能力。这方面银行并没有独特的优势，投资者需要对此类产品收益增长的情况进行仔细甄别和遴选。

第六章 股票操作技巧

股市中有这样一种说法：技巧不是万能的，但没有技巧是万万不能的。这句话对于缺乏交易技巧的新股民来说无疑是真理。新股民对常用技巧一定要做到心中有数，不能一无所知。其实无论对新股民还是对主力来说，技巧的应用都没有区别，只要你进入股市是为了盈利，就应该熟练掌握本章介绍的这些基本技巧。

第一节 心态把握技巧

270. 炒股有必胜的秘诀吗？

钻研操作技术与习武一样，运用得当可以强身健体，运用不当可能会损人伤己。有些人学习技术应用不得法，“炒”股的“炒”字是一个“火”一个“少”，资金越炒越少。练武不光练身手，还要练内功和心理素质。做任何事情都需要有正确的观念，如果理财观念不正确，学习技术分析的效果可能还没有不学的结果好。

任何一本书都不是“必胜秘笈”，也不能保证你看完本书就会瑞气千条，这里只是引导大家了解股市涨跌的原理和波动的基本观念。

必胜秘笈不是在我们的口中，而是在我们的心中。只有经过不断努力和操作验证，并在实战中经历胜败体会出来的心得，才是你的制胜武器。

学习股市操作绝对没有快餐。也许你因为运气而获得了不错的利润，但是一个下跌趋势轮回下来，很可能会让你失去所有。投资活动如同学习游泳，不管你多么聪明，适应能力多么强，游泳教练多么优秀，你也不可能只在岸边比划，这样是永远学不会的。一位游泳教练说过这样一句话：直接把你丢下水池，呛几口水之后，很快你就会游了。

初涉风险投资市场时，先要了解市场基本规则和主要玩法，然后拿一点小钱试一试，练一练手。利益是一种最强大的驱动力，在投资市场拿点钱试手，其目的就是将个人的利润亏损与投资市场的运行结合起来，让人们在一种想要获取利益的欲望驱动下，积极、主动地关注投资市场，分析投资市场，研究投资市场，进而成为投资理财的行家。

经过一两个大的多空轮回后，你才能够学到应付股市风险的方法，领悟资金管控的基本原则。在股市中成功的人，都经历过很多次失败，甚至可能经历过几次破产危机，才能够体会到股市的险恶，了解资金管控的重要性。

初入股市，先模拟操作，然后小额试着操作一下，你会尝到呛水的滋味和痛苦，然后才能体会到浮在水面上自由滑行的快乐。

【交易点拨】

先用小额资金练习，不要一下子全部投入，衷心希望大家不必经过大败或破产，就能够很快地学会股市操作的知识和技巧。当然，挫折是不可能避免的，但千万不要气馁。自己要认真思考困难的地方是什么。要学习自己分析问题和解决各种问题的方法，因为挫折之下也蕴含着通往成功的契机。

271．股市分析有哪两个流派？

目前对股票进行理性分析的主要有两大流派，一个是技术分析派，一个是基本分析派。两派各有所长，也各有所短。

技术分析派是借助于价格本身进行分析，通过图表、图形，能够清楚地看清股票价格的未来走势。技术具有弹性，依个人判断而异，并且学习技术分析的时间短，学习一段时间就可以操作。价格分析方法是大多数人都采用的方法，但往往是大家一哄而上，其结果与出发点截然相反。

基本分析派允许个人用充足的时间仔细地分析市场动向，得出的分析结果也有待时间的检验。这种方法的长处在于有充分的时间思考，缺陷是需要的时间过长。基本分析包括国内外政治、经济、金融情况，上市公司的行业形势，公司的经营业绩及未来展望，政府对股市采取的政策措施以及股市大势环境等其他因素。

【交易点拨】

尺有所短，寸有所长。两个流派，各有特色。

272．震荡时期应有什么样的操作心态？

股市不论在什么时候都会有震荡，只是震荡周期和波动大小而已。一根红彤彤的日 K 线，在短时间内可能上下来回了好几趟，这是极短线的震荡；一根月 K 线里，同样会有日线级别的剧烈起伏震荡，这是短线的震荡。震荡不限于长周期，短周期一样也会有大震荡，中期整理的震荡也很大。

震荡容易让人追高杀低，或者高出低进的想要做些短线价差，这是自然而然的反应，尤其看盘的人看到股价这么大的波动幅度，不手痒的人大概很少。但如果价差有那么容易赚，主力作手也就不用玩了，因为他们的手续费和利息就是靠这个赚回来的，如果让普通散户抢光，他们的成本不就很高了吗？如果你是主力，你会不会想要给这些人一些颜色瞧瞧？如果可以既能教训短线客，又可以洗出浮动筹码，主力做不做？

答案很简单！

那么你有没有办法在短线上赢过主力又保住筹码呢？很难吧！

短线进出很容易失去你的低价筹码。例如一只30元的股票你35元卖掉，回到34元你又接回来，这时候只要股价跌到33.9元以下，你就会开始着急，因为股价已经跌到你新的成本以下了，再往下杀到32元，离新成本34元亏损更大，这时你很可能就会卖了，然后股价扶摇直上到40元，把你气死。

但是如果你一开始没有卖出，你的持仓成本仍然是30元，就算股价杀到32元，你依然还是赚钱的。赚钱的股票就容易抱牢。后面涨到40元，你就大赚了。这两者一比，差别就大了。

【交易点拨】

很多人忙进忙出，看似有赚，却赚不多，大部分都是短线惹的祸，你相信吗？

273．怎样判断哪些是冷门股？

市场里有人对“冷门股”很感兴趣，有人称之为“黑板利益股”，因其持有者天天挂出无法成交，又天天看着它跌停。当股价一步步逼近自己的买进成本时，那真像一场噩梦。直到卖掉之后，才会消除惊吓。

不可否认，冷门股市场流通筹码少，一旦市场需求殷切，筹码会供不应求，价格也会急剧变动。相对地，一旦需求萎缩，筹码大量供应时，反倒缺乏接盘，股价又走向极端。

冷门股其实也是座难得的金矿。只要把握得当，操作冷门股的收益不一定比热门股差。

操作冷门股，第一要注意品种选择，总量控制。一般情况下，要选择那些基本面较好，调整幅度较大，未被市场爆炒过，自己长期跟踪，股性较为熟悉的股票。操作时，要采取逢低分批方式买入。采取“边跌边买，越跌越买”的建仓方法，一般来说成功概率也比较高。

操作冷门股，第二要注意快进快出，见好就收。买入冷门股的策略定位是短线，目的是赚差价，因此要特别注意防止由短变长，造成被动。要尽可能地少坐“电梯”，做足差价。

操作冷门股，第三要防止患得患失，追涨杀跌。

即使技术再老到的高手，在短线操作时也不可能有百分之百的胜算，也难免有失误的时候，更何况短线操作的是冷门股。不过由于冷门股本身已在低位，长期深套的可能性不大，因而一般不宜采取止损术。如果买入后不幸被套，可以暂时放上一段时间，如有低位出现，还可适量补仓，只需将期望的差价区间、波动中轴适当下移即可，并不影响高抛低吸做差价。

【交易点拨】

冷门股就像冷艳的美女一样，一旦露出笑脸，将会阳光灿烂；一旦露出冷脸，也会乌云密布。

274．炒作冷门股应该注意什么？

冷门股并未有一定的标准和定义，一般是指那些交易量小、周转率低、流通性差、股价变动幅度小，较少有人问津的股票，日常走势通常以横盘为主。这种股票的上市公司经营业绩往往不佳，投资有较大风险。对初涉股市者来说，一般不要轻易投资冷门股。冷门股票的另外一种情况是前段时间大幅上涨，然后不断地震荡下跌。

初涉股市者一般不要轻易投资冷门股。但冷门股也不是绝对冷，有时碰上机遇，“爆出冷门”的情况也是有的。因此投资者可以用部分资金买些冷门股。

股市中往往会存在这样的情况，一些在牛市、平衡市中没有人关注的冷门股，在熊市中却突然很抢手，变得活跃起来。做长线投资，就应该在股市和个股都处于低点时介入，因此可以这么说，此时的冷门股是最好的投资品种。

冷门股可以分为几类：一类是我行我素的庄股，无量空涨；另一类经过快速拉升以后，在高位无量长时间调整，投资者跟进热情不高的股票；再一类冷门股在大盘调整时按兵不动，一旦大盘启动，它们就快速拉高。

冷门股要走热，必须具备几个条件。

（1）宏观经济面刺激，相关行业有望迎来高成长。

（2）长线资金关注，技术强势显现。

（3）有突发性题材和利好刺激，例如铁路股受到巴菲特增持相关股票影响走高。

【交易点拨】

炒作冷门股一定要格外小心，要耐心研究该股的历史表现和现实情况。如公司已经资不抵债，则千万不可持有。此外，只把冷门股当做投资组合的一部分。最后，还要有耐心和信心，否则好不容易等待了一年半载，却不能坚持到底，一朝抛出，第二天就狂升，就会后悔莫及。

275. 怎样使用重点进攻法？

重点进攻法，是指投资者深思熟虑后，针对某一热门股进行短期集中投资的方法。

凡股票市场，无不产生股价波动大的十分热门的成长股，投资者果断地把大量资金迅速集中投向这个重点进攻个股上，通常会由于股价大幅度上涨而赚取巨额暴利。股市历史上，不少人曾用此法一夜之间暴富。由于这种方法风险较大，需要投资者具有相应的胆略和勇气，以及承受巨额亏损的能力，因此又被称为果断积极投资法。

此法是一种反传统的冒险策略。主要表现在以下几点。

其一是一改传统分散投资的方式，把资金集中在一处，集中投入，一次见效。

其二是不考虑从事优良股的长期投资方式，只选热门的成长股进行短期投资。

其三是不在意一般市场的景气指标或企业所作的市场调研，只把重点放在反映目前股价波动情形的股价走势图上。

其四是一旦作出决策，就应当机立断，以免坐失良机。

其五是作为破釜沉舟的险招，没有一定的眼力和胆略，不可随意乱用。

【交易点拨】

这种方法的最大缺陷是集中资金一次投入，一旦行情出现逆转，投资者未能脱离股市，就可能蒙受巨额损失，因此投资者应具有受挫的心理准备。这种方法是一种短期见效的获利方法，不可以经常使用。

276. 什么是消极投资法？

消极投资法也称被动投资策略，是指投资者购买股市指数成分股的全部股票，使投资于某种股票的金额与股票市值占股票市场总市值的比率成正比。操作要点是：首先把投资资金分散投资于股市指数成分股的各股票；其次是让各种股票的资金比率与该种股票的市价总额在整个股市的总市值比率大体一致。

采用消极投资法，可以有效地降低投资风险。此方法对于那些没有更多业余时间投资的人们也是一个鼓励，因为他们无需去了解更多深奥的股票知识和技术分析方法。

在操作中，消极投资法并不是完全的消极和不作为，而是可以适当地做一些主动的调整，当然是小的调整。比如一些业绩太差的烂股就可以去掉，换之以绩优股。一旦调整的范围和幅度太大，就不是消极投资法了。

此外，如果投资者的财力有限，无法尽买指数成分股，也可以挑选一些重点“指标股”，即那些与指数相关系数足够大的股票，这样的话，收益情况同样可以大致追随指数变化。

【交易点拨】

如果你不喜欢那种心急火燎的投资方式，而是喜欢冷静的战略型投资，就可以试行消极投资法。当然，如果你自认为十分聪明，可以选到最好的股票，而且总想在股海中跃跃欲试，展示超人的才智，就不必使用此法。

277. 买股之前要想些什么？

股票市场受各种因素的影响，像大海的波浪一样潮起潮落。在一些不可预测的突发消息刺激下，股价会出现异常波动，出乎投资者的预料之外。常有这种情况，投资者买入的股票不仅没有上涨，相反却大幅度回落。

为了避免买入后被套，在买入股票前，投资者一定要想清楚下列问题。

（1）买入这只股票的理由是什么？

（2）买入这只股票是短线、中线还是长线持有？

（3）买入这只股票，预期它升到多高就出手？

（4）买入这只股票，如不升反跌，跌多少准备认赔出局？

【交易点拨】

只有对这些问题想清楚了，弄明白了，经过全面评估后，才能够决定自己投入的资金数额。做好充分的心理准备，这样投资股票就不会显得盲目，即使遇到复杂问题，也能坦然面对，冷静处理。

第二节 分批买卖操作技巧

278．什么是炒股三分法？

有人对股市投资也实行三分法，即一部分购买绩优股，另一部分投资普通股，第三部分作为预备资金供短线投资之用。如此三分之后，投资于普通股的部分获利虽然不够大，但安全可靠。一般情况下，投资者都要用 1/3 的资金握有安全可靠的股票。

投资于绩优股虽然风险相对较大，然而常常会有丰厚的红利收入，再加上还有可观的差价收入，因此投资者很喜欢这样投资。保留下来的 1/3 资金，则完全可以在股价走势见好时追加投资，股市失利时，用作失利后的补充或调剂资金。

【交易点拨】

在实践操作中，炒股三分法被证明是最佳的投资策略。

279．什么是分批买卖法？

分批买卖法指的是当股价跌到一定程度后，投资者开始进入股市分批购进；当股价上扬到一定高度后，则开始将持有的股票分批售出。

至于分批买卖的时机，需要根据一些技术分析方法来予以确认。通常的确定方法是，当一种股票的相对强弱指标低于 20 时，表示该种股票价格已经较低，其反弹的可能性很大，此时宜入市分批买进；当相对强弱指标达 80 以上时，表明该股票价格已处于高位，其下跌的可能性极大，此时应毫不犹豫地将所持投票分批卖出。

分批买卖法是基于克服人性优柔寡断的弱点应运而生的一种投资方法。股票投资者的良好愿望，是能够在最低价买进和最高价售出。但真正能在市场上如愿以偿的投资者却为数不多，通常发生的情形是，在股价下跌到可以入市买进时，许多投资者还认为股价会继续下跌，仍然持币待购；待股价强劲反弹上来时，又后悔莫及，坐失入市良机。另外，当股价上涨到一定高度应该脱手时，还认为股价应该继续上扬；待股价下跌时，又认为卖不出好价钱，期待股价还能涨回来。

分批买卖法克服了只选择一个时点买进和卖出的缺陷。由于分批买卖法是多次买进和多次卖出，故而当股价下跌到某一低点时，投资者就可以毫不犹豫地买进。同样，当股价涨至某一高点时，投资者也不会因为贪心而舍不得卖出。因为即使股价继续上涨，投资者仍可能通过不断卖出获利，故而不会错失良机。

【交易点拨】

分批买卖法最适合经验不足的新股民使用，也适合操作时比较恐惧和贪婪或优柔寡断的人使用。当然，当你短线操作的经验日趋成熟后，为了争取最大的盈利而愿意冒更大的风险时，你就可以选择一次性买卖了。

280. 什么是追涨杀跌法?

追涨杀跌法是股市操作中的一个重要技巧，就是在股市上涨时买入股票，股市下跌时卖出股票。如果操作得当，追涨杀跌法是很好的盈利手段。

追涨的理由很充分，不论中线还是短线，涨得好就说明现在的走势很强，追强势股自然是不错的操作。但追涨的风险很大，关键在于不知道它能涨到什么地方，到什么位置可能回调。比如说，弱市中短线追涨往往被套，因为弱市里大部分股票的行情只有一天，当天追得高了，第二天多半没有获利出局的机会；相反，弱市中中线追涨比较可取，能够在弱市中保持强势的股票不多，但这种强势反而可以持续。

追涨杀跌必须满足这样的条件：其一是市场处于强势交易格局。强势格局赋予个股良好的运作基础；相反，如果市场处于平衡市道或者弱市格局就不适合进行追涨杀跌。平衡市道适合高抛低吸，弱市格局中观望是明智之举。其二是市场形成了鲜明并有持续性上涨能力的热点或板块效应。

追涨杀跌应注意操作的对象选择，追涨时应重点关注领头羊品种。一般而言，领头羊品种是最具可操作价值的个股。在一波上涨行情中，领头羊品种的涨幅最大，也能够为投资者提供一个全身而退的机会。其次，形成明显上涨趋势的个股可以考虑追涨。个股突破重要的压力线，如头肩底形态颈线位、整理箱体的箱顶位、三角形上边线、长期下降趋势线等，待回抽确认其突破的有效性后，可以考虑追涨。

【交易点拨】

追涨杀跌的操作风险极大，追涨时应设好止损位，确定自己的大致盈利目标。不可过于频繁地操作，以避免操作失误破坏操作心态。

281. 什么是交叉买卖法?

交叉买卖法，又称股票巨额交易法，是证券公司在交易所市场同时办理同一种股票的买入和卖出业务的交易方法。

交叉买卖法是适应股市巨额交易而产生的。一般来讲，当某种股票在市场上以数百万股以上的数量买进或卖出时，容易引起股价发生大幅波动，使股票交易价格脱离正常轨道，给股市运行带来一定的负面效应。

如果证券公司买进或卖出大宗股票时采用交叉买卖法，事先找好适当的卖主（或买主），然后将买卖双方同时推向市场，这样就既能完成巨额交易，又不会引起股价的大幅波动。

【交易点拨】

交叉买卖法是一种相对狡猾的技术策略，散户投资者很少使用。

282. 何时宜用交叉买卖法?

在现代股市中，个人持股的比例在逐渐降低，机构持股的比重在不断增加。机构投资者所持股票，大都是通过交叉买卖来完成的，因此交叉买卖的频率是了解机构投资者动作的一个晴雨表。

交叉买卖法的一个好处是，它可以成为某些公司实现特定目的的手段。这主要表现在，当经济处于不景气时期时，财务状况恶化的某些公司，在出现既不想失去持有的股票，又不得不出售股票以填补周转资金时，可以采用交叉买卖进行技术处理，即用现货交易卖出股票取得资金的同时，又用信用交易方法予以补进。

这样就把售股收入与信用交易所耗资金的差额作为公司所需的资金。

此外，有的公司为使其新上市的股票提高知名度和流通性，也会委托证券公司采取交叉买卖的方法有意买进和卖出，以造成该种股票在市场中交易热烈的气氛。

【交易点拨】

如果您是一个专门做大宗买卖的投资者，就可以尝试一下股票巨额交易法，小户投资者要慎重使用。

283．什么是试盘买卖法？

试盘买卖法是投资者投入极少量的资金进行买卖委托，以测验行情的走势趋向，再以此作为依据进行买卖的证券投资方法。

试盘买卖法的操作方法是，在进行证券买卖之初，先以挂牌方式（作买进时，先以委买价格挂进一张；作卖出时，先以委卖价格挂出一张）少量进出，并以 10 分钟为限度，试验该档价格是否容易买卖。如果上述挂牌的买卖委托很快成交，则表示该档股价应作观望修正。相反，如果上述挂牌成交艰难，则代表判断可能正确，再以市价委托进行买卖。

试盘买卖法的好处是能减少买卖的盲目性，提高进出股市的成功率，值得一般投资者，尤其是股市大户参考选用。

【交易点拨】

摸着石头过河。试盘之后，如果结果理想，就应果断入市。

284．什么是加码买进摊平法？

加码买进摊平法是股市中避免亏损的一种操作技巧。投资者所购股票被高档套牢后，随着跌势在下档加码买进，其目的是加码买进同种股票后，降低单位平均持股成本，使投资者在股价反弹中获利。采用加码买进摊平法的条件是，整个市场发展前景展望乐观，投资股票的实质条件没有发生变化。

加码买进摊平法主要有两种方式。

第一种方式是平均加码摊平法。它指的是当所购股票高档套牢后，待其股价跌到一定程度，再照原来所持股数加码买进，以达到摊低成本的目的。采用此种加码摊平方式，一旦股价回升一半，则可保本；如若回升一半以上，即可获利。例如，投资者以每股 10 元的价格买进某种股票 1000 股以后，若股价出现急速跌落，当跌至每股 6 元时，加码买进 1000 股，这样当该股回升至每股 8 元时，即可回本，超过 8 元则可获利。

第二种方式是倍数加码摊平法。它是指在股价跌落后，加倍或加数倍买进原先已持有的股票，以达到摊低成本的目的。如原来投资者以每股 10 元的价格买进 1000 股，当其价格跌至 6 元时，再买进 2000 股，即为原来股票的 2 倍，则其平均成本降为每股 7.34 元。将来股价回升超过 7.34 元以后，即可获利。由此可见，采用加码买进摊平法时，如果在下档摊平中加码买进越多，可使上档套牢成本降得越低。

运用这种方法进行操作时，至关重要的是确定好加码摊平的价格。一般来讲，其价位愈近谷底，对投资者愈为有利。这是因为较低的摊平价位，一方面可以使投资成本下降，另一方面可以减轻加码部分的投资风险。

此外，采用加码买进摊平法还需要特别注意分析大势走向，因为摊平采用的是愈低愈买，如遇到下跌趋势，市场跌幅过深，则资金有可能长期套牢，这将给投资者带来沉重的心理负担。因此加码买进摊平法必须密切注意股市动向。

【交易点拨】

使用加码买进摊平法时需要注意分析股市大的走向，如果遇到下跌趋势，市场跌幅过深，则长期套牢可能性大，因此投资者需密切关注股市动向，以防患于未然。

285．什么是分段买高法？

分段买高法，又称买平均高法，是投资者为了减少风险而分段逐步买进某种上涨股票的投资技巧。

股票价格波动很快，其行情走势对于一般投资者也很难准确把握。如果投资者将全部资金一次性投入来购进某种预计会上涨的股票，那么当该种股票确实大幅上涨时，投资者抛出变现后，就能获得十分丰厚的利润；但一旦预测失误，股价不是上涨，而是反转下跌时，投资者将会蒙受较大的损失。

由于一次投入存在较大的风险，所以不少投资者往往在股价上涨的过程中，将资金分次分段逐步投入市场。这样一日行情出现反转下跌，投资者可以立即停止投入，以减少损失。

分段买高法的优点是能有效地降低风险和减少投资损失，但同时也存在着减少投资收益的缺陷。如果市场行情一直看涨，采取一次投入的方法会比分段买高法获取更多的收益。

【交易点拨】

分段买高法比较适合进行中长线操作的股票投资者。

286．怎样正确运用分段买高法？

下面举例说明如何运用分段买高法进行操作。

某投资者预计某种每股 20 元的股票价格会上涨，但又怕承担过大风险，不敢将全部资金 10 万元全部投入，因此采用分段买高法这一投资技巧。

先用 20000 元买进第一批 1000 股该种股票。等到股价涨到每股 22 元时，买进第二个 1000 股。当上涨到每股 24 元时，再买进第三个 1000 股……在此过程中，一旦股价出现跌势，投资者立即停止投入，根据获利情况出售已购股票，以补偿或部分补偿因股价下跌带来的损失。

假如投资者在买进第三个1000股后，股票价格呈现跌势，此时投资者应立即停止投入，不再购入第四批。同时还要根据股价下跌的态势，决定是否出售已购股票。如果股价下跌到每股22元且股价仍趋向下跌时，投资者可考虑抛出全部已购股票。这样购买第三批股票的损失可以用第一批股票的盈利来弥补，保证10万元本金不受损失或少受损失。

分段买高法讲究分批买进，一次卖出，投资者避免了一次性投入资金的风险，不失为有效的交易策略。

【交易点拨】

分段买高法在实践中偏于保守，不如分批买卖法灵活。

287. 什么是变动比率投资法？

变动比率投资法又称变率法和可变比例计划法。它是以固定比率投资法为基础，允许证券组合中的股票和债券的比例随证券价格的波动而适时变更。

变动比率投资法并不要求股票和债券的比例始终维持在预先确定的固定比率上。假定某投资者投资于股票和债券的比例在开始时各占50%，当以后股价上升超过某种水平时，就出售股票以减少股票的比例，增加债券的比例。反之，则增加股票的比例，减少债券的比例。

变动比率投资法的基础是确定一条股票的预期价格趋势线，当价格在趋势线以上时，就卖出股票，当价格在趋势以下时，就买入股票，并在买卖股票时相应地买卖债券。

当趋势线拟定好后，还要以决策线为边线，决策线反映股票的买卖。当股价上涨冲过决策线上线时，就卖出50%的股票，刚通过决策线下线时，就卖出10%的股票。同样，当股价大降刚过决策线上线时，就买进10%的股票，如果继续下降至决策线下线时，就买进50%的股票。

需要说明的是，趋势线上下各有两条决策线与之平行，股价上升最高处为上线，次高处为下线。股价下降时最低为下线，次低为上线。

【交易点拨】

采用变动比率投资法既灵活又合理，缺点是较麻烦，既要根据各种情况确定正确的趋势线，又需要对价格的变化进行监视，随时调整投资比例。对于大部分投资者来说，灵活调整投资比例是基于价格趋势的预测。

288. 什么是投石问路法？

投石问路法是投资者预测到股价将有转机时，先以少量资金投入作试探性购买，并由此决定是否大量买进。

投资股票，常有找不准适当时机的时候。大多数人不愿意贸然行动，但犹豫又怕失去良机。为了避免损失又不失去时机，于是就先进行一些试探性投资。

如果小笔试探性投资之后，股价趋向跌势，则可以在一定幅度的下档再行买入，这样就可以有效降低持股成本，其损失也比一次性投入小许多。

投石问路法一般适用于两种情况：一是股价经长期下跌，市场人气涣散，但人气略有聚积并逐步显示繁荣迹象时；二是股价经过长时间的盘整，却未出现大幅度涨跌，利空因素快结束之际。

【交易点拨】

采用投石问路法是一种稳健型投资者的首选策略。采用这种策略，在投资中一般会少受风险，减少损失。

第三节 顺势加码操作技巧

289. 什么是顺势投资法？

顺势投资法认为，股票市场的某种趋势一旦确立，将会持续相当长的一个时期，一直等到出现某种信号，表示趋势业已转变，才改变投资策略。一般说来，顺势投资法关心的是市场的基本趋势或长期趋势，不利用短期的股价波动来获利。

顺势投资法要求证券投资者采取“顺势而为”的投资法则，也就是顺着股价的趋势作出投资决策。当整个股市大势向上时，宜买进股票；当股市大势向下时，则应抛出手中股票，然后等待合适的入市时机。采用这种顺势而为的操作方法，可以大大提高获利的几率。如果逆势操作，即使资金实力雄厚，也会得不偿失，甚至遭受重大损失。

“哈奇计划”是顺势投资法中比较有名的一种。该计划对所购进的股票，每周末计算股价平均数，月底再将各周平均数相加，求出该月平均数。如果本月平均数比上次的最高点下降了10%，便卖出全部股票。等到已卖出股票的平均数由最低点上升了10%，再行买进。哈奇采用此计划，在1882年至1936年间进行了44次买入卖出，使他的资产从10万美元增加到1 440万美元。哈奇持有股票的期限，短者为3个月，长者达6年。

小额股票投资者要想在变幻不定的股市上获得收益，只能跟随股价走势，采用顺势投资法。当整个股市大势向上时，以做上升趋势或买进股票持有为宜；股市盘整或股价趋势向下时，则卖出手中持股，转为持有现金，待时而动。这种跟随大势操作的投资方法，已成为小额投资者公认的“法则”。凡是顺势操作的投资者，不仅可以达到事半功倍的效果，而且获利的几率也比较高；反之，如果逆势操作，即使财力极厚，也可能会得不偿失。

采用顺势投资法必须确保两个前提：一是涨跌趋势必须明确；二是必须能够及早确认趋势。

当然，顺势投资法也并不能确保投资者时时都赚钱。比如股价走势被确认为涨势，但已到了转势边缘，此时若大举买进，极可能抢到高位，甚至于接到最后一棒。如果买入后股价立即产生反转，投资者则会蒙受较大损失。又如，股价走势被确定为下跌趋势时，很可能已经到了回升的边缘，若在这个时候卖出，很可能会卖在最低价，让交易者懊悔莫及。

【交易点拨】

顺势投资等于借力发挥，不仅可以收到事半功倍的效果，而且获利的几率也十分高。

290．什么是利乘加仓法？

利乘加仓法是股票买卖的操作策略之一。

利乘加仓法的操作过程是：在股价上升过程中，分批购进某种股票。随着股价的涨升，所持股票经不断地加码愈来愈多。一旦大势反转向下，当股价跌至某一点时(通常回跌3%左右)，就迅速将所持有的股票一股脑儿地全部卖出。

例如，某投资者在每股价格为15元时，买进股票10000股。其后股价上升至15.50元时，再加码买进20000股。之后再涨升3%，即加倍买进至资金用完为止。

至于卖点的选择，通常也以3%的跌幅为限。

以上述为例，投资者以每股15元的价位买进某股后，若股价一路上扬至每股20元时开始回落，一旦股价由20元的价格下跌3%至19.40元时，投资者即将所持股票全部抛出。

由于利乘加仓法采用了“买涨不买跌”的追涨策略，因而在多头市场中，一般是有利可图的。如遇到暴涨行情，往往能获利更丰。

由于此法是越涨越买，若把握不好，有时可能在最高价大量买进，在行情反转时没有及时脱手，导致亏损累累。因此，采用利乘加仓法的投资策略，应在投资过程中把握行情的基本走向，尤其是对股价高峰的到来应有基本的预测。

【交易点拨】

利乘法一旦操作不力，就会形成高买低卖，弄巧成拙。所以入市时先要看好股市的大势行情，尤其要认准股价的上涨高峰到来时才好出手。

291．什么是金字塔形买入法？

金字塔形买入法是股票投资的一种操作方法，是分批买卖法的变种。该方法以简单的三角形（即金字塔形）作为买卖的准则，适当调整和决定股票买卖的数量。

正金字塔形（即正三角形）下方基底较宽广，愈往上愈小。宽广的部分显示股票价位低，买进数量较大，当股票价格逐渐上升时，买进的数量逐渐减少，从而降低投资风险。

例如，某投资者预计某种股票价格看涨，他以每股20元的价格购进1000股。当价格涨到每股23元时，他又买进了 500股。如股价涨至25元时，投资者仍然看好股价，可以再买进100股。至于买进数量的多少，何时终止购买行为，完全依资金的多少、股票的优劣程度、股市的人气状况，由投资者自行决定。

采用这种越买越少的金字塔形买入法，其优点在于：如果投资者在第一次购买行为完成后，股价仍处于上升走势，投资者还可以第二次、第三次追加投入以增加获利机会。这种买卖法尽管不如一次全部投入获取的盈利多，但却能减少因股价下跌给投资者带来的风险。

【交易点拨】

金字塔买入法是比较稳定的买入法，顺势买入，风险较小。

292．什么是倒金字塔形卖出法？

倒金字塔形卖出法与金字塔形买入法相反。倒金字塔是下方较尖小，越往上则越宽广。倒金字塔形卖出法要求当股票价位不断升高时，卖出的数量应仿效倒三角形的形状逐渐扩大，以赚取更多的差价收益。

以上述投资者购买的股票为例，假定当价格上涨到每股市价 30 元时，投资者认为价格上涨一段时间后会出现下跌，就采用倒金字塔卖出法先出售 100 股，当股价升至 35 元时，又出售更多的部分（比如 500 股），又过了几天，股价涨至 37 元时，则全部售出。

倒金字塔形卖出法的优点是能在人气旺盛的时候售出股票，股票出手容易，既能获得较好的差价，又能减少卖出风险。

【交易点拨】

从投资哲学角度而言，这种方式很有西方人那种爱走极端，直面艰险，不达目的不罢休的认真态度，这也是东方人欠缺的素质。他山之石，可以攻玉。未来称雄股市的恐怕是新一代投资者，他们思维灵活，不保守，习惯于左右换手，用两片脑叶同时思维。

第四节 固定比例操作技巧

293．什么是赚 10%投资法？

赚 10%投资法是股票短期投资技巧之一。

这种投资策略的简单操作是：设定一个 10%的涨幅作为获利目标，只要所购股票涨幅超过 10%，就立即予以卖出，不考虑其他相关情况的变化。

股票市场是一个波动的市场，在一两个月内，一些股票的波幅超过 10%是经常有的事。短期投资者只要选择好所持股票，有效地把握 10%的上下限，在恰当的时候买进，很容易在短期内获取利润。

使用这种方法也有缺陷，主要是如果投资者售出股票后，其股价继续上扬，则有可能失去获取更多利润的机会；如果股价上涨长期达不到设定的 10%的幅度，往往会使投资者的资金长期被捆绑在一只股票上面，不能灵活运用，降低了资金利用效率。

此外需要指出的是，采用赚 10%投资法时，还必须考虑税收和佣金等因素。如果这些成本高于或接近股票投资所获利润，则这种投资方法就是不可取的。

【交易点拨】

出现风险后，止损的原则是设在重要支撑位下方的某个位置，并根据行情的发展变化进行适当的调整。赚 10%投资法十分简单，也很实用。

294. 什么是50%买卖法?

卖出股票时机的判断，一直是很多投资者在股票操作上最难把握的一门技术。卖早了，就可能少赚；卖晚了，又可能亏本。投资者多数时间都处于究竟是卖出还是继续持有的矛盾之中。

那么如何才能让自己始终充满信心，不受短期走势的影响呢？最主要的仍是自己对目标股价值的判断。如根据产业发展前途、成本利益比较、目标股的受制因素等进行客观判断。

所谓50%买卖法，就是让自己的持股成本尽可能降低，也就是将成本与股票市场平均成本之间的距离拉大，这样持股者就不会因为股价的一时波动而忧心忡忡了。

如果投资者以每股33元的价格购进甲股票1000股，当市场出现震荡，股价升到35元时，先卖出所有股票的50%，也就是一半，这样持有成本就只有 31 元。此时股价再回跌，亏损也不会太大。

【交易点拨】

股价上涨后先卖一半，这是避免损失扩大的一种技巧。

295. 什么是固定投入法?

固定投入法又称金额平均法，是一种摊低股票购买成本的投资方法。也就是说，投资者可以在一定时期对自己选择的股票投入固定的资金量，同时对股价的短期波动置之不理。这样投资者所持有的高价股与低价股就可以互相搭配，使股票的购买成本维持在市场的平均水平上。

例如，某投资者每季固定用 10000 元购买某种股票。一年后他所购买的股票情况如表 6-1 所示。

表 6-1

季度	投资额(元)	每股价格(元)	购买的数量
1	10000	40	250
2	10000	55	180
3	10000	50	200
4	10000	44	220

该股票在一年中的平均价格为47.25元,40000元资金能买股票840股。由于采用固定投入法，使股票的平均成本降为47.06元，共买入股票850股。如果他把一年的总投资额40000元都在股票价格最高的二季度买进，那么就只能买到730股，自然比固定投入法的买入数量要少。如果他在股票价格最低的一季度投入全部资金40000元购买股票，则能买到1000股，要比固定投入法买入数量多。

固定投入法适用于那些有定期定额资金来源的投资者，是一种比较稳健的投资方法。对一些不愿冒太大风险，特别是初次涉入股票市场、不具备股票买卖经验的股民尤其适合。采用固定投入法，能使投资者有效避免股市行情不稳带来的较大风险，不至于损失过大；但如果有收益的话，其收益也不会太高，一般只是平均水平。

【交易点拨】

这种方法操作简便，投资者不必考虑买入的时间问题，既可避免在高价时买进过多股票的风险，又可在股票跌价时有机会购进更多的股票。

296. 什么是半仓投资法?

半仓投资法是指投资者参与股市投资总是坚持半仓操作，即运用一半的资金买股票，一半现金保留以备不测。半仓投资法既适合主力机构、大户操作，也适合中小散户使用。

无论行情处于上升阶段还是下降阶段，投资者都坚持半仓操作，这是半仓投资法的精髓。当然，半仓投资法也不排除行情特别火爆或特别低迷时完全满仓或完全清仓，然而这只能是半仓投资法的特殊例外情况。

（1）半仓投资法的优点。其一是保持主动。行情上涨有高位追仓的机会，可以扩大战果；行情下跌时，也有低位补仓的资金，可以摊低成本。其二是规避风险。股市是高风险的投资场所，投资者必须对风险保持高度警惕，半仓投资法无疑坚持了这样的原则。

（2）半仓投资法的缺陷。其一是不能充分发挥全部资金的使用效率，在上涨行情中会丧失掉一些利润。其二是在行情暴跌时，可能会因为清仓不及时而被套牢。

【交易点拨】

半仓投资法不排除行情特别火爆或行情特别低迷时完全满仓或完全清仓。通常情况下，在震荡箱体底部可以满仓，在中部宜半仓，在顶部宜清仓。

297. 什么是三成目标投资法？

三成目标投资法又称三成保本法，是股票投资者以赚取三成利润为目标的一种投资方法。

股市行情瞬息万变。当股价上涨时，若期望涨到最高点抛出，则往往会错失出局的良机；相反，当股价下跌时，急急忙忙脱手，往往也被认为是一种失败的做法。

在一年中，股价以三成以上的幅度上下波动的情况为数不少。当股价涨到买价的三成时就卖出所持股票，当股价下跌到过去一两年平均股价的三成以下时就买入股票，这已成为不少人赚取买卖差额的一种做法。由于这种方法以赚取三成利润为目标，故称之为三成目标投资法。

采取三成目标投资法，要注意以下几点：一是不能太贪心，在达到目标时要自觉抛出。二是在抛出旧股后，应选择一些发展前景好的股票，即一些成长型公司的股票。诸如一些新技术开发、新产品投放市场的公司股票，用三成目标投资法去投资，基本上可以获得盈利。

【交易点拨】

股市行情变化多，当股价上涨时，如果一味想涨到最高处才抛，往往会错过良机，还不如以股价涨到买价的三成利润时就出手较为稳妥。

298. 什么是固定比例投资法？

这一投资方法要求投资者把投资分成股票和债券两部分，并在投资操作过程中努力使股票投资总额和债券投资总额保持某一固定比例。当股价上涨，股票总投资比例上升时，即出售一定比例的股票，购入一定数量的债券，使股票和债券恢复到既定的比例水平。反之，当股价下跌时，应出售债券，购入股票，以保持固定的比例。

这一方法比较适合在成熟市场进行长期投资，在我国的资本市场中运用得还比较少。只有基金在接近基金契约中规定的投资比例，或者按照固定比例投资的指数基金，可能会采取这种策略。

如果投资者比较喜欢冒险，勇于进取，可以在投资中使股票份额大些；如果是为了追求稳健，则投资于债券的份额可以适当加大些。

【交易点拨】

固定比例投资法多为一些保守的投资者采用，也被一些趋于淡泊超然的老手所喜欢。

299. 什么是饭吃八分法？

把许多人吸引到股票市场上来的是赚钱的欲望，它既可以称为抱负，也可以叫做贪婪，它是推动股票市场乃至整个经济发展的主要推动力。但贪婪总是危险的，它恰似一个没有调节器的火车头。你可能在一次交易中赚了一大笔钱，这固然是件好事，但如果你认为每天都可以赚大钱，那就是异想天开。

所有股票投资者都梦想着在最高价卖出，在最低价买进。但事实上任何人都不能未卜先知，因为何时是最高价和最低价，根本就无法确定。再高明的技术分析家，也只能提供所谓的“高价区域”、“低价区域”、“最小涨幅”、“最小跌幅”等预测值。所以实现“最高价卖出、最低价买进”的梦想，概率几乎等于零。即使有时果真实现，也仅仅是一时侥幸，偶尔碰上而已。

具有这种强烈欲望的投资者，大多抱有这样的心理，即当行情实际上已从最高价开始下跌时，总是希望这是暂时的回档，股价还会上涨，于是就抢股痴等，结果是股价越等越低，由赚等到赔。在行情实际上已从最底部开始上升时，有些人总是觉得股价还会再跌，于是持币等待，眼睁睁地看着股价无情地上涨，白白失去赚大钱的好时机。此时要么放弃购股的打算，要么只能追高买入。

由此看来，买卖股票与其他事一样，难以十全十美。既然不容易买到最低价，亦不容易卖出最高价的话，何不采取“饭吃八分，获利八成”的策略呢？

如果你拥有一只优质股票，即使你的投资能得到丰厚报酬，并且前景似乎也如此，那么你就应当紧紧地抱牢它，不要轻易卖掉。千万不要看到别人比你赚钱多就见异思迁，否则多半对你大为不利。

【交易点拨】

“吃饭在八分”为养生之道，“买卖在八成”则是股市哲理。两者之间行为虽有差异，但道理却基本相通。

300. 什么是守株待兔投资法？

股票投资中的守株待兔法也称“渔翁撒网法”、“一揽子股票法”。具体的做法是，不把自己的希望吊在一棵“树”上，而是为了获利广泛撒网，守住很多树（最好是全部树），即买进交易所挂牌且每天均有交易的多数或全部股票。

投资者将每天挂牌交易的股票各购进一股或几股。这样一来，任何股票涨跌都有可能获得收益，不至于全亏。当然，由于系统性风险而引起的整个股市下跌是一种例外情况。

用这种方法操作的人，自己首先应该订立一个原则，如涨跌幅度超过二成则可售出或买进。比如甲股票涨了二成卖掉它，轮到乙股票涨了二成也卖掉它；丙股票跌了二成买进，丁股票跌了二成也补进。这样做就不必为选择股票大伤脑筋，省去许多选股的麻烦，也降低了选股时的风险。

股票投资中的守株待兔法并不是高明的办法，只是在投资对象的选择没有绝对把握时才采用。

采用这种投资方法需要注意以下几点。

其一，不要涉足过分冷门的股票。过分冷门的股票可能使部分资金冻结，一般投资者的资金大多有限，经不起长期的冻结。

其二，一旦决定采用这种方法，就应该抱定不赚不卖的决心，不要被各种马路消息所左右。既然网已经全部张开，只需等待，肯定会赚。

其三，必须关心经济景气动向，对于政治、军事等宏观的风险因素也要密切注意其变化，以便及早预测整个股市暴跌情况的发生，否则将大亏特亏，到时后悔已经晚了。

【交易点拨】

这实在是一种大智若愚的投资策略。守株待兔也罢，以逸待劳也罢，关键是要不怕等待。

301. 固定比例与固定金额投资法有何区别？

固定金额投资计划法是指投资者把一定的资金分别投向不同品种（股票、债券、期货），其中将投资于一个品种的金额固定在一个数量上，当账面盈利达到固定金额的一定比例时，就卖出增值部分，同时将其投资于另一个品种，用于增加盈利机会；反之，当账面亏损低于固定金额的一定比例时，就卖出另一个品种的仓位以补足，使投资对某种证券的资金总额始终保持在一个固定的水平。

例如，某投资者将 10 万元资金投资于有价证券，其中 6 万元资金投资于进攻型（攻击型）资产如股票，4 万元资金投资于防御性资产如债券，并且将投资于股票的资金总额按变动的市价予以固定。当所购股票市价增至 7 万元时，则售出超过固定金额 1 万元的股票，使股票市价总额仍保留在 6 万元的固定水准上。若持有的股票市价降至 5 万元时，则出售部分债券，购进相当于 1 万元的股票，使之保持 6 万元的股价市值水准。

固定比例投资法基本上是固定金额投资法的翻版。二者的区别是：固定金额投资法是不断维持固定金额，并不关心股票总额和债券总额在总投资中的比例，而固定比例投资法只考虑股票与债券两者在投资总额中所占的比例。总之，两者都是一种有计划的、较为保险的投资方式。

固定比例投资法的优点和固定金额投资法一样，容易上手操作，安全系数大，即使是股票投资损失惨重，还会因债券收益稳定而弥补损失，不至于把老本全搭上。但由于投资比例、金额一旦固定后，不会轻易变动，遇到好机会也不容易抓住，因此会丧失一些较好的机遇。

【交易点拨】

两种方法的优点都是容易操作，不必过多顾及投资时机的问题，对于初涉股市的新手来说，不失为可供选择的投资技巧。那些心急火燎的青年冒险家，大概对这两种方法都不太喜欢。

302．什么是定点了结法？

所谓定点了结，即指投资者在买进股票时，设定一个获利点，也即设置一个止损止盈点。当股价涨到获利标准点时，就立即抛出；当股价下跌至止损点时，也立即抛出，防止投资产生更大损失。

采用定点了结法，多属于经验极为丰富的资深老手，他们善于技术分析，能够明智地设好获利了结点，也能合理地定出止损点，因此往往能够先声夺人，捷足先登。普通人由于尚处于不懂或虽懂但不大习惯这种操作方法的阶段，所以很难一下子设定标准点。

【交易点拨】

使用定点了结法需要有一定的技巧和经验，新手要慎用。

第五节 短线操作技巧

303．什么是抢帽子法？

抢帽子是期货市场上的一种投机行为。在期市上，投机者当天先低价购进预计价格要上涨的期货合约开仓，然后待期价上涨到某一价位时，当天再卖出所买进的期货合约平仓，以获取差额利润。或者在当天先卖出预计要下跌的期货合约，然后待期价下跌至某一价位时，再以低价买进平掉卖出的期货合约，从而获取差额利润。

在实行 T+0 的股票市场中，也有人从事抢帽子交易。即在同一天先低价买进预计价格要上涨的股票，待股价上涨到一定幅度时，迅速将刚买进的股票全部抛出；或者是先高价卖出预计价格将要下跌的股票，待股价下跌到某一价位时，在当天买进先前抛出的相同种类和相同数量的股票。

由于抢帽子法是以赚取股票当天价差收益为目的，因此一般把股市处于大幅震荡阶段，一天内股价上下波幅较大时，作为抢帽子的最佳时机。投资者进行抢帽子操作时，需要对股市行情有深入的研判，并能在行情变化时作出十分敏捷的反应。抢帽子属于一种高风险的股票操作行为，除非经验丰富，否则最好不要轻易尝试。

抢帽子与买空卖空都是以预测股价走势为前提的投机交易行为，但两者也存在明显的区别。

抢帽子属于现货交易，它是对一天内股价走势的预测，且一买一卖的两笔交易须在当天完成；而买空卖空则是一种期货交易，它是对今后一段时期期价走势的预测，且买卖的两笔交易既能以2~3天为间隔，也可能需要3~5个月。

【交易点拨】

抢帽子是进行股票短期买卖的技巧之一，属于一种高风险的股票操作行为，如果不是沙场老将，一般不要轻易去尝试。

304. 怎样使用游击战术？

毛泽东的游击战术，是一种非常成功的战术思想，“打得赢就打，打不赢就走”，是这种战术思想的核心。在股市这个战场上，尤其对广大中小散户来说，完全用得上游击战术。散户在股市中属于弱势群体，属于游击队，面对强大的主力，强大的机构，中小散户必须学习领会毛泽东的游击战思想，并在实践中加以运用，这样才不会被这险恶的股市吞噬掉。

（1）机动灵活。游击战术运用到股市中，就是要利用散户船小好掉头的优势，采取机动灵活的操作方法，看准机会，果断下单，第二天有盈利就走。如果判断失误，买进的股票被套住的话，此时大盘总的趋势还是往下，那么稍割点肉也要跑，决不将自己套在某一只股票上，决不打阵地战。很多中小散户的失误，就是不肯割一点肉，结果越套越深，最后的结果是半截身子都被埋了进去，损失惨重。

（2）“集中优势兵力歼灭敌人。”常常发现有的中小散户，资金没有多少，手中套牢的股票却有一大把，结果这个跌，那个涨，照顾不过来。其实散户的资金量很有限，最好是集中资金关注一两只个股比较好，看准机会之后，就要集中资金买进，然后紧紧盯住它，寻找最佳的卖出点。争取买进一只股票，就能成功地赚得一笔利润。

（3）“不计较一城一地的得失。”这一思想对指导股市操作也很有用。在一波行情中，如果你的总体操作是盈利的，但有个别股票被套，此时大盘的下跌趋势已经开始，就要发挥快刀斩乱麻的精神，将被套的股票迅速割肉，以避免越套越深，这样才能确保你这一波行情的总体盈利。只要总体是盈利的，就要敢于将被套的股票割掉。如果斤斤计较于一只股票的得失，迟迟不愿割肉，那么很可能由于这只股票的不断下跌，将你的盈利全部抹去。

【交易点拨】

采取这种战术进行操作，多以热门股或低价久盘的股票为对象。之所以操作热门股，是着眼于进出方便。操作久盘未涨的股票，是由于突然做高之后，一般大家都会认为出现突破而跟进，推动股价继续上涨。

305. 怎样使用消耗战术？

战争术语中的所谓“消耗战术”，是指敌对双方实力大致旗鼓相当，或是双方不愿正面冲突，以免死伤太多，因此而采取的对峙策略。股票市场上的投资或投机人士经常可分为买卖的多方与空方，其操作的进出过程，恰似两军阵前对峙，多空双方经常在股票投资中把资金与股票当做子弹而对峙。当多方与空方实力相当，暂时不愿过分陷入冲突时，就产生了股市上的“消耗战”。

一般来说，股市消耗战在股价走势上最明显的形态，就是一般所说的“盘整行情”。另外，股价缓步微升或慢性盘软的局面，则可以消耗战末期形态来分析。在消耗战初期，多空双方皆不积极攻城略地，但经过一段时日的消耗战后，多空中的一方多少会呈不耐烦之势，一方如果稍有退却的话，必将给另一方造成可乘之机。只有占优势的一方并未乘胜追击时，缓步微升或慢性盘软的局面才有可能出现。盘软或盘坚一久，败方必显渐渐不支，行情将逐步转变，消耗战也就随之结束。

【交易点拨】

狭路相逢勇者胜，对于占优一方来说，机不可失，失不再来，时间是耗不起的。

306．消耗战术有哪几种形式?

投资者只要稍加注意，就不难发现，一年之中常出现多次盘整的消耗战。这种消耗可以进一步分为高档消耗战、中段整理消耗战及低档消耗战三种。

高档消耗战就是在行情已经上涨一段时间后，由于多空双方意见分歧，形成对峙之势。这种消耗战如能居高思危，一旦经济景气等基本因素转好的话，高档消耗战后会再次突破而上升一段。

低档消耗战就是在行情已经下跌了一段时间后，多空之间形成对峙之势。发生这种消耗战时，行情离底部已经不远了。但如果经济景气等基本因素很差的话，低档消耗战后，行情有再次下跌的可能。

至于中档整理消耗战，则是涨升回档之后或下跌反弹之后的盘整，这种消耗战结束后，股价向上还是向下，一般不容易明显预测到。原则上不要参与中档整理消耗战，待市场出现明显突破或明显趋势时再介入。

【交易点拨】

剑不如人，剑法要胜于人。投资者要注意识别“消耗战”，不能被“消耗战”所拖累。

307．怎样使用抢占先机法?

经济景气情况对投资者具有深远的影响。当经济情况恶劣时，一般投资者大多都感到悲观、恐惧，因而纷纷抛售手中的股票，唯恐手中的股票成为一张废纸。特别是在股市行情疯狂下跌时，抛售者更容易争先恐后地卖出。

对于聪明的投资者来说，这正是购买股票难得的好机会，待股市回温反弹后，低位买入的人必然能够获得可观的利润。股票市场上的大多数投资行为往往是盲目的，甚至是错误的。见别人抛售股票，就不分青红皂白，不究原因而匆匆地跟风抛售是不明智的。在制定投资计划和投资决策时，投资者应考虑到这种情况。

1929 年美国股市大跌时期，洛克菲勒公司公开声明购进石油公司的股票；另有一个美国亿万富翁盖蒂也在 1929 年趁机购进石油公司股票，从而成为现在的盖蒂石油公司。但应当注意，如果总是与市场趋势背道而驰，显然也无法赚钱。因此这种投资策略的窍门，就在于要抢在别人之前行动，即在大家都决定买入之前你先买，在大家都决定卖出之前你先卖。

【交易点拨】

人弃我取，人取我予。这个诀窍的真谛是，通过控制买进和卖出活动，去迎接市场上各种技术性的下跌或上升，以达到自己的盈利目标。

308. 怎样用好短期获利法？

短期获利法纯粹是一种短期的股票投机策略。它指的是当某种股票处于上涨趋势时，应大量买进，待其在短期内上涨到一定高度时，又予以抛出的大胆投机行为。

当股价涨到一定价位时，会产生较大的起伏波动。此时极易汇成争购的人潮，推动股价持续攀升并创出更高的高点。投资者只要预测准确，待其上扬之时买进，继续上扬到一定高位时全部抛售出去，就可以获取可观的价差利润。

这种投资方法的关键，是要抓准股价上涨的获利机会。看准买卖时机，盈利效果才会比较明显。但其不足也是明显的，其一是在高位购进后，如果股价不涨怎么办？回落将更可怕。其二是在更高价位上卖出后，股价再涨怎么办？如何选择买点与卖点，是这种短期获利方法的关键之处。

采取短期获利投资法需要做到两点：一是要加强股市行情的分析和预测；二是要选好买进卖出的时点。此方法只适用于那些积极进取的股票投资者。

【交易点拨】

以逸待劳的投资策略，适合于那些城府较深的经验型股票投资者。

第六节　被套与解套操作技巧

309. 什么是忍痛割爱法？

股票市场上每种股票价格的涨跌，都与整个证券市场行情密切相关。如果整体市场看涨，大部分股票的价格也会随之上涨；反之，如果整个市场看跌，大部分股票的价格也将随之下跌。研究表明，52%的股票价格会随整个证券市场行情的变化而变化，13%的股票价格随工商企业因素而波动，只有 12%的股票价格随本公司经营状况涨跌。

投资者应当牢记一句话：股票价值是随时间变化而变化的。在企业生命周期中，企业兴盛与衰落，都是极为正常的。如果对那些已经走向没落的行业或企业的股票仍抱残守缺，则必遭损失。对于投资者来说，应该学会当机立断，忍痛割爱，不要紧握面临破产企业的股票不放。更重要的是要对股价涨跌有预见性，对将走下坡路的企业的股票要及时抛出，不要舍不得眼前的利润。不要把希望寄托在全无把握的企业重振上，因为这样的奇迹是很难出现的。

【交易点拨】

该出手时就出手，该放弃时就放弃。这个诀窍的真谛是：当断则断。

310．什么是趁涨脱身法？

有些投资者经常碰到某些股票突然上涨的情况，有心想买进看来似乎有看涨趋势的股票，但此时上涨行情尚不明朗，获利的把握不大。这时投资者应采取的对策是，既不急于大量买进，也非按兵不动，而是先买入一部分，增强自己对该目标股的关心。日后如果真有大涨的可能，再大批买进。

为了避免过早投入，浪费资金的有效利用价值，最好的办法就是“先买一点，加强关心”。在众多股票中，冷门股一向是条大鱼，它只有在暴涨时期会比较热，所以一旦看中一只冷门股，必须要极其耐心地慢慢吸进，但持股数量决不能多，因为它既不易成交，成交后也不易脱手。

对于一些短期内急剧上涨的股票，必须引起高度警惕。这种出乎意料的暴涨，很难预料它的变化趋势和变化幅度。在股价急速上升时，股票成交量会由于持股者不愿抛售而逐日下降，供需关系极度失调。当股价涨到某一无法预知的程度，卖盘突然大量涌现，供需关系便会迅速转换，使得一些原来有意买进的客户现在畏缩不前，而那些本来喜气洋洋的持股者，现在则急欲抛出股票。

这类股价暴涨的原因，很可能是某些投机商有意哄抬所致。对于一般投资者而言，自己根本无法确定抛售的最佳时机。唯一的应对办法，只有逢涨就脱手，以确保小赚而不亏。

【交易点拨】

小不忍则乱大谋。

311．什么是小步慢跑法？

小步慢跑是说买股票要慢慢来，不要着急。

“慢慢买”三个字看起来十分简单，但却意味深长。买进股票需要经过多方面的考虑，并且要选择适当的时机和价位。这种买进操作方法，因为事先经过深思熟虑，经常能买到较低的价格，并且买进后也不易遭遇套牢的苦果。不过有时因为再三犹豫，也会坐失“抢涨助升”的大好机会。但如果抱着“贸然买进不一定赚钱，没有买进必定不亏”的中庸心理泰然处之，长期坚持下来，获利必然丰厚。

与“慢慢买”相对应的是“快快卖”。“快快卖”并非是说稍微赚了一点便乱卖一气，而是买进股票之后，随时注意行情的变动，逐日观察其涨跌变化和卖出点。一旦股价走势及价位与预先判断的结果出现差异时，便当机立断，迅速卖出。这种卖出操作方法因事先经过深思熟虑，一般来说经常能够卖到较高的价格。但有时也会因为卖出太早，坐失继续获利的大好机会。

投资股票的目的是为了赚钱，只要达到目标，赚了就跑，无需惋惜。更何况暴涨的股票，日后必有暴跌。

【交易点拨】

提早获利下车，一般不会吃亏。

312．什么是中场休息法？

中短期投资者一定要养成一个习惯：有行情的时候做，没行情的时候退出观望，就像足球比赛要有中场休息一样。股市有行情的时候，无论怎样做，其结果都会赚上一笔，只是赚多赚少而已。但是在“逆水”的时候，就必须要停船。除非你的操作技术一流，否则跌市操作的结果必定是进一退三，吃力不讨好。

一旦进了股市，成为股市一员，不论赚赔，都很难再脱身。赚者胃口大开，想赚得更多，赔者想要捞回来，以至于股市操作要永无止境地做下去。有些短期投资者习惯于将手中的股票三天两头地进出，在有行情时做，没行情时也做。有些只看股票指数的升幅，但总体不能代表个别，指数大幅度上升并不等于股票价格也大幅上涨。

采取休息策略，一般来说有两种情况：一是股市处于下跌趋势，这时候休息是保存资金实力最稳妥的方法；二是投资者看不清市场趋势的时候，最好停下来休息一段时间。

孙子兵法说：用兵者，合于利而动，不合于利而止。这一军事思想也应该成为股票投资者的行动准则和成功指南。在股票市场上，不能奢望急功近利。在股价下跌时买进股票，虽然有获利的机会，但究竟什么时候价格开始回升，什么时候回升到有利可图的程度，都不是投资者的主观意志所能决定的。在市场走熊时，投资者要有耐心，静观其变，合于利而动，不合于利而止，切不可盲动。忍耐和时间是股票投资者成功的重要因素。

【交易点拨】

著名投资大师索罗斯说：“休息其实是工作的一部分。只有远离市场，才能更加清晰地看透市场。”

313．什么是王子饭店损失法？

王子饭店损失法是卖出股票的方法之一，这种方法是由王子饭店的入账方式转化而来的。

国外有一家王子饭店，采用连锁方式经营。当某一地区分店的经营收益出现赤字，另一地区分店尚有盈余时，就将两家分店的收支合并做成盈余登记入账。此后人们将这种入账方式称为王子饭店方式。

在股票市场上，人们借用这种处理方式，在卖出已有收益的股票时，把持有的正在受损失的劣质股票一并卖出，这种卖出方式称作王子饭店损失法。

采用王子饭店损失法的优点是：人们在卖出必须脱手的劣质股票时，由于同时也卖出了已有收益的股票，这样从总体上来看，投资者有盈有亏，总体上处于盈利状态，从而避免了因可能出现账面亏损而产生不必要的心理负担，使投资者顺利抽回占压在不良股票上的资金，使其投向有利可图的优质证券，以获取更大的投资收益。

【交易点拨】

有时候，人们明知已经出现损失的股票通常下跌一成的时候就该出手，事实上却在受损的时候还不愿放弃挣扎，结果延误之中损失又增加了一成。如果此时当机立断抛出受损股票，同时将手中某一有利可图的股票也一并卖掉，这是一种提高自己执行能力的高明办法。

314．什么是见好就收法？

这是指投资者买进股票时，就给自己设定了一个获利或亏损目标。当股价一接近目标时，立即售出获利股票的投资方法。

见好就收法以不受损失或少受损失为主要目标，将获利放在第二位置，因此是一种保守型投资策略。其理论基础是把股票交易放在一个动态过程中去看，价格的高低变化也是相对的，无所谓最高最低，只要相对有利，达到了预期的目标，见好就收，以脱手变现为乐，这样就不会因为过于贪心而亏空。预期获利目标的大小因投资者的不同而异，根据股市具体情况和投资者的习惯特点自行定夺。

比如，投资者用1万元现金购买每股10元的某种股票1000股，如果其确定的收益目标为10%，那么当股票市价涨至每股 11 元时就应脱手变现。如果其预定投资收益目标为 30%，则需等每股价格上涨到13元时出售。

采用这种投资策略，投资者不会奢望更大的获利机会，即使卖出股票后股价上涨也不后悔。另一方面，买进股票后，股价若一直在狭小空间里震荡，长久未达到预期目标，投资者的资金等于闲置，这是该投资方式的两大缺点。尽管如此，见好就收法还是获得了不少投资者的青睐。

【交易点拨】

作为一种短线投资方法，见好就收法能够防止因股价下跌给投资者带来的损失。这种方法在锁定获利目标的同时也能锁定好亏损预期目标，即使股价下跌，也可以限制亏损，因此是一种较为稳健的投资策略。

315．什么是吃半饱投资法？

行情低点或高点是投资决策最困难的时候。常常是人们认为市场已经跌到了谷底，可是行情还在继续下跌；有时人们认为少数股票已经涨到了天价，但是股价却还在向上攀升，所以股市上对谷底与高峰的判断是很难的。

股市冷落之际，也正是投资者寻找买点的良机。但如何掌握买进时机？行情的最低点既然不好研判，有人便索性主张寻找次低点入市，于是就有了次低点投资哲学一说。这种投资方法，既不要求在最低点买进，也不要求在最高点卖出，即使获利也只能“吃半饱”，因此俗称“吃半饱”投资法。

专门研究寻找次低点与次高点买卖的投资者，往往心情坦然笃定，不会患得患失，买进很从容，卖出也镇定，轻轻松松就完成了交易。每当预期行情已“好”，下档空间有限时，这类投资者就坦然进场。这种方法采取了避其锋芒、专拣空档下手的“次高点”和“次低点”进行买卖操作，因此可以无往不胜。

【交易点拨】

“吃半饱”是一种较好的投资策略。实践中，“次低点”与“次高点”的成交率较高，同时还可以免受人头攒动一窝蜂争抢之累。

316．什么是滤嘴投资法？

滤嘴投资法又称滤嘴法则，是指投资者在股市处于涨势末期或跌势末期时，以固定的比率牺牲或放弃一小部分利润，以确保预期利润的投资方法。

在股票市场上，人们一般都期望能够以最低价进货，以最高价出货，但何时是最低价，何时是最高价，却难以推断。滤嘴投资法不追求最低价买进和最高价卖出，而是在涨势中不卖最高点，只卖次高点；在跌势中不买最低点，只买次低点。

滤嘴投资法的具体做法是，投资者先拟定一段行情中愿意少赚的比率，这一放弃或少赚的比率通常称之为滤嘴。作为技术操作型投资者，采用滤嘴投资法，其“买点”的决定是在股价跌落后回升到投资者的主观比率时作出买入操作。

如某一投资者拟定的滤嘴比率为8%，那么不论股价怎么变化，只要股价回升的比率不到8%，均不作买进考虑；一旦跌势遏止，反弹回升的比率达 8%时，则立即果断买进。同理，当把滤嘴比率定为10%时，其“买点”的决定也可依此类推。

至于“卖点”的确定，则是在股市涨势结束，股价回落到投资者确定的滤嘴比率时作出。如某一投资者确定的滤嘴比率为10%，那么只要股市涨势结束而下跌到10%的程度，就应当立即卖出，以便在跌势中保住已赚取的利润，避免更大的损失。

实践证明，在长期的涨势或跌势中，采用滤嘴投资法是一种比较稳妥的投资策略。但若股市涨势或跌势很短，或涨跌幅度过小时，采用滤嘴投资法就会造成买卖过于频繁，证券交易税费比重过大，使滤嘴投资法失败。

【交易点拨】

以小的让步，寻求更大的生存空间，这种投资策略在股市上逐渐为人们重视。滤嘴投资法亦属此类策略的运用。

317．什么是分段获利法？

所谓分段获利法，就是当所购买的股票创下新高时，便将部分股票卖掉，及时赚取相应的价差，再将剩下的股票保留下来。一旦买价呈现疲软时，即使股价下跌，也可以安心持有，因为已有赚得的部分差价，不至于赔得很多。

对于稳健保守的投资者来说，可以采用这一方法。

有时，不少投资者发现所持股票的市场价格上涨时，便急不可耐地倾囊抛售，这种做法可能会赚很多钱，但如果估计失误，价位继续上升，就会失去赚更多钱的机会。相比之下，分段分次抛售股票，虽然会因价格下跌而减少所得利润，但比一次买卖要稳妥，而且如果股价居高不下时，还有可能提高利润。

【交易点拨】

这种炒股方法的关键，是股价创出新高即了结一部分仓位，剩下的仓位则用于守仓待涨，属于稳健型的操作方法。

318. 什么是分段买高法?

分段买高法是一种比较稳健的操作方法，是指随着股票价格的上涨，投资者分段逐步买进某种股票的投资策略。股票价格的波动很快，并且波动幅度较大，要想对其进行准确预测是非常困难的。如果用全部资金一次买进某种股票，当股票价格确实上涨时，能赚取较大的价差；但若预测失误，股票价格不涨反跌，将会蒙受较大的损失。

根据股票价格上涨的实际情况，将资金分段逐步投入市场，这样一旦预测失误，可以立即停止投入，以减少亏损风险。例如，某投资者估计某股在50元价位会上涨，但又不敢贸然跟进，怕万一预测失误造成损失，因而不愿将1000元资金一次全部购进该种股票，就采用分段买高法投资策略，先用250元买进5股。等价格上涨为55元时，再买进第二批。股价上涨到每股60元时，买进第三批。

在这个过程中，一旦股票价格出现下跌，可以立即停止投入，也可以根据获利情况抛出手中的股票，以补偿或部分补偿价格下跌带来的损失。假如投资者买进第三批股票后，价格出现下跌，这时投资者停止投入，不再购买第四批，同时要根据股票价格下跌幅度来决定是否出售已购股票。当股票价格下跌到 55 元，可以考虑出售全部股票。这样第三批股票上的损失可以用第一批股票上的盈利来弥补，保证1000元本金不受损失。当然，投资者也可以根据股票下跌幅度分批出售股票。

分段买高法的操作要点是，认清股市大势，不与大势作对。具体表现为，如果对股价上涨的预计同大势相符，就加码买入股票，不要因为股价已经上涨了，就非要苦等它下跌了才买入。如果自己的预期与大势相背，股票一路下跌，不要捂住不放，或逢低补进，直到完全套牢。

分段买高法在操作中还应当注意，不能在行情趋势未看准时，将所有的钱一次性地买入股票，而应分期分批，顺势介入，避免风险过度集中。投资者在操作时，还要事先确定股票投资的程序，特别是其中的止损点，以免随后的行情走势或别人的判断影响自己的操作。

【交易点拨】

分段买高法的优点是能有效降低风险，减少投资损失，但同时也存在着减少投资收益的缺点。如果市场行情一直看涨，采取一次投入的方法会比分段买方法获取更多的收益。

319. 什么是保本投资法?

这里“保本”的意思是指投资总额中不容许被亏损殆尽的那部分数额，也就是所谓损失点的基本金额，而非投资者用于购买股票的全部本钱。这个基本金额因人而异，不同投资者确定的保本比率差别会很大，有人把保本比率定得较高，也有人把保本比率定得较低。股市上，风险与收益成正比，所以保本额要各自确定。

采用保本投资法的关键不在于买进时机的选择，其用意主要是选择卖出时机，停损点的确定才是保本投资法的关键。停止损失点是指当行情下跌到达投资者心目中的“本”时即予以卖出，以保住其最起码的“本”的那一点。如假定某投资者确定的“本”是其购买股票金额的 80%，那么行情下跌20%时，就是股票投资者采取停损措施的时候了。这就是保本投资法的关键在于卖出决策的道理所在。

【交易点拨】

保本投资法是股票投资中避免耗光血本的一种技术型操作方法。然而投身股海的人都深有感受，往往是经济状况不很明朗的情况为多，股价走势与经济状况出现明显脱钩，令股市行情变化莫测，极难捉摸，这时先求保本就显得颇为重要。

320．什么是以静制动法？

当股市处在换手、轮动，行情走势表现为“东升西落”、“此起彼伏”时，股票投资者不妨采用以静制动的方法来操作。经常出入证券交易所的人，大都易受情绪的影响，如在股票轮动时，采取追涨的做法或跟随主力进出，很可能买到的是就要停顿或回头的股票。这样做的结果，就是疲于奔命，吃力不讨好，没什么收益，甚至还会两面挨耳光，加重交易损失。

在股票轮流跳动阶段，既然没有绝对把握买到刚好发动涨势的股票，就不妨以静制动，选择涨幅较小，或者尚未调整到位的股票买进持有，等到其他同类股票的价位涨高了，自然会有主力发现这种有潜力的股票。到时这种股票价格就会因主力的参与而上涨，投资者便可从中获利。这就是生意场上所谓的“大家都做的，我不做”。

经常采用这种方法进行投资的人，一般投资技艺娴熟，而且修养也很深。从事投资虽然旨在获利，但投资人的内在涵养也很重要，这即所谓的“场内工夫场外学”的道理。

【交易点拨】

以静制动的投资策略，并非是任何人都能操作的，它要求投资者在股市换手轮做阶段善于发现那些股价平静却有上涨潜力的股票购入，同时还需要投资者具有较好的忍耐力。

321．怎样防止被套牢？

一般来说，股市暴涨常常成为上升趋势陷阱，引诱冲动的投资者买入。套牢几乎是每个投资者都会遭遇的问题，事先预防高位套牢，远比事后绞尽脑汁解套高明得多。

为了事先预防进而不被高位套牢，必须记住以下几点。

（1）不在大涨之后买入。

（2）不在上涨较长时间后成交量突然放出近期巨量时买入。

（3）不在长期上涨之后市场公布早已预期的重大利好消息时买入。

（4）不在上涨一段时间之后日 K 线出现十字星时买入。

（5）不在上涨一段时间之后日 K 线出现 3 个跳空缺口后买入。

虽然以上五种情况不排除主力在震仓或轧空，但至少能规避 80%的高位套牢陷阱。

【交易点拨】

实战中，不少投资者容易受市场情绪影响变得冲动。股市加速上扬之时，经不起利润的诱惑，一些投资者不经思索就盲目跟风追涨，其中十有八九会成为高位套牢者。

322. 避免被套牢要掌握哪些原则？

炒股避免被套牢要注意把握以下四个原则。

（1）选择相对可信的公司股票。完全依靠财务报表选股，在A股市场上是行不通的。看看2007年的年报业绩，大增500%的公司遍地都是。再看看2008年的熊市，年报亏损的公司遍地都是。据不完全统计，熊市时亏损的公司超过 2/3。业绩报表的可信度有多大？你我心知肚明。但股市中不乏一些业绩相对可信的公司，它们大多为行业龙头，业绩增长稳定、受到政策保护。

（2）拥有较高的市场地位。市场地位决定了公司的销售业绩与企业前途，选股的时候应该注重市场地位这个参照物，垄断企业为首选。垄断性的企业，即使是平庸之人去经营，也会发展得很好。这类股票能够最大限度地避免企业高层变动导致企业经营业绩大幅下降，减少了人为的不确定因素，可以保证投资和收益的稳定性。

（3）选择相对便宜的股票。牛市中股价齐上天，熊市中股价齐入地。下跌和上涨的时候都会受到获利盘的影响，在缺少热钱的情况下，获利盘较多的股票往往会跌得很深，获利盘少的股票会相对跌得少一点儿。高价股的获利盘必然比低价股的获利盘多，下跌的风险也就更大。高位买入高价股后，套牢的深度是难以想象的。

（4）回避炒作题材股。题材股涨得快，跌得更快。普通股民发现题材股被大炒的时候，一般已经处于炒作的末期。在题材股炒作末期，从表面看股价上涨得非常快，但已是强弩之末，不远处的悬崖正在等着你，所以投资者应该回避股价已经炒得很高的题材股。

买进"好公司、地位高、价格低、获利盘少"的股票，能为投资者带来稳定的投资收益，一旦股价下跌被套，也不致心里发毛，可以镇定从容地补仓或解套。

【交易点拨】

不少投资者在高位认赔卖出股票后，反败为胜心切，马上又买入另一些股票，往往会再度被套牢。既然在高位卖出，股价必然有下跌的空间与时间，这时要克制自己急于赚回本钱的急躁心理，耐心等待下次入市良机。

323. 解套基本技巧有哪些？

（1）留强去弱，重新组合。即忍痛将手中的弱势股抛出，换进市场中刚刚发动的强势股，以期通过涨升的强势股获利，弥补套牢所受的损失。这种解套策略适合在发现所持股票已为明显弱势股，短期内难有翻身机会时采用。

（2）埋地雷，拔档子。即先考察所持股票在振荡行情中的高点和低点，然后以稍低于高点的价位确定自己的卖出点，以稍高于低点的价位确定自己的买入点，每日操作同时下两张单：在自己确定的高点卖出，在已确定的低点买回。以此方法可以减轻或轧平上档解套的损失。

（3）向下摊平，保本获利。如手中仍有相应资金，可以采取向下摊平的操作方法。即在股价下挫到上次回落的低位，感觉到它明显跌不下去时，用手中资金加码买进，从而降低持股成本。待股价回到上次高点又见其明显上升乏力时，卖出部分持股以获利。

（4）处变不惊，不卖不赔。采取以不变应万变的“不卖不赔”法。如果你的买股资金确实是自己的，而且近期内暂无其他投资出路时，前期买入股票被套牢，如今又尚未脱手，且又不敢放胆操作，在这种情况下，请检查一下手中所持股票是否均为品质良好的绩优股。如果是绩优股，则采取不买不卖、静观其变的方法，也是挺不错的解套方法。

（5）咬紧牙关，忍痛割肉。如果持股质地不佳，公司营运与获利均呈衰退趋势，而整体投资环境也有转趋恶化迹象时，应壮士断腕，及早脱手，以求“少输”。否则拖延越久，损失越重。钱财乃身外之物，犯不上赔钱还要影响身心健康。

（6）择强调弱，换股操作。当你发现所持股票已经明显成为“弱势股”，短期内难有“翻身”的机会，则宜忍痛将该股脱手，换成市场中刚刚启动的强势股，以便从买进的强势股中获利，弥补前期“套牢”的损失。

（7）越跌越买，降低成本。当整体投资环境并未变坏，只是大盘出现暂时回档而被“套牢”，那么在不借钱买股票的原则下，可以利用手上闲置的资金向下摊平。也就是说，随着股价的下挫加码买进，以等待股价回升解套。

（8）做“T+0”操作，高抛低吸。如果股票被“套牢”，该股又持续下跌，不妨采用“T+0”操作法降低持股成本。操作时，可以先挂低价买进，再挂高价卖出，这样手中的持股成本就会慢慢降低，也能逐步解套。

（9）迅捷反应，果断斩仓。因误听他人传言被套时，决不可心存侥幸，应在感觉到上当后的第一时间内坚决斩仓出局。要知道今天的最低价，很可能就是明天的最高价，遇到这种情况，想要解套很可能遥遥无期。

【交易点拨】

股票被套牢，被套的情形可以说是各种各样，解套方法也要讲究对症下药，不可以有病乱求医，还要根据具体情况作具体分析，谨慎地选择解套方法，灵活有效地摆脱困境。

324．股票被套时怎样换股？

（1）首先，要明白现阶段能不能换股，什么时候可以换股。笔者认为，被套后能不能换股，取决于你的被套深度和市场所处阶段。如果被套30%以内，且市场处于下降初期或者中期，是没有必要换股的，只能快刀斩乱麻，果断止损，以少量损失将自己从套牢中解放出来。只有当亏损幅度很深，市场已经进入下跌末期或者转入上升趋势，才可以考虑换股。

（2）是否调仓换股，问题的关键是如何知道现在市场处于什么阶段。一个很简单的方法就是计算大盘的跌幅。据历史统计，上证综合指数熊市中的次级反弹都是在累计下跌40%以上时出现，以下跌50%和70%之后出现反弹行情的概率最大。

（3）如果市场已经转入上升趋势，换股的安全性是最高的。比如2009年春节之后，中国股市次级反弹行情已经完全确立，那么投资者可以选择强势股操作。

确定换股操作，那么接下来的问题就是该换什么样的股票。这里为大家提供两种思路。

换股思路一：同量不同质（A1换B1）。

同量不同质，是指寻找与手中股票价格相近，但基本面远远优于被套股票的品种进行置换，这就是所谓的“牛市重势、熊市重质”。在下跌末期，一批市净率、市盈率双低的股票逐渐凸现投资价值，最易成为被主力看中的群体。如果此时手中持股股价与这些股票大体相当，且业绩和每股净资产都优于手中股票的，就可以进行同价置换。这样做的好处是，在基本股份数量不变的前提下，一旦市场转入上升，市值回升的速度会大大提高。如果我们用 A 代表被套股票，用 1 代表该股股价，换入股票用 B 表示，其价格也是 1，这就是 A1 换 B1。

换股思路二：弃弱从强（A 换 B）。

完全不用考虑被套股票与置换目标股票之间的股价问题，就是直接用 A 换 B。这样操作的前提，一定是 B 股的走势强于 A 股，不能弱于 A 股，否则换股操作就无太大意义。这主要是考虑效率的问题，在同等上涨时间下，强势股当然要比弱势股获利空间大。

【交易点拨】

决定换股前，先要看准市场时机。只有大规模下跌的末期，或者市场进入中长期上升阶段，才可以换股操作。

325. 什么是拔档子解套法？

所谓“拔档子”，是指投资者先卖出自己持有的股票，待其价位下降之后，再买入补回的一种以降低成本、保存实力为目的的操作方法。也就是说，先作止损了结操作，然后在价位下跌一段时间后趁机抓上一把，以减轻或轧平上档股票的损失。

例如，某投资者以 100 元买进一只股票，当市价跌至 95 元时，他判断股价还会下跌，因此作止损了结操作，断然抛出股票。同时判断该档股票可能有小的反弹，即中期回档，当股价跌至 90 元时，又买回股票。该股票上涨到 96 元时，因为预测其后发展不佳，就以 96 元了结，结果获得了 6 元的收益。扣除原先损失的 5 元，反而赚了 1 元。

一般来说，“拔档子”卖出到买回之间的时间不会太长，短则隔一天即予以回补，长则可能达到一两个月。在股价上涨过程中，有一种回档是主力大户“拔档子”造成的，主力的想法是趁机赚点儿差价。

对于小额投资者来说，要特别注意主力的进出动向，看准时机进行拔档子操作。但不能只凭道听途说进行此类操作，而是必须对市场的各种交易资料进行综合分析和判断并加以验证，确认之后再进行操作。

【交易点拨】

拔档子是炒股中技术性较强的操作方法，必须事先有精密的计划，明确策略之后再动手操作。遇到复杂情况要临危不惧，冷静选择，进退有序，步伐严谨，是此战法的要诀。

326. 怎样进行拔档子操作？

投资者“拔档子”并不是对后市看坏，也不是真正想获利了结或止损出局，只是希望趁价位高时先行卖出，在价位低时再如数补回，以便赚取一段差价。

“拔档子”的动机有两种，其一为行情上涨一段时间后卖出、回档后补进的“挺升行进间拔档”。其二为行情下挫时，趁价位仍高时卖出、待价位跌低时再予回补的“滑降间拔档”。前者系上升趋势推动行情上升之际，见价位已上升不少，或者遇到沉重的压力区，干脆自行卖出，等待股价回落，以回避涨升阻力，待行情再度冲刺后可以买回；后者则为套牢上升趋势，或上升趋势中察知买方实力弱于卖方，于是在股价尚未跌低之前先行卖出，等价位跌落后再买回。

“拔档子”做对了，可以降低成本，增加利润，万一做错了则吃力不讨好。通常的做法应是见好就收，以免在低位抛出筹码，白白让别人捡了便宜。

“换回资金，海阔天空。”只要资金在手，再找机会入市，还可以再次大展宏图，没有必要因被套而颓废。最可悲的是，很多股民羞愤之下忍痛解套。仓位了结之后，一看股价反弹上升，忍不住又去追买，刚买进之后，股价又跌落了下去，这倒霉的事情在散户身上常有发生。在市场上，如果见到跌青面皮不知所措的投资者，就是被两面耳光教训过了。

【交易点拨】

拔档子是一个技术性较强的炒股策略，用好了可以反败为胜，用不好就会两面挨耳光，这是各位投资者都要认真面对的一个问题。

第七节 根据盘面特征操作的技巧

327. 什么是股票箱买卖法？

股票箱买卖法是一种用技术手段和经验判断决定股票买卖的方法。

股票箱买卖法的基础源于股票箱理论。股票箱理论认为：股价的运动就像箱子里的皮球一样上下弹动；当球落到箱底时，遇到支撑力就会反弹起来；当升高到箱子顶部时，又会遇到箱子盖的阻力和压力回档；在一定的时间内，球会在箱子里面一直维持这种运动。

股价也是这样，当其价格下跌到某种程度时，会产生一种跌不下去的现象，仿佛有一股力量支撑着，不让股价再继续下降，如同箱子底部阻止皮球继续下落一样。当股价行情上升时，会遇到一股沉重的压力阻挡其继续上涨，就像箱子盖阻挡皮球继续上升一样。

人们将股价运动像箱子中弹动的皮球而呈上下跳动的这种状况，称作股票箱或股票箱理论。投资者根据这种理论进行相应的股票买卖，就称为股票箱买卖法。

【交易点拨】

如果投资者真能悟到这一理论的真谛，就会明白股价不可能无止境地上涨或下跌。根据这一理论去买卖股票，相对来说就容易多了。

328．怎样运用股票箱买卖法？

将股价每次波动的高点连成直线，将这条线标为压力线；将股价每次波动的低点连成直线，这条线为支撑线。压力线相当于股票箱的箱子盖，支撑线相当于股票箱的箱子底。当股价上升到压力线时，投资者就卖出股票。当股价下跌到支撑线时，投资者就进行相应的补进。

股票箱买卖法是根据过去的经验和判断所进行的买卖操作。在特定的情况下，股价会突破压力线或支撑线，即股价上升或下跌到另一个股票箱中。在这种情况下，投资者就要寻找新的股票箱。在新的股票箱尚未被确认之前，投资者最好不要轻易操作，以免被套牢而受损。

【交易点拨】

此方法是运用技术手段加经验判断来决定股票买卖的有效方法，投资者不妨进行一些尝试。

329．量价背离如何操作？

价格与成交量是股市行情的两个重要因素，一般说来，两者之间存在正相关关系，即成交量随股价的上涨而增加，随股价的下跌而减少。但有时也会出现与之相反的情形，这就是所谓的“量价背离”。也就是说，当股价发生变动时，成交量并不因此而发生相应的变化。

如果股价持续上升，成交量并不增加，或增势趋缓，这时应当引起警惕。尤其当股价回跌，成交量反而增加，这是卖出股票的信号。如果股价跌落，成交量下降缓慢，股价反弹而成交量却下降，甚至在第二、第三天持续弹升时，成交量还是处于萎缩状态，说明跌势行情就要来临了。股市这种从涨势转变为跌势，由上升趋势转变为下跌趋势的行情现象，就是所谓的“反转”。

成交量是用以判别行情的一个重要指标。一般来说，“量比价先行”。股价在上涨或下跌之前，总能在成交量的变化记录上发现一些征兆。在技术分析中，股价是否成“头”，成交量在变化趋势上会反映出来，“头”部的成交量一定是随着时间的变化而逐步趋减的。如果能记住这个分析原则，也就绝对不会在“头”出现的时候当成“底”了。

成交量是投资者实际的交易记录，投资者实际卖出或买进，也代表了投资者的心理偏向。在价格上升之际，如果成交量增加，说明供不应求，卖方虽然卖出了相当的股票，但买方的实力更雄厚，态度更积极，行情自然看好。反之，当股价上涨，成交量却不增反减时，则行情很可能就要反转了。

【交易点拨】

如果投资者对“反转”行情没有足够的思想准备，必然会遭受损失。

330．什么是进三退一取胜法？

为了弥补定点了结法的不足，一些股市行家将定点了结法简化为进三退一取胜法，该方法依据的是技术分析基本原理。投资者买进股票后，只要该股价上涨三成就获利了结，只要下跌一成就认亏卖出，故口诀为进三退一取胜策略。

按这一方法操作，股市交易就简便极了。投资者获取利润之后，及时获利了结，之后再作投资，可以“得寸进尺”。行情反转下跌时，下跌一成就认赔卖出，也不会大伤元气。

进三退一取胜法也有较明显的不足：如果获利了结后，股价继续攀升，投资者与更大利润无缘；如果在止损点卖出后，行情转头上扬，投资者只好忍受出局受损的无奈。不过作为短线投资，投资者获利之后，还可以再次入市谋利。受损之后，也可以积极寻找新的机会，以求返本获利。

【交易点拨】

进三退一取胜法是一种灵活的投资策略，为大部分投资者所欢迎。

331. 什么是博傻投资法？

博傻投资法是一种短期股票投资策略，有人形象戏称其为傻瓜赢傻瓜的办法。具体做法是在较高价位买入股票后，等行情上涨到有利可图时快速脱手，以赚取价差获利。

这种方法的原理是，不要怕自己是傻瓜而故意买了高价，只要别人比自己更傻，愿意用更高的价格买进，自己就可以将股票卖给下一位傻瓜而赚钱。就像击鼓传花一样，只要能传出去，就可以获利。

博傻投资法是主力操纵股市的惯用伎俩。即使价位已高，主力仍大胆地收进。由于成交量日增，价位日益上涨，许多投资者纷纷跟进购买，主力便可以在更高价位时不露声色地卖出获利。

博傻投资法是一种风险很大的投资方法。投资者预计价格上涨还将持续一段时间，于是大胆地以高价买入，在价格更高时伺机卖出；在预计价格下跌将持续一段时，大胆地低价卖出，再在价格更低时购回。显然一旦判断失误，自己在市价高峰时购入股票，就无法再以更高的价格售出了，股票高价被套，自然只能赔钱；如果售出股票时股价正好处于低谷，就再也没有更低的价格可以买回来了，这时采用“博傻”投资法的投资者，就成为了最后一个“傻子”。

【交易点拨】

博傻投资法风险较大，心理承受能力差或资金实力不强的投资者要慎用此法。另外，博傻投资策略只适宜在股市行情处于上升阶段时采用。

332. 什么是黄金分割法？

这是一种分散风险的投资策略。操作中，投资者需将资金分为两个部分，一部分用于股票——风险较大但获利机会也大的投资；一部分用于债券——风险相对较小但获利也小的投资。这个比例一般以 4：6 的水平去分配。这个比值正好近似于数学中“黄金分割”的最佳点 0.618，即 62%左右，故称黄金分割法。

此方法投资风格较为稳健，把大半以上的资金投入了债券以求旱涝保收，只将一小半资金用于股票投资，即使股票投资失利也不至于伤筋动骨。另外，由于这是一种保险的投资选择方案，因此投资者心理上会有一种安全感，同时为了保证资金的平稳安全，也不会追求最大的获利机会。

【交易点拨】

黄金分割法可供保守的投资者选用。

333．低价买进的技巧是什么？

股价有涨有跌是股市中的正常现象。股市不景气时，股价会下跌，市场到处都呈现出暗淡的气息，所以一般投资者都无心购买。可是当所有人都胆怯而不敢买进时，恰恰正是最好的低价购买时机。

除了劣质股外，此时什么股票都可以买进，当然主要目标应集中在大幅下跌的绩优股上。虽然这类股可能还会继续下跌，但买进时的价格可以说是相当低了。由于涨价的时期不甚明确，所以当你看到别的股票都上涨了，唯有自己买进的股票迟迟没有动静时会十分苦恼、焦急，这时冷静勿躁才是最明智的抉择。因为只要你耐心地等待下去，一定能获得很大的报酬。

因为买进的价格很低，等到你卖出时，股价会涨 2 ~ 3 倍，经验和统计资料都证明了这一点。投资者千万不可根据眼前的局势盲目操作，要切记在景气不好时，低价买进总是正确的选择。

【交易点拨】

低价买进一定要有耐心，而且最好不要一次买进，分两三次买进较为稳妥。

334．股票处于高位时如何买进？

高价买进是投资者以较高的价格买进已经上涨了的股票，以期待股价进一步上涨而获利的投资策略。

采用高价买进策略必须注意以下三点。

（1）购买的股票应是具有良好发展前景的股票。股票投资的魅力在于日后能够获得较好的回报，只有具有良好发展前景的股票，才能在较高的价位上继续节节攀升，给投资者带来丰硕的投资回报。

（2）高价买进的时间必须是在行情看涨期。只要是在行情看涨期，即使该股目前不受投资者欢迎，之后也可能恢复股票的热度。

（3）选择知名度高、景气周期长的股票。股票知名度越高，景气周期越长，其股价持续上涨的时间也越长。

需要特别指出的是，高价买进策略是一项风险性较高的投资策略，如果尚未把握住股市的运行节奏，最好不要采用。

【交易点拨】

无限风光在险峰。虽然高价买进相当危险，但也是短期投资的一种乐趣。

335．如何计算股票的市盈率？

股票市盈率是选择股票的重要标准之一。投资者通常利用该比例值估量某股票的投资价值，或者用该指标在不同公司的股票之间进行比较。依据股票价格和企业每股税后利润，可以计算出该股票的市盈率。股票市盈率计算公式如下。

市盈率＝普通股每股市场价格 ÷ 普通股每年每股盈利。

市盈率低，代表投资者能够以较低价格购入股票以取得回报。但是市盈率高的股票有可能从侧面反映了该企业良好的发展前景，比如通过资产重组或注入使业绩飞速提升，结果大幅度降低市盈率。

每股盈利的计算方法，是该企业在过去 12 个月的净利除以总发行股数。假设某股票的市价为 24 元，过去 12 个月的每股盈利为 3 元，则市盈率为 24/3=8。该股票被视为有 8 倍的市盈率，即每付出 8 元，每年可以获得 1 元的盈利。

计算市盈率主要用来比较不同股票的价值。理论上，股票的市盈率愈低愈值得投资。比较不同行业、不同国家、不同时段的市盈率是不大可靠的，比较同类股票的市盈率则较有实用价值。

【交易点拨】

对于市盈率的计算，只要记住计算公式即可。

336. 怎样准确预测大盘走势？

大盘发生突变之前，会呈现出一些预兆性的市场特征。识别并抓住这些特征，就能预测和跟踪大盘走势。

在下列情况下，大盘有可能发生突变。

（1）指数在某一狭小区域内保持横盘震荡整理走势，市场处于上下两难境地，涨跌空间均有限。

（2）表现在 K 线形态上，就是 K 线实体较小，经常有多个或连续性的小阴小阳线，并且其间经常出现十字星走势。

（3）大部分个股的股价波澜不惊，缺乏大幅度盈利的股价波动空间。

（4）投资热点平淡，既没有强悍的领涨板块，也没有聚拢人气的龙头个股。

（5）增量资金入市犹豫，成交量明显趋于萎缩，并且不时出现地量。

（6）市场人气涣散，投资者观望气氛浓厚。

【交易点拨】

大盘突破的方向是向上突破还是破位下行，取决于多种市场因素。上涨行情发展到强弩之末出现多空平衡，下跌行情发展到做空动能衰竭产生平衡。上涨中的平衡要观察市场能否聚集新的做多能量，以此判断向上突破的可能性，而下跌中的平衡比较容易形成向上的变化。

337. 怎样把握股市的整理契机？

股市行情不论是上涨还是下跌，在持续一定时期后，都要进行调整。这和人一样，在经历了长途跋涉后，总会因劳累而停下来休息一阵子，这在股市中称为“整理”。所谓股市整理，就是股价在上涨或下跌过程中有一段停顿时间，在这段时间内，股价会有所调整，也称“回档整理”。

股价在上涨时，股市是供不应求或买盘大于卖盘的；相反，股价在下跌时，股市状况是供大于求，或买盘小于卖盘。股市供求关系的变化与股价变化相互作用，彼此影响。由于股市买盘大于卖盘，促使股价上涨，但当股价上涨到一定水平后，投资者因成本的增加或这种价格已超出股票的实际价值而停止买进，并在预感到这种价格已无法继续升高的情况下开始卖出获利，使买卖双方逐渐趋于平衡。股价的变动也暂时趋缓，甚至稳定下来。

那么如何认识和把握回档整理的变化进程呢？一般说来，出现股市整理行情时，成交量总会萎缩，股价也因此下降并持续一段时间。因此股价、成交量、时间之间存在着密切的相关关系，这正是构成股市整理的三个基本要素。这三个要素之间的相互关系，具体表现为股价与成交量的正相关，即随着价格的上升，成交量逐渐增加，价格下降，成交量也随之减少；低档整理时间越长，将来股价上涨的潜力也就越大。这就是说整理时间的长短，取决于股价何时止跌。股价的止跌，又取决于股市供求关系的变化。即当买盘增加，卖盘减少时，股价跌势便缓和，终于在买盘与卖盘大体相当时股价止跌，整理时间也就到此结束。

【交易点拨】

投资者如果能清楚地了解股市整理过程的变化，并配合技术分析与测算方法，就能较为容易地感觉到回档的最低点以及转折的时机。如能把握得很准，则可稳操胜券。

第七章 股票技术分析

技术分析属于统计学范畴，是不能预测行情的。它给出的只是一个分析概率，也就是说，技术指标只能给我们发出买卖信号，不可能告诉我们市场会上涨或下跌到什么位置。

不能根据图形去猜测大盘是否见顶，即使大盘见顶，你手中的股票可能仍在补涨中，所以投资者应该在技术指标的辅助参考下，走一步，看一步。技术分析要讲究实际，股价跌破支撑就卖掉，上涨就买回。不要试图根据图形去找一根万能线来帮助我们作出买卖决策，买卖要有依据，我们自己不能慌乱。即使事后证明买卖是错误的，只要当时有依据就行了，事后自责只会使自己以后的行动犹豫不决。

第一节 正确使用技术分析

338．如何看待技术分析方法？

对于技术指标，笔者认为不是万能的，但没有它却是万万不行的。因此千万不要指望技术指标能解决所有炒股问题，或者一有失利就放弃学习，这两种态度都是错误的。技术指标是工具，犹如医生使用的体温表，别指望体温表能治愈百病。

技术分析属于统计学范畴，是不能预测行情的。它给出的只是一个分析概率，也就是说，技术指标只能给我们发出买卖信号，但不可能告诉我们市场会涨跌到什么位置。不能根据图形去猜测大盘是否见顶，况且即使大盘见顶，你手中的股票仍有可能在补涨中，投资者应该在技术指标的辅助参考下，走一步，看一步。技术分析要讲究实际，股价跌破支撑就卖掉，上涨就买回。不要试图根据图形去找一根万能线来帮助我们作出买卖决策，买卖要有依据，我们自己不能慌乱。即使事后证明买卖是错误的，只要当时有依据就行了，事后自责只会使自己以后的行动犹豫不决。

对不同的股票，不要有相同的预期，因为用同一种指标来考察不同的股票，盈利效果肯定会不一样。出现买卖信号就要行动，要重势不重价，否则会搞乱自己的操作思路，使我们怀疑自己依据的指标是否正确。日线的波动可以画线，周线比日线准确。短线参考日线不参考周线，波段看周线而不迷恋日线。迷恋日线说明你是新手，注定要失败。月线的使用者是大智若愚的高手。

相信技术指标比相信股价更重要。眼前一目了然的东西往往具有欺骗性，永远不要忘了突破后面紧跟着的是回调，即使有个别例外。个性和共性别搞混了，回调吸纳永远是制胜的法宝。回调后的图形有人认为要大跌，有人认为刚起步，这么简单的道理并不是人人都明白。

技术指标不外乎就是两种完全对立的思想：一种是趋势思想，一种是整理思想。前者因为上涨而买入股票；后者因为下跌而买入股票。前者是使用以均线系统为首的趋势指标；后者是使用超买超卖指标。技术分析就是在这两种水火不相容的思想上建立起来的。使用技术指标的关键就是：在某个特定市场找到适合分析尺度的技术指标，或者说找到适合某种指标的市场尺度。

技术分析可以很简单，简单到用两条线，最多三条线来发出明确的买卖信号；简单到只用两种指标就可以分析行情；简单到最经典的两种技术指标系统居然可以在任何股票软件中找到。所以说技术分析并不神秘！笔者可以很负责任地说：均线系统在中国股市的中期行情分析中有极其重要的使用价值！

有的股民在指标发出数次假信号后，将这种技术指标的价值完全否定，甚至彻底放弃这种指标，去寻找更完美的指标，这是错误的行为。技术分析高手不会在这两种怪圈内挣扎，他们会用别的方式来追求更好的效果，开始寻找更多的股票特征，来扩充技术分析思想。比如有的人加入成交量，有的人加入基本面信息等。

技术分析不是精确的科学，而是一种理念和心态的锻炼，一种投机艺术的培养。成功的投资者，都是在完全不具有必然性的市场中找到一丝必然性，以实现最终盈利的目的！这种基于概率的必然性不是来源于市场，而是来源于自己的成熟理念和高超的投机艺术！

投机艺术很简单，更关键的是理念和心态。要知道，以良好的理念和心态看技术指标，这才是技术分析的灵魂。以投资的眼光选股，以投机的艺术保障收益，你才能感觉到技术指标不是万能的，但没有它却是万万不行的！

【交易点拨】

技术分析并不是从图到图的“线仙”，也不是玄而又玄的纯粹“心理游戏”，而是有一系列科学依据的股市分析方法。

339．图表分析真的准确吗？

图表分析是利用技术方法分析股市涨跌规律的一种手段，它假设市场行为能够反映一切信息。不论是政府政策变动、公司盈利增加还是世界经济危机、公司人事调整，一切有关因素，甚至在没有成为事实以前，就已经影响到股市的波动了。投资者只需要研究这些因素的综合效果，把它们画在图表上就行了，不必逐条了解其来龙去脉。这条假设表明，股市投资者的行为越理性化，信息反映就越准确，技术分析就越有效。

股市价格呈趋势性变动，影响股市的诸多因素会持续起作用，分析过去的股价轨迹，可以寻找到未来的价格走势。尽管股市上下波动，但终究会朝着一定的方向前进，或上升或下降或盘整，存在趋势性。图表分析正是借助各种图形，确认目前价格变动的趋势，及时发现反转信号，从而指导交易行为。

人们常说，历史会惊人地相似。从绝对意义上讲，今天的股市影响因素不会等同于以前任何一天，但作为追求利润的交易双方，买方和卖方力量角逐的心理过程和外在变化有可能趋于一定模式并不断重复。统计学家们整理大量历史资料，提炼出若干典型范例，辅以一套图表分析方法，来确认当前情形是否符合已有范例，从而鉴往知来。

【交易点拨】

图表分析在某些方面类似天气预报。统计资料表明，当温度、湿度、气压等指标到达某些数值时，80%的天气状况是下雨。一旦再观测到类似情况，就判定下雨的概率是 80%。

340. 技术分析有哪些优势？

技术分析的优势是显而易见的。

第一，简单、方便。比如K线图，任何人三分钟就可以学会，拿把尺子、拿支铅笔就可制作，进而进行简单分析。如果是借助电脑，不仅可以随时知道某种股票和股市的月K线图、周K线图、日K线图，还可看到分时图。过去大户因为资金优势而独占信息优势的情况已大大削弱，技术分析人人都可来做。

第二，摒弃主观臆断。基本面分析常因定性分析过多、定量分析不足而导致判断失灵，比如对小道消息的影响莫衷一是。技术分析尽管有时也不免存在多种看法，但相对而言已经客观多了。正确运用技术分析可以保障已有的利润，减少可能的损失，这是技术分析的一大功能。

【交易点拨】

股市即人生，时而大喜，时而大悲，有时甚至剑拔弩张。要顺势而为，及时收手，有必要掌握一些基本的技术分析方法。

341. 技术分析有哪些盲点？

俗话说，有利有就弊，技术分析也有自己的盲点。

最可能的盲点就是所谓的“骗线”、“技术陷阱”之类。少数“作手”或参与市场炒作的上市公司，熟悉各种技术分析套路，为了达到控盘的目的，会根据散户的喜好投其所好，借机哄抬市价，或抛售压价，制造出市场将要大涨或大跌的迹象，诱使技术派紧跟技术指标，然后突然猛抛、猛吃，将小投资者套牢、轧空。有些人“一朝被蛇咬，十年怕井绳”，对曲线、趋势等技术方法避之不及。

技术分析意在推演股市运动趋势，发现反转迹象，因此必然提前做出结论，却不能明确指出最高价、最低价将在何时出现。如果投资者不习惯在趋势反转前及时行动，或者总是追求最高价或最低价，那么技术分析也无能为力。

技术分析在实际运用中非常难以把握。同是一条曲线，不同的人对趋势的判断可能大相径庭，甚至理论自身也无明确的结论，所以图表分析被戏称为“艺术”工作。

【交易点拨】

欺骗、作伪等，不仅在技术分析中有，基本分析中也会碰到。不可否认的是，被投资者广泛采用的K线、移动平均线和成交量分析等方法，大大减少了投资中的失误。

342．怎样避免技术分析盲点的误导？

到目前为止，世界上还没有发明出一套百分之百准确的股市预测系统。尽管技术分析有无法避免的缺点，如无法判定最高点与最低点，但其他方法也不能，因此应当抛弃过分强调最高点与最低点的奢望，把重点放在分析判断趋势上。在上升趋势市场，坚持持股直到技术指标发出抛售信号，反之在下跌趋势市场及时买进，耐心等待时机，顺势而为，就能使投资活动轻松自如。

既然进行技术分析，就要相信它的结果。当然首先要理解它，肯定它。在实际运用中，要不断地总结经验，灵活与坚定适可而止，力求达到进退自如、随心所欲而不逾矩的境界。

超越技术，不死守一两点教条，站在宏观分析的大局去观照它，利用日积月累的经验去融汇它。当你进入技术分析的世界，又能放眼技术分析之外，用它而不为之所困，技术分析才能真正发挥奇效。

【交易点拨】

世界上没有免费的午餐。股市也不是到了这里就领钱的慈善机构。不劳而获永远是痴人说梦，辛勤耕耘才会有收获。在变化多端的股市中搏击，不可能靠机械的三两条公式、秘诀就应付自如。熟练掌握技术分析，同时注重基本分析，纵观大局，才有可能立于不败之地。

343．技术分析的目的是什么？

技术分析的目的是什么？对许多人来说，预测神准是他们使用技术分析的最大目的！但笔者认为，技术分析的目的应该是帮助你在股市赚钱！预测神准是无法与赚钱画上等号的。预测神准是不可能做到的事情，就算是神仙也不可能做到，你相信吗？要不然买彩票的中奖号码，应该可以用数学公式计算出来了。

交易致富的关键，在于大赚小赔。大赚小赔的方法，在于加码与止损，让你在看对的时候赚得超级疯狂，看错的时候不痛不痒。至于技术分析，只不过是进出场时的一个单纯的理由罢了。在思考或运用任何技术分析方法的时候，绝对不能以预测的准确度为目标，而应该从“如何帮助你的操作赚到最大程度”这个方向来思考。也就是说技术分析务必结合操作，这才是唯一正确的方向。

当你明白技术分析务必与操作结合，技术分析的目的在于赚大钱，而不是当百说百验的预言家，你看待技术分析就会有截然不同的感受，也才能使你的分析技术突飞猛进。

顿悟到这一点，你在交易之路上才能升华到更高的境界。

既然你的目的是赚钱，那么使用技术分析要做的只有一件事：“找出有赚大钱机会的信号！”就是这么简单。比较解读每个形态，每个走势，只等待可以辨认的，可能形成大行情的信号，这才是真正能帮助你赚到疯狂的关键。操作的关键在于，当信号出现之后，你能不能做一次值得相信与值得坚持的交易。只有狠狠地抓住行情而敢于下单的人，才能成为股市中的富豪，因此技术分析的目的并不是在预测本身。

【交易点拨】

预测并抓对行情是95%的辛苦，而且不会有什么具体成果。抓住行情是5%的功夫而且成功就能赚大钱，就可以立即豁然开朗并顿悟股市的运行规律，这其实是简单到极点的技术分析秘诀。你，要做神准的预测，还是要做正确的操作？

344. 为什么说技术分析是抓趋势和转折？

技术分析者大概都是想抓趋势和转折，因此分为趋势派和转折派两种。均线分析属于趋势指标，因为均线沉稳且简单，对于分析趋势有一定的方向准确度，因此很多投资者乐于使用。均线有不同的周期，例如 3MA、6MA、10MA、15MA……甚至长到用季线、半年线控盘。至于用哪一条均线控盘，则随各人喜好，适合自己就好。

因为均线比较平滑，对高低点的转折即发出转势信号会失去先机，因此有很多人试图用其他方法去抓转折点，比如用 K 线、指标、波浪理论等。

交易领域里炫丽的招式很多，全世界天天都有新发明的绝招，但是只要胜率不是 100%，就不是交易获胜的关键。在外在的功力上，要先依照每一个人的个性，挑选最适合自己的技术分析方法，这是一种自我了解，也是成功的前提。真正关键的还是内功，这包含交易修养、交易心理、交易纪律、资金管理等。

各种中短线操作技巧都是如此，永远是在 K 线图里面找概率，在各种指标中找概率，把发生概率高的分析方法拿来分析，把分析中较为稳定的方法拿来使用，这就是你的操作策略。

【交易点拨】

每一个人的倾向不同，长线短线操作策略也不同，所以每一个人的操作方式也有不同。一切技术分析要符合你的风格，符合你的操作循环，适合自己就好。

345. 对机械式交易有什么看法？

大部分人都把定心、定法、依法的机械式交易方式解释为程式交易，这种说法似对又好像不对，怎么说呢？

我们常说，“出现买点就买，出现卖点就卖”。就简单的转折 K 线来说吧，你如何把这个买点和卖点定义进去？单一均线操作法中，股价站上均线就买进，跌破均线就卖出。这是最简单的机械式交易原则了。

但是均线有往上、往下和走平几种情况。往上和往下走两种情况下，前面提到的均线交易原则都没有问题，一般来说都可以让你赚到一个波段。但是均线走平的时候呢？均线走平是没有方向性的，这时候你用此法则，操作一段时间，你就会亏到失去信心。

那么机械式的操盘法，有没有办法规避盘整走势呢？答案是：有！只要加入几个可以判断盘整的指标就行了。程式交易有没有办法规避盘整期呢？大部分的程式交易是没办法的规避的，所以很多程式交易者因为在盘整期吃了亏而有了心理障碍，无法坚持依照信号下单，或者又去寻找其他最佳参数，甚或另换一套交易程式。换来换去的结果，到最后只有失败。

这不是机械式交易方法不好，而是大家把机械这两个字看成“简单”的同义词了。想简单地赚钱，换来的却是赚钱不简单的结论。机械式交易的纪律就是你不要想太多、看太多、听太多，一切只遵照盘面给你的信号操作；这样才能够定法、定心，达到出现买点就买，出现卖点就卖的赢家心法境界，也唯有如此才能成为股市中的常胜将军。

【交易点拨】

股市里有三个方向：向上、向下和横盘。

有两个很重要的观念：一是趋势，二是转折。

有一个绝对要遵守的法则：纪律！

你的方法中有没有方向判断的方式呢？

你的方法中有没有明确的买卖方式呢？

重要的是你有没有机械式交易的纪律呢？

346．怎样对别人的技术分析作出判断？

技术分析是许多专家们研究出来的评价股市涨跌的方法，有各种图表、公式、曲线等，用以分析股价短期、中期的变化，准确性较高。技术分析看似异常复杂，其实不然，只要肯下工夫学习，很短时间就可以学会一些基本分析方法。对于大多数投资者来说，多多少少都懂得一些技术分析理论，也掌握一些基本的分析方法。

但是不管别人怎么分析，归根结底必须由自己拿主意。买卖股票赚钱与否，在很大程度上视个性而定。

不少新股民在决定买入或抛出股票的时候迟疑不决，优柔寡断，喜欢听听别人的技术分析结果，然后再采取行动。其实在人堆里，人们的看法自觉不自觉地受自身利益的影响。刚买进某只股，常会说某股好得不得了，否则他也不会买进。刚卖出某股，就会把它贬得一文不值。电脑行情瞬息万变，小道消息层出不穷，听完东家听西家，往往到最后不知所措，进退失据。

有些个性不够坚定的朋友，哪怕做出了决定，到交易时还会受到所谓技术专家分析结果的影响，要卖的舍不得，甚至转而买进，要买时又对价格迟疑不决。有人把股市中时常以技术分析自居的人称为“提灯笼者”，可能是指为别人照路之意。占股民绝大多数的散户不乏随波逐流者，这些人买入或卖出的行为，往往受到一些似是而非的分析结论的影响。

【交易点拨】

对于那些总认为炒股有什么灵丹妙药的人来说，这是一个很好的警示。不要对任何分析抱不切实际的幻想，别人的分析总没有自己的判断靠谱。

347．如何选择最佳入市时机？

选择有利的入市时机，对投资效益水平起到决定作用，它一贯被认为比选择哪种股票更为重要。对入市时机的分析，也就是对股市未来趋势的分析，包括对国际政治经济环境、国内政治社会情况、财政金融政策、经济现状和投资意愿等多方面的分析和展望。

宏观经济调整阶段即将结束，新一轮快速发展有迹象展开时，为入市的最佳时机。这时政策与市场的要求和利益趋向一致，证券市场必定会有较好的表现。这个时期的特征可以从传媒中观察到，如国内政局平稳，社会安定，通货膨胀率较低，经济增长率保持在良性范围内，物价稳定，进出口贸易稳步增长，贸易顺差增大，外汇储备增加。在金融方面，利率、银行存款准备金率调低，国家重大经济建设和重点建设项目实施等。从中可以观察分析出一轮新的经济增长是否已经开始。

当宏观经济处在调整阶段的后期时，股市经过漫长的大熊市，已经到了跌无可跌的底部，风险已得到充分的释放。在这冷清的市场中，清淡的交投之中却蕴涵着生机。随着宏观调控结束，股票市场激活，刺激整个国民经济的发展已成为必然。此时入市既可以买到价格低廉的股票，又可以在未来得到政策面的配合。“生于凄惨，死于辉煌”是股市的铁律。2007 年的大牛市和 2008 年的大熊市就是最好的例证。

选择新股成批上市时入市，是正常行情下被广泛采用的办法。由于投入交易市场的资金总量基本确定，新股成批上市发行时，必定会抽走一部分资金。如果同时公开发行股票的企业很多，较多的资金转入股票发行市场，会使市场供求状况发生短暂变化，股价会有向下波动的趋势，此时入市容易获得较低的价格。

就新股而言，各股份公司为了顺利发行新股票，迅速获得资金，往往利多消息频传，后市行情看涨的潜力相对较大；承销商为了维护自己的市场形象，也会想方设法开辟通道，筹集资金，打响新股上市后的第一炮；有些大户则会抓住新股在市场上没有天价，炒作时散户容易跟风等特点入场坐庄。投资者在此时入市，可能是在跟进一个小高潮，易于较快获得收益，立定脚跟。

【交易点拨】

在股份公司分红配股前，由于将给投资者回报，炒作的题材也会增多，业绩优良、回报丰厚的公司，有可能走出“抢权行情”，可以考虑购入领息分红，长期持有或者短线盈利；股票除息除权后，股价较除息除权前降低，成长性好、业绩优良的公司则有望走出填权行情。有些绩优股不仅能够“完全填权”，而且能够超过除权前的价位，对于这类股票，可以择优购入，等待填权。

348. 为什么说没有一只股票能永远上涨？

股市有一个真理：没有一只股票能直接涨上天。股价推升的动力在于资金，主力介入炒作，最后的目的不是要满手股票，不是要介入公司经营，而是换回现金。拉抬股票不是问题，钱买进去就行了，要怎样卖出手中成堆的股票才是问题。主力拉升一段股价，待股价脱离成本后，就会回测一下，看看有没有人愿意上车。如果下档的买气够多，自然会放心地再往上做一段。如果没有足够的人愿意上车，那么主力也要想办法出货，所以回档是其必然的走势。

事实上，主力坐庄需要一个非常详细的计划。早在坐庄之前，主力就会把完整的计划做好，包括计划达到多高的价位，在什么位置需要整理洗盘，有可能出现什么意外情况，遇到意外情况应该如何应对，回调的幅度有多大，在每一个关键位置重要的技术指标会达到多少……

当大盘趋势明朗时，主力坐庄最重要的因素是个股的目标价位和对盘面的控制。任何时候，解套盘和获利盘都有一个相对固定的比例。在坐庄时，一定的跟风盘是主力需要的。主力必须控制大资金，长时间地做连续性的拉抬动作，必须让长线投资者和短线投资者在相对高位形成换手，提高市场平均持股成本。跟风盘的一举一动，直接关系到坐庄的成败。换句话说，这样做的目的就是为了将来卖出时有人接手。

股票操作最重要的大原则就是顺势，短线有短线的势，长线有长线的势。当长线和短线有冲突的时候，你要恰当地把握你的多空循环，此时如何做有效的资金运用和管控，可能是你面对的重要课题。

【交易点拨】

股市是一个杀戮丛林，你要随身带着一张地图，才知道现在身处何方。没有方向感，容易在这丛林中迷路，成为待宰的羔羊。丛林里到处是凶猛的食肉动物，它们等待着你成为食物。

349．两个获利相同的人如何评价？

两个人在股市里面都是赚钱的，这两个人在一年时间内资金都增长了一倍，那么如何评价他们的交易水平呢？

甲的交易记录里，每笔交易都赚钱，没有一笔交易是亏损的，也就是说甲是一位常胜将军。甲的交易记录整整有一百笔，他靠这一百笔交易记录赚了 100%。

乙的交易记录呢？只有十笔，而且乙亏损的次数多达八笔，但每次亏的钱都很少，赚的钱都很多。有只股票他赚了 150%，还有一只股票他竟赚了三倍多。赚的减去亏损的，乙也赚了 100%。

同样赚了 100%，如果问笔者想成为哪类人，笔者会毫不犹豫地说：乙。因为乙是一位善于等待时机和懂得尽快止损、让利润最大化的人，这样的方式比较符合投资应有的含义。

利弗莫尔说过一句话，笔者一直深深地印在脑海里：照顾好手中亏损的部位，因为赚钱的部位会自己照顾自己。

这句话是说，一见股票走势情况不对，就要即刻止损，把止损的距离缩得越短越好；一旦有了利润，就要大胆地让利润奔跑，让小利润跑成大利润，或让大利润跑成巨额利润。

从上例中看得出来，乙是一位心思够沉稳的投资人。因为他能够尽量地减少出手次数，在亏损的时候能够少亏，在盈利的时候能够多赚，甚至赚够。

炒股其实就是人性的表现。有人爱做短线，并以此为乐；有人喜欢长线，认为这样比较轻松。以上面两个人而言，同样获利 100%，对于甲这位常胜将军，笔者很羡慕，但也只是羡慕而已。笔者只希望自己能像乙一样，在适当的时间做该做的事，这就足够了。

【交易点拨】

股票有趋势，趋势有长有短。在盘整的短期趋势中，势险节短，甲的投资方式也许比较有效，而乙却需要经常止损；相反，在明显的趋势中能够稳稳地抱住不动，让利润扩大的乙，却明显地可以扳回损失，反败为胜。哪一种方式更好呢？有没有办法兼容甲乙两个人的长处，顺势的时候用乙的方法，盘整的时候用甲的方法呢？答案是可能的，但是融会贯通的方法并不是那样容易，这要自己去体会，去努力。

350．怎样运用技术分析选股？

所有的建仓最好都由技术面来进行确认，技术分析应着重考虑以下因素。

（1）日均线系统是否处于上升趋势状态，或者正在形成上升趋势状态。在 30 日均线上方或有效突破30日均线时建仓，成功机会可能会大一些。

（2）量能是否有所放大，最好今日量能比平时超出一倍以上。

（3）周线系统是否开始转强。

（4）股价能否突破颈线。

（5）指标是否都发出买进信号。

【交易点拨】

发现与确认趋势是实战进出的技术基础，涨跌幅度的研判是实战获利的前提条件。

351．看盘时应该重点看什么？

在开盘时，首先要看集合竞价的股价和成交额，看高开还是低开。就是说，和昨天的收盘价相比，价格是高了还是低了。它表示出市场的意愿，期待今天股价是上涨还是下跌。成交量大小则表示参与买卖的人有多少，它往往对一天之内的成交活跃程度有很大的影响。

其次，在开盘后的半小时内，要看股价变动的方向。一般来说，如果股价开得太高，在半小时内就可能会回落；如果股价开得太低，在半小时内就可能会回升。这时要看成交量的大小，如果股价高开又不回落，而且成交量放大，那么这个股票就很可能要上涨。

看股价时，不仅要看现在的价格，而且要看昨天的收盘价、当日开盘价、当前最高价和最低价、涨跌幅度等，这样才能看出现在股价是处在一个什么位置，是否有买入的价值。看它是在上升还是下降趋势之中。一般来说下降趋势中的股票不要急于买入，而要等它止跌以后再买；上升之中的股票可以买入，但要小心不要被它套住。一天之内股票往往要有几次升降的波动。

【交易点拨】

看大盘时，重点要看想买的股票是否和大盘走向一致。如果一致的话，那么最好的办法就是盯住大盘，在股价上升到顶点时卖出，在股价下降到底部时买入。这样做虽然不能保证你的买卖完全正确，但至少可以卖到一个相对的高价，买到一个相对的低价，当然不会买一个最高价，卖一个最低价。

第二节　K线技术分析

352．什么是K线图？

一根日K线记录的是股票在一天内价格变动的情况。将每天的K线按时间顺序排列在一起，就组成了股票价格的历史变动走势图，叫做K线图，如图7-1所示。K线将买卖双方力量的增减与转变过程及实战结果用图形表示出来。经过近百年来的使用与改进，K线理论被投资人广泛接受。

K 线图又称为蜡烛图，据说起源于 18 世纪的日本米市，当时日本的米商用它来表示米价的变动。后因其标画方法具有独到之处，因而在股市及期市中被广泛引用。它是以每个交易日或每个分析周期的开盘价、最高价、最低价和收盘价绘制而成的，K 线的结构可分为上影线、下影线及中间实体三部分。

K 线是一条柱状的线条，由影线和实体组成。中间的矩形称为实体，影线在实体上方的细线叫上影线，下方的部分叫下影线。实体分阳线和阴线。

K 线可以分为日 K 线、周 K 线、月 K 线，在动态股票分析软件中，还常用到分钟线和小时线。K 线是一种特殊的市场语言，不同的形态有不同的含义。

K线图有简单直观、立体感强、携带信息量大的特点，蕴涵着丰富的东方哲学思想，能充分显示股价趋势的强弱，买卖双方力量平衡的变化，预测后市走向较准确，是各类传播媒介、电脑实时分析系统应用较多的技术分析手段。

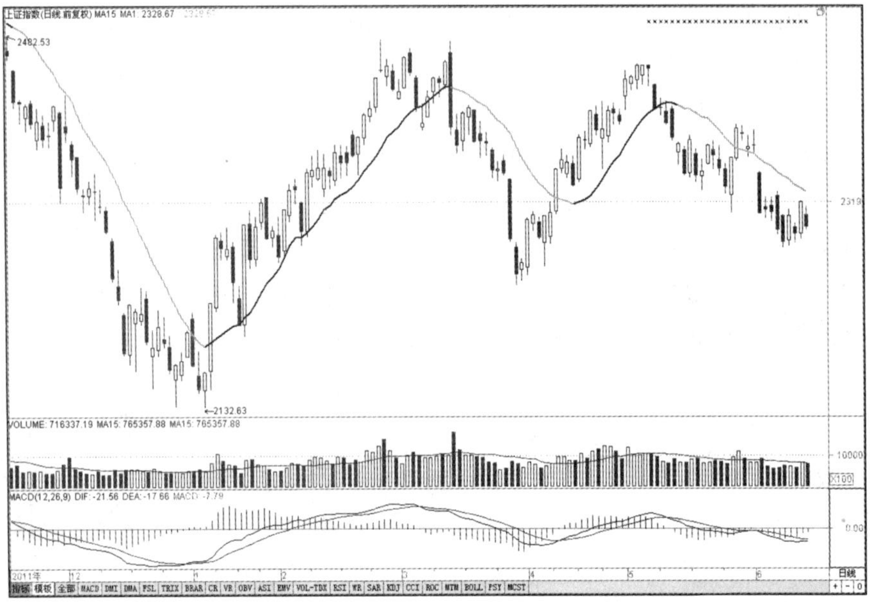

图 7-1 上证指数日 K 线图

【交易点拨】

K 线有路勤为径，股海无涯苦作舟。多看图，多研究，多思考，最终会成为股市里的赢家。

353. K 线组合有哪些种类？

一些典型的 K 线或 K 线组合会不断地重复出现，如果掌握了这些规律，将会在很大程度上提高你交易的胜算。底部看涨 K 线组合出现时，告诉你股价很快就会上升，要赶快建仓；顶部看跌 K 线组合出现时，告诉你风险已大，要及时获利了结。

对于不懂 K 线语言的投资者，K 线就像一本天书。一些初学者学到了一些 K 线知识，但没有掌握其实质，也容易做出错误的判断。一般认为 K 线的下影线长表示下档有支撑，但在不同的价位，不同的时间，下影线表达的信息也是不同的。

K线组合主要包括看涨K线组合、看跌K线组合、见顶K线组合、见底K线组合以及不确定形态的K线组合等几种。

【交易点拨】

K线组合的稳定性要大于单根K线。

354. 看涨K线组合有哪些？

看涨K线组合有：红三兵、冉冉上升形、徐缓上升形、稳定上升形、上升抵抗形、弧形线、下探上涨形、上涨二颗星、跳空上扬形、高位并排阳线、上升三部曲、多方尖兵、两阳夹一阴等形态。

【交易点拨】

出现上涨K线组合后，投资者可以分批试探买入。

355. 红三兵组合有什么特征？

“红三兵”组合的特征：在股票运行过程中连续出现三根阳线，每天的收盘价高于前一天的收盘价；每天的开盘价在前一天阳线的实体之内；每天的收盘价在当天的最高点或接近最高点。

红三兵是一种买进信号，后市看涨。如果红三兵发生在下降趋势中，一般是市场强烈反转信号；如果股价在较长时间的横盘后出现红三兵走势形态，并且伴随着成交量的逐渐放大，则是股票启动的前奏，可引起密切关注。

三个白色武士形态与红三兵有相似之处，不同的是最后一根阳线的上升力度比较大，出现这种形态将会呈上升趋势。

【交易点拨】

三个白色武士拉升股价的作用要强于普通的红三兵。

356. 怎样辨别主力是洗盘还是出货？

从K线形态分析主力是出货还是洗盘，这是K线分析最为关键的内容。

主力洗盘的目的是想甩掉不坚定的跟风盘，并不是要吓跑所有的人。主力必须让一部分坚定者仍然看好此股，仍然跟随它，帮它锁定筹码。所以其在建仓时，某些关键价位是不会跌穿的，这些价位往往是上次洗盘的起始位置。这是由于上次已洗过盘的价位不需要再洗，其目的是不让上次被洗出去的人有下跌回补的价差。这就使K线形态有十分明显的分层现象。

主力出货则以力图卖出手中大量的股票为第一目的，所以关键价位是不会守护的，这会导致K线价位失控，毫无层次可言，股价一味下跌。

【交易点拨】

从K线形态辨别主力是出货还是洗盘，关键要分清K线的位置。

357．上升趋势与下跌趋势是如何表现的？

有人说，做股票再简单不过，低买高卖就是了。或者说看好就买，看坏就卖即可。然而何为低，何为高，何为好，何为坏，这是没有明确标准的。低的时候还盼望更低，高的时候不觉得很高。想买的时候已买不到，想卖的时候已卖不出，这样的事每天都发生几百、几千起。

上升趋势市场的重心在买方，其拥有的筹码一个接一个地加在天平上，卖方的股票越来越少，处于劣势地位，股价不断升高。最后买方钞票用尽，而卖方的股票逐渐增多，失衡的天平渐渐调整过来，重心移至中央。

下跌趋势正好相反。重心在卖方，其拥有的筹码增加使股价不断下跌，创出一个个新低价，直至筹码用尽，股市天平才逐渐回到平衡点。

K 线图上，阴阳线出现的次数和实体大小，反映多空双方的战果。几根长而有力的大阳线夹着小而弱的阴线，说明买方势力强。阳线常有上影线，表明受到空方阻挠。如果阴线不能吞没阳线开盘价，表明多方仍然占据优势。阴阳线出现次数差不多且大小相当，表明争斗趋于均衡，形成盘整。反之，强有力的阴线夹击弱小的阳线，表明卖方占优势。含下影线的阴线是多方骚扰的结果，阳线实体不能突入阴线的开盘价，说明尚未对空方构成真正的威胁。

【交易点拨】

做多与做空厮杀的结果，在 K 线图上反映出阳线与阴线的交叉变化。

358．如何判断上升趋势还是下跌趋势？

根据 K 线图的实际情况，可以从以下三方面进行分析判断。

（1）双方组织力量。在上升趋势市场中，买方是实力派大户为主，主力进行强而有力的买进。卖方多为无组织的散户，力量薄弱，所以股价上升。下跌趋势市场恰恰相反，卖方为看空后市的强力大户，买方则为零散小户，供多而求少，股价自然下跌。

（2）双方争斗力量。从已经结束的每日争斗结果和成交量大小，可以判断出多空双方的强弱，不过单日的争斗结果局限性较大。多空双方不会天天作殊死争斗，因此有遭遇战、侦察战、主力战之分，从成交量的增减情况可以看出双方对战斗投入的兵力规模。

（3）价位吸引力量。如果大多数投资者认为当前价位偏低的时候，买方的潜力就比较大。在主力的引导下，一旦潜力发挥出来，买方的势力就猛增，在遥远的售出价位到达之前，上升趋势将占据优势。反之，高价位将吓退投资者，无人愿全力吃进，甚至买方也会翻空，极大地扩展卖方阵营。

【交易点拨】

根据 K 线的显示，准确判定大市趋多还是趋空，将使投资者立于不败之地。

359．如何判断多空争斗规律？

股市争斗如同拳击，必须攻守兼备，一只拳防守，另一只拳进攻。如果贸然出击而未能迅速取得战果，很可能暴露弱点，被对方偷袭成功。在研判局势时，需注意不同价位的盘局对双方的不同含义。盘整时间越长，对攻击方越不利。

争斗中，多空双方都想一招制敌，痛快淋漓地结束战斗，然而也必须做好受挫的准备。

空方大举进攻之下，股价下跌，到达低谷受支撑而上升。如果升回至下跌开始价位或以上，称为“回升”，如果只能升到原价位一半以下，称作“反弹”。多方进攻时，股价的先升后落分别称为“回跌”或“回档”。如果升势极少回跌、回档，说明买方绝对强势，多方优势极大。如果回档至一半甚至回跌，说明卖方卷土重来，新的决战在酝酿之中。跌市中的反弹、回升，显示的意义类似。

在股市涨跌过程中，买卖双方的斗争和表现形成了不变的规律。

多方市场：上升、回档、上升。

空方市场：下跌、反弹、下跌。

多方市场转空方市场：上升、回档、上升、回档、盘整、下跌、反弹、下跌。

空方市场转多方市场：下跌、反弹、下跌、反弹、盘整、上升、回档、上升。

【交易点拨】

多空对攻的结果取决于双方的力量水平。投资者在确定加入何方阵营之前，需要慎之又慎地详作比较，然后提前一步“弃弱就强”。

360. 如何确定K线买卖时机？

长线投资者重在选股，而中短线投资者则看重操作的时机。换言之，短线股民只要买卖时机得当，“劣股”也能成为招财进宝的机器。而买卖时机的选定则有赖于技术分析，K线是判断方法之一。

在下跌趋势力量受到牵制，多方力量即将发挥的时候买进最佳。上升趋势力量盛到极致，下跌趋势力量集结欲出，是卖出的最佳点位。

具体讲来，股票操作可在以下时机做出选择。

（1）股价从低位上涨，接近前次大盘整附近价位，卖方压力增大，升势受挫，即将进入盘旋整理的时候卖出。

（2）股价突破盘整，接连出现阳线并配合大成交量，买进。

（3）阳线出现的次数越来越少，阴线出现的次数增加并时有大阴线出现，表明多方力量不足，空方渐盛，宜卖出。

（4）股价上涨但成交量不配合扩大，表明升势较疲，可能下跌，宜卖出。

（5）股价虽未上涨，但成交量迅速扩大，说明此股活跃，前景可期，一旦上涨将成热门，宜买进。

（6）冷门股一旦暴涨，应在第一个涨停价位附近购进，否则可能连续涨停，失去买进的好机会。

【交易点拨】

除了K线图判断法，从K线技术形态中的颈线突破点也可以决定买进卖出的时机。

361．如何辩证看待 K 线图的作用？

K 线在指导投资行为中的威力大小，只要从使用它的普遍性之中就可以看出来。

在美国、香港、伦敦以及上海，在出租车内、办公室里、证券公司大厅，无数投资者天天都在看 K 线，绞尽脑汁分析它的含义，大胆假设它的走向，对之如痴如醉。

K 线当然不是股市投资的灵丹妙药，也不是有求必应的观音加财神，但 K 线对于股市奥妙的揭示，确实太引人入胜了。

投资股市如同打麻将，上桌的四个人不可能全都赢得盆满钵满，胜者总有高出负者的方面，或才智，或运气，或资本，或心理，不管双方是否意识到，必具其一。投资的胜利者通常也是 K 线分析大师，他们把理性的思考和感性的体验写出来，就是今天读到的 K 线知识。

【交易点拨】

股市是形势变化最迅速、最剧烈的场所，也是"玄妙论"、"不可知论"盛行的场所。它存在规律，但是它的规律像泥鳅一样，使尽全身力气，也许只能抓到一点点。

362．如何不被 K 线图迷惑？

我们经常在媒体上看到一些行业分析师推荐的个股评论这样写道："其长线目标价位为××元"，也就是说分析师告诉投资者，其股票的内在价值经过分析计算，应该值多少钱，长期股价应该会反映其价值，长线运作会达到该目标价格。

这其实是一种向上分析的思路，也就是基于其目前的价值低于其内在估值而进行的价值投资，分析的基础则是股价必然会反映上市公司的内在价值。虽然分析师并不能够确定股价何时能够反映价值，什么时候到达目标价位，但是可以让我们知道其存在投资价值，其未来能够反映出真正的价格。正是基于这样一个比较稳定的预期，我们才会介入选中的个股，然后进行建仓，等待拉升。

但是还有另外一种思路和方法，也能够让投资者轻松获利。那就是先不去分析其向上空间，也就是不分析其向上的估值，而是先分析其向下的可能空间。假如我们分析出其向下空间极为有限，而向上空间较大的时候，这也是可以安全介入获利的机会。

可以举个例子，2012 年，几乎所有的股票都出现了一轮气势磅礴的大涨，不管是老牌绩优股，还是新上市的次新股都涨势喜人，哪怕是 ST 和*ST 股都连续涨停。然而我们却发现长春高新（000661）始终在 40 元附近进行波动，构造了一个长达两年的整理平台，构筑了较为完整的双底雏形，尽管有人认定长春高新的价格偏高，不敢买入。

然而人们却忽视了这样一个事实：长春高新这两年已经非常充分地换手，凡是介入的投资者大多被套，不管是机构主力还是中小散户，成本绝大多数在 40 元以上。加之长春高新的流通盘只有 1.31 亿股，是个典型的小盘股。此外该股还是沪深两市唯一的正宗生长素题材股，使我们可以看到其向下的空间不大。假如我们在 40 元附近建仓，其向上空间则是巨大的。在没有其他因素的影响下，如果股价有效跌破 30 元，则证明主力弃筹码而逃，我们跟随主力同时止损出局，损失至多每股 10 元；然而其一旦突破 40 元的双底颈线位，最小的升幅将起码达到 100 元以上。

根据“横有多长，竖有多高”的理论，长春高新上下震荡了两年以上，因此向上的空间不会小，所以在 40 元价位区间，是一个安全系数极高的买入区间，因为其向下空间有限，向上的机会却很大。只要不被其技术走势或者 K 线图迷惑，大胆介入持股，便可以稳定获利。

根据上述原理，我们在选股的时候，可以特别留意相关个股的最大向下空间，对照可能的最大向上空间，以此来判断个股的介入风险。向下空间很小的个股，配合其基本面，估算出其向上的空间，这样就能够做到低风险介入，取得较大而稳定的收益，这种操作岂不是更好。

学会计算整个市场和个股的平均成本，定好合适的介入区间，这样就能够获取安全和最大的收益，何乐而不为。

【交易点拨】

这种交易方法的关键是学会计算整个市场和个股的平均成本，定好合适的介入区间。

363．剧烈震荡时怎样用 K 线图把握卖点？

当股市出现剧烈震荡的不正常变化，或者盘中上行能量不足时，在 60 分钟图表上，具体表现为两种情况，其判断方法如下。

（1）根据核心 K 线体系原则，经常出现常态的上涨阳线（实体阳线或实体大于上下影线的阳线）和常态的下跌阴线（缩量阴线，确切地说是量能小于均量的阴线），此为常态行情，价格在没有外力作用下，仍旧会向原方向前进，投资者可以安心持股。

一旦某日出现剧烈的震荡或者是带量下跌，在 60 分钟 K 线图上表现为长上影线、长下影线、长上下影线，一小时内收出跌幅较大的阴线，同时量能大于均量，此类 K 线称为“异动 K 线”。

（2）在经过一段时间的放量涨升后，上行能量开始减退或不足，显示上攻开始乏力，或者准备进入较长时间的调整，60 分钟 K 线图上表现为短期均量线下破长期均量线，显示短期量能释放的平均程度开始萎缩。

【交易点拨】

这两种情况出现任何一种甚至两种同时出现，必须准备卖出股票，密切跟踪，随时准备根据后面的演化清仓出局。

364．如何利用 K 线确定最终卖点？

如果某日出现下面三种情况中的一种，甚至是三种情况中的任意两种复合出现，下跌几乎就成为百分百的走势，必须毫不犹豫，果断出局！

（1）上涨阳量大于下跌阴量，称为良性量能。当某小时上涨阳量小于下跌阴量，同时出现的下跌阴量仍然在放大时，显示多空力量开始转化，空方占优。价格同时跌破 MA5，指标在技术高位死叉，为卖点。

（2）某小时股价下破 MA5 后，两个小时内股价都被均线压制，无法站回均线，MA5 向下拐头，结合指标的技术位置，为卖点。

（3）突然没有任何征兆地下跌，技术指标快速下滑至 20 以下超卖区，耐心等待其反抽，在指标重新反抽到技术高位时，为卖点。

【交易点拨】

买进卖出是投资者之间智慧、心理、综合素质的较量。K 线图作为必不可少的利器，总是掌握在多空双方的手中，谁能取胜，就看谁能更好地利用它。

第三节 缺口理论分析

365．什么是缺口理论？

缺口是指股价在快速大幅变动中，有一段价格区间没有任何交易，在股价趋势图上形成一个真空区域，这个区域称之“缺口”，通常又称为跳空。当股价出现缺口，经过几天甚至更长时间的变动，然后行情反转过来，回到原来缺口价位时，称为缺口的封闭，又称补空。

形成缺口的原因是由于受到利好或者利空消息的影响，股价大幅上涨或者大幅下跌，导致日 K 线图出现当日最低价超过前一交易日最高价，或者当日最高价低于前一交易日最低价。

缺口分为普通缺口、突破性缺口、持续性缺口与消耗性缺口等四种。从缺口发生的价位高低，可以预测走势的强弱，确定是突破还是已到趋势尽头，是研判各种形态时最有力的辅助材料。

【交易点拨】

缺口理论的关键是看清缺口的位置和性质。

366．什么是普通缺口？

普通缺口通常在密集的交易区域中出现,因此在许多需要较长时间形成的整理或转向形态中，都可能出现这类缺口。

普通缺口并无特别的分析意义，一般在几个交易日内便会完全回补，它只能帮助我们辨认清楚某种形态的形成。

当发现发展中的三角形和矩形有许多缺口，就应该更加确信它属于整理形态。

因为普通缺口通常会封闭，因此当向上方向的普通缺口出现之后，投资者可在缺口上方的相对高点附近做卖出交易，然后待缺口封闭之后再平仓买回。当向下方向的普通缺口出现之后，投资者可在缺口下方的相对低点附近做买入交易，然后待缺口封闭之后再平仓卖出。

这种操作方法的前提是，必须判明缺口是否是普通缺口，而且必须是在宽幅振荡整理行情中，才能采取这种高抛低吸的策略。

【交易点拨】

出现频繁的普通缺口意义不大。

367. 什么是突破缺口?

突破缺口是指当一个密集的反转或整理形态完成后突破盘局时产生的缺口。当股价以一个很大的缺口跳空远离形态时，表示真正的突破已经形成了。因为错误的移动很少会产生缺口，同时缺口能显示突破的力度。突破缺口越大，表示未来的变动越强烈。

突破缺口的分析意义较大，经常在重要的转向形态，如头肩形态突破时出现，这类缺口可帮助我们辨认突破信号的真假。如果股价突破支撑线或压力线后，以一个很大的缺口跳离形态，则说明此次突破强而有力。形成缺口的原因是其水平的阻力经过争斗后，供给的力量完全被吸收，短时间内缺乏货源，投资者被迫要以更高价求货；又或是其购买力完全被消耗，卖出的人须以更低价才能找到买家，因此便形成缺口。

【交易点拨】

出现突破性缺口，预示着后市的涨跌幅度较大。

368. 什么是持续性缺口?

在上升或下跌途中出现的缺口，可能是持续性缺口。这种缺口不会和突破性缺口混淆。任何离开形态或经过密集交易区域后的急速上升或下跌，出现的缺口大多是持续性缺口。这种缺口可以帮助我们估计未来市场波动的幅度，因此也称为度量性缺口。

持续性缺口的技术性分析意义最大，它通常是在股价突破后远离形态至下一个反转或整理形态的中途出现。

【交易点拨】

作为一种度量性缺口，其度量的方法是：从突破点开始，到持续性缺口开始点的垂直距离，就是未来股价将会涨跌的幅度。

369. 什么是消耗性缺口?

与持续性缺口一样，消耗性缺口是伴随快速、大幅的股价波动幅度而出现的。在急速的上升或下跌行情中，股价的波动并非是渐渐出现阻力，而是越来越急，这时价格可能发生跳升，产生的缺口就是消耗性缺口。消耗性缺口大多在恐慌性抛售或消耗性上升的末段出现，所以也叫竭尽缺口。

消耗性缺口的出现，表示股价趋势将暂告一段落。如果在上升行情中出现，表示股价即将下跌；如果在下跌行情中出现，表示股价即将回升。不过消耗性缺口并非意味着市道出现转向。

【交易点拨】

持续性缺口是在股价大幅变动中途产生的，因而不会在短时期内封闭。但是消耗性缺口是变动即将到达终点的最后现象，所以多半会在 2~5 天的短期内被封闭。

第四节 形态技术分析

370. 什么是头肩顶图形?

头肩顶形态，在股票投资图表中是一种极为经典的反转形态，属升势逆转的见顶形态，如图7-2 所示。一旦确认此形态，下跌幅度可能很大，其逆转杀伤力远高于其他逆转形态，股价或指数升势将转为跌势。确定形态前，进取的投资者宜趁升势未完尽快清货离场；股价跌穿颈线后，将是真正的卖出信号。

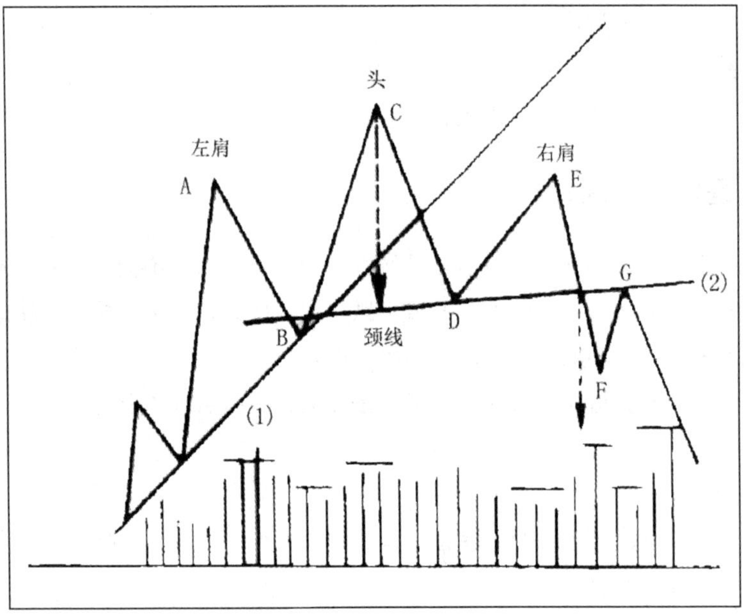

图 7-2 头肩顶图形

头肩顶图形的形态特征如下。

（1）多发生于上升趋势行情的末升段或是反弹行情的高点。

（2）头肩顶形成与否，可从成交量来研判，最明显的特征是右肩量最小。

（3）左右两肩的高度不一定等高，颈线亦不一定是水平。

（4）左右肩的数目不一定只有一个，也不一定呈现对称个数，这种头肩顶可称为复合式头肩顶，如图 7-2 即是复合式头肩顶。

头肩顶图形的研判规则如下。

（1）股价跌破颈线 3%时，形态即可确立，此时应采取卖出策略。

（2）预估指数的最小跌幅，约为头部至颈线的垂直距离。

【交易点拨】

头肩顶形态存在一个下跌的最小幅度。从头部向颈线画出一条垂线，然后从右肩突破颈线处向下量出同样的长度，到达的水平位置即为下跌至少要到达的地方。

371. 怎样分析头肩顶图形？

头肩顶，顾名思义就是有头有肩，头部为顶部的股价图形。它的形成过程是：股票价格强劲上升，成交量较大，随之出现一个次级下跌（低于上升幅度的下跌），形成左肩；终因上升势头猛烈，形成了又一次超过次级下跌幅度的上升；在高价位多头上攻力度不够，无奈下跌，形成头部；又经过类似“左肩”的反复，形成右肩，至此头肩顶完全形成。如图 7-3 所示。

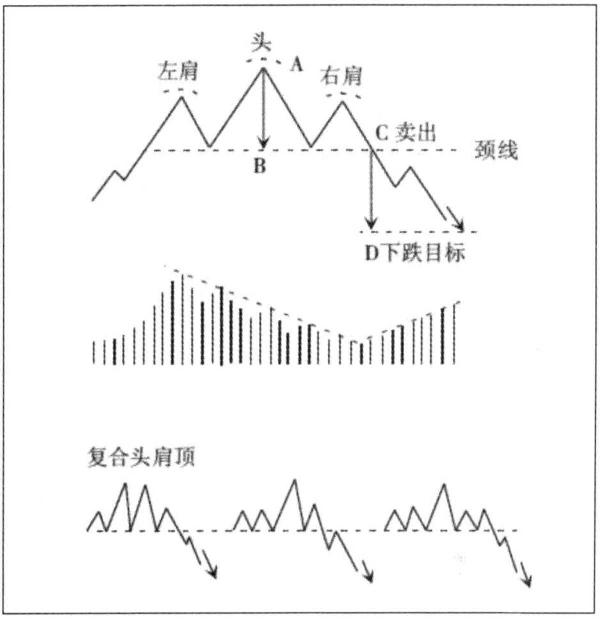

图 7-3 头肩顶图形

头肩顶是技术图形分析方法中最具反转意义的图形，因为在形成右肩过程中，原有的趋势和移动平均线系统以及原来支持上升趋势的其他技术指标大部分会遭到破坏，股价走势经过几个回合的振荡，使人心士气均生怯意。

有的投资者一见到头肩顶图形，便立即着手抛货清仓。有时投资者也会落得杞人忧天的下场，因为股价并没有一路跌下去，反而是沿着右肩侧部向上升去，形成新的头肩形。

头肩顶形态到底有没有效？运用理论一定要活学活用，联系实际，怕的就是生搬硬套。在实际操作中，头肩顶也有其化解的方式：一是右肩运行的时间超过了左肩构造的时间，使形态的对称性遭到破坏，同时其他技术指标势必得到修复。比如，人们对股价反复的震荡习以为常，渐渐淡忘了过去刚见头肩顶形态时的恐惧；此时判断形状应以右肩单独形成的形状为主。二是股价穿过右肩，形成向上的有效突破，并没有像标准图形那样在右肩处下折构造完整的右肩，右肩被突破是一个买入信号；如果上涨趋势不减，一直突破了头部的高点，则可以认定这个头肩顶形态完全被化解了。

【交易点拨】

头肩顶一旦形成，如果出现了股价自右肩处跌破颈线的迹象，就意味着股价将会较大幅度地下跌，投资者应该赶快抛出股票，逃命要紧，否则套牢的厄运就在眼前。

372．什么是头肩底图形？

头肩底形态不适用于分时结构，只适用于大结构，如日线结构，因为头肩底的底部可靠性需要时间来支持，时间越长，可靠性越高。

下面就头肩底做一个图形的解释，如图 7-4 所示。

（1）头肩底的可靠性需要时间支持，也就是左肩与右肩之间的时间越长，头肩底越可靠。因为时间越长，主力作图的成本越高。

（2）一旦头肩底确定，股价进入拉升期，那么上涨的高度空间至少是头部点位到颈线之间的距离空间。

（3）右肩高于左肩可靠性更高，后期的拉升空间也更高。

（4）突破颈线后对颈线的回抽是洗盘，有时候快速下跌跌幅巨大，跌破颈线也是有可能的，但通常都会快速收回，并且剧烈震荡几个来回来洗盘。

（5）图中各个位置的成交量是关键，有时候右肩突破不放量，很可能是假突破。有时候不会有洗盘的动作，股价突破颈线后一路向上拉升。但大多数都会有洗盘动作，甚至多次洗盘。

（6）从头部到右肩有时候会是 N 字结构的上升，或者 5 浪结构的上升。

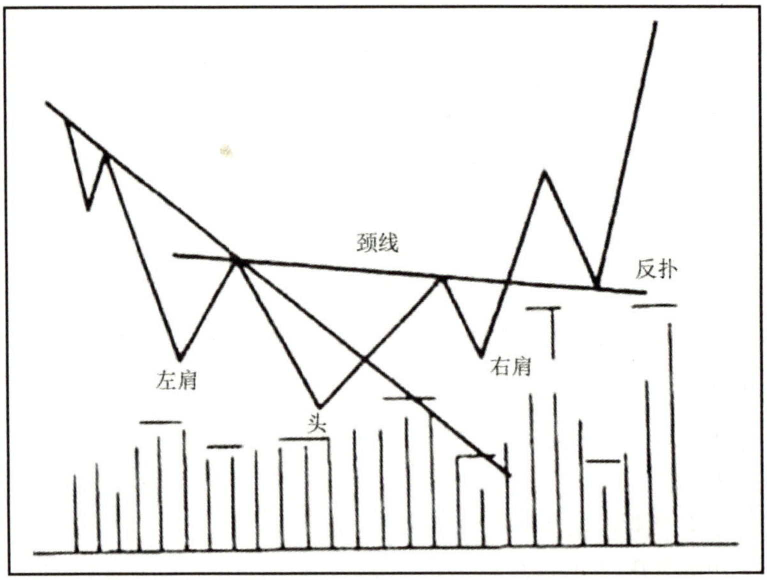

图 7-4 头肩底图形

【交易点拨】

复合头肩底的含义与头肩底相近，只是程度要稍弱，它的下跌或上升通常到达最低或最高水平即告停止。

373．头肩底图形是怎样形成的？

头肩底跟随下跌市道而行，并发出市况逆转的信号。顾名思义，头肩底图形以左肩、头、右肩及颈线组成，如图 7-5 所示。三个连续的谷底以中谷底（头）最深，第一及最后谷底（分别为左肩和右肩）较浅并接近对称，因而形成头肩底形态。价格一旦升穿阻力线（颈线），则会出现较大幅度的上升。

成交量可为头肩底形态充当一个重要的判断指标。大多数例子中，左肩较右肩和头部为大，下降的成交量加上头部创新低可充当一个信号，警戒市势正在水平线上逆转。

第二个信号是当价格由头部的顶峰上升时，即价格向上突破颈线后，再次回落至颈线支撑位，然后才大幅上升。最后逆转信号是在价格向上突破颈线时，此时应把握时机入货。若未能及时跟进，则可在出现回抽测试颈线支持位时买入。

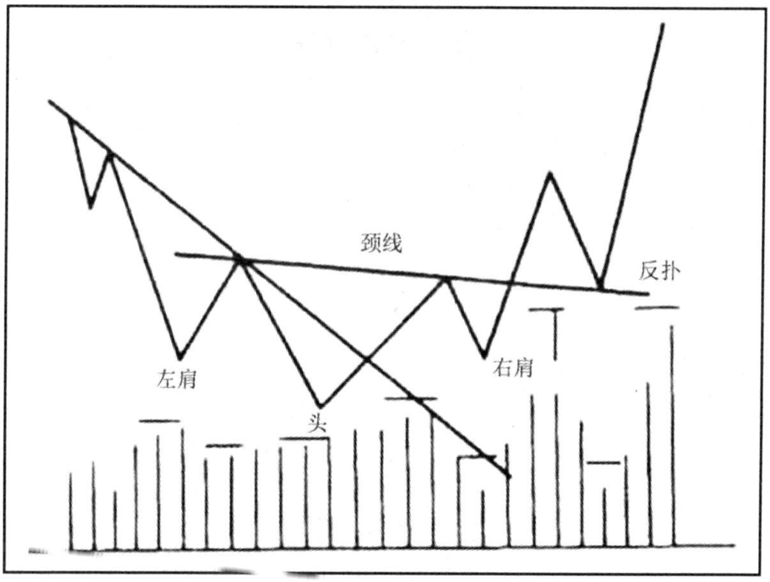

图 7-5　头肩底图形

【交易点拨】

头肩底图形是有效的底部反转图形。

374．什么是双重顶与双重底图形？

双重顶和双重底就是市场上众所周知的 M 头和 W 底，这种形态在实际中出现得非常频繁。图 7-6 和图 7-7 是这种形态的示意图。

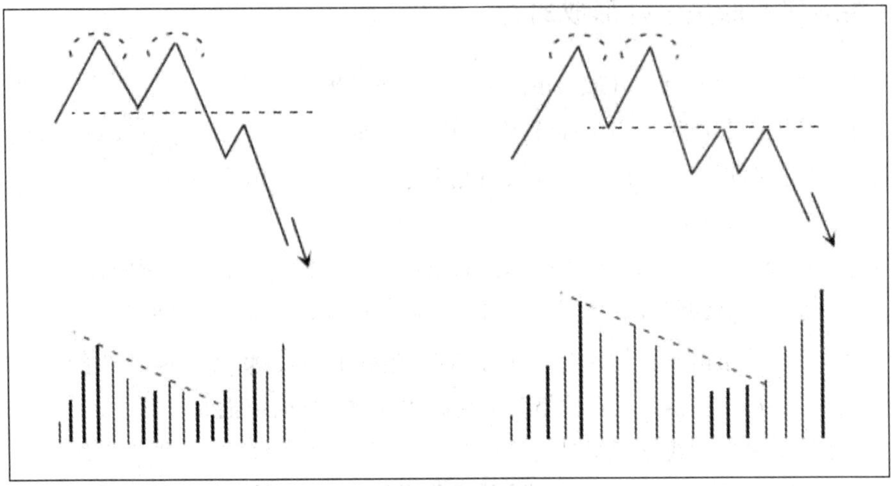

图 7-6 双重顶形态

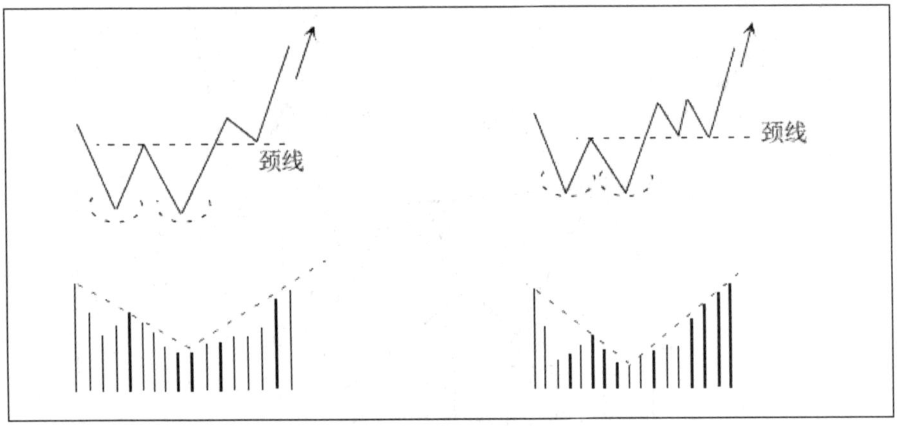

图 7-7 双重底形态

从图 7-6、7-7 中可以看出，双重顶底一共出现两个顶和底，也就是两个相同高度的高点和低点。

一个真正的双重顶反转突破形态的出现，除了必要的两个相同高度的高点以外，还应该向下突破颈线支撑。突破颈线就是突破轨道线，突破支撑线，所以也有突破确认的问题。有关支撑压力线被突破的确认原则，在这里都适用，主要的是百分比原则和时间原则。前者要求突破到一定的百分比数，比如 3%，后者要求突破后有多日才能确认形态成立，通常至少是两日。

双重顶反转突破形态一旦得到确认，就可以用它对后市进行预测。

双重顶底的另一个主要功能是测算功能，一般来说，股价跌破颈线后，下跌幅度至少是双重顶顶部到颈线的距离。

以上是以双重顶为例对双重顶底形态进行介绍，对于双重底，有完全相似或者说完全相同的结果，只要将双重顶的介绍反过来理解就可以了。比如向下说成向上，高点说成低点，支撑说成压力。

【交易点拨】

对于双重顶来说，突破颈线是可靠的卖出信号，表明此后跌市将来临；双重底的分析则正好相反。

375．怎样分析双重底图形？

双重底也就是我们常说的 W 底，这种技术形态往往被投资者认为是底部形态的重要标志，有的投资者还经常在事先进行底部预测。实际操作中，双重底形态会遇到许多问题，如在形成双重底之后又再次下探，反而形成双头形态（也就是 M 形态），造成判断失误。这里就双重底的判断以及使用情况进行探讨和分析。

首先，我们要弄清双重底的内在含义。如果是真正底部技术意义的双重底形态，其反映的是市场在第一次探底消化获利筹码的压力后下探，而后再度发力展开新的行情。双重底既然属于技术上的操作，也有逢低吸筹的意义，也就是在第一次上涨中获得的筹码有限，为了获得更多的低位廉价筹码，所以股价再度下探。

这就反映出两重含义：一是做多资金实力有限并且参与的时间仓促，所以需要通过反复震荡的方式获得低位筹码，同时消化市场压力，否则市场底部就会形成 V 形；二是市场中的空方压力较大，市场上涨过程中遇到了较大的抛盘压力，市场并没有形成一致看多的共识，股价不得不再次下探。

一个成功的双重底应该有两个最基本的特征：一是从技术形态来看，在两个底部中，第二个底部的位置更高，意味着市场做多力量占据上风，否则就表明当前走势是弱势的，即这种双底是很弱的；二是成交量明显放大，不仅是上涨过程中有成交量的配合，并且在下跌缩量中与前期相比也是明显放大的。放量表明有新资金介入，成交量越大越好。当然，如果是缩量直接涨停，则是更强的表现。只有具备这两个基本特征，才能判断市场走势已经企稳，后市有一轮上涨行情。

需要注意的是，许多投资者往往喜欢在市场下跌趋势中运用这种技术形态来判断底部和预测未来走势。但在实际的走势中，如果大的趋势是向下的，途中出现这种短期的双重底形态，多数情况下会演绎成 M 头形态继续走低。真正成功使用该种技术形态，是在大趋势向上途中，市场指数或者个股股价遇到了获利回吐的压力后出现调整和波动，只有这时成功的概率才较高。在趋势向下的情况下，运用这种形态判断底部常常是错误的。因此在具体的个股操作中，建议投资者关注那些大趋势向上（至少不是向下）的个股。

【交易点拨】

双重底一旦形成，标志着股价很快就会打破下跌及整理，冲出谷底，投资者此时可以择机买进。

376．什么是三重顶与三重底？

应用和识别三重顶或三重底形态时，可以采用识别头肩形态的方法，识别头肩形态的方法都适用于三重顶（底）。从本质上讲，三重顶（底）是一种特殊的头肩形态。

这里以三重顶为例进行说明。三重顶与头肩顶形态的区别是，三重顶的颈线和顶部连线是水平的，这就使得三重顶具有矩形的特征。比起头肩顶形态，三重顶更容易演变成整理形态而不是反转形态。

如果三重顶 3 个顶点的高度从左到右依次下降，则三重顶就演变成了三角形形态，这是分析三重顶时需要注意的地方。三重顶和 M 头形态十分相似，不同的是多了一个顶。它的每个顶时间间隔都比较长，波动幅度比较深，成交量则是从左到右依次减少。

三重底走势则与三重顶相反。同样需要注意的是，在突破颈线时需得到成交量放大的配合，这样形态的可信度更高。它们的简化图形如图 7-8 所示。

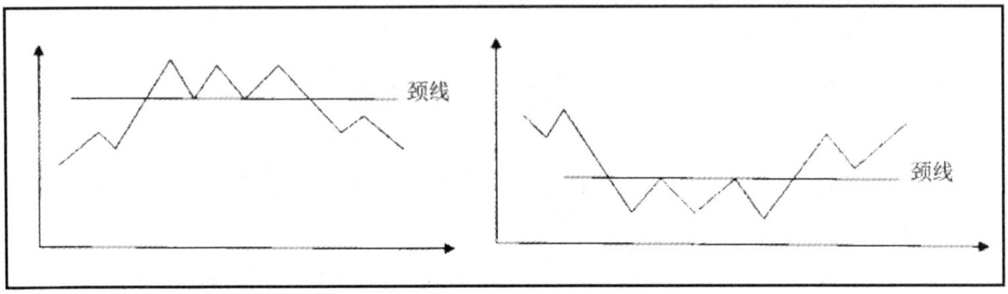

图 7-8 三重顶与三重底形态

三重顶或三重底形态相邻的波峰与波峰（或波谷与波谷）的间隔距离与时间不一定完全相等。三个顶点（或三个低点）的价格不一定相等，一般相差 3%以内比较常见。

在三重顶的第三个顶形成时，成交量非常小，即表示市场情绪低落，是即将出现下跌的征兆。在三重底的第三个底部上升时，成交量大增，则显示出股价具有突破颈线的趋势。

从理论上讲，三重顶形态的顶部持续时间越长，跨度越大，则后市下跌的力量越强。同样，三重底形态的底部持续时间越长，跨度越大，则后市上升的力量越强。

三重顶（或三重底）具有整理形态的特征，后市很容易演变成整理形态，在分析时需要注意。

【交易点拨】

灵活运用线形图，认真、客观地分析，才是股海进退的护身符。线形形态变化多样，实战中千变万化，必须善于总结，才能融会贯通。

第五节 均线技术分析

377. 什么是移动平均线法？

移动平均线（MA）是以道琼斯的“平均成本概念”为理论基础，采用统计学中“移动平均”的原理，将一段时期内的股票价格平均值连成曲线，用来显示股价的历史波动情况，进而反映股价指数未来发展趋势的技术分析方法，它是道氏理论的形象化表述。

这种方法是由美国的葛南维于 20 世纪中期提出来的。均线理论是当今应用最普遍的技术指标之一，它帮助交易者确认现有趋势，判断将出现的趋势，发现过度延伸即将反转的趋势。移动平均线法一般以 5 日、10 日移动平均线观察股价短期走势，以 10 日、20 日移动平均线观察中短期走势，以 30 日、60 日移动平均线观察中长期股价走势。移动平均线法主要被一些非专业的中期投资者所采用。

这种借助移动平均线分析股价的方法，把每日股价的不规则变化平均化，再把每日股价的移动平均线加以比较，将移动平均线的位置和方向加以分析，用以预测股价的行情，从而决定买卖时机。

葛南维移动平均线八大法则主要内容如下，如图 7-9 所示。

（1）移动平均线从下降逐渐走平且略向上方抬头，而股价从移动平均线下方向上方突破，为买进信号。

（2）股价位于移动平均线之上运行，回档时未跌破移动平均线，之后又再度上升时为买进时机。

（3）股价位于移动平均线之上运行，回档时跌破移动平均线，但短期移动平均线继续呈上升趋势，此时为买进时机。

（4）股价位于移动平均线以下运行，股价突然暴跌，距离移动平均线太远，极有可能向移动平均线靠近（物极必反，下跌反弹），此时为买进时机。

（5）股价位于移动平均线之上运行，连续数日大涨，离移动平均线愈来愈远，说明近期内购买股票者获利丰厚，随时都会产生获利回吐的卖压，应暂时卖出持股。

（6）移动平均线从上升逐渐走平，而股价从移动平均线上方向下跌破移动平均线，说明卖压渐重，应卖出所持股票。

（7）股价位于移动平均线下方运行，反弹时未突破移动平均线，且移动平均线跌势减缓，趋于水平后又出现下跌趋势，此时为卖出时机。

（8）股价反弹后在移动平均线上方徘徊，而移动平均线却继续下跌，宜卖出所持股票。

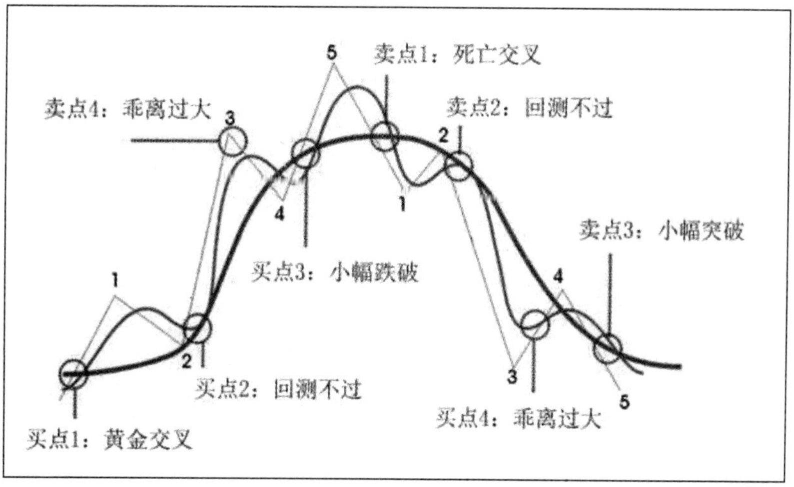

图 7-9 葛南维八大买卖法则与波位

【交易点拨】

投资者能否迅速准确地把握买进卖出时机，决定了投资的成败。移动平均线法的敏感度，取决于移动平均线周期的长短。

378．跌破季线会跌多久？

很多人在股价下跌时不知道要跑，幸运跑掉的人又会在不合适的时机去抢反弹，这是因为他们不知道后面股价会跌多久，要跌多深，担心股价突然反转会失去低档买进的机会，殊不知均线和上涨的天数及下跌的天数有关系。一般来说，跌破 MA5 会有 5 天的下跌回到 MA5，跌破 MA20 会有 20 天的下跌才会回到 MA20……年线跌破会有一年的下跌时间才会回到年线。虽然这些数字不是很精确，中间会有大小不等的反弹，但这种大约的时间关系总是很神秘地支配着股市的运行。

那么跌破代表中长期走势的季线 60MA 之后，后面总会有一段持续两三个月的下跌。股价跌破季线，表明下跌趋势才刚刚开始，这么着急抢反弹干什么？就算股价会涨回来，也要等它重新站回季线再说。

跌破季线会跌多久？跌破季线通常下跌的时间不会很短，因此当你看到这样的现象，最好赶快卖股以避开大跌。卖股之后休息也好，做空股指期货也可以，但是如果要买入股票，最好要等两三个月的时间。

据统计，在正常的情况下，有半数以上的低点会出现在股价跌破 60MA 的 30 天之后。从形态上看，大概是第三个低点（甚至更多个低点）附近。如果逃顶成功，请你一定要忍耐一两个月，等股价反弹一两次以后再说。股价跌破季线，最好这期间什么事都不做，出去旅行散心，说不定是很好的应对之道。

在多数时间当中，空手观望是个很好的投资策略。想想看，每下跌一点空间，就代表我们未来的投资购买力又增加了一些，下跌过程不就是在替你积累未来的购买力吗？休息一两个月，也许能让你在下次买回股票时省下 20%～50%的资金，或者可以多买五成到一倍的股票，这样的数字是很可观的。少花心思去猜市场如何演绎变化，多等待一些时间，既不伤身体，心情也会比较好。

股票赚钱的秘密，就是在“正确的方向和大量的部位”，也就是在上升趋势来临后，大量地进场，不断地加码，使获利一下子跳上来，这才是正确的操作。

在下跌趋势形成的时候，就算你抢反弹，也不敢动用大量资金买入。就算布局摸底，也不敢投入大量资金，因此就算反弹真的来了，你又能持有多少股票？反弹的幅度又能有多少呢？

短线操作技巧比中长线操作要求更严格，要注意很多特别的小信号。下跌趋势中想要抢一个反弹，并不是那么容易的。在下跌趋势中，因为客观的经济数据实在不好，做空股指期货这条路也不是人人可为。如果你没有做空股指期货的习惯，想抢反弹技术能力又不够，那么就适当地休息吧，空手等待将来转上升趋势时再重新入市。休息是为了走更远的路，空手也是非常好的股市操作策略。

趋势总是会持续一段时间，特别是长期趋势，短期内是不容易改变的。在下跌趋势中，每天做短线的抢反弹动作其实是很累的，因为低点之下还有低点。进场摊平也是越摊越难平，可用的资金越来越少，亏损越来越大……心理和生活都受到影响，这是何苦呢？

要想让自己克制买卖股票的冲动，不去抢反弹，不去摊平，其实很简单，就是不要看盘，不要去证券营业部，不向别人问行情，不要看证券类报纸。如果可能，连收盘行情也不要看，每周五晚上看一次 K 线走势即可。也就是说，投资者要尽量离开股市的诱惑就行了。虽然这不是容易的事，但是如果你做到了，过段时间股市跌得很深时，你会很高兴地发现你的资金竟然还有那么多!

【交易点拨】

股价跌破季线，表明季线上方的稻子已经被收割了，剩下荒废的田园你还留恋什么？不如等待地力恢复后再来耕种吧。

第六节　指标技术分析

379．什么是 RSI 分析法？

相对强弱指标 RSI 又叫力度指标，其英文全称为“Relative Strength Index”，由威尔斯• 威尔德（Welles Wilder）创造，是目前最流行、最适用的一种技术分析方法。

在风险投资市场，供给与需求的平衡是价格稳定的必要条件。但是在一般情况下，由于受到许多因素的影响，供需本身不断在变化，商品的价格也随之不断变化。一般来说，供给大于需求，商品价格下跌；供给小于需求，商品价格上涨。相对强弱指标就是基于这个供需平衡原理产生的，主要用于测量股票或期货市场买卖力量的强弱程度。

相对强弱指标 RSI 是一定时期内市场上涨和下跌幅度之和的比值。它是买卖力量在数量和图形上的体现，投资者可根据其所反映的行情变动情况及轨迹预测未来股价走势。在实践中，人们通常将其与移动平均线配合使用，借以提高行情预测的准确性。

相对强弱指标 RSI 的计算公式有如下两种:

第一种，假设 A 为 N 日内收盘价的正数之和，B 为 N 日内收盘价的负数之和乘以-1，这样 A 和 B 均为正，将 A、B 代入 RSI 计算公式，则 RSI （N）＝A ÷（A+B）×100

第二种，RS（相对强度）＝N 日内收盘价涨数和之均值+N 日内收盘价跌数和之均值

RSI（相对强弱指标）＝100－100/（1+RS）

这两个公式虽然有些不同，但计算的结果一样。

RSI 指标的应用规则如下。

（1）RSI 小于 20 为极弱势，一般应买进；在 20～40 之间为弱势，可卖出；在 40～60 之间为盘整，宜观望；在 60～80 之间为强势，可买进；大于 80 为极强势，一般应卖出。这种区分不是绝对的，还应根据经验和形势作决策。

（2）时间长的 RSI 结论可靠，但反应速度慢；时间短的 RSI 反应速度快，但可变性强。长短 RSI 对比参考：短期 RSI>长期 RSI，属上升趋势市场；短期 RSI<长期 RSI，属下跌趋势市场。

（3）RSI 处于高位并形成一峰比一峰低的两个峰，同时股价对应的却是一峰比一峰高，即顶背离，这一涨势极可能是最后的上涨衰竭动作，是比较强烈的卖出信号。与此相反的是底背离，RSI 在低位形成两个依次上升的谷底，而股价仍在下降，这极可能是最后一跌，是开始建仓的信号。

（4）当 RSI 处在极高位或极低位时，可不必考虑别的因素而果断行动。如股价指数的 RSI 达到 93 以上，必须出货；RSI 低于 5 则一定要买进。当然，这里的 93 和 5 不是一成不变的，与 RSI 的时间参数有关，与参与的市场属性也有关。

【交易点拨】

RSI 没有明显的规则性买进或卖出信号，当指针在高位时，仅说明行情反转的可能性升高，但并没有办法明确地指出时点。当发生单边行情时，RSI 指标在高档或低档时会有钝化现象，因此会发生过早卖出或买进的情况。

380. 如何利用 RSI 分析股价走势？

RSI 指标是一种相对强弱指标，又叫力度指标。

一般而言，RSI 值为 50 是市场强弱的分界线，RSI 值介于 50 ~ 80 时为强，表明市场多方力量强于空方，此时市场适宜做多；RSI 值介于 20 ~ 50 时为弱，表明市场空方力量强于多方，此时市场适宜做空。当 RSI 值介于 0 ~ 20 与 80 ~ 100 时，预示着市场处于超买、超卖中，表明目前的下跌或上涨行情已经超出了理性的范围，市场行情将反转的可能性很大。

使用 RSI 指标研判市场行情，方法主要有三种，即判断超买超卖法、判断背离法和两线比较法。

（1）判断超买超卖法。

判断超买超卖一般使用较长周期的 RSI 指标。通常认为，RSI 值在 80 以上时表明市场处于超买状态，此时整个市场多方力量大于空方力量，多方的买入已经超出了理性买入的范围，后续行情有可能出现回调或转势，投资者应适时反手做空。RSI 值在 20 以下时表明市场处于超卖状态，市场上空方力量大于多方力量，空方的卖出已经超出了理性卖出的范围，后续行情有可能出现回调或转势，投资者应适时反手做多。

（2）判断背离法。

一般而言，RSI 值会随着市场行情的上涨而变大，随行情的下跌而变小。RSI 指标背离是指 RSI 指标值的变化方向与市场行情的走势方向相反，可分为顶背离和底背离两种。二者产生的过程是这样的：价格在市场行情上涨的过程中创出一个阶段高点并回落后，继续拉升并创出一个新高，但相应的 RSI 值并没有创出新一波高点，这就是 RSI 顶背离。反之，则称为底背离。顶背离表明市场价格上涨的动力已经不足，应适时反手做空；底背离表明市场价格下跌的动力已经不足，应适时反手做多。

（3）两线比较法。

两线比较就是比较长期 RSI 与短期 RSI 的数值，从 K 线图上看就是分析两线的交叉情况。短期 RSI 是指计算周期相对较小的 RSI 曲线，长期 RSI 是指计算周期相对较长的 RSI 曲线。当短期 RSI 在低位向上突破长期 RSI 时，便形成 RIS 指标的“黄金交叉”，为买入做多信号。当短期 RSI 在高位向下突破长期 RSI 时，便形成 RSI 指标的“死亡交叉”，为卖出做空信号。

【交易点拨】

作为投资者，应该通过相对强弱指数，尽早分析出股价趋势，把握机遇，及时买进或卖出。

381．如何利用 RSI 分析趋势线？

通过强弱指标 RSI 也可以分析出股价的趋势线和抵抗线。

用强弱指标值连接起来的趋势线与 K 线图上画出的趋势线类似。在强弱指标图形中，将每日股价变动所产生的振荡点连起来，形成不规则的跳动图形。如果按照 K 线图中描绘趋势线的办法，同样可以得到强弱指标的上升趋势线与下跌趋势线。许多采用该方法的股票投资者都感觉到，相比日 K 线图，强弱指标图形有极其敏锐的先见之明；当支撑与抵抗的区域在日 K 线图中逐渐明朗化之前，强弱指标图形上常常已经很清晰地显示出来，从中可以更早地发现股价的支撑点在哪里，阻力点在哪里。

【交易点拨】

春江水暖鸭先知，强弱指标早报到。RSI 图形之所以有这样大的神力，就是因为其指标值在 0 ~ 100 之间变动，上下幅度限定。某些股票价位上涨或下跌时，它向上或向下移动的速度是该价位移动速度的 2 倍。

382．如何利用 RSI 判断抵抗线？

仔细分析强弱指标 RSI 图形，同样会找到抵抗线。与 K 线图上的抵抗线不同，强弱指标图形的抵抗线有以下三种情形。

一是当股价进入整理期，此时的强弱指标值上下波动的幅度也较小，局限在某范围内做横向变动，此时的强弱指标最大值和最小值就是抵抗线上界线与下界线。

二是根据 RSI 的常态图形，强弱指标图形最明显的抵抗线上界线是 70，下界线是 30。

三是像体育运动纪录似的，在一些个股的 RSI 图形上，过去出现过的最高值与最低值就是该股价的抵抗线。

【交易点拨】

在强弱指标图形中找出抵抗线，对判断股价的变化方向具有积极意义。

第七节 成交量技术分析

383．成交量分析应注意什么？

市场成交量的变化反映了资金进出市场的情况，是判断市场走势的重要指标，但在国外成熟市场，成交量主要是用于印证市场走势。

一般情况下，成交量大且价格上涨的股票，趋势向好。成交量持续低迷时，一般出现在熊市或股票整理阶段，市场交易不活跃。成交量是判断股票走势的重要依据，对分析主力行为提供了重要的依据。

（1）股价上升且成交量稳步放大时买入。

最好的量价配合走势就是成交量稳步放大，股价上升，这时候可以考虑买入股票。投资者应该经常能够见到以下这样两种情况。

其一是在下跌过程中，部分股票成交量一直保持相对稳定的状态而无明显的萎缩，股价却呈现一路阴跌的走势且无止跌的迹象，底部也无明显的形态可言。突然某几天成交量稳步放大，股价也由跌转升，下跌趋势的结束以股价向上突破重要的下降趋势线或某些均线（常用的有 5 日、10 日、30 日均线等）为标志。

其二是股价经过较长时间和较大幅度的下跌之后，在一定区域内上下波动且持续时间较长，成交量也无明显的增减变化，始终维持相对稳定的水平。待成交量稳步放大时，股价向上突破，上升行情开始。

以上这两种情况，均可以在成交量稳步放大 2 ~ 3 天时择机买入，后市一般会有可观的升幅。

在运用这样的方法操作时应该注意：①股价向上突破重要阻力位（如 30 日均线）时，成交量应明显放大。②只有在成交量逐步放大或维持较高水平的情况下，上升趋势才可能持久，否则只能说明是下跌途中的一次反弹而已。

（2）在行情低位突然放量时买入。

股价长期下跌使得下跌能量有足够的时间充分消耗，股价止跌走稳表明多空能量获得暂时平衡，但上升趋势最终将打破这种平衡，低位放量正是上升趋势力量异动的最初显示。短线操作者可以在行情处于低位时突然放量，股价明显上涨时跟进。

运用这样的方法操作的时候应该注意：①突然放量时股价位置必须在相对低位（可以从个股历史走势中确认），买入信号才可靠。②突然放量前股价应在一个时间段内获得支撑，有跌不下去之感，股价呈平台整理形态。此区域成交量呈均匀缩量状态，突然放量才有效。③注意低位放量区域与前一轮行情高点的距离。与前期高点距离越远，下跌趋势力量消耗得越充分，上升趋势力量确认的可靠性越强。

（3）在缩量整理时买入。

当股价经过一轮涨升时，获利盘涌出，使股价继续上升受阻，需先经过一段蓄势调整才能继续上升。此时成交量逐步萎缩到一个较低的数量，股价也小幅下跌至一个相对低点，这时应是明确的买入时机。当成交量重新开始放大时，将展开又一波上涨行情。

特别是股价快速上涨后出现调整，此时成交量显著萎缩，更应该大胆买入。这一般是主力震荡洗盘的表现，要不了多久，主力就会再度拉升股价。通常来说，在股价第一次快速上涨后的调整中，成交量明显萎缩时买入比较可靠，再次拉升后调整缩量时是否是买入时机，要视主力的行为和股价形态而定。

运用这样的方法操作时，应该注意：①正确区分上攻行情初期出现的缩量整理与第一上升浪末期出现的缩量整理。②注意缩量整理的方式。缩量整理的方式有两种：其一为回调缩量整理，其二为小平台强势缩量整理。③注意上升趋势中，股价上涨必须有成交量配合，回调时成交量明显缩小，这样后市才会继续上涨。如果只见放量不见上涨，或上涨无量，下跌有量，或看似调整，但成交量却无明显萎缩，就要小心主力出货，或多空双方的较量在向空方倾斜。

除了以上这三种情况分析把握股票买点的方法之外，还有多种量价配合买入方法，在此就不一一详述了。

【交易点拨】

成交量是技术分析的基本要素之一，是投资者看盘的重点。成交量是股票市场运动的原动力，没有成交量的配合，股票市场就成了无本之木。有经验的高手，总是把整个市场或个股的成交量作为衡量和观察市场趋向变动的前提。

384. 如何根据成交量判断股价趋势？

成交量是某一个特定单位时间内所撮合成交的股数，是判断股价走势的重要依据。成交量是一种市场供需的表现。所谓成交，当然是有买有卖才会达成，光有买或光有卖绝对达不成成交。市场交易中，必然是一部分人看空后市，另外一部分人看多后市，造成巨大的分歧，又各取所需，才会产生成交。

成交量的本质是：当多空双方对后市的看法分歧较大时，买的人多，卖的人也多，才会形成巨大的成交量。当对后市一致看多或者一致看空时，那么前者没有人卖，后者没有人买，成交量相对来说必然会比较小。

从这一点来看，可以从成交量来对股市的未来走势作出一定的判断。成交量比较小的情况下，趋势会继续下去，成交量比较大的情况下，后市发生反转的可能性较大。

一般情况下，将股票的价格循环分为六个阶段。从这六个阶段，可以很清楚地分析出一只股票接下来的走向。这六个阶段为：量增价平→量增价升→量减价升→量增价平→量增价减→量减价减→量增价平。

量增价平：当股票在低位运行一段时间后，开始被人们关注，领先的抄底资金开始慢慢入场潜伏，成交量上升，但是股价未出现大幅上涨。

量增价升：关注的人越来越多，资金开始快速流入，伴随着抢夺筹码的情况愈演愈烈，量价齐增。

量减价升：经过上一阶段的上涨，人们对后市一致看多，卖出的人越来越少，于是成交量下降。

量增价平：经过一段时间的上涨，股票积累了一定的涨幅，这时人们对后市的走势看法出现分歧，看跌的人开始抛出，看涨的人继续买入，成交量放大，股价涨速放缓。

量增价减：大量获利盘开始抛售，随着抛盘的增大，成交量仍然保持在高位，股价开始下跌。这个阶段通常和上一个阶段相互重合。

量减价减：随着人们对后市一致看空，买入的人越来越少，成交量极度萎靡，股价快速下跌。

由此再循环进入一个新阶段，如图 7-10 所示。

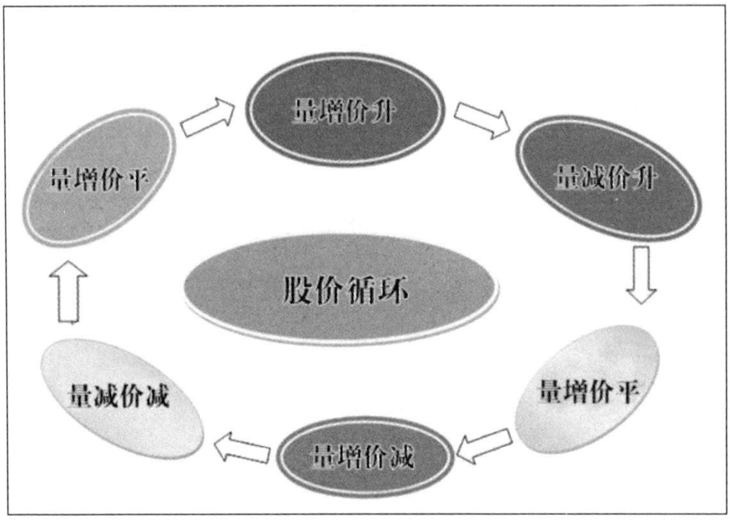

图 7-10 量价循环图

【交易点拨】

在进行行情判断时，时间具有很重要的作用。一个已形成的趋势，在短时间内不会发生根本性的改变，中途出现反方向波动，对原来的趋势不会产生太大的影响。一个形成的趋势不可能永远不变，经过了一定时间后，会有新的趋势出现。

385. 如何对趋势、成交量和均线进行综合研判？

学会看盘，掌握看盘的基本知识和技巧，对每一位长期在证券市场上搏杀的投资者来说，是一门极其重要的必修课，它关系到投资的成功与失败，关系到财富的获得与损失。在通常情况下，投资者看盘时需要注意以下三个要点，称之为盘面“三看”。

一看趋势，即密切关注大盘趋势的变化。根据通道理论，指数一般会沿着某一趋势运行，直到政策面、宏观经济面发生重大变化，这一趋势才会逐步改变。特别要指出的是，趋势的改变不可能在一夜之间完成，这就是所谓的“惯性”作用。

二看成交量。股谚云：量在价先，天量天价，地量地价。说的就是“成交量比成交价更重要”这个道理，因为成交量可以决定成交价及其后的股价走势。一般来说，在指数上升的过程中，成交量应该有所放大，因为只有这样才能维持其原有的走势。如果把指数的上涨看做是列车行进速度的话，成交量就是列车的动力。指数的上涨就好像是列车在走上坡路，没有动力是万万不能的。而下跌就好像是列车在走下坡路，不需太大的动力或根本不需动力，因为此时地球引力起到了巨大的作用。

如 2001 年 6 月，沪市见顶 2245 点后，成交量不再放大，增量资金不再入市，成交量也开始萎缩，这表明资金开始逐渐出逃，指数焉有不跌之理？可这一跌一直跌到了 1349 点，几乎把多年牛市的成果消耗殆尽。也正是在1350点左右，两市成交量开始明显放大，表明场外增量资金开始介入，指数才得以扭头向上。

三看均线，即密切关注均线的走向。一般说来，指数在长时间上涨后，如果5日均线下穿10日均线，就应该引起警惕。若10日均线下穿30日均线，应该考虑卖出。当30日均线掉头下行时，则应果断离场，不管此时是亏损还是盈利。

这里提醒投资者注意的是，如果在第一次均线死叉时没能出逃，股价很可能还有一次反抽的机会，这时大盘K线形态会形成一个双头或双顶，此时则是投资者最后的逃跑机会。反之，指数在长时间下跌后，如出现5日均线上穿10日均线，则应视作是一个较佳的短线买点；若10日均线上穿30日均线，则可视为中长线买点。

上面所讲的“三看”是相辅相成的，“二看”和“一看”都是绝对不行的。更为重要的是，除了盘面“三看”之外，尤其应关注宏观经济面和政策面的变化，万万不可逆政策面而行，拿鸡蛋碰石头。

【交易点拨】

盘面“三看”，实际上是运用趋势、均线和成交量三种方法综合研判市场当前的趋势。知道了当前市场运行的趋势，就知道如何去操作了。

386. 如何根据成交量选择卖出时机？

股价大幅上升后，成交量大幅放大，这是卖出股票的重要时机。

当股价大幅上扬之后，持股者普遍获利。一旦某天该股大幅上扬过程中出现很大、很多的卖单，特别是主动性抛盘很大，表明主力正在纷纷抛售，是卖出的强烈信号。如果此时买入的投资者很多，买盘仍然踊跃，很容易迷惑看盘经验差的投资者，有时甚至做出换庄的误判。然而没有大主力愿意在高价区收集筹码，来实现少数投资者期盼的“换庄”。

成交量创下数月甚至数年内的最大值，是主力卖出的有力信号，也是持股者卖出的时机。没有主力拉抬的股票难以上涨，仅靠广大中小散户很难大幅推高股价。

【交易点拨】

股价上扬末期成交量创下天量，个股90%以上将形成头部。

387. 如何根据连续缩量选择卖出时机？

连续缩量创出高点是很好的卖出时机。

股票价格由供求关系决定。当一只股票开始大幅上涨的时候，其成交量往往大幅攀升，原因在于机构投资者争相买入该股，以抢在竞争对手之前收集筹码。在一个较长时期的上涨后，股价上涨动力衰竭，尽管会继续创出新高，但成交量开始下降，这个时候就要小心了。因为此时很少有机构投资者愿意再买入该股，供给开始超过需求，卖压会越来越大，很可能股价会反转下跌。

【交易点拨】

一系列缩量上涨往往预示着行情即将反转。

第八节 盘口技术分析

388．怎样看懂分时走势图？

分时走势图也叫即时走势图，它是把股票市场交易信息实时地用曲线在坐标图上加以显示的技术图形。坐标的横轴是开市的时间，纵轴上半部分是股价或指数，下半部分显示的是成交量。分时走势图分为指数分时走势图和个股分时走势图两种。

（1）指数分时走势图。白色曲线表示上海交易所对外公布的通常意义下的大盘指数，也就是加权指数。黄色曲线是不考虑上市股票发行数量的多少，将所有股票对上证指数的影响等同对待的不含加权数的大盘指数。

参考白色和黄色曲线的相对位置关系，可以得到以下信息：①当指数上涨，黄色曲线在白色曲线之上时，表示发行数量少（小盘）股票涨幅较大；当黄色曲线在白色曲线之下时，则表示发行数量多（大盘）股票涨幅较大。②当指数下跌时，如果黄色曲线仍然在白色曲线之上，表示小盘股的跌幅小于大盘股的跌幅；如果白色曲线反居黄色曲线之上，则说明小盘股的跌幅大于大盘股的跌幅。③红色、绿色柱线反映当前大盘所有股票的买盘与卖盘的数量对比情况。红柱增加，表示买盘大于卖盘，指数将逐渐上涨；红柱缩短，表示卖盘大于买盘，指数将逐渐下跌。红柱增长，指数下跌量增加；绿柱缩短，指数下跌量减小。④黄色柱线表示每分钟的成交量，单位为手。

（2）个股分时走势图。白色曲线表示该种股票的分时成交价格。黄色曲线表示该种股票的平均成交价格。黄色柱线表示每分钟的成交量，单位为手。

【交易点拨】

分时走势图是股市现场交易的即时资料，也是对股市行情做出判断的重要依据。

389．如何在短时间内看清当天大盘走势？

每天开盘之后，分析判断出当天的大盘走势，这是捕捉买卖点的关键信息。

一般来说，开盘后做多的一方常会迫不及待地抢进，恨不得一口吃个胖子，而做空的一方则想尽快地出货，也会故意拉高，于是造成开盘后股价急速升高，这是强势市场经常看到的情况。此外，上升趋势为了买到便宜货，主力也会在开盘时即往下砸。下跌趋势中，散户则会不顾一切地抛售，造成开盘后急速下跌。通过观察开盘后 30 分钟的市场表现，有助于对当天的大势作出判断。

无论是做多还是做空，双方都很在意开盘后最初 10 分钟的争夺，因为这个时候盘中的买卖量不是很大，因此用不多的资金就可以达到预期的目的，也就是“花钱少，收益大”。开盘第一个 10 分钟结束后，双方开始休整，一般市场会对原有的走势进行修正。如果空方打压得太急，多方会组织反击，抄底盘会大举介入；如果多方攻得太猛，空方会予以反击，获利盘会积极回吐，因此这段时间是买入或卖出的转折点。

开盘 20 分钟后，参与交易的投资者越来越多，买卖盘变得比较实在，可信度比较大。这段时间的走势，基本上可以成为全天走势的基础。

投资者怎样对当天走势进行研判呢？可以以开盘为原始起点，以开盘后的第 10 分钟、20 分钟、30 分钟指数移动点连成三条线段，开盘 30 分钟的线段走向，实际预示了这一天的走势。

如果三个指数都比开盘点位高，表明当天行情趋好，日 K 线一般会收出阳线。但如果前 30 分钟的成交量呈天量上升，则表明主力有意拉高，可能有拉高出货之嫌。如果出现这种情况，应以出货为主。

如果三个指数都比开盘点位低，则表明做空力量过于强大，是典型的下跌趋势特征，日 K 线一般会收出阴线。

【交易点拨】

经常有人说某某高手很神，一开盘就能看出当日大盘的走势和个股状态。其实学会这种方法和技巧并不难，只要按照上述方法去做，就能看出开盘之后的大盘走势。

390. 开盘价对当日行情有何影响？

“开盘”是指当天开市后第一笔成交的价格，是市场各方对当天股价的一个预期。根据当天开盘价与前一交易日收盘价的对比，开盘分为高开、低开和平开三种。虽然开盘价格不能作为判断股价走势的唯一依据，但可以作为一种参考。特别是一些特殊的开盘价，往往能预示当日全天的走势。

所谓高开，是指当天第一笔撮合成交的价格高于前一个交易日的收盘价格，它一般意味着市场对该股未来的走势有所期待，属于看多个股后市的开盘；平开是指开盘价格与前一个交易日的收盘价持平，表明看好和看空该股的力量是持平的，市场处于一种相对平衡状态；低开则是指开盘交易的第一笔成交价低于前一个交易日的收盘价格，一般表明市场对于该股没有信心，是看低后市的。其中平开的情况是最少的，对于多数个股而言，低开或者高开则是常态。投资者需要根据低开或者高开的幅度以及其他方面的因素，对下一步的走势进行判断。

最典型的情况是，个股大幅低开之后低走或高开高走。大幅低开或高开一般都指开盘涨跌幅度至少在 3%以上，有的甚至是 5%以上。如果以这种幅度高开或低开，并且之后保持持续性，就可以判断该股是有明确趋势性的。最为极端的高开或者低开，一般都是受到重大消息影响而出现的。如广州冷机公布大股东资产注入方案后，复牌当天以及之后的几个交易日，都可以看到直接涨停的情况，这就是非常明显的上涨趋势。

在熊市中，经常可以看到股价连续跌停开盘的情况，特别是利空因素影响造成的下跌。典型的例子就是涉嫌财务造假的银广厦，消息公布后连续出现了十多个跌停。当遇到这种情况时，一般没有什么可操作性，即上涨的个股基本上没有好的买点。对于那些连续跌停的个股，要高度注意风险，一般不要盲目抄底。

有操作参考意义的是在强势市场中高开的个股。如果高开幅度在 3%以上，而且能够稳住，不再大幅下调回补缺口，这样的个股应该高度关注。因为这样的个股短期内会有持续上涨的动力，所以有短线获利机会。相反，在弱市中，如果股价大幅低开，并且没有反弹回补缺口，或者即使回补缺口，但成交很小，这意味着该股还将有较大的跌幅，应及早卖出回避风险。对于一般的个股来说，股价出现略微的高开或者低开，仅仅从开盘价格是无法预测今后的走势的。

开盘价对于股价走势的预测作用，往往是和公司信息面紧密联系的。突发性的大幅高开或者低开，都有其必然的背景。看盘过程中，投资者还需要结合基本面的情况，同时观察成交量的变化，考虑是否参与短线操作。

【交易点拨】

俗话说，“万事开头难”。股价是高开还是低开，成交情况如何，对当日后市的发展变化会带来直接的影响。

391．尾盘挫低透露出什么信息？

尾盘是交易过程延续至收盘前的股价状况，与临收是一个意思，也就是临近收盘的一小段时间内股价的走势态势。比如，某股在一天的行情走势中，股价一直持续在 39 元至 39.50 元间盘整。在收盘前 10 分钟，盘面上还是 39.10 元买进、39.50 元卖出，但收盘后行情表上却是以 38.90 元收盘，而且最后很可能是 38.90 元卖出，却没有买进价。

这种临收盘的低挫形态，以正常的交易思维分析，很可能是有人急需资金，在等了大半场的价格变化后，想等到高价出手，最终却没有等到，于是在收盘前不得不低价抛售，从而导致行情杀跌。但是只要投资者仔细一想就会发现，临收盘股价挫低，一方面使当日大部分买进者套牢，挫伤其锐气，另一方面则使想买进的投资者畏难却步，入场意愿减弱。

走势较好的股票，很少会在盘尾价格挫落好几档，否则会使一些投资者心灰意冷，导致隔日买盘退缩，卖意增强的现象。这种盘尾挫低的人为操作引起的心理变化，会直接影响到盘面变动。

部分想在低位进货的主力，为避免不断买进高价筹码，同时避免过分暴露身份，也会让标的股票价格以盘尾低挫形式收盘，使个股表现倾向于弱势。

【交易点拨】

这种主力惯用伎俩，只能是一时一事奏效，或只能蒙蔽一小部分缺乏实际操作经验的散户。

392．收盘价格突变如何操作？

股价盘尾行情变化经常会透出一些信息。临收盘时股价突然窜高与挫低，分别蕴藏着不同的意义，这些意义历来为股市资深投资者留意。

通常标的股再三出现盘尾挫低走势，分时图上会发现低档位成交量并不大，甚至比中档位成交差距还明显，这纯属一个注意“信号”。如果投资者懂得技术分析，可能会初步断定该股究竟是否具有投资价值。

有经验的投资者不仅不上主力尾盘杀盘这个套儿，还会一眼看穿该股已有主力介入的迹象。此时主力或者是正在拉盘做多，或者正在压低吃货。有时也可能是很自然的，刚好有中户急于用钱，于是在尾盘抛售较多的筹码，收盘时造成价格急剧走低的态势。

投资者如果发现某一标的股价格走低，就要注意它。如果一再发现这种现象，基本上可以断定主力在操纵收盘价格。然后配合技术分析图表或热门股进出表，摸清盘尾变化的交易状况，结论自然就有了。

【交易点拨】

在盘尾之前，部分股票行情经常会出现急剧变化，这种变化一经发生，就意味着“人为干预”的因素浮出了水面。主力干预收盘价格，目的在于为中小投资者制造幻想，以干扰或误导投资者的心理，有经验的投资者不要轻易上当。

393．怎样通过盘口辨别主力是洗盘还是出货？

主力出货时，在卖盘上是不会挂大卖单的，下方的买单反而很大，显示委比相当大，造成买盘多的假象，但上方某价位的卖单却有吃不完的货。还有一种情况是，成交明细中常有大卖单而买单却很小，导致价位下沉，无法上行。

主力洗盘时，会在卖盘上挂出大卖单，造成卖盘多的假象；主力对倒下挫时，投资者分不清主力是洗盘还是出货，但在关键价位卖盘很大，买盘虽不多但买入成交速度很快，笔数很多，股价不再下挫，这时多为主力在洗盘。

【交易点拨】

无论是洗盘还是出货，主力往往都会制造一些盘面假象。

394．如何分析开盘时的成交量？

看盘时要看现手数与现手累计数。现手数显示的是刚刚自动成交的那次成交量的大小，如果连续出现大量成交，则说明有很多人在买卖该股，值得注意。如果半天也没人买，则不大可能成为强势股。

现手累计数就是总手数，总手数也叫做成交量，有时它是比股价更为重要的指标。总手数与流通股数的比称为换手率，它说明持股人中有多少人是当天买入的。换手率高表明买卖该股的人多，股价容易上涨。如果不是刚上市的新股，却出现特大换手率（超过 50%），其股价常常会在第二天就反转下跌，所以最好不要买入。

【交易点拨】

看盘是炒股的基本功，基本功不扎实，很难获得好的操作效果。

第九节 短线技术分析

395．如何进行短线操作？

从 K 线图上分析，短线操作需要满足下列条件。

（1）要有大盘向上趋势的配合。如没有完美的图形和九成的获胜把握，不能进行逆势操作，否则必遭重创。

（2）量能充足，必须持续放量。

（3）主力持有的筹码较多，曾放量或正在放量，主力有一定的控盘度。在 K 线图上有持续控盘的特征，如规律性走势及受控迹象等。最好有强力承接、温和有度的控盘动作。

（4）所属板块共同走强，最好是市场热点。这是保证资金安全和盈利的重要条件。

（5）底部坚实，且技术指标系统如均线、指标均呈上升趋势排列或出现共振。

（6）个股所属板块不能处于热炒后的整体退潮期或者走势领跌大盘。

【交易点拨】

地上本没有路，走的人多了，也便成了路。不要一有风吹草动就缩手缩脚，看准图形态势，短线操作也能成功。

396. 短线卖出的依据是什么？

寻找短线卖点，不能依据 30 日移动平均线，因为 30 日移动平均线反应较迟钝，股价在均线走平或击穿均线再卖出，必须是买进后获利丰厚才能行得通。否则等到这个信号发生时，投资者的亏损已经很大了。

短线操作有两类可靠的出货依据，重点放在趋势的逆转上。

（1）股价以同样的特征长时间运行或有很大的涨幅，表明确有大量资金在其中运作。一旦走势打破这种格局，极有可能是多空力量对比发生了重大变化，应视为趋势逆转，要立即卖出。形态破位、股价沿某一条均线运行了很久或出现很大涨幅之后向下破位均在此列。

（2）大势见顶，个股如果没有很强的基本面支持，也应视为见顶。有时大盘见顶时，个股 30 日移动平均线还在缓缓走平向上，K 线图上看来量能充足，底部构筑坚实，但前期股价涨幅却很有限，这说明该股为短庄操盘或主力对倒拉高出货的陷阱，此时要格外小心。

【交易点拨】

炒短线时，按照一般的心理反应，只要有 20%的涨幅，即可落袋为安。

397. 如何看待下跌趋势中的强势股？

笔者对大盘的多空定义是以 20 日移动平均线的量价走势作基准，大盘如此，个股也如此。20 日移动平均线向下，股价在此均线下方，都以下跌趋势视之。

个股在下跌趋势市场中呈现平台整理，往往给人不少想象的空间，但是别忘了大盘的趋势。一样的整理，在上升趋势中可能是买点，但在下跌趋势中可能是卖点，这是有必要区分清楚的。有句话说：没有大盘涨升做背景的个股大涨，是涨不久的。以个人经验，这句话有八九成可靠性。

下跌趋势中，强势股往往会引起大家的注意，感觉上别人跌它不跌，但这只是相对表现得强势。要追就要追强势股，原则上这句话没有错，但如果大盘处在下跌趋势市场，这个原则可能就大错特错了。下跌趋势中，强势股的操作有必要为大家做一个整理，以免操作错误，受到大的损失。

下跌趋势中，强势涨停的个股，第二天的走势大多是缩量大涨或者是量滚量大涨。缩量大涨表示筹码稳定，个股后期涨幅会较大。量滚量的涨法有出货的嫌疑，走势反而不理想。因此如果是量滚量的大涨或涨停，短线操作要特别小心，一旦买盘缩手，回跌的幅度往往很大。至于强势涨停第二天缩量大涨的股票，只是比量滚量好一些，但是在大盘整体走空的压力下，强势上涨也维持不了多久，想逆势走高不是那么容易的事儿。

在下跌趋势中，涨停板最大的陷阱就是让人套在高档而且不容易解套。下跌趋势浪中的起跌K线是将来反弹的阻力点，想想主力好不容易将你套在高档，怎么会有轻易拉上来让你解套的道理。

那么为什么有些主力要如此大费周折地做出强势整理的模样，然后又费心地拉出涨停板？原因只有一个：不逆势上涨，如何吸引散户上当？没有散户入场接盘，主力要把货出给谁？吸引散户上钩的最好方法，就是先做出强势整理的模样，吸引大家的目光，然后来个突破性的长阳或涨停，引起散户追买。

既然了解了主力的意图，那么我们该如何做呢？请反过来想一下，长阳或者涨停，是不是告诉我们空方的目的，是不是主力发出邀请函要我们做空呢？

盘面上你可以自己检视一下，大跌当天强势涨停的股票过几天后是如何运行的？追买有没有好下场呢？

对于大盘的涨跌趋势，有一种简单的判断方式，如果20日移动平均线向下运行，个股在20日移动平均线下方涨升，尤其是已经跌破前波低点之后的涨升，大家都可以以反弹视之。

【交易点拨】

下跌趋势中抢反弹，属于逆势操作，风险极大。即便是操作强势股，也很可能得不偿失，经验不丰富的投资者，建议观望为妙。

398．如何进行短线炒股？

大部分股民朋友在进行股票交易的时候，并不像巴菲特那样坚持持有一只股票长达数年时间，往往都是进行短线操作。

由于短线炒股能在短时间内给投资者带来立竿见影的效益，所以很多人都想在短线中捞金。短线操作最重要的就是学会寻找最佳的买点，最佳买点未必是最低价，因为最低价是可遇不可求的。短线投资者只要能够通过分析找到一个安全且具有上涨空间的买点，就已经算是很成功了。

【交易点拨】

短线操作，对股票的分析同长线投资一样，主要考虑的是股票的市盈率问题。

399．怎样利用趋势原则进行短线买股？

趋势原则就是在准备买入股票之前，首先应对大盘的运行趋势有个明确的判断。一般来说，绝大多数股票都随大盘趋势运行。大盘处于上升趋势时，买入股票较易获利，在顶部买入，则好比虎口拔牙，下跌趋势中买入，难有生还机会，盘局中买入则机会不多。

此外，还要根据自己的资金实力制定投资策略，是准备中长线投资还是短线投机。最好明确自己的操作行为，做到有的放矢，所选股票也应是处于上升趋势的强势股。

【交易点拨】

在投资中，趋势是你最好的朋友。

400. 怎样利用底部原则进行短线买股？

中长线买入股票的最佳时机，应在底部区域或股价刚突破底部上涨的初期，应该说这是风险最小的时候。短线操作虽然天天都有机会，但也要尽量考虑到短期底部和短期趋势的变化，操作上要快进快出，同时投入的资金量不要太大。

【交易点拨】

短线投资要的是速度。

401. 怎样利用强势原则进行短线买股？

“强者恒强，弱者恒弱”，这是股票市场的一条重要规律。这一规律在买入股票时会对我们有所指导。遵照这一原则，我们应多参与强势市场，少参与或不参与弱势市场；在同板块、同价位或目标股票之间，应买入强势股和领涨股，尽量回避弱势股或预测将要补涨的股票。

【交易点拨】

做强势股时，切勿追涨杀跌。

402. 怎样利用分批原则进行短线买股？

在没有十足把握的情况下，投资者可采取分批买入和分散买入的方法，这样可以大大降低买入的风险。分散买入的股票种类不要太多，一般以三只以内为宜。另外，分批买入应根据自己的投资策略和资金情况有计划地实施。

【交易点拨】

分批原则能有效降低风险。

403. 短线炒股怎样选择买入时机？

在短线炒股时，想要让你的投资收益跑赢市场，关键是要掌握一些行之有效的分析方法，准确把握买入的时机。掌握了这些分析方法，才会有不菲的战绩。

短线炒股主要有以下几种买入方法：根据形态选择买入时机，根据趋势线选择买入时机，根据移动平均线选择买入时机。

【交易点拨】

良好的开端是成功的一半，好的买点是获利的一半。

404. 如何识别反转与反弹？

股市不会永远下跌，任何下跌行情终究会产生反转走势。但是在一轮跌市中，反弹出现的次数可以有无数次，而反转出现的机会只有一次。从概率上讲，反转出现的概率很小。

按照“反弹不是底，是底不反弹”的说法，反弹后必然会继续探底，股价再创新低，所以才有“逢反弹出货，创新低后再低吸”的操作策略。而反转应该是股价不断攀高，即使回调也不会再创新低。

那么如何识别行情是反弹还是反转呢？主要从以下几个方面探寻：看底部构造是否充分，从领涨板块分析，从基本面分析，从技术面分析，从主力炒作理念分析，从资金来源上分析，从成交量来分析。

【交易点拨】

底部形态出现后，先按反弹操作。

405．主力有哪些炒作方式？

主力炒股也要获利。同样是买卖差价获利，与散户不同的是，主力可以控制股票的走势和价格。也就是说，散户获利是靠期待股价上涨，主力则是自己拉动股价上涨。

主力炒作包括四个主要部分：建仓、震仓、拉抬、出货。对于中小投资者来说，一定要看透主力的炒作方式，这样才能见招拆招，使自己在变化无穷的股市中抢得先机。

【交易点拨】

散户要踏准节奏，跟随主力的韵律炒作。

406．怎样辨别主力是洗盘还是出货？

炒股的人个个都想骑黑马，但不幸的是，常常爬上去了却坐不稳。持有一只本来可以赚大钱的股票，却因走势像是主力在出货而斩仓离场。然而刚刚斩仓出局，股价却飞一样地涨起来，似乎就差我们手中这几股，你不抛它就不涨。

与此相反，有时候投资者觉得主力在洗盘，于是把股票捂在手里就是不卖，甚至下跌后还要继续“补仓”，而实际上主力却是在出货。捂股的结果是被套，有时短线操作变成了中线操作甚至是长线投资。

这种痛苦的过程，相信中小投资者都经历过，而且大都不止一次。出现这种问题，其实都是因为没有准确辨别出主力是出货还是洗盘造成的。

洗盘是股价在上升中途进行的技术性整理，其目的是通过整理换手，清洗掉市场内的获利筹码，使市场内的持股成本趋于一致。洗盘的结果造成大量的筹码被机构主力战略性地锁定，从而导致市场内的浮动筹码大量减少。洗盘现象在技术上的具体表现是：随着整理的持续，股价波动的幅度逐渐减小，成交量快速萎缩，股价在中长期均线附近被控盘，盘面浮动筹码稀少，成交量低迷。

出货是股价上升到高位以后，机构主力利用题材或利好消息，吸引中小投资者进场接盘。与洗盘恰恰相反，出货会导致筹码由原来的“集中锁定状态”逐渐变为“分散状态”。随着筹码逐渐分散，必然会导致盘面浮动筹码数量增加。其具体的表现是：成交量在较长的时间内始终无法萎缩，并且始终保持较为活跃的状态，消息面会有很多朦胧的题材或利好消息配合。

【交易点拨】

在具体操作中，中小投资者可以从盘口、K线形态、重心下移、成交量等几个方面辨别主力是洗盘还是出货。

407．怎样通过重心下移辨别主力是洗盘还是出货？

重心是否下移，是判别洗盘与出货的显著标志。主力在洗盘时，会把图形做得很难看，但并不想让其他人买到便宜货，所以日K线无论收乌云线、大阴线、长上影线、十字星，还是连续收四五根甚至更多阴线，股价重心始终不会明显下移。

【交易点拨】

股价重心下移就是出货。

408．如何根据大盘行情选择卖出时机？

大盘行情形成大头部时，应坚决清仓，全部卖出。上证综指或深证指数大幅上扬后，形成中期大头部时，是卖出股票的关键时刻。

不少市场评论认为应抛开指数炒个股，这种方法并不科学，只关注个股走势，是“只见树木，不见森林”。历史统计资料显示：大盘形成大头部下跌时，有90%～95%的个股会形成大头部下跌；大盘形成大底部时，有80%～90%的个股会形成大底部。大盘与个股的联动性相当强，只有少数个股能在主力介入操控下逆势上扬，但这仅仅是个别现象。

【交易点拨】

要逮到逆势上扬的“庄股”概率极低，因此一旦大盘形成大头部区，即是果断分批卖出股票的关键时刻。

409．如何根据利好消息选择卖出时机？

股价大幅上扬后，公布市场早已预期的利好消息是卖出的关键时机。股票炒的都是预期，在利好消息公布前，股价会连续拔高。一般情况下，主力都会借着利好出货，利好消息公布其实是短期内最大的利空。

【交易点拨】

利好消息公布后，如果股价没能封住涨停，应坚决卖出。

410．如何根据利空消息选择卖出时机？

碰到重大利空，一定要坚定地第一时间离场，绝对不能置之不理。因为投资者第一时间并不知道市场对重大利空是怎么看的，一旦出现跳水行情，亏损就会变得很严重。

【交易点拨】

如果股价经过长期的大幅下跌，这时出现重大利空消息，可能离底部就不远了。

第十节　技术分析经典理论

411．道氏是谁？

道氏即活跃于19世纪末20世纪初期的查尔斯·道，他是《华尔街日报》的创办人，也是道琼斯工业指数的设计人。

在股票市场，大家都试图找出股市相关的运行规律，而存在最久、最令人信服的当首推道氏理论。道氏是第一位利用几只股票的平均价格，解释股市齐涨齐跌现象并分析整体股票市场趋势的人。他将他对道琼斯指数的观察和股票市场的行为，以一系列论文的形式发表于当时的《华尔街日报》。1902年道氏去世后，他的同事尼尔逊将他的论文集结成册，定名为《股票投机入门》，这本书后来成为技术分析的鼻祖，也就是今天大家所说的道氏理论。

【交易点拨】

道氏理论是股票市场技术性分析的理论基础。

412．道氏理论的原则和观点是什么？

（1）指数的波动是市场供需波动的结果。

股价的涨跌导致大盘平均指数的上下落差，除了一些人类暂时无法控制且无法避免的自然灾害无法由指数走势上看出来之外，指数上下波动的现象必定反映出市场供需波动的结果。

（2）道氏理论把市场的趋势分为三类。

市场趋势分为三种：主要趋势、次要趋势及微波。在这三种波动级别中，主要趋势最应为投资人关心和追随。作为股价的主要趋势，通常在其运行发展过程中，时间跨度会长达几个月，在规范的市场中，时间可能长达一年甚至数年；至于次要趋势的走势，时间上一般为数周或几个月；微波浪花则是以天为时间单位来计量的。

（3）主要趋势的发展阶段。

道氏把主要趋势划分为三个层次。

第一阶段为打底过程。此时以股价的发展形态看，往往是成交量极度萎缩，市场极不活跃，股价处于一种圆弧状或锯齿状的谷底，是利空渐渐出尽的阶段。较有远见的投资者正悄悄寻找介入时机，逐次介入。

第二阶段为底部完成，向上突破。这一阶段一般属于技术派人士开始渐渐介入，市场经济情况开始改善，股价打底完成，将开始上升。

第三阶段为行情成长爆发。大众投资者开始积极参与，大量利多消息开始在市场和媒体间传播，市场投机气氛越来越浓厚。但第一阶段和第二阶段介入的人则在此时开始逢高获利了结。

（4）量价须相互配合。

道氏认为，在股价走势图中，成交量应为研判股价走势信号的重要配合工具。成交量须配合股价上涨而放大，作为股价上升的动力与上升趋势市场的现象。如市况是处在下跌趋势市场，当股价下跌时，成交量会放大；反弹上升则成交量会缩小，呈现典型的量价背离现象。

在股价运行过程中，市场各种情况没有出现任何反转迹象前，股价运行的原有趋势仍会维持有效的运动。投资者和分析者可以凭一些技术分析工具，如支撑线与阻力线，股价走势的形态分析，股价趋势线与股价平均成本线的分析等，来对股价的小波段进行研判。经由这些技术上的综合统计分析，来观察市况是否出现反转信号，从而抓住顺势而为的先机，或及时入场，或随时退出。

道氏理论假设大部分股票永远都会跟着基本市场的大势波动，这个市场趋势有可能是长期升势或长期跌势。不过从相关文献上看，道氏股价波动理论只是从大趋势的角度来看上涨和下跌的变动，是经济趋势的衡量指标，道氏从来不认为他这套理论可以用来预测股票行为，更不认为可以作为投资指引。

道氏理论可以说是现今所有图表趋势派的理论基石，甚至可以说是所有西方技术分析的基础，如波浪理论、甘氏理论、市场趋势、价量关系、形态学、葛兰碧买卖八大法则，甚至指标用法等，都源自于道氏理论。

【交易点拨】

三种趋势的关系可以形象地比喻为：长期趋势如海潮，中期趋势如海浪，短期趋势如微波。海潮有潮涨潮落，海浪寄于海潮中，微波又寄于海浪中。

413. 道氏是怎么规定上升趋势市场与下跌趋势市场的？

道氏理论中的基本多空趋势判断标准是：只要下一个上涨的水准超过前一个高点，而每一个次级下跌，其波底都较前一个下跌的波底高，那么主要趋势是上升的，这被称为上升趋势市场。相反，当每一个次级的下跌都将价位带至更低的水准，接着的反弹不能将价位带至前一次反弹的高点，则主要趋势是下跌的，称为下跌趋势市场。

《股票作手回忆录》的作者利弗莫尔说：股市只有一个方向，不是上升趋势，也不是下跌趋势，而是对的那一头。

这句话相当经典，对于股市操作，目前找不到比这句话更贴切的形容了。对多空的了解固然是进入股市最基本的常识，但是要做到“对的那一头”，其心态的培养和主要趋势、次要趋势如何搭配的观念，其实是需要相当的功夫和经验的。千万别小看利弗莫尔前辈的这句话，很多久经沙场、经验老到的高手，往往一不小心忘了在错的时候赶紧退出，出现错单的结果，就是在很短的时间内输光所有。

每次中级回档或下跌趋势大跌之后，太多太多的股民被抬出市场，其中不乏阅历丰富的百战枭雄。他们不是技术不行，只是太过自信，认为自己在对的方向。市场也总是毫不客气地教训这种人。市场是最严厉的老师，在这位严厉的老师面前，我们只有乖乖地听话。能够在股市致富的人，大概都有贪婪与恐惧的心理，这种心理一半是天生，另一半可能要靠人生历练。

虽然是先有股市，而后才有道氏理论，但是道氏理论后来却成为股市操作的一种游戏规则，也是进入股市的投资者必须了解的。投资者不但要了解主要趋势的规则，也要了解次要趋势的规则。

了解道氏理论后，我们就知道如何判断市场是主要趋势还是次要趋势，是反弹还是反转。也就是说，当市场趋势是阶梯式上升的上升趋势市场，出现小幅下跌是回档行情；当市场趋势是阶梯式下跌的下跌趋势市场，出现小幅上涨则是反弹行情。

有了这一认知，才会有“上升趋势，回档是买点；下跌趋势，反弹找卖点”的操作策略。这样的策略就是告诉我们：会涨的盘，不太会跌；会跌的盘，不太会涨。

【交易点拨】

股市是人性的训练场，由性格决定胜负，进出股市最需要心性的磨炼。

414．道氏理论有哪些缺陷？

道氏理论的主要目标仍是探讨股市的基本趋势。一旦基本趋势确立，道氏理论就会假设这种趋势会一直持续，直到趋势遇到外来因素破坏并改变为止。有一点需要注意的是，道氏理论只能推断股市的大趋势，却不能推断大趋势里面的升幅或者跌幅将会达到何种程度。

道氏理论每次都要两种指数相互确认，但这样做已经慢了半拍，因而错失最好的买进和卖出机会。

道氏理论对选股没有明显的帮助。

【交易点拨】

道氏理论注重长期趋势，对中期趋势，特别是在不知牛熊的情况下，不能给投资者明确的启示。

415．什么是波浪理论？

波浪理论是技术分析大师艾略特发明的一种价格趋势分析工具，它是一套完全依靠观察得来的规律，可用以分析股市指数和价格走势，它也是股市分析中运用最多，而又最难于了解和掌握的分析工具。

艾略特认为，不管是股票还是商品价格的波动，都与大自然的潮汐、波浪一样，一浪跟着一浪，周而复始，具有相当程度的规律性，展现出周期循环的特点，任何波动均有迹可循。投资者可以根据这些规律性的波动，预测未来的价格走势，并运用在买卖策略上。

在上升趋势市况下，每一个高价都会是后一波的垫底价；在下跌趋势市况下，每一个低价都会是后一波的天价。如果投资者能审时度势，把握股价波动的大势趋向，就不必老围着股价的小波动忙进忙出，而可以随着大势一路做多或一路做空，这样既能抓住有利时机赚取大钱，又能规避不测之险，及时止损。艾略特的波浪理论成为投资者判断股价波动大势的有效工具。

【交易点拨】

波浪理论已超越传统的图形分析技术，能够针对市场的波动，提供全盘性的分析角度，同时也能够帮助市场分析师找出市场循环周期。

416．如何理解亚当理论？

亚当理论的精髓是不用借助任何分析工具，也可以绝对准确地推测市势的走向。每一套分析工具都有其缺陷，市势根本不可以推测，亚当理论的精神就是教导投资人士要放弃所有主观的分析工具。在市场生存就是适应市场，顺势而为是亚当理论的精义。市场是升市，反向就做空，市场如果是跌市，持相反理论去入市，将会一败涂地。原因是升市升完可以再升；跌市跌完可以再跌，事前无人可以预计升跌会在何时完结。只要顺势而为，就可以将损失风险减到最小。

简言之，亚当理论提出下列做法。

（1）一定要认识市场运作，认识市场走势，否则绝对不进行买卖。

（2）入市买卖时，应该立即定下止损价位。

（3）止损价位一到即要执行，不可以随便更改，或调低止损位。

（4）入市看错，不宜一错再错，手风不顺者应先离开，然后再冷静分析检讨。

（5）入市看错，只可止损，不可一路加码平摊价位，否则可能越陷越深。

（6）切勿看错市而不肯认输。

（7）每一种分析工具都并非完善的，都会有出错的可能。

（8）市升买升，市跌买跌，顺势而为。

（9）切勿妄自推测升到哪个价位或跌到哪个价位才是升到头、跌到头，浪顶、浪底最难测，不如顺势而为。

（10）看错市，一旦亏损 10%，就一定要立刻斩仓止损，重新再来；亏损超过 10%，再翻本会很困难。

【交易点拨】

亚当理论是顺势交易理论。不预测股价的走势，盘面走势决定一切。

第八章 股市风险防范

许多投资者都很看好A股的市场前景，但机会与风险并存。事实表明，亏损的投资者往往容易受市场波动的影响，对风险的认识非常有限。炒股其实是一个防备风险的过程，一套防范风险的系统，再配合各种规避风险的措施，才是成功投资者必备的武器。

第一节 股市风险种类

417. 炒股有哪些风险？

（1）违约风险。当一家公司无法对某一证券支付预定的利息和本金时，称为对债务的违约。

（2）经营风险。经营风险是由经营过程中的失误而带来的风险。一般有以下三种情况：第一，不可抗力；第二，产品废弃；第三，失去重要的客户。

（3）利率风险。利率风险是指市场利率变化给证券收益带来的不利影响。

（4）市场风险。市场风险是指证券市场价格上升与下降带来的风险。市场风险产生于证券市场行情的变动，通常用证券的价格指数来衡量。

（5）购买力风险。购买力风险指的是因为通货膨胀减少了投资者的购买力。投资者虽然持有的是证券，但也要承担货币购买力降低的风险。

【交易点拨】

不怕一万，就怕万一，炒股一定要把预防风险放在第一位。

418. 什么是系统风险？

所谓系统风险，是指由于某种原因对市场上的各种股票都会造成损失的可能性，又称不可分散风险。例如国家制定新的政策，提高银行存款利率，实行企业国有化等。这时市场上各种类型的股票价格都将发生变化，但是这些股票的变化幅度是不一样的，风险程度也不一样。

系统风险的主要特点：一是由共同的因素引起；二是影响所有股票的收益；三是不可能通过

股票投资的多样化来回避或消除。

【交易点拨】

系统风险的表现主要有购买力风险、市场风险和利率风险。系统风险是不可避免的。

419．什么是非系统风险？

非系统风险又称可分散风险，是指某些个别因素对单只股票造成损失的可能性。它与系统风险不同，是专指个别股票所独有并随时变动的风险。

这种类型风险的主要特点：一是由特殊因素引起；二是只影响某种股票的收益；三是可通过股票投资多元化来消除或回避。其来源和表现主要有企业风险和财务风险。

【交易点拨】

非系统性风险是可以避免的，主要靠投资多元化来避免。

420．购买境外股票有哪些风险？

购买境外的股票，必须通过境内有资格的金融机构代理，这也叫代客境外理财业务。银监会放宽了代客境外理财业务投资范围，各大银行如交通银行、光大银行等中资银行，纷纷获得 QDII 资格。QDII 的出现，为投资者提供了更宽广的投资渠道，这为人民币汇率不断升值背景下提高 QDII 的回报率提供了可能。

银行境外代客理财产品大多以人民币认购，且周期大都在一年以内。在人民币升值预期十分强烈的背景下，潜在的汇率风险就成了银行代客境外理财产品面临的主要潜在问题。按照人民币在远期市场的走势，银行代客境外理财产品面临着大约年化收益率近 3%的潜在损失。这样来算，代客境外理财产品要达到 6%以上的年化收益率，才能与人民币理财产品收益基本相当。

海外投资产品种类繁多，选择起来需要耗费相当大的精力。另外，海外投资产品还有较为高昂的相关费用，如托管费与管理费，甚至有些产品还收取销售服务费。

【交易点拨】

对于普通投资者来说，购买境外投资产品前，要充分了解海外投资的相关专业知识，同时要注意人民币汇率的变化。

421．什么是炒股的主观因素风险？

从投资者的角度来看，炒股的风险归纳起来不外两大类：一类是外部客观因素所带来的风险，另一类是由投资者本人主观因素所造成的风险。

投资者主观因素风险多来源于贪得无厌与赌博心理。这类投资者在股市中获利后，多半会被胜利冲昏头脑，像赌徒一样频频加注，直到输个精光为止。反过来，假如在股市中失利，他们常常不惜背水一战，把资金全部投在股票上，孤注一掷。毫无疑问，这种人多半会落得个倾家荡产的下场。

个人和家庭财富保值增值的途径有很多种，股市作为一个风险与收益并存的场所，具有其独特的魅力。对于没有股市经验的人来说，多少总会带有一些对股市的畏惧。但是如果风险控制能力差，就应慎重介入。

【交易点拨】

如果说客观因素难以控制，那么主观因素风险是完全可以避免的，这需要投资者不断修炼主观意志，克服贪婪心理。

422．什么是炒股的客观因素风险？

外部客观因素带来的风险主要有以下几种。

（1）利率风险。这是指利率变动，货币供给量出现变化，从而导致证券需求变化，进而导致证券价格变动的一种风险。利率下调，人们觉得资金存银行不合算，就会把钱拿出来买证券，从而造成买入证券者增多，证券价格便会随之上升；相反，利率上调，人们觉得存银行合算，买证券的人随之减少，价格就会随之下跌。

（2）物价风险。也称通货膨胀风险，指的是物价变动影响证券价格变动的一种风险。这里有两种情况：一种是由于一些重要物品价格变动，从而影响大部分产品的成本和收益；另一种是物价指数的变动。物价上涨使企业成本增加，这时投资股票不免会有风险。不过总的来说，物价上涨，债券价格下跌，股市则会兴旺。

（3）市场风险。这是指股票市场本身因各种因素的影响而引起股票价格变动的风险。证券市场瞬息万变，直接影响供求关系，包括政治局势动荡、货币供应紧缩、政府干预金融市场、投资大众心理波动以及大户投机者兴风作浪等，都可以使证券市场掀起轩然大波。

（4）企业风险。指上市公司因为行业竞争、市场需求、原材料供给、成本费用的变化，以及管理等因素影响公司业绩造成的风险。企业风险主要包括营业风险、财务风险等。

【交易点拨】

外部因素带来的风险虽然不可控制，但投资者可以认识风险变化的客观规律，并及时化解和规避。

423．宏观经济调整会带来风险吗？

从理论上说，有两种力量控制着经济的运转：一是市场经济制度内在的自发的力量；二是政府的经济政策。政府的经济政策对股价有重要的影响。

对于成熟的股市来说，股票价格的变化是大致平稳的。如果发生了震荡，在短时间内股价暴涨或暴跌，这有可能是由于市场长时间受到抑制，推动股价上升或逼迫股价下跌的力量暴发等因素造成的，还有一种可能就是发生了重要的政治或经济事件。一些重大事件的发生和一些重要政策的出台，也可能造成股市的狂跌，给投资者带来巨大的风险。

【交易点拨】

股市是宏观经济发展的晴雨表，这句话既包含着机遇，也预示着风险。

424. 哪些心理因素风险最大?

在投资股票的过程中，很多人并非分析能力不够，而是无法克服心理上的障碍。有时明明有自己的操作策略，但往往受到心理上的恐惧影响，改变了之前的计划，结果导致投资失败。这里对股市中普遍存在的心理因素加以分析，希望大家在实际操作中克服障碍，取得良好的收益。

（1）盲目胆大心理。有些投资者从未认真系统地学习投资理论和技巧，也没有经过任何模拟训练，甚至连最起码的证券基础知识都不明白，就贸然进入股市，参与投资，其资金迅速贬值是必然的结果。还有的投资者一旦发现股价飙升或股评家推荐，就不假思索地大胆追涨，常常因此被套牢在高位。

（2）贪婪恐惧心理。即使是一个聪明人，当他产生恐惧心理时，也会变得很愚笨。在证券市场中，恐惧常会使投资者的投资水平发挥失常，屡屡出现失误，并最终导致投资失败。因此恐惧是投资者在股市中获取盈利的最大障碍之一。投资者要想在证券市场中取得成功，必须要克服恐惧心理。

（3）急切焦躁心理。人非圣贤，由于股市风云变幻，投资者有时难免会心浮气躁。这种焦躁心理是炒股的大忌，它会使投资者的操盘技术大打折扣，还会导致投资者不能冷静思考，因此做出无法挽回的错误决策。心理急切焦躁的投资者不仅容易失败，也容易灰心。很多时候，投资者就是在充满焦躁情绪的投资中一败涂地的。

（4）缺乏忍耐心理。有些投资者恨不得刚一买入股票就立即上涨，最好是大幅上涨，但是出现这种情况的概率很小。大多数情况下，即使是处于强势中的个股，也不可避免地要经历洗盘、震荡、回档、盘整等过程，这正是考验投资者耐心的时候。千万不要像得了芝麻丢了西瓜的猴子一样，看见其他股涨得好，就割肉追涨，或者赚了一点蝇头小利就急忙抛出，这样做往往会得不偿失。

（5）不愿放弃一切的心理。证券市场中有数不清的投资机会，但是投资者的时间、精力和资金是有限的，不可能把握住所有的投资机会，这就需要投资者有所取舍。要对各种投资机会的轻重缓急、热点大小先后等多方面进行衡量，有选择地放弃小的投资机遇，才能更好地把握更大的投资机遇。

在证券交易中，投资者存在各种形式的侥幸心理：当股市刚刚进入熊市时，许多投资者明明发现市场已经是山雨欲来风满楼，但是仍然幻想着股市跌不深，幻想着政府会出面救市，幻想着市场会出现反转，幻想手中的股票一夜之间成为黑马，无数次的逃生机会，就在这种种不切实际的幻想中悄悄失去。这些幻想就产生于侥幸心理之上。侥幸心理是侵吞投资者利益，导致投资失败的主要原因之一。

【交易点拨】

想赢就要不怕输。股市是变化无穷的，它的一面是阳光灿烂，鲜花盛开；另一面则是漫漫长夜，危机四伏。投资股市必须具有不怕输的精神。

425. 哪些钱不能用来炒股?

在决定炒股之前，有一些事项一定要注意，比如有些钱是不能用来炒股的，有些钱虽能用于炒股，但应力求避免风险。大致来说，以下几类资金的使用要特别注意。

（1）家庭日常花销。用于衣、食、住、行等日常生活消费的资金绝对不可以用来炒股，就是压缩正常消费以致捉襟见肘来投资股市，也是不明智的选择。如果连买菜钱也赔进去，落得家徒四壁，连温饱都成了问题，还谈什么赚钱？

（2）借来的资金。借贷资金并非不可用于投资，但千万不要投资于风险高的项目，否则一旦到期不能归还，就会陷入困境。

（3）急用资金。家里计划用于买房、结婚、子女教育、看病等必需的费用开销，都是急需使用的款项，不宜投资于风险很大的项目，否则很可能给家庭带来危机。

（4）保险型资金。家里的保险金、养老金、退休金等，都是用来保障最低生活水平所需的资金，原则上应投资于本息稳定与安全的项目上，不宜冒过大的风险。

总的原则是，用来投资的资金应该是宽裕而不急用的，不能因为投资而使生活陷于困境。

【交易点拨】

经常有人问我，“是不是可以借款或贷款买股票”？我会毫不犹豫地回答：决不能借钱或贷款买股票，除非你是一个十足的冒险家。

426. 为何不能借钱炒股？

在股票市场里，高风险与高收益并存，作为投资者一定要有风险意识。要想在股市中赚钱，前提必须是自己经济条件宽裕。如果你想靠借钱到股市中去赚钱，那是非常危险的。

买股票首先要有资金。没有钱或钱很少，你就买不到价格优良的绩优股票。而投资劣质股票，可能会使你血本无回。如果是借来的钱，岂不是雪上加霜？

即使炒股赚了，借的钱也要还本付息。这笔钱与你买卖股票所得的利润相抵，很可能所剩无几。另一方面，借钱炒股只能作短线投资，为了还钱，你不能平心静气地等到比较高的价位卖出，有时甚至不得不在低价位忍痛割肉卖出，遇到这种情况岂不悲哀？

在当前的股市中，还有一些想靠炒股赚钱的失业人员。本来他们的生活状况就很糟糕，风险承受能力极差，如果再借钱炒股，恐怕风险更大。所以这里提醒大家千万不要借钱炒股，股市有时候是一个大陷阱，陷进去了，往往是愈陷愈深。

【交易点拨】

不是人人都能在股票市场中发财致富的。股市变化莫测，存在不少的陷阱，一夜暴富绝非易事。

427. 股市上的钱是从哪里赚来的？

股市有亏有赚，于是很多投资者认为，某些人赚的钱就是另一些人赔的钱。其实这样的理解是不全面的。有些人把股市当成赌场，在这种情况下，就有人提出来，股市是赌博游戏，赚钱人赚的钱就是赔钱人赔的钱。实际上我们要看到，赔钱人赔的钱是被赚钱人赚走了，但是赚钱人赚的钱，绝不仅仅是赔钱人赔的钱。

赚钱人赚的钱包括以下三个部分。

（1）企业创造出的增值部分的价值。上市公司每年经营获得的利润是不能吃光分净的，必须要提留公积金，一个叫做盈余公积金，一个叫资本公积金。盈余公积金是利润里边强制提取的，每年要提取15%，不断累积下来，渐渐就形成积累了。打比方说，一只股票原来是1块钱一股，但是提留了30%的公积金之后，就变成1.3元了，这就是说股票是一个本身价值可以增长的品种。股票的含金量从1元增加到1.3元，这是企业实实在在创造出来又没有被股东吃光分净拿走的钱。

第二块就是资本公积金。资本公积金是一种可以按照法定程序转为资本金的公积金，也可说是一种准资本金，是企业所有者权益的组成部分。其主要来源包括：投资者实际缴付的出资额超出其资本金的资本溢价和股票溢价；接受捐赠的资产；法定财产重估增值，即资产的评估确认价值或者合同、协议约定价值超过原账面净值的部分；资本汇率折算差额等。企业首次上市募集资金，有可能是1元钱一股作价，但是股民二级市场买股票就要10元、8元地买，那么超出1元的部分都当作了资本公积金，而且要按照持股比例进行分配。所以1元钱一股的股票，净资产可能是5元或8元。如果资产价格是8元，股票价格当然会上涨。

（2）被市场虚拟出来的，而且又被社会承认的那部分价值。股市是一个理性跟非理性活动结合的产物。投资者坚信国家经济会保持稳定，每年仍然会以 8%左右的速度递增，坚信经济会持续繁荣。在一个良性的经济循环中，泡沫经济是可以由虚变实的。国家经济最重要的市场是资本市场，资本市场就是股民参与的市场，这就是被虚拟出来、又被社会承认的价值。

（3）赔钱人赔的钱被其他股民赚走了。

所以，赚钱人赚的是三部分的钱，企业创造的价值，赔钱人赔的钱，加上被虚拟出来又被社会承认的那部分价值。

【交易点拨】

股市是可以多赢的，不是说我赚的钱一定是别人亏的那部分。

428. 股票指数高就没有风险吗？

随着我国股市规模不断扩大，上市公司的业绩有好有坏，发展潜力也各不相同，这增加了股民选择“好股票”的难度。在股市的运行中，许多投资者习惯于以股价指数作为分析了解股市行情的依据，特别是对股票有一定了解的人，更是以股价指数的涨跌来判断股价的涨落。但是让众多投资者心焦的是，当指数攀升的时候，手中的股票价格却步履沉重，上涨困难重重；当指数走跌的时候，手中的股票价格则是飞流直下，跌得投资者心情急躁。之所以会出现如此局面，是因为投资者没有看到指数的盲点，陷入了指数陷阱。

许多投资者在牛市中明显感觉“赚了指数不赚钱”，这是因为在我国股市中，以股价指数为依据选股存在很多盲点。在股市交易中，指数本来是靠得住的数据，特别是加权股价指数，是很值得信赖的。在西方国家股市，大多数投资者已经养成了把指数当作分析工具的习惯，所以指数本来是不应该构成什么陷阱的。但我国股市由于创立时间不是很长，各方面还不是特别规范，所以有时存在股票不分好坏，要涨一起涨，要跌一起跌的情况，股价的涨跌与其业绩无关，有时少数亏损企业的垃圾股也能被炒到很高的价位，因而指数的作用被削弱了。

同时，由于股票除权、除息的关系，有时会使得股价指数一直向上攀升，造成股价指数虚增的假象。结果是帮助投资者校正投资方向的指数，反而构成了投资陷阱，所以笃信指数者就会吃亏。

指数失真实际上是一种畸形现象。随着市场走向成熟，指数会重新起到应有的作用，绩优股票价格会上扬，绩差股票价格会下跌，这是必然趋势。

【交易点拨】

股市走强时，虽然指数不断上扬，但是并不意味着所有行业都看好，更不是所有股票价格都会持续上扬。

429．“一日大户”带来哪些风险？

股票市场里常会出现一日大户。何谓一日大户？就是在第一天买进股票，第二天、第三天就卖出跑掉了。对于整天跟踪炒家忙进忙出的短线客来说，一日大户实在是追不胜追，防不胜防。

股票市场对消息反应特别敏感，炒家、大户进出股票通常会引起股价的波动，自然而然地也就成了投机客竞逐的指标。有些大户为了获利的需要，有时也会借机煽风点火，达到带动市场人气的目的。比如在操作技巧上，也会做短线，抢帽子。

一般的投资人会因此感到困惑，前一天才在市场上得知大户进货的消息，第二天当散户纷纷追高时，大户却在股票的高价位获利了结了。

【交易点拨】

一日大户是大户分散投资风险的一种投资策略，却给散户带来了风险。

430．通过典当炒股风险有多大？

所谓“典当炒股”，就是指投资者将自己名下的股票、房产、汽车等值钱的资产拿去典当，然后再将融得的短期资金投入股市，以期在短时间内获得丰厚的利润。尤其是用房地产典当炒股，已成为方便快捷的融资途径。

可以说，“典当炒股”是社会上极具争议的一个“热词”，对此社会上有两种截然不同的观点。反对者认为这是负债经营，就像是在“钢丝绳上跳舞”，风险太大，绝不可为；支持者则认为，在大牛市发端之时用典当获得的资金来炒股，相当于盘活资产，把资金用在了刀刃上，无疑是精明人的理财游戏。那么典当炒股风险到底有多大，究竟是陷阱还是馅饼？

早在2006年上轮牛市开始起步之时，南京市22家典当行的融资总额约20亿元，较上年增长五成，其中用包括股票、股权、保单等财产权利进行典当的融资额，约占典当总额的19%，其余则是房产、汽车、黄金首饰、家电等民品。尽管坊间有关典当炒股的传闻有夸大其词和炒作的成分，但随着股市暴跌、市场萧条，由于缺乏赚钱效应，之后南京几乎没有一笔用股票典当贷款的。

对于居民典当融资的用途，典当行只是大致了解，并不要求典当者讲明，更不会作为贷与不贷的约束性条件。其中最容易判断的仅限于用股票典当这一块，至于究竟有多少典当资金被用于炒股了，谁也无法完整统计。

基于风险控制考虑，精明的典当行为自己的资金设置了牢固的“安全阀”。典当炒股的客户如有 20 万元市值的股票，加上融到的 15 万元，那么账户上将总共有 35 万元资金。一旦账户资金下降到 15 万元的 1.6 倍即 24 万元时，客户就会收到典当行的警告；一旦资金下降到 15 万元的 1.4 倍即 21 万元时，客户股票就要被强行平仓卖出，资金将被收回。另外，出典时，典当行会要求客户到指定券商处开户操作，目的就是为了随时监控客户账户上的资金变动情况，以保证自己资金的绝对安全。

那么典当炒股究竟是在“钢丝绳上跳舞”，还是“算盘打得精”呢？股市是一个有风险的投资场所，虽然入市时股市处于上涨行情之中，但其必将会露出狰狞的一幕来。到那时，股市就会变得惊心动魄，冷风劲吹。中小投资者必须冷静地意识到，“股市有风险，入市须谨慎”并非只是一句空洞的口号。

对于一些习惯于“狂飙突进”式上涨的股民来说，尤其是都市里那些不惜典当房产、举债跟风炒股者，明知股市有风险，却把自己看得比别人都高明，幻想即使是所有人都赔了，自己也能侥幸赚钱，这种心态是要不得的。很多现代人已经具有风险投资的意识，要考虑“分散风险”，不应将所有鸡蛋放在一个篮子里。那些靠典当房产炒股者，连最起码的安全底线都没有，弄不好就会落得个“鸡飞蛋打”。

典当炒股可与不可，不能一概而论，应因人而异，因为不同的投资者，风险承受能力千差万别，各种投资品的风险大小也不尽相同。关键的问题是投资者要保持理性，选择和自己的风险承受力相匹配的投资方式。面对股价下跌，如果投资者心情焦虑，以至于连觉都睡不安生，那么这位投资者的投资选择就已超出自己的风险承受力。投资者一定要在基本生活有保障的前提下去进行典当投资，孤注一掷地去豪赌，结局一定是悲惨的。

【交易点拨】

历史经验表明，通过典当或借贷炒股，如果遭遇指数下跌回调，借贷资金无法偿还，那么房产等抵押品很可能被银行没收或者被典当行拍卖，投资者最终将一无所有。

第二节 不同投资者面对的风险

431. 哪些人炒股容易赔钱？

（1）缺乏主见的人。有时看到别人抛售，不问他人抛售的理由，就糊里糊涂地跟着抛售，以至于把自己手中潜力很大的股票也抛出去了。有时谣言四起，由于跟风心理作怪，也跟着别人往外抛，这样往往会上当，而且抛出之后会追悔莫及。投资者要树立自己买卖股票的意识，不能跟着别人的意志走。

（2）优柔寡断的人。事前已经发觉手中的股票价格偏高，是抛出的时机，同时也作出了抛售的决策。但在临场时，听到他人你一言我一语的议论，马上改变主意，从而放弃了一次抛售的大好时机。或者事前已看出某只股票价格偏低，是适合买入的时候，并作出了趁低吸纳的决策。到临场一看，见到卖出股票的人挤成一团，纷纷抛售，于是临阵退缩，放弃了买入的决定，从而失去了一次发财的良机。

（3）太贪心的人。有利就要，寸步不让，这种贪心的投机者无法控制自己的贪欲，股票上涨，不肯果断抛出；股票下跌，又迟迟不肯买进，总盼望跌了再跌。只想到高风险中有高收益，很少想到高收益中有高风险，结果很可能是悲惨的。劝君莫贪心，不要老是羡慕他人幸运，应该相信自己的分析，相信自己对企业，对经济形势以及大事的判断并果断行动。和银行利息比，炒股获利快得多，风险也大得多，包赚不赔是不可能的。但是一辈子投资股票获利，肯定要比存银行大十几倍甚至上百倍。

（4）赌徒心态的人。具有赌博心理的股市投资者，总是希望一朝发迹。他们恨不得捉住一只或几只股票，让自己短时间内一本万利，因此他们常常不惜背水一战，把自己全部的资金投在股票上，这类人多半会落得倾家荡产的下场。

（5）想赢怕输的人。许多投资者买进股票后，股价上升一段时间，就迫不及待地要卖出获利。他们相信，只有把钱装进口袋里才算安全，却忽略了股票的合理价值。一般说来，股票的市场价格不一定能完全反映股票的真实价值，有些投资人卖出股票后，股价依然持续不断地上升，而且往往表现为卖出后的价格上升幅度比卖出前的上升幅度还要大。尤其是原始股，按照一般的国际惯例，上市之后很可能会上升数倍。股票投资不能见好就收，见涨就卖，要以市盈率为基准，作出合理的买卖决策。许多人投资股票，往往上涨行情中赚得非常有限，下跌行情中赔得却非常多，其中的一个重要原因就是想赢怕输的心理在作怪。

【交易点拨】

美国人常说，在华尔街，做多和做空都可以发大财，只有贪得无厌是例外。有道是："下跌趋势上升趋势都能赚，唯有贪心不能赚。"

432．学生炒股的风险在哪里？

在各地的中小学校里，有些学生年龄不大，却拿着压岁钱入市，谈起"股经"来头头是道，对此社会各界看法不一。有人认为这样能够培养孩子的理财能力，人小鬼大，应相信孩子；也有人认为孩子的主要任务是学习，整天埋头于股市，不利于学习成绩的提高；还有一种观点介于两者之间，认为中小学生炒股只是"玩玩"，需要家长和老师的正确引导。

股市开盘时间正好是学生上课的时间，要想在开盘期间自己进行买卖根本不可能。所谓学生炒股，无非是在家长的带领下一起炒。家长们倒痛快，认为钱也不多，输赢也没有什么关系。有些家长还认为，经历了指数狂跌，孩子现在的风险意识很强，买股票坚决不肯多投钱，怕损失了自己从出生到现在好不容易攒下的压岁钱。

还有的家长说："自从炒上了股，孩子总要在电脑边摆上纸笔，还有计算器，计算自己的股票变化情况。感觉做题时都比以前细心了，答案也准确。"一位同学说："以前做计算题感觉有点枯燥，觉得没什么可算的。现在算的是自己的钱，加减乘除都能练习练习，有时候还要接触到小数，数位如果太多，搞不清，就请教爸妈。”原来炒股还能促进学习成绩的提高！

其实，只要孩子不是抛开学业到股市里去炒股，而是通过家长参与股票买卖，可以让中小学生对证券知识有一定的了解。只要学生不过分在意涨跌，就没必要对此过分担心。用压岁钱来投资并学习一些金融投资知识，比乱花钱要好得多，这样有助于孩子培养投资理财意识，更好地感悟市场经济。可以说，这样的知识只能在生活中学到，课本上根本学不到。不过家长要特别注意，不能让孩子过分在意金钱的得失，不能让孩子过分沉溺于股市。对于学生来说，学习毕竟是第一位的。

【交易点拨】

要注意不能因为炒股影响了孩子的学习，孩子是以了解理财知识为主，不能整天醉心于股市。

433．家庭主妇炒股如何避免风险？

很多家庭主妇听说了一些买股票发大财的故事，恨不得自己也是其中一个，于是把家里的一部分钱拿出来投资炒股。这样做是不是合适呢？

其实，家庭主妇们听说的暴富故事，多数都是买了股票就恨不得忘记了，某一天想起来，突然发现股票资产翻了许多倍。买入股票后放在那里，等待股票增值，这就是实实在在的投资。当然，家庭主妇千万不能有炒股暴富的期待，否则就算投机了。作为家庭主妇，应该关注股票投资的最终收益，也就是抛开通货膨胀的因素，买入的股票还有一部分增值。

谁都明白赌博是投机，你听说过谁通过赌博赢得了一座大厦吗？即使某人某时赢得过一座大厦，最后也会因为继续押注而输掉。倒是因为赌博输得家破人亡的故事，社会上流传着不少。这就是赌博和投机的可怕之处，不是说你在赌博和投机中永远不会赢钱，而是它会使你的心态失衡。

一位家庭主妇讲起炒股的心得体会说：炒股好比炒菜，要讲究火候，如果没有功利心，就很容易做得好吃。

【交易点拨】

主妇炒股就该有这样的心态，不急不火，做不好也不会做得一塌糊涂。

第三节 风险控制与防范

434．如何衡量股市风险？

从风险的定义来看，股票投资的风险是指在股票投资过程中，投资者的收益和本金遭受损失的可能性。风险衡量就是要准确地计算投资者的收益和本金遭受损失的可能性大小。

一般来讲，有三种方法可以衡量股票投资的风险。

第一种方法是计算股票投资收益低于其期望收益的概率。

假设某种股票的期望收益为 10%，但是投资该股票取得 10%以上收益的概率为 30%，那么该股票的投资风险为 70%，或者表示为 0.70。

这一衡量方法严格从风险的定义出发，计算了投资于某股票时，投资者的实际收益低于期望收益的概率，即投资者遭受损失的可能性大小。但是该衡量方法有一个明显的缺陷，那就是许多种不同的股票都会有相同的投资风险。显然如果采用这种衡量方法，所有收益率分布对称的股票，其投资风险都等于 0.50。实际上，当投资者投资于这些股票时，遭受损失的可能性大小会存在很大的差异。

第二种方法是计算股票投资出现负收益的概率。

这一衡量方法把投资者的损失仅仅看作本金的损失，投资风险就成为出现负收益的可能性。这一衡量方法也是极端模糊的。例如，一种股票投资出现小额亏损的概率为 50%，而另一种股票投资出现高额亏损的概率为 40%，究竟哪一种投资的风险更大呢？采用该种衡量方法时，前一种投资的风险更高。但是在实际投资过程中，大多数投资者可能会认为后一种投资的风险更高。之所以会出现理论与实际的偏差，根本原因在于：该衡量方法只注意出现亏损的概率，忽略了出现亏损的数量。

第三种方法是计算股票投资的各种可能收益与其期望收益之间的差离（Deviation），即股票收益的方法（Variance）或标准差（Stand Deviation）。这种衡量方法有两个鲜明的特点：其一，该衡量方法不仅把股票收益低于期望收益的概率计算在内，而且把股票收益高于期望收益的概率也计算在内。其二，该衡量方法不仅计算了股票各种可能收益出现的概率，而且也计算了各种可能收益与期望收益的差额。与第一种和第二种衡量方法相比较，显然方差或标准差是更适合的风险指标。

【交易点拨】

世界上没有包赚不赔的买卖，任何投资都有风险。但是不能因为有风险就知难而退。我们要学习前人的经验，及时发现自己在投资当中存在的问题，总结自己在投资过程中的经验教训，将风险降到最低点。

435．为什么说炒股并不是赌博？

常有人将炒股与赌博相联系，理由一是觉得股票游戏规则很简单，无非就是高抛低吸；二是有赔有赚，瞬间可以大起大落，大悲大喜；三是大凡与赌博相关的游戏总会让人上瘾，玩股票同样会让很多人深陷其中不能自拔。

但股票市场不是赌场。赌博必须在规定的时间内结束，结束权在主力，而是否退出股市决定权在参与者。股票高于赌博之处还在于对技术面的分析把握和对指数远景的预测。是否能在风险到来之前跑出去，是否能在吸纳的时候当机立断，是否能预测后市，这里面都大有学问。

既然股市不是赌场，炒股时就不要抱着赌徒孤注一掷的心态，而应心平气和。不管你是投资还是投机，环境很重要。一个健康平衡的投资或投机环境，是获利的重要因素。在大家对市场充满信心时，90%的股票都能涨；当大家心态都不好时，很可能每个成交价都是顶部。运气好的，给证券公司打打工，运气不好的，可能就要缺胳膊少腿了。

其实你又不是急着从股市里赚点儿钱买油盐酱醋，为什么非要在大家心态都不是很好的时候跟自己过不去呢？不要对着从跌停附近冲回涨停的个股发呆，有些钱不是人人都能挣的，小心偷鸡不成反蚀把米。

大伙儿现在也不用急着找什么黑马，也不要打听什么小道消息，等市场90%的股票探底成功，这90%的股票中又有20%的股票不知顶在何处时，就是满场黑马的时候了。

【交易点拨】

投资股票所附带的赌博特性的确吸引不少人。然而如果你对这种胜算不大的赌博存有侥幸之心，贪爱这种冒险的刺激感，或梦想一夜暴富，都是绝对无法成功的。

436. 面对亏钱的股票应该怎么办？

为什么要继续持有亏钱的股票呢？一般来说，新手迟疑不愿卖出股票而被套牢的原因主要有以下几点。

（1）赔钱不卖。

（2）只要不卖，就不会有损失，股价总有一天会涨回来。

（3）我买的是绩优股，放着领利息也不错。

就算股市走上升趋势，买进后股价不涨反跌也是常见的事。但因为是上升趋势时期，所以一个回档后不久，股价总是会创新高，因此第一和第二项原因导致继续持股是常见的事，也许这种事遇见得多了，新手也就习惯了。这种情况会让投资者认为炒股本来就是如此，所以碰到亏损也习以为常，认为“总有一天股价会涨回来”。

但是当股市走空之后，你会发现当初认为是对的事却不再发生，股价离高点越来越远，回家的路也越来越远。此时市场中股价重挫甚至遭腰斩的股票比比皆是，这时候你反而更不想卖出，而是认命套牢了。大盘有可能过一段时间或几年后会再回到高点，但是你的股票会不会也跟着回到原来的价位呢？

股票不会只涨不跌，股市操作发生亏损是必然而非偶然。在股市投资，必须想办法让亏损控制在一定的范围内，不要让它不断地扩大。

股票买进后下跌会产生亏损，亏损一定要处理，最好的处理方式就是“止损”。也许你认为那些亏损只是账面上的损失，只要股票还在，并没有实质的损失。不过如果你请教会计师，他们会告诉你，“账面的损失是真实的损失”。因此投资者进场后，一定要关注股价下跌，万一方向不对时，要制定一个止损出场价位，只要股价跌到这一止损点，当天（最慢隔天）一定要脱手。

卖掉赔钱的股票有很多好处：第一，亏损的股票不见了，不会影响到你的心情。第二，你又获得一笔资金，可以重新投资，而且能转投资于其他有机会上涨的股票。如果是下跌趋势，你看到卖掉的股票继续下跌，会非常开心。

有人说：“会买的是徒弟，会卖的才是师傅。”把钱投进去买股票很容易，但随着一番涨跌，股票价格会有不小的变动，要把这些钱收回来真的很难。上涨有盈利时卖掉当然没什么问题，大不了就是后面如果股价继续上涨，自己只是没赚到钱而已。问题是如果你现在是亏损的，这时卖出，万一股价反转上涨，就会让人很不舒服，卖掉也真的需要勇气。

【交易点拨】

随着盘势的上涨，设定跟随的止损点，这是不错的出场方法。如果你能严格执行止损出场，你便已经达到会卖出的师傅级别了。

437．做股票要有大户思维吗？

有几回和几位实力相当不错的业内人士谈到操作的问题，很奇怪他们的操作方法和笔者的方法完全相反。比如说，笔者要等市场转强才会买进，他们的做法是逢低承接；笔者说市场转弱了才要卖出，他却说越涨越卖。为什么会出现这样的反差呢？

其实这就是笔者所说的每个人的操作方式不同。笔者和这些朋友最大的不同，就是投入市场的资金量不同，像我们这样的散户有多少资金呢？10 万元？20 万元？50 万元？这样的资金已经不算少了。我的朋友动辄运用的资金就上百万元，有些甚至达到数千万元。

资金实力雄厚的人，只有在市场下跌的时候才能买到足够多的筹码，只有大涨的时候才有足够的人气能够消化掉他们手中的筹码。知道这样的原因之后，就不会对“主力逢低承接，散户见红才追”这样的差别感到奇怪了。

主力大户由于资金量大，持有的筹码多，转身很不容易，没有相当长的时间无法买到足够的低价筹码，没有相当的强势，也很难出掉手中的大量筹码。散户资金少，转身方便，进出都不怕没有人接手。所以笔者常对那些朋友说，我有我的优势，我要买卖的话，只要一根五分钟的 K 线信号就够了。可是他们就太笨重了，身躯庞大，行动迟缓，要转身的话，需要有相当大的回转余地才行。

在这样的逻辑下，因资金量大小不同，衍生出来的操作策略和操作技术当然也就不一样。有人说做股票要有大户思维，这话听起来似乎没错，但是有很多人学着大户逢低承接的摊平手法，却没有考虑到本身的资金条件，当出现新的低价时，手中却没有资金买入，以至于不得不长时间套在半山腰，实在很令人扼腕。

因为散户的资金不多，没办法做出逢低承接、逢低加码的动作，所以要等待明确的做多信号才能做动作，这种起涨 K 线追买和起跌 K 线追卖的追涨杀跌法，以及看错就止损的操作模式，也是从散户资金实际出发的有效操作策略。毕竟先抬轿才有资格坐轿。

上升趋势——拉回时做多——起涨 K 线——买入。

下跌趋势——反弹时做空——起跌 K 线——卖出。

掌握以上这两个机会就足以赚得盆满钵满了。

【交易点拨】

股市的学问追根究底就是趋势、转折、资金管控三项。投资者要能慢慢体会，慢慢地在自己的头脑中整理消化，在盘势演变中很自然地反射出正确的动作，这就是炒股的境界。

438．怎样进行风险管理？

投资很重要的一个内容就是风险管理。如果不讲风险管理，是很难获得预期收益的。比如投资已经亏损了，以后上涨的时候，就把止损线往上移，这样可以保证投资成果不会被侵蚀。如果判断股价上涨，股价却跌了，市场走势和预想的相反，那么就要考虑止损出货。

在买进的时候，首先要考虑的不是上涨，而是如果下跌了应在哪个位置止损。确立一个止损线，是保证投资者在股市中立于不败之地的生死线。在上升趋势市场中，出货的时候同样要考虑如果抛错了何时止损，即到时如何把筹码接回来。

错了以后马上改进，这样才能在股票市场上学到东西。不少新手长期亏损，但不在自己身上找原因，却责怪股市出了问题。股市上有这样的箴言：行情永远是正确的，错误的只能是你自己。

另外，投资者有一种本能的想法，就是股价下跌了以后，不赚回来决不罢休。抱有这样的想法，很可能会遭受更大的损失。

股市短期波动随机性强，短线投资只能用少量资金参与，参考技术分析、市场消息面和市场主力的动态来决定进出股市的时机，同时应设立止损点，防止亏损进一步扩大。

【交易点拨】

股市中的风险有多种，要针对不同的风险，采取不同的风险防范策略。

439．为什么说逃避现实会遭受更大的损失？

有人听信一位股票分析师的推荐，把所有的钱都投资在某一股票上，因为这位朋友有最吸引人的股市小道消息，掌握有特别的消息来源。

这人最初以25元一股买进，预计一年后股价会涨到80元。谁知道买进后，股价持续下滑，这时他反而买进更多，只因为有专家大力推荐。他最后一次买进是在一股跌到12.5元时，此时股价仍然在不断地创出新低。当这只股票跌到8元时，他仍然坚持抱紧。

这样的操作不再只是为了保持信心，而是完全否定了现实。拒绝面对事实，可以让投资者的情绪不受市场走势的困扰，但他的损失已远远超过他所能负荷的极限。

如果我们能诚实地面对市场，虽有亏损也不至于亏到倾家荡产。如果我们全然否认现实，就会让情况一天天恶化到无可挽回的地步。例如，有家公司股票下跌的坏消息在众所周知之前，已从20元跌到10元，如果我们能赶在它跌到2元之前卖出，就能挽回8元的损失。如果一味否定现实而不采取任何行动，那和从10元买入股票，眼睁睁地看着它从10元跌到2元，又有什么两样？

【交易点拨】

所有的投资者都应该有风险意识，必须要建立自己的风险“警戒线”。

440．如何控制股票投资风险？

股票投资其实是一项风险决策，一般来说，正的期望值越高越是好的炒股机会。但是一笔钱炒亏了，并不一定就是买卖股票决策错了，良好的风险控制有时比一时的盈亏更重要。

炒股都是有风险的，必须做好风险控制，要考虑自己的风险承受能力，不能一次失败就让自己再也没有机会。良好的风险控制是长期取胜的关键。股票投资做得好的人，大都有良好的风险控制机制。性格急躁、心理脆弱、情绪波动大的人，是不适合从事股票投资的。

从事股票投资的人要专注，必须擅长总结，勤于思考，从以往的经历中不断摸索，吸取经验与教训，不必计较短期的得失。对炒股者来说，注重过程的正确，有时比计较单笔交易的得失更重要，因为炒股是一场持久战。

影响股价变化的因素太多了，谁也不可能事先都预见到，所以不能以一两笔交易来衡量成败。投资成败确实有运气的因素，但是无论环境如何变化，能够持续获利，才是成功的投资者。股票市场充满了变数，短期的走势是很难把握和预测的，所以根本不用费心地预测短期的行情波动。有些人确定买卖股票的价格，甚至精确到个位点数，这是不可能也是毫无意义的。

只要能够把握股市粗线条的大趋势，就能获利无数了。对于股市投资，大家最缺乏的是一些大智慧。股票投资是高风险的行为，俗话说，高风险伴随着高收益，但这是就理论和总体层面而言的。对于不同的人，风险并不相同。有的人对某一只股票有充分的了解，因而承受的风险相对来说比不了解该股的人要小，获利的概率相应也会更高一些。市场经常会出现收益远大于风险的走势，这就是股票投资的机会。

【交易点拨】

一位炒股大师曾经说过，哲学、历史学得好的人，比学统计学的人更适合炒股。炒股就是把握风险与收益，“先为不败，然后方可求胜”，孙子兵法中的这一条很适合股票投资者。

441．如何通过时机选择分散风险？

分散炒股风险，选择股票的时机很重要。领取股息的投资者，必须了解各公司的发息日期。在不同国家、不同地区、不同公司，派息日期是有所不同的。在不同时间分别购买，有利于分散风险，取得较好的利润。依靠股票买卖以取得差价收入的投资者，更应注意股市的淡季和旺季，正确把握投资时间，以尽可能减少损失，降低风险。

选择不同的时机，实际上就是选择不同的对象。选择股票时，要按照时间要素将投资分散于不同的股票。有些投资者因对某类公司比较熟悉，就将资金全部购买某类公司的股票。一旦该类公司进入不景气阶段，投资者就会遭受重大损失。投资者不可将全部资金集中于购买一家或一类公司的股票，否则很可能“一损俱损”。

【交易点拨】

投资者应将资金分散开来，选择不同的时段分别投资于不同的股票，这样可以收到东方不亮西方亮的效果，相对比较安全。

442．怎样防范不可抗拒的股市风险？

股市风险来源大小不一，防范不可抗拒的股市风险，是进入股市必须首先解决的问题。不可抗拒的风险是指因为宏观经济周期变化，国家某项经济、金融政策的调整，有关法律法规的制定与变动，国际市场行情的变化，以至市场谣言等因素给股票价格造成波动，从而形成不可抗拒的风险。这种风险的特点是，只要跟着大势走，不想盈利也会盈利，不想亏损也得亏损，属于“爱你没商量”的风险类型，投资者所能做的只是被动接受，无法自己控制多赢还是少赢，多亏还是少亏。

股票市场具有投机性，因此在股票交易中，要坚持市场至上的原则。对市场上发生的每一个巨大的变化，都要理性分析其变化的深层原因，然后根据分析提出自己的交易战略。

【交易点拨】

在股市闯荡的人常常鼓吹跟着感觉走。每个人对感觉有不同的理解，有人把它称为“理性的感觉”。股市交易坚持市场至上的原则，这是减少风险的最佳途径。

443．如何防范经济周期带来的风险？

一般情况下，当经济处于繁荣时期，股票价格呈上升趋势，基本走势是涨多跌少；当经济不景气时，经济发展缓慢，失业率上升，通货膨胀严重，国民生产总值下降，股票价格呈下降势头，基本走势是跌多涨少。

一轮经济运行周期通常经历若干年，在经济持续发展的繁荣时期，股市总的趋势是向上的，但其间因为供求关系变化或受到政策法规的影响，股市也会出现幅度不小的回调。也就是说，即使是在经济景气时，买入股票进行长期投资，在股市达到阶段性上涨的顶峰时，也应该辅之以中期调节的操作手法，先获利抛出，回避阶段性下跌的风险，待回调基本到位时再次买进。

在经济萧条时期即将结束，股市又有见底回升迹象时，应该进入股市，分批购买股票作长线投资。当经济繁荣已近顶点，股市已经长时间大幅上涨，股市人声鼎沸时，应该逐步抛出股票，退出股市。这种投资方法能够有效地回避风险，并获取较大的利润。

【交易点拨】

股市是一个残忍的高利盘剥者，投资者经常会把赢来的钱加上高利还回，这就是股市风险。

444．怎样利用投资组合降低风险？

股票投资组合，就是依据股票的风险程度和获利能力，按照一定的原则进行恰当的搭配以降低投资风险。

怎样选股、怎样搭配以及拥有多少种股票，这取决于投资者的经济实力和选股能力。投资者可以买入两种股票，也可以买入10种。可以决定去做复苏股或资产隐蔽股，也可以通过某种渠道了解某种股票的行情，从而专炒一类股或某一只股票，这一切都要因时而异。但是如果仅仅是为了多样化而去炒作自己并不熟悉的股票，未必就能降低风险。

为了避免持有的股票成为不可预测的经济变化的牺牲品，进而避免带来更大的损失，最好不要仅仅拥有一种股票。在小范围的股票选择中，散户拥有3～6只股票比较合适。

如果想炒作“黑马股”，那么拥有的股票越多，就越有可能在它们中出现一只“黑马”。在所选择的几只发展迅速并极有成长可能的股票中，实际发展最大的往往并不是原先估计的那个。而正是因为拥有多种股票，才增加了盈利的机会。

拥有的股票品种较多，就可以灵活地在它们之间周转资金，资金的风险也被降低了。股票投资组合的核心和关键就是有效地进行分散投资，通过分散投资，可以将投资广泛地分布在不同的行业上，从而降低个别股票风险带来的总体风险。

【交易点拨】

股票投资组合的基本原则是：在同样的风险水平之下，投资者应选择利润较大的股票；在相同利润水平的时候，应选择风险最小的股票。

445．怎样合理分散投资以规避风险？

每一个投资者都希望以最小的风险换取最大的收益，然而在实际投资中往往不能如愿以偿。作为理智的投资者，只能面对风险，采取各种正确的投资方法，有效防范各种可能发生的风险，使投资收益得到保障。

下面介绍几种有效防范风险的方法。

（1）投资三分法。

投资三分法是指投资者将其可支配的全部资金分配在不同的投资领域，其具体操作为：将全部资产的 1/3 存入银行，1/3 用来购置不动产，1/3 用来购买股票、债券等有价证券。在这种投资组合中，存入银行的资产有较高的安全性和变现能力，但收益性较低；购置不动产的资产具有较好的保值性，但变现能力较差；购买股票、债券等资产具有较好的收益性，但风险较高。如果投资者将全部资金合理地分配在这三种投资品种上，则可以相互补充，相得益彰。

（2）试探性投资法。

在股票投资中，新手常常把握不住最适当的买进时机。没有太大的获利把握时将全部资金都投入股市，就有可能在股市下跌时遭受惨重损失。如果先将少量资金试探性地购买股票，以此作为是否大量购买的依据，则可以减少买进时的盲目性和失误率，减少投资者买进股票后被套牢的风险。试探性投资法是一种可以使投资者在风险发生时不受太大损失的投资策略。

（3）分散投资法。

为避免风险，投资者应当分散投资。现有如下原则作为分散风险时的参考。

①上市公司分散。投资者不要将全部资金集中购买一家公司的股票，而应将资金分散投资于数家公司。

②行业种类分散。有一部分投资者因为对某一种行业较为熟悉，就将资金全部购买该行业的股票。一旦这类行业遇到景气循环过程中的衰退和萧条期，就会遭到重大损失。若能将投资分散于几种不同性质的行业，便可避免这种损失。

③时间分散。依靠领取股息的投资，必须事先了解各公司的发息日期、股市的淡季与旺季，若能在投资时间上分散，也可以减少损失。

④地区上的分散。不要全部购买某一地区的股票，而应分散到不同的地区去，以减少此类风险。

⑤投资组合。投资组合是根据股票的利润与风险程度，加以适当的选择、搭配，以减低风险负担。其基本前提是：在同样的风险水平下，选择利润较大的投资；在同样利润水平下，选择风险最小的股票。

（4）分段买入法。

这种方法主要用于投资者对股市行情走势不能准确把握时。若投资者将全部资金一次投入来购进某种预期会上涨的股票，那么当该种股票的价格确实大幅度上涨时，投资者可以获得十分丰厚的利润；但如果股价下跌，投资者就会蒙受较大的损失。为了防范这种风险，投资者可以采取分段买入的方法。其具体做法是，在某一价位时买入第一批，在股价上升到一定价位时买入第二批，然后再买入第三批、第四批。在此过程中，一旦出现股价下跌，投资者即可立即停止投入，也可根据实际情况出售已购股票。分段买入法的优点是能有效地降低风险，但同时也存在着减少投资收益的缺陷。如果市场行情一直看涨，采取一次性投入的方法，会比分段买入法获取更多的收益。

（5）分段卖出法。

分段卖出法的做法和分段买入法类似，其具体做法是，在某一价位时卖出第一批，在股价下跌到一定价位时卖出第二批，然后再卖出第三批、第四批等。在此过程中，一旦出现股价上升，投资者即可立即停止卖出，也可根据实际情况购进股票。分段卖出法的优点是能有效地降低风险，但同时也存在着减少投资收益的缺陷。如果市场行情一直看跌，采取一次性卖出的方法就会比分段卖出法获取更多的收益。

【交易点拨】

不论做什么事情，都期望获得回报。就投资而言，不论投入多少资金，风险总是存在的，从理论上讲都有可能赔本，而获取的回报实际上就是对所承担风险的补偿。一项投资的风险越高，应当得到的回报就越大。

446. 怎样确定自己的止损额？

大多投资者很难把握股价何时到达极点，因此不能妄想用足行情，买个地价或卖个天价。只要有适当的利润，就可以及时买进或卖出。设置自己能承受的而非遥不可及的止盈点和止损点，会帮你稳稳拿到可赚得的差价，最大限度地降低损失。

如果发现找错了对象，应该当机立断，止损出局，千万不要陷在里面。为了降低风险，请牢记以下两点。

（1）必须设定止损点。永远不要没有设定止损就开始一笔交易。没有只赚不赔的股票，投资股市要时刻提高风险意识。最起码的风险意识就是买入前确定自己可以赔多少——设定止损点。

（2）坚持执行预设的止损点。能够严格执行止损的投资者很少，因为在止损点卖出股票，就是坦白承认自己错了。大多数散户往往过于自信，面对判断失误，依然心存侥幸，不肯认错。

【交易点拨】

止损额虽然没有固定数字，但与投资者的经济实力直接相关。

447. 怎样规避利率变化带来的风险？

中央银行会依据经济形势的变化适时进行宏观调控，其中很重要的一个措施就是调整利率。利率的变化使股票投资具有遭受风险的可能性。当利率降低时，人们不愿将钱存入银行，更愿选择新的投资途径，比如投资股票。当资金从银行流入股市时，股票价格就会上涨。另一方面，当利率降低时，企业可从银行获得成本较低的贷款，使企业利润相应增加，刺激股价上涨。

当利率上涨时，银行存款利息增加，引导人们去储蓄，许多投资者会卖出股票以收回资金，同时转入银行储蓄。因为股市资金减少，股价就会下跌。另一方面，当利率上涨时，企业贷款成本上升，相应的利润会下降，这也会影响到企业扩大再生产的积极性。

【交易点拨】

利率变化既与宏观经济有关，又有其自身规律。投资者在遇到利率调整时，要先区分利率变化的不同原因，不要盲目地买进卖出。

448．如何防范公司经营带来的风险？

关于股票价格是如何确定的问题，有两种相反的看法。一种是基础理论，认为发行股票的股份公司的经营状况好坏，决定了股票的价格；一种是空中楼阁理论，认为股票的价格与股份公司经营状况的好坏关系不大，股票的变动主要取决于供求因素。

认真分析一下，股票价格是与经营状况有直接关系的。在短期内，尤其是在突发事件中，公司的经营状况确实对公司股票价格变化的影响不大，但从长期来看，公司的经营状况会对公司的股票价格产生巨大的影响。

经济活动既有确定性又有不确定性，经营活动也是一样，也有诸多不确定性。谁也无法保证任何一家上市公司都能盈利，谁也不能打保票说某上市公司永远处于良好的发展状况。另外，市场的经营活动还与国家经济政策有关，管理层会根据股市的发展情况，适时用政策对股市加以调控。为有效回避政策风险，还需要深入研究国家的有关政策，这样才能把握公司的发展趋向。

【交易点拨】

当投资者买入股票时，应该铭记的是任何一种股票都有经营性风险。更为糟糕的是，如果有一天公司倒闭，那么其股票会一文不值。

449．如何防范上市公司诚信风险？

按照有关规定，上市公司要坚持诚实守信，自觉规范信息披露行为，维护市场秩序，保护投资者的合法权益。特别是上市公司要切实履行信息披露义务，树立诚信尽责的良好形象，提高规范运作水平，改善上市公司的整体质量。

然而在中国股市，上市公司信息披露失真等有违诚信原则的行为屡屡发生，给投资者带来很大的风险。由于市场中的卖家永远比买家拥有更多的信息优势，因此买者往往不会相信卖者，他们唯一的办法就是压低买入价格以避免信息不对称带来的风险损失。买者过低的价格要求，会使卖方不愿意提供高质量的产品，由此会导致劣质股票充斥市场。上市公司如果披露虚假信息，制造与投资者之间的信息不对称，会严重误导投资者，给投资者带来损失。

【交易点拨】

对待这种风险，投资者唯一的办法是擦亮眼睛，详细了解上市公司的诚信状况。

450．为何要防范主力恶意操纵股市？

在股票市场中，主力的行为是非常引人注目的。一方面，主力操盘经验丰富，有专门的股市行情分析人才，资料充分，信息来源广泛，所以比一般投资者能更深入地了解股市的动态，具有很强的权威性。一个或几个主力的吃进或抛出，常常会带动整个股票市场的竞购或抛售，引起股价大幅度上升或下挫。同时，主力资金雄厚，实力强大，买卖的股票数量多，有很强的影响股价的能力。

【交易点拨】

在人为的股市风浪中，有很大部分是主力暗中操纵的。主力操纵股市的行为，需要引起散户的高度警惕。

451．主力操纵股市有哪些形式？

（1）恶意抛售。股市主力通过买进或抛出某种总量不大的股票，股价因此而攀升或下滑。散户不知其中有诈，盲目跟进购入或售出。达到一定目标后，主力在暗中将吸入的股票抛出，或将抛出的股票购入。这样股市支撑乏力，股价回归正常，大批散户则被套牢，上了主力的圈套。

（2）暗中转账。主力利用亲友姓名或本人化名，在不同证券公司开设多个账户，利用这些账户进行高价或低价转账，即利用两个以上的户头同时买进与卖出，造成股市价格人为波动，给其他投资者提供虚假信息，诱使他们盲目跟进，以达到高价出、低价进的获利目的。这种做法有较大的欺骗性，对股市的影响很大。

（3）串谋联手。是指主力与一些内幕人士联手，共同操纵股市，使股价暴涨暴跌，制造紧张气氛，诱使不明真相的散户盲目跟进被套牢。

（4）轮番炒作。这是主力联手操作股市的一种行为。几个主力相互串谋以拉锯的方式来回买来卖去，哄抬或压低股价，制造对自己有利的行市，以便从中获利。这种方式与上述几种方式相比，更加具有隐蔽性与欺骗性，散户稍有不慎便会落入陷阱。

【交易点拨】

巧斗主力，需要勇气和胆量，更需要智慧和谋略。

452．怎样对待股市上的恶意谣言？

无中生有，造谣生事，拨弄是非，在股市上把水搅混，是一些不怀好意的机构或大户惯用的伎俩。尤其是一些实力雄厚的主力，为了使股市行情向有利于自己的方向转变，故意制造和散布谣言，诱使散户跟风买入或抛售。这类谣言常常是凭空捏造或夸大某种风险，使投资者担心自己会受到损失而抛售股票，使别有用心者获利。

一般来说，谣言的流传常与群体的相互渲染有关，由于人们具有从众心理，因此在股市中自然也会随风而动。面对主力机构的不实谣言，散户最好不要被他们的传言所动，而是按照自己制定的操作计划参与交易，高于此价即购进，低于此价即抛出。

【交易点拨】

在股市中，新入市的投资者特别是散户，常常会受到主力的影响。所以新手对主力的放风和“内部消息”要谨慎对待。

453. 如何防范投资者心理风险？

在股票市场中，投资者的心理因素也是非常重要的，它事关投资的成败。投资者心理有个人心理和群体心理两种。个人心理是指投资者自己对外界信息的理解而产生的心理，它与个人对外界信息的认知程度及个人心理素质有关。

投资者的心理直接影响着股票价格。在股市上，如果每个投资者都相信某一只股票值100元，那么它的价格就有可能是100元。如果每一个投资者都相信该股票价值200元，那么该股票的价格就有可能是200元。股市上的投资者由于地域、年龄、知识结构等方面的差异，对股票的认识也不尽相同，这样股票的价格也会千变万化。

【交易点拨】

在风风雨雨的股市上，既相信专家又不能迷信专家。专家在多数时候是正确的，但也有“看走了眼”的时候。

454. 如何利用模拟交易防范风险？

无论你事前看了多少股票方面的书籍，请教了多少有经验的投资者，进入股市以后，都不要急于下单购进。初入股市，应该对市场冷眼观察，熟悉股市行情和交易所的交易程序，这对了解什么是股市，什么是股票大有好处。

如果实在控制不住自己的交易冲动，那么也可以试一试模拟交易。模拟交易的各种操作都是仿真的，但买进卖出并不会带来实际的资金损失。市场中有很多提供模拟交易的软件和网站。在模拟交易中，投资者要在纸上记下对市场行情的分析和判断，以及决定购买的股票名称、价格、数量、佣金、交易费用以及其他材料，之后再根据股票市场价格信息，对比一下自己的决策是否妥当，是盈利还是亏损。通过这样的练习，对日后的交易会带来很大的帮助，也有利于消除自己对股市的恐惧，从而大胆入市。

【交易点拨】

实践出真知，模拟长才干。

455. 如何根据资金实力防范风险？

股票投资有一种特性，那就是风险难测。由于股市风险事先难以预测，因此投资者应该遵循量力而为的投资原则。所谓量力而为，就是在做出投资决策前，先要考虑自己的投资条件以及承担风险的能力。有几分承担风险的能力，就做几分投资，不做超越自身风险承受能力的冒险，这是初涉股市的投资者应遵循的原则。

一般而言，做任何生意，如果用现钱买现货，经营都是比较稳定的；如果过分扩张信用，用一分钱做两分钱的买卖，在顺境时当然获利倍增，万一情况发生变化，就苦不堪言了。投资股票也不例外。自己手头有多少闲散资金，就用其购买多少股票，不可把自己维持生存的资金全部投上，这样心理压力太大，盈利的可能性也小。

初进股市，投资者应该以稳健保守为宜，以自有资金投资股票，自然平安无事；如果不自量力，则很可能遭受重创。

【交易点拨】

股市避险很重要的一条就是战胜自己。人往往会按照自己的经验和书本上的知识办事。事实证明这样的思路在股市是行不通的。

456. 怎样利用投资组合分散风险？

防范风险主要应该做到股票多样化和正确的投资组合。

确定不同类型的股票组合时，要认真分析有关公司的财务状况，研究当前的生产经营情况，企业的竞争状况，未来的发展计划和前景，并作出透彻的分析和准确的判断。还应考虑公司以往盈利情况，盈利的稳定性。通过公司资产负债表，分析判断财务风险大小，选择债务负担轻，偿还能力强、股息红利高的公司股票，以回避财务风险的损失。

在做投资组合时，要使组合中的股票不那么依赖同样的经济变量，如消费支出、企业投资、房屋建造等，不应只根据企业名称或所属行业，而是根据影响股价波动幅度的决定因素使股票组合多样化。理论上讲，持有股票的种类越多，就越能消除非系统风险。但在实际投资中，一方面财力有限，另一方面股票种类太多不利于操作管理，因此不可能把资金分摊到很多种股票上。

【交易点拨】

一般来讲，当股票组合数量达到30种左右时，基本上可以消除非系统风险，达到分散和消除非系统风险的目的。

457. 怎样不被牛市冲昏头脑？

一般来说，经济繁荣时期，股价会由谷底逐步上涨，股市步入牛市轨道。这时大部分企业会因市场需求增加而增加就业，产品产量和销量都有大幅上升，经营业绩得到明显提高。反过来，企业利润增长带动股息提高，使投资者争相购买，推动股价扶摇直上，指数也会急剧上扬，维持在高价位。如果此时投资者选择一些成长性比较好的股票，在价格适当的时机买入，就可以获得可观的回报。

这就是所谓的牛市，是股市维持长期上升趋势的时期。不少投资者认为，在牛市中只要买到股票就能赚钱，这种观点是不准确的。

2007年中国股市出现了有史以来最辉煌的上涨纪录，但众多散户投资者却在阵阵锣鼓声中迷失了买进的方向，不但没有在这次难得的股市暴涨风潮中获利，相反受此盛市之累的人却比比皆是。沪深指数暴涨，众多散户投资者却没有多少收益甚至亏损，这就告诉投资者，哪怕是牛市期间，投资仍有失败的可能。

股市高涨时，部分股民彻夜排队，结果买回的却是“套牢”。沪深股市打破了“牛市必赚钱”的神话，多少追涨杀跌的短线投资者在牛市中被套牢，想想有点不可思议，但这的确是事实。

【交易点拨】

这些事实充分说明，即使是在大牛市中，股市风险也同样存在，股市陷阱更是如影随形。

458. 如何防范股市主力恶意炒作？

主力有长期操作几只股票的压力，对此他们必须耗费巨大的精力。如果主力坐庄的股票控盘程度不高，在拉升时感觉到上档压力比较重，为了吸引市场散户投资者的注意力，主力会在投机性较强的股票上煽风点火，以达到带动市场人气的目的。

在快速的一进一出过程中，由于主力进出额度比较大，即使股价仅仅上升一两个申报价位，主力的获利也是十分可观的。如果运气好，能从低价位拉高至涨停板。也就是说，从震荡盘中的跌停板价位开始上升，散户纷纷跟进，主力抢一趟帽子，获利可达到6%，因此主力也乐于这样操作。

主力常常是在企业业绩不太稳定和经营不确定的情况下采取这种对策的，因此投资者要注意分辨。

【交易点拨】

对于喜爱追逐主力消息的投资者来说，要注重分析和观察市场动向，避免盲目跟进主力，在主力的恶意炒作中吃亏。

459. 怎样提防主力“抛砖引玉”？

在股票市场的运作过程中，有些主力以小额买卖的方法，连续操作多次，以损失少量资金或筹码，达到压低或抬高股价的目的，这种做法叫以小失换大利。

主力以少量资金不断高价买进，是为了抬高股价。当引诱大众跟随高价买进，使股价真的攀高之后，主力又会大量抛出。有时候，主力会不断地低价抛出少量筹码，造成一种虚假的供给，从而使股票的价格降低，这时他们再趁机大量购进。不断地小额“高进低出”或“低进高出”，其目的就是要在低位吸足筹码，待股价拉抬至高位后，将大量低价获得的筹码高价抛出，最终的结果是以小失换来大得。

【交易点拨】

当主力以少量股票抬价买进时，应看准时机，尽快把同类股票抛出；当主力以少量股票压价抛出时，倒不妨买进些同类股票。

460. 如何不被图形分析所迷惑？

在股票市场上，投资者依据不同的方法买卖股票，有着眼于消息好坏来决定操作的“消息研判投资者”；有着眼于公司获利能力，领取股利的“基本分析投资者”；有着眼于市场供求因素及差价利润而以线路为依据的“技术分析投资者”。

随着股票市场的红火，越来越多的投资者加入其中，新手们初涉股市之时，都想学会一种有效的方法，使自己能够看懂股市走势，于是便有不少市场老手及新闻媒体教他们如何依据图形进行股票投资，也就出现了一批投资者专门以技术分析中的K线图为依据进行股票投资决策。

主力往往就利用这一点，故意“设计”出出人意料的图形走势，蒙骗那些对技术分析过于迷信的投资者，使他们在图形上信以为真，以便于自己“低价进货”或“高价出货”。

【交易点拨】

有人过分迷信技术分析方法，反而走向了市场的反面，被不高明的“技术”所骗。

461．怎样看待固定比例盈利法？

投资者经常从很多的股票书中看到，当股票增值20%时就可以卖掉股票，锁定利润。那么是否可以说在每一年的周期涨跌中，我们只要能得到20%以上的盈利就可以满足了呢？很显然，股市在任何一年的涨跌幅度都绝不止20%。

从理论上讲，每年从股市上获利20%以上并不困难，似乎人人都能做到。只要稍有几年股龄的人，回忆一下这几年的行情，都认为每年盈利 100%也不为过。但事实上大多数人都是损失了20%。每年20%的盈利似乎对于大多数人来说是一个过高的期望。

由于期望过高，那么就很可能因希望落空而感到沮丧，而焦虑的情绪又有可能使投资者正好在错误的关头放弃投资。更糟糕的是，投资者很可能为了追求虚幻的盈利而去冒不必要的风险。

【交易点拨】

制定合理的获利目标，并在盈利达到目标时及时止盈，是避免坐过山车的有效方法。另外，设立跟踪止损，也可以保住已经到手的利润。

462．怎样摊平投资风险？

进入股市必然要承担风险，没有只涨不跌的股票，没有人能保证自己的决策绝对正确，要分散风险，在股市中可以选择同时投资多种股票。这样即使某只股票因下跌而赔了，还可以通过其他盈利的股票摊平。

中国股市经过二十多年的发展，开始逐步走向正轨，已不似从前那样要涨都涨，要跌全跌。在大盘上涨的过程中，投资者往往能看到停止不前甚至下跌的股票，也能够看到大市下跌过程中坚挺不动甚至上涨的股票。

股市仍在不断地扩容，显然我们不可能把沪深股市的股票全炒个遍。谁都知道，股票并不是炒的种类越多越好，而且每一个人的精力有限，每天去炒作几十上百只股票，显然是很不现实的。

【交易点拨】

不能把所有的鸡蛋都放在同一个篮子里，那么要拥有多少种股票才合适呢？这要根据自己的资金量和市场情况进行综合分析，一般来说，散户持有三五只股票是比较合适的。

463．怎样确定股票持有多长时间？

在决定做任何投资之前，投资者先要明确这笔投资可以持有多长时间。如果现在手上有 50万元闲钱，计划在一年之内用于购买住房，那么现在把这笔钱用于购买高风险的股票就不是明智的选择。因为股票价格波动通常非常频繁且难以预测，如果持有股票的时间有限，很有可能遭遇在用钱的时候被迫以亏本价格卖出的结局。

只有确定能够长期持有，投资者才能更加从容地面对股价短期的波动和损失，也就有了更强的风险承受能力。比如这笔 50 万元闲钱是用作 10 年后子女上大学的学费，就不妨投资于高风险的股票，这样即便短期遇到了亏损，也有足够的时间来翻本，不会被迫过早地割肉卖出，造成实际的损失。

【交易点拨】

能够使用的资金持续时间越长，短期波动带来的风险就会越低。

464. 保守型投资组合能避开风险吗？

保守型投资组合是投资者以选择较高股息的股票作为主要投资对象的投资组合技巧。这种投资组合的主要依据是，将资金投向具有较高股息的股票，在经济稳定增长的时期，能够获取较好的投资回报，即使股市行情下跌，仍能够领取较为可观的股息红利。

保守型投资组合的资金分布是将 70%左右的资金用于购买股息较高的绩优股，以领取股息与红利，只将 30%左右的资金用作投机炒作。

在经济结构转型与衰退期，要谨慎使用这种方法。因为在经济结构转型与衰退期，原先投资价值较高的绩优股，有可能由于经济结构转型和经济不景气，使发行这些股票的公司获利大幅降低甚至转盈为亏，这样就会使所持股票的价值大幅下降，使投资者蒙受损失。

【交易点拨】

此种投资组合主要适用于经济稳定增长时期，是否能避开风险，则视具体的投资环境而定。

465. 投机型组合有何优势？

投机型投资组合是指投资者将价格起落较大的股票作为主要投资对象的股票组合方法。投机型投资组合的资金分布是将 70%左右的资金投资于价格波动频繁且涨跌幅度很大的股票，而将30%左右的资金投资于其他收益比较稳定的绩优股，或作为准备追价与摊平的资金。由于这种组合方式的投机色彩很浓，因而称作投机型股票组合策略。

采用投机型股票组合策略的投资者，通常以“见涨抢进、见跌卖出”的追价方式买卖股票。由于此种方式的买卖进出较为敏感，故经常能在股价上涨之初买到日后涨幅很高的黑马股票，给投资者带来极为可观的差价收益。见跌卖出也能使股价持续下跌时，不至于亏损太多。

采用此种组合方式进行投资的人如判断正确，往往比其他组合方式收益更丰。但倘若判断失误，刚买进某种股票即遭逢股价大幅下跌，或者刚卖出股票，股价又大幅上涨，就极易给投资者带来损失。此外，运用投机型股票组合策略必须频繁进出股市，累计交纳的手续费和印花税数额也较为可观，因此这种投资组合的操作成本也比较高。

【交易点拨】

这种投资组合方法不适用于初涉股市的投资者，中小投资者也应谨慎使用。

466．怎样确定随机应变组合的比例？

随机应变投资组合是指投资者根据股市走向变化，灵活调整股票组合的投资策略。当判定股市走势向好时，则将大部分资金投放在波动大的股票上；如果认为股市走向是看跌时，则将大部分资金转入购买抗跌类股票。

对于这种投资组合，可以参考以下比例：在上升趋势市场时，绩优股20%，领涨股20%，投机股40%，债券或流动资金10%～20%之间；在下跌趋势市场时，绩优股10%，投机股10%，债券和流动资金80%。投资者可以根据市场变化情况随时调整比例。

【交易点拨】

随机应变型投资组合策略具有机动灵活、适应性强的特点，是一种较为投资者推崇的投资组合策略。

467．用投资组合分散风险的原则是什么？

没有完全可靠的方法确定各品种应占投资组合多大比例。一般来说，在分散投资时，要把握以下几点。

（1）投资行业分散。即不集中购买同一行业的股票，以免遇到行业不景气而使投资蒙受损失。

（2）投资企业分散。不把全部资金集中购买某一企业的股票，即使企业业绩优良，也要注意适当分散投资。

（3）投资时间分散。可按派息时间错开投资。按照惯例，派息前股价往往会骤然升高，即使购买的某种股票因利率、物价等变动而在这一时间遭遇系统风险，还可期待在另一时间派息分红的股票上获利。

（4）投资地区分散。由于各地企业会因市场、税负和政策等诸因素的影响产生不同的效果，分开投资可收到东方不亮西方亮的效果。

【交易点拨】

只要在股票投资时能有效地进行投资组合，就能在降低风险的同时获取较大的收益，这是一个基本规律。

468．遇不可抗力因素，交易所是否承担责任？

我国的证券交易系统电子化程度很高，在股票交易过程中，交易所或券商有时会出现停电、断电、通信系统中断或电脑主机运行不正常等意外，使投资者委托申报不能成交。由于这些情况属于“不可抗力”，根据我国法律，在交易所或券商遇到“不可抗力”而不能履行合约或合同造成他人损失时，交易所或券商不负担责任。

【交易点拨】

面对不可抗力，交易所和券商受免责条款保护，可不“负责”，但交易所和券商有责任向股民作出解释。

469. 股票交易发生“异常情况”怎样处理?

异常情况是指导致交易所集中交易市场或挂牌股票无法正常交易的情况。证券交易所对异常情况处理办法有如下规定：技术性异常情况是指交易所电脑交易系统发生技术故障，导致集中交易无法正常进行；自然性异常情况是指出现不可抗力事件如地震、火灾、天气异常、电力中断、设备失灵等事件，造成15%以上证券公司营业部或交易席位不能正常交易。

一旦发生上述异常情况，证券交易所有权采取以下措施。

（1）临时停市。

（2）向证券交易所会员和新闻媒介及时公告临时停市的决定及原因，同时报有关主管部门。

（3）导致临时停市的异常情况消除后即恢复交易，但收市时间不作顺延。

（4）临时停市前符合交易所业务规则的交易有效。

【交易点拨】

异常情况常见于一些难以预测的突发事件，投资者对此要做好心理准备。

470. 如何应对股市的突发事件?

股市里的突发事件是频繁发生的，有时是难以预测的。突发事件大多是偶然性因素，而非系统性原因，不会影响市场的长期趋势。如果投资者受到突发事件的干扰，轻易改变之前经过认真分析做出的判断，做出过度反应，会导致业绩不佳。

在股市中，投资者经常不愿意将账面损失转为实际损失，尽管这种亏损已经是显而易见、不可逆转的。即使需要现金时，投资者也往往倾向于卖出已经盈利的股票，继续持有还处在亏损状态的股票，这就是金融行为学上的处置效应。投资者更愿意卖出股价上涨的股票，这是一种非常不良的投资心理，风险巨大，容易导致投资者遭受更多的损失，同时又失去更多获利的机会。

对于相对肯定的损失，投资者即使不愿意面对，它也是事实。长痛不如短痛，要制定一个参照价格点位，来计算相对的盈利或损失。如果目前的股价距参照价位还有下跌空间，此时卖出股票虽有实际损失，却是相对盈利状态；其次，在购买一只股票之前，就要想好在什么条件下卖出。

现实情况表明，投资者卖出一只股票后，会很快买入另外一只股票。往往被卖出的股票，股价在随后一年的表现优于后来买入的股票，一般高出三四个百分点。这说明，对突发事件作过度反应，付出的代价是高昂的。

过度反应的原因在于投资者的心态发生了变化，把突发事件看成必然事件。一旦遇到突发事件，就去寻找新的模式而否定之前的模式，由此导致现实的损失。

【交易点拨】

在遇到偶然性突发事件时，要稳住阵脚，沉着应对，先分析是否有确凿的理由支持自己对市场的判断，然后再慎重考虑自己的决策是否有利于减少亏损，扩大盈利。

471. 网上炒股怎样预防病毒？

网上炒股以其交易方便快捷、信息量大、紧跟行情、辅助分析系统强大等特点，成为股民炒股的首选方式。然而不及时升级杀毒软件，擅自关掉杀毒软件和防火墙监控，因为记不住银行密码而把密码放到文本文件里，这三种安全隐患已经成为新股民网上炒股的“软肋”。为了炒股方便，大量用户开始使用网上银行，更增加了现金失窃的可能。

电脑遭“病毒”感染以后，主要症状表现为电脑运行变慢，重要文件被删除，少部分“中毒”股民的股票账户和银证通账户出现异常。黑客虽然不能从股票账户中提取现金，但是可以将偷来的股票账户进行高买低卖，使股票资产遭受损失。

股民如何预防电脑“病毒”呢？

首先，电脑上应安装正版杀毒软件，及时升级。上网进行交易时，一定要打开杀毒软件的实时监控和个人防火墙功能。一些用户觉得杀毒软件和防火墙经常弹出提示信息，比较烦人，于是干脆将它们关闭，从而给黑客攻击提供了可乘之机。

其次，一定要在券商官方网站下载正版的炒股软件。在进行网上炒股时，由于正版软件的安全性高，可以大大提高炒股的安全程度。

第三，股票账户和银行账户的密码不能储存在电脑文件上，尽量不要使用生日、电话号码、门牌号等简单的密码，否则很容易被黑客破解。

最后，尽量不要在网吧等公共场所炒股。如果在公共场所炒股，完成交易后，一定要退出交易系统，以免造成股票资产和账户资金损失。

【交易点拨】

由于大多数股民缺乏基本的防护意识和措施，网上炒股面临极大的安全风险。这里提醒大家，网上炒股一定要绷紧安全这根弦。

472. 股票投资亏损了应该怎么办？

（1）坦然接受现实。股票投资亏损了，这是股市投资难以避免的，最优秀的投资者也有“大意失荆州”的时候，要学会正确对待亏损，这是成为成功投资者的必修课。投资者应当事先确定在什么情况下发生亏损是可以接受的，然后分析亏损的原因。比如亏损是为了做策略性撤退，还是公司基本面或宏观经济发生了实质性改变，导致以前的投资依据不再适用。只要亏损的原因可以确定，并在自己可控的范围内，就属于主动性亏损。主动性亏损可以接受，不要受亏损所带来的负面情绪的影响，用正常心态去迎接下一个投资机会。

（2）认真分析原因。分析自己过去的投资行为，找出是哪些问题阻碍了自己投资成功。比如是否经常在没有仔细研究的情况下就随意购买了某一只热门股，决策依据和投资思路是否在历次交易中经常被证明是错误的。分析原因是为了正确地认识自己，知道自己容易在什么地方犯错误，哪些地方需要改进和提高。

（3）慎重做出改变。改变一个人的投资行为需要坚韧不拔的毅力，这和我们改变自己固有的习惯是同样的道理。投资者必须直面自己的问题，并采取实际行动清除那些影响通向成功投资的障碍。如果仅仅是意识到问题而不专注于改变，最好先暂时告别股市，直到自己能直面并消除这些障碍后再开始投资，不要让问题一直存在。

（4）纠正不良的投资行为。可以建立一个交易记录，用来观察分析过去的投资行为，这样就可以避免犯同样的错误。每个投资者的交易记录内容可以有所不同，但至少应当包括以下内容：决策时股票市场的整体表现，股票所在板块的表现，决策的依据，卖出目标价，止损价位。必须对每一笔交易都进行这样的记录，无论是买进还是卖出，都要这样做。这样做的好处，一是可以用来评估过去的投资决策是否正确，二是可以发现自己的投资行为遇到过哪些障碍。

【交易点拨】

不管在投资过程中遇到了多少障碍，认真分析，善于总结，用实际行动去纠正错误才是最重要的。

第四节 港股风险防范

473．港股与 A 股哪个风险大？

任何投资都是有风险的，投资 A 股与港股究竟哪个市场风险更大，必须辩证地看待这个问题。有人单从“是否有涨跌幅限制”这个角度，判断投资港股存在巨大的风险，这种结论显然是片面的。

熟悉港股市场的人都知道，我们经常用蓝筹、红筹、国企股、细价股来区分股票或者上市公司的实力，犹如国内股市用绩优股、ST 股评判股票一样。大多数情况下，这些一二线股票每天的波动幅度不会超过 ± 3%，也就是说日常波动并不大。诸如 A 股市场经常出现的连续拉涨停或跌停的情况，在港股市场很少见，只有极少数三线或细价股才会出现较大的波动，但市场均会有风险提示消息。

从目前出台的种种政策可以看出，A 股市场正在逐步与国际市场接轨，投资者可以在 A 股市场拼杀，也可以尝试主动接受港股的挑战。当然投资者不可盲目操作，切忌根据小道消息买卖股票。投资港股的初期可从“A+H”股票入手，或者买卖大型蓝筹、国企股股票，并且要多浏览香港联交所网站的信息，或者参加一些港股投资交流会等。

【交易点拨】

港股市场属于国际化市场，海外基金以及市场游资介入较多，与全球经济及金融市场紧密相连，除本地因素之外，多数时候还需参考其他地区股市的变化情况。因此投资港股应该更为理性，更加注重对基本面的分析。

474．投资港股应注意哪些问题？

除了要注意港股和 A 股的区别以外，还需要注意以下问题。

（1）交易时间段。香港股市每个交易日在上午 10：00 开盘交易，中午 12：30 收市休息；下午 14：30 开盘，交易直到 16：00 结束。这与 A 股的交易时段有明显差异。此外，香港市场股指期货的交易时段要比股票市场多出 30 分钟，具体的时间为早上 9：45 开盘，下午 16：15 收盘。值得注意的是，香港的节假日也与内地不尽一致，在五一、十一及春节三个假期中，香港股市的休市时间比内地股市短；在每年的圣诞节、重阳节、中秋节等节假日，港股根据假期时间休市。对于初入港股市场的内地股民来说，可以登录港交所网站查询每年具体的休市时间。

（2）关注开盘。关注过香港股市的股民应该知道，香港股市开盘跳空高开或跳空低开的情况很普遍，缺口出现的次数明显要比 A 股市场多，原因主要是美国股市对港股的影响巨大。一般情况下，美国股市在前一个交易日收盘的涨跌情况，将决定港股第二天开盘的走向。一些在香港上市的 H 股和红筹股，比如中国人寿、中国移动、中国石油，它们在美国纽约交易所上市预托凭证的收盘价，基本上会是香港上市的这些股票第二天的开盘价格。

（3）利率变化。投资 A 股的新老股民都知道，央行是否加息直接影响 A 股市场的走向。港股市场同样也会受到银行利率变动的影响。不过与内地不同的是，香港利率的变动并不掌握在香港金管局手中，而是由各家银行自行决定。在这种市场状况下，当几家大的发钞银行如汇丰银行、中银香港、渣打银行决定调整存款利率时，香港其他的中小银行往往会跟随调整。

（4）有关高送配。与 A 股股民喜欢公司高送配股份相比，香港股民更愿意购买一些高股息的股票。如果某一家公司推出 10 股送 10 股的高送配方案，这在 A 股可能会迎来一波大涨，而在港股则可能是一波大跌。究其原因，香港股民往往担心高送配会摊薄利润，影响公司年底分红，或是大股东之间有利益输送。

（5）涨跌幅无限制。香港股市并没有 10%的涨跌幅限制，无论是新上市股票还是已上市股票，每天的涨跌幅都不受限制。一般情况下，H 股的香港大蓝筹股每天涨跌幅也不过 3%左右，达到或超过 10%属于极端情况，一年下来也不会有几次。

【交易点拨】

港股是国际化程度较高的股市，受美国股市的影响较大。早于港股 1 小时开盘的日本股市的变动，很多时候也是港股涨跌的风向标。

第九章 股票投资的陷阱和误区

陷阱在股市里处处可见，例如成交量陷阱、K 线陷阱、尾盘急拉陷阱、尾盘急打陷阱、虚假委托陷阱等。大多数投资者都在股票市场里遇到过各类陷阱，有些陷阱比较容易识别，有些陷阱则比较难识破。面对各种陷阱，简直防不胜防，投资者只有勤于思考，勤于总结，才能避免跳入主力设置的陷阱。

万一跳进主力设置的陷阱，一定要严守买卖原则，将损失降到最低。心存侥幸的投资者，很可能会被深套。投资者也需要对各种类型的陷阱有所了解，从主观上进行防范。

第一节 股市陷阱和误区种类

475. 什么是上升趋势陷阱？

上升趋势陷阱，就是大市上升行情已经走到尽头，即将转升为跌时，股价突然上升一段空间，令投资者认为升势未完，纷纷追高，从而被套牢。

一般来说，上升趋势陷阱发生在一种股票新高价成交区内，股价突破原有区域达到新的高峰，然后又迅速跌破以前交易区域的低点。更恰当地说，上升趋势陷阱捉到了那些在股价最后上涨时买进的人，或者在突破后买进的人，使落入陷阱里的投资者被套牢而遭受损失。

上升趋势陷阱一开始与上升趋势行情差不多，都是股价跳空开盘，高开高走，甚至击穿股价的上档阻力位，创出新高，成交量也随之放大，可谓“形势一片大好”。此时投资者很难判断这是上升趋势陷阱还是上升趋势行情持续，因而也就难以做出是做多还是做空的正确抉择。一般来说，许多投资者都将这种情况认为是上升趋势行情而追高吃进。其结果是随着成交量的不断放大，股价掉头向下，追高吃进的做多者被高价套牢。

【交易点拨】

只要掌握了上升趋势陷阱的典型特征，就不会轻易上当了。

476. 什么是下跌趋势陷阱？

下跌趋势陷阱出现在股价从成交密集区以高成交量跌落至一个新的低点区域，然后迅速回升至原先的成交密集区，并且突破了原来的阻力线。一般来说，在一个下跌趋势陷阱后，几天内股价会有一个中级波动，有时是一个主要波动，在此点抛货或犹豫不决没有进货的人，就成了陷阱的受害者。

主力经常借利好行情诱惑散户买入，从而达到高价出货的目的。反过来，又会用下跌趋势陷阱诱使那些意志不坚定的中小散户出货，以便自己低价入货。主力不断打压股价，击穿下档一个个支撑位，大有下跌趋势行情来临之势，引起散户恐慌性抛售，高价吃进者纷纷在低价"割肉"，结果是损失惨重。谁知抛出筹码之后，股价却一反下跌走势，进入一段大幅上涨的走势中。

【交易点拨】

空头陷阱在成交量上的特征是随着股价的持续性下跌，量能始终处于不规则萎缩中，有时盘面上甚至会出现无量空跌或无量暴跌现象，给投资者营造出阴跌走势遥遥无期的氛围。

477. 为什么说炒股不要自设陷阱？

个人的心理特征在很大程度上影响其投资行为。想做一个成功的股票投资人，第一步就是克服自身的心理弱点，其中一点便是贪婪。

在牛市行情中，常看到有人在市场买卖股票赚了两三倍的利润，而自己的储蓄只不过是赚些微薄的利息。在朋友好运频传之际，自己也不禁暗自思忖：当初如买进同样的股票，今天也许赚了不少钱。正是他人的赚钱效应，引发了我们入市的贪念。

但股价不会永无止境地上涨，正如股市格言所说：树木不会一直长到天上去。当整个趋势稳定上升时，我们却很难接受这种警告。一般人总以为今天的趋势会持续到明天，持续得很久，就像今天太阳高照，明天和以后也会是晴天丽日一样。

如果股票一直在上涨，我们就会预期股价继续上涨。现实的情况是，股票经过一段持续的涨势，一定会形成超买回调，最后跌回合理的价位。大家要明白，一个曾经飙涨到天上的价格并不是一个正常价格，难以持久。如果手中持有这种股票，最好忘记当初投资该股票的目的，决定是否长期持有它。换句话说，如果持有的股票已达到超买价位，不妨趁回跌之前卖出。不过何时是最恰当的卖出时机，这就要看自己的判断力了。

【交易点拨】

任何一个过分强调赚钱的人，都极有可能被这种欲望毁灭。

478. 如何认识股价逆势而动和放量大涨？

在大盘趋势向下时，很多股票都在下跌的过程中，有些股票却能够抗跌或者逆势上涨。某天大盘表现极为弱势，放量下跌，目标个股却逆势上涨，这很可能是一个做多陷阱。主力利用大单连续扫盘，造成成交量快速放大，股价大幅拉升的走势，让人觉得目标个股逆势而涨很可能是主力有内幕消息，因此吸引很多关注盘面动态的市场参与者跟进。

可惜的是，这样的股票通常是一日游行情，如果参与该股的人不能了解主力的心理，很容易被套在高位。一般这样的股票拉升后会在高位震荡，新买入的投资者持股成本较高，如果不能及时卖出，就会被困在高山上站岗。

中信银行 2011 年 7 月 29 日就出现了这样的走势。尽管后市还有反弹，但短时间内都没有创出新高，如图 9-1 所示。

图 9-1 中信银行（601998）主力对倒放量

【交易点拨】

成交量放大，股价不一定上涨。

479. 股价上涨时必须放量吗？

很多投资者都认为，股价的上涨必须要有成交量的配合。也就是说，在股价上涨的过程中，成交量必须是放大的，这样才能支撑股价继续上涨，否则就是无量空涨，无量空涨的上涨行情一定会夭折。

如果仅从一般的量价关系来分析，股价上涨理论上成交量应该是放大的。但在股价实际运行过程中，投资者往往忽视了一个问题，即成交量的放大主要是由于多空双方出现了明显的分歧，于是很多人买进，同时很多人卖出。当市场人士的意志趋于一致的时候，成交量是无法放大的。也就是说，当投资者普遍都看好股价的后期走势时，会出现没有人愿意抛售持有的筹码这种现象。这样一来，虽然市场上有许多人急于买进，但是无法成交，也就谈不上成交量放大了。

还有一种情况就是主力高度控盘。主力在拉高股价的过程中，往往是不需要放量的，因为此时主力已经掌握了股价运行的控制权，盘中的浮动筹码相当稀少。在主力拉升股价的过程中，基本上没有什么抛盘，主力也不需要用太多的筹码去接盘，所以在股价上涨的过程中并不会放量。如图 9-2 所示，第一医药（600833）。

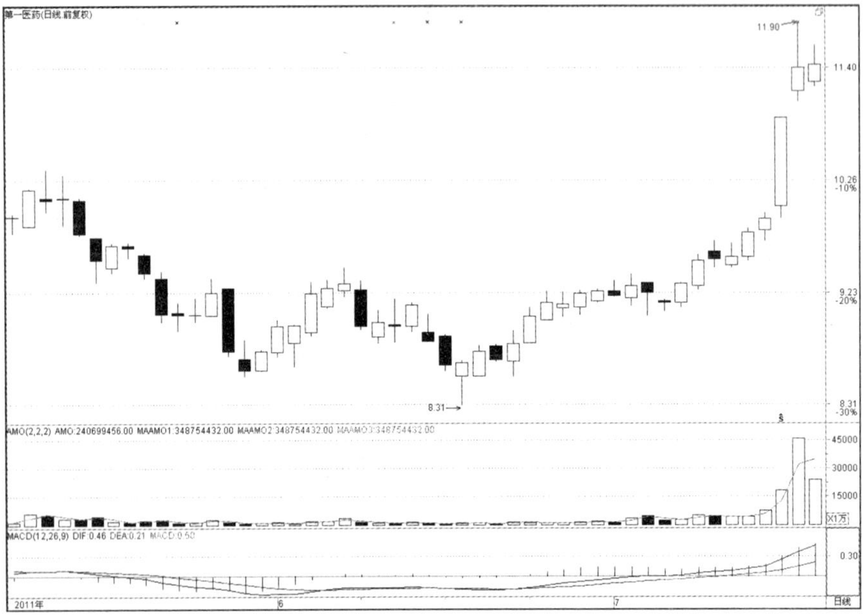

图 9-2　第一医药（600833）股价上涨并没有明显放量

【交易点拨】

不能一成不变地认为，在股价上涨的过程中成交量非得放大，以免走进这个认识误区之中。

480．什么是盲目跟风的心理误区？

股市波动受诸多复杂因素的影响，其中股民的跟风心理对股市的影响甚大。有这种心理的投资人，看见他人纷纷购进股票时，也唯恐自己落后，在不了解股市行情和上市公司经营业绩的情况下，跟风买入自己并不了解的股票。

有时看到别人抛售某家公司的股票，也不问他人抛售的理由，就糊里糊涂地跟着抛售自己手中后市潜力很好的股票。有时谣言四起，由于“羊群效应”（跟风心理）作怪，致使股市掀起波澜。一旦群体跟风抛售，市场供求失衡，供大于求，股市就会一落千丈。盲目跟风，往往会上那些在股市上兴风作浪的主力机构的当。一旦抛出后股价反转上涨，就会后悔莫及，再也捡不回来。

【交易点拨】

投资者要树立自己买卖股票的意识，不能跟着别人的意志操作。

481．什么是举棋不定的心理误区？

具有这种投资心理的人，在买卖股票之前，原本制订了详细的操作计划，考虑好了投资策略，但步入股票市场时，由于受到“羊群效应”的影响，往往不能形成很好的投资组合，一有风吹草动，就无法落实自己的投资方案。

例如，投资者事前已经发觉自己手中持有的股票价格偏高，是抛出股票的时机，同时也作出了出售股票的决定。但在临场时，听到他人你一言我一语与自己看法不同的评论时，其出售股票的想法马上改变，从而放弃了一次抛售股票的大好时机。或者事前已看出某只股票价格偏低，是适合买入的时候，并作出了趁低吸纳的投资决策。同样地，临场一看，发现大家都在纷纷抛售股票，看到这种情景，他又临阵退缩，放弃了入市的决定，从而失去了一次发财的良机。

还有一种情况是事前根本没有打算进入股票市场，当看到许多人纷纷入市时，不免心里发痒，经不住这种气氛的诱惑，从而作出了不大理智的投资决策。

【交易点拨】

举棋不定的心理表现，主要是在关键时刻不能果断操作，以致错过良机。

482．什么是欲望无度的心理误区？

投资者想获取投资收益是理所当然的，但不可太贪心。有时候，投资者的失败就是由于过分贪心造成的。

有利都要，寸步不让，股票市场上这种贪心的投机者并不少见。他们不想控制贪欲，也无法控制自己的贪欲。每当股票价格上涨时，他们不肯果断地抛出自己手中持有的股票，总是在心里勉励自己：一定要坚持到胜利的最后一刻，不要放弃更多的盈利机会。这样往往就放弃了抛售股票的好机会。每当股票价格下跌的时候，又迟迟不肯买进，总是盼望股价跌了再跌。

这些人与追涨、追跌的投资者相比，虽然表现形式不同，但有一个共同之处，就是自己不能把握自己。这种无止境的欲望，反倒使本来已经到手的获利最终落空。他们只想到高风险中有高收益，却很少想到高收益中有高风险。

劝君莫贪心。不要总是羡慕他人的幸运，应相信理性分析，相信自己对企业，对经济形势以及大势的判断并果断行动。

【交易点拨】

股市中有格言：“下跌趋势、上升趋势都能赚钱，唯有贪心不能赚钱。”

483．什么是把股市当赌场的心理误区？

具有赌博心理的股市投机者，总是希望一朝发迹。他们恨不得捉住一只或几只黑马股，好让自己一本万利。一旦在股市投资中获利，就会被胜利冲昏头脑，像赌徒一样频频加注，恨不得把自己的身家性命都押到股市上去，直到输个精光为止。

当股市失利时，他们常常不惜背水一战，把资金全部投在股票上。这类人多半会落得个倾家荡产的下场。

【交易点拨】

股票市场不是赌场，不要赌气，不要昏头，要分析风险，建立投资计划。

484．什么是专拣便宜货的心理误区？

高价入市当然会给投资者带来不理想的后果，但一心一意想买入低价的股票，有时不见得一定有好的收益。俗话说，“便宜无好货”。这句话虽然说得有些绝对，但也有一定的道理。

在股票市场中，很多投资者持有这种“嫌贵”的心理，只想买进一些价钱便宜的股票，却不考虑买入那些价格会大幅度上升的股票。很多人认为买入高价股风险太大，殊不知风险与收益是成正比的。低价入市的结果，往往使手中持有的股票成了永远抛售不出去的蚀本货。

【交易点拨】

不管股价高低，涨跌都是按幅度来计算的。

485．什么是贻误战机的心理误区？

一些投资人事先已经订好了投资计划和操作策略，但步入现实的股票市场时，却被外界的环境所左右。例如，当市场已经启动时，看到很多质地优良的股票涨幅已大，于是不敢大胆买入，总在期待股价出现回调，等待的结果是股价越涨越高。等到股价真正出现回调时，又不知道股价跌幅有多大，什么时候才能止跌回升。结果是越等越不敢入市，待股价翻了几倍，甚至市场已经开始反转，也没能等到入市的机会。

错误地分析形势和错过买卖时机，这两种错误是密切相关的。正是由于错误地估计了形势，导致投资者坐失良机。政治经济形势的变化，以及企业经营变化，经常会给股市带来影响。在投资股市时，不能只重视股市动态，还要密切关注国际国内政治和经济形势以及企业经营成果的动向。

【交易点拨】

把对形势的估计和对股价走势的技术分析结合起来，这样才能及时捕捉买入或卖出信号。

486．什么是敢输不敢赢的心理误区？

进入股市，首先应当自信。许多投资者买入股票，买进后股价上升一段时间，便迫不及待地要卖出获利。他们认为只有把钱装进口袋里才算安全，可是却忽略了股票的合理价值。

一般说来，股票的市场价格不一定能完全反映股票的真实价值。所以有些投资者卖出股票后，股价依然持续不断地上升，有时卖出后的价格上升幅度比卖出前的上升幅度还要大。尤其是原始股，按照一般的国际惯例，上市后可能会上升数倍。因此投资股票不能见好就收，见涨就卖，要以市盈率为基准，恰当地作出卖出决策。

有的股票已经过度上升，一旦买入后，股价肯定要下跌，奇怪的是大多数投资者在股价已经反转回落的情况下，反而会坚持死守下去。正是这种敢输不敢赢的心理误区，导致很多股民赢时赚得不多、亏时一败涂地。

【交易点拨】

股市投资有两条铁律:截断亏损，让利润奔跑。唯其如此，才有可能成为市场的赢家。

487. 什么是不必要的恐慌心理误区？

有些股票投资者因受某些环境因素和“马路消息”的影响，对股市或某些股票的前途失去信心，感到恐慌，于是拼命抛售手中的股票。许多股市经验表明，不必要的恐慌往往是虚惊一场。

非常时期如发生战争或出现经济危机时，恐慌似乎是在情理之中。但在一般情况下，不少抛售风潮往往是由一些主力或机构故意掀起的。主力利用自己掌握的传媒渠道，放出大量不利消息，引起市场抛售，目的是压低股价，然后趁机买进。

一般情况下，在股市中没有必要产生恐慌。经验证明，在恐慌中大量抛出手中持有的股票，一般都会得不偿失。

【交易点拨】

在不利消息面前要保持镇定，仔细分析消息的可靠性，没有必要因为恐慌而抛出手中的股票。

488. 什么是漠不关心的心理误区？

有些投资者买入股票以后就不闻不问，任其自然地发展下去。有时甚至全权委托自己的亲朋好友或经纪人操作，自己很少过问。这种做法在股市处于大涨的情况下，还有可能赚点儿钱，如果是处在下跌趋势中，必然会血本无归。

【交易点拨】

只要买了股票，你就是股票市场中的一员，应时时关注股市的发展动态。

489. 什么是不敢输的心理误区？

在充满竞争，充满风险的股票市场里，既没有常胜的将军，也没有常败的士兵。投资股市，关键是要随着股票市场行情的变化，采取灵活的应对策略。当股市大势下跌或公司受损失时，不要被损失纠缠不休，而应当机立断，忍痛割爱。

一些投资人总存在“不敢输”的心理，当股票价格上升，赚了差价，就兴高采烈。一旦股价下跌，总盼望它能很快涨回来，却不知道分析股市的大势和公司的经营业绩。有的人还一味地想当然，只愿相信对股价有利的信息和舆论。其实这样做只是自欺欺人，最后吃亏的还是自己。

【交易点拨】

不敢输的心理误区往往把潜在的风险变成事实上的风险，使自己坠入股市陷阱之中，给自己的投资行为造成重大损失。

第二节 新股民如何规避陷阱

490. 如何识破技术分析陷阱?

主力如何用“伪造”图表来进货或出货呢?

在这里，主力预谋的关键点在于突破投资者预期的支撑点，或是穿越牢不可破的“压力带”，诱使投资者卖盘杀出或买盘抢进，或丢失筹码或高位套牢。

精通和熟悉技术分析的老手都知道，一旦股价走势突破支撑点或压力带，就预示着新的上升或新的下跌时代可能到来。对于单纯依靠图形分析来操作的投资者来说，自然不会轻易放过上升趋势或下跌趋势，以免错过丰厚的利润。但有时候主力正是借向上突破的机会出货，或在投资者误以为下跌趋势时，压低价格轧空后进货。

主力制造技术陷阱的真正意图，是利用虚假的图形走势引诱散户投资者作出错误的分析判断。当投资者做出错误的操作后，接下来市场就会走出完全相反的走势。比如突破上升阻力带的信号，实则为下跌趋势开始；出现向下突破的卖空信号，实际上主力却在暗中低价买进，之后股价就会走出一波让人意想不到的上涨行情。

【交易点拨】

再狡猾的狐狸也会露出尾巴，骗局做得再漂亮也会露出痕迹。如果投资者能够识破主力的“骗局”，抓住时间差跟进主力，就会有不错的收获。

491. 如何识别上升趋势陷阱与下跌趋势陷阱?

股谚云：“下跌趋势陷阱，上升趋势馅饼。”能否正确判断和识破个股拉升前的下跌趋势陷阱，是股市制胜的关键技巧。那么什么叫做下跌趋势陷阱，投资者又应该怎样识别呢?

如果股价在低位区域突然出现向下突破的假象，比如突破长期均线等支撑，并伴随着各种利空消息，由于担心市场再度大跌，许多投资者会在恐慌中卖出手中的股票。随后市场却不跌反涨，一波牛市行情重新开始。随着股价上涨，成交量也不断放大，指数或股价突破重要的阻力线，这时就可以将前面出现的向下突破走势，看成是下跌趋势做空(诱空)陷阱，即下跌趋势陷阱。那些在低点清仓或者不敢补仓的投资者，就成了下跌趋势陷阱的受骗者，从而踏空一轮行情。

同样道理，上升趋势陷阱指的是当股价或指数不断创历史新高，市场一片乐观气氛时，许多中小投资者尤其是一些从来不关心股票的人，也开始大举买进股票。这时候股价或指数却不涨反跌，将追高买进的投资者全部套牢，这就是所谓的上升趋势陷阱。

从技术形态上分析，下跌趋势陷阱在K线走势上的特征往往是连续几根长阴线暴跌，股价击穿各种强支撑位，有时甚至伴随向下跳空缺口，引发市场恐慌情绪的连锁反应，让投资者误以为后市下跌空间巨大，从而纷纷抛出手中股票，主力则在低位承接大量的廉价股票。在技术指标方面，下跌趋势陷阱会导致技术指标出现严重的背离特征，而且不是一两种指标背离，往往是多种指标多重周期的同步背离。

从市场心理方面分析，由于股市长时间下跌，会在市场中形成沉重的套牢盘，众多投资者唉声叹气，人气也在不断下跌的过程中被消耗殆尽。然而往往是在市场人气极度低迷的时候，恰恰说明股市离真正的底部已经为时不远。

从成交量分析，下跌趋势陷阱往往是随着股价的持续下跌，量能始终处于不规则的萎缩之中，有时盘面上甚至会出现无量空跌或无量暴跌现象，个股交投也不活跃，给投资者营造出阴跌走势和下跌遥遥无期的氛围。恰恰在这种极度悲观的氛围中，主力轻松地逢低建仓，从而构成下跌趋势陷阱。

投资者也可以结合消息分析主力设置的陷阱。主力资金往往会利用宣传的优势，极力营造做空的氛围。当市场利空不断，股价或指数不断下跌时，投资者反而要格外小心，因为有时主力正是在各种利空消息的影响下，才成功地进行低位建仓。

【交易点拨】

当主力制造下跌趋势陷阱时，短线投资者应尽快站出来观望，一直等到局势获得澄清时再重新入场。长线投资者应该仔细审视市场面临的现状，分析股价是处在高位区还是低位区，然后再决定是出局还是入场。

492. 如何避免陷入成交量陷阱？

正常的量价关系是，股价以高成交量在主要的上升趋势中达到新的高点，然后以稍低的成交量回档。只要回档不跌破主要支撑线，就可以解释为上升趋势行情。而上升趋势陷阱一般来说恰好是成交放量而且向下回档跌破了支撑线。

那么为什么成交量放大反而有可能是上涨趋势陷阱呢？

这是因为在股价或指数持续上涨的过程中，市场积累了大量的获利盘，此时一旦股价接近上档阻力位，获利盘与解套盘就会一起杀出，加入“空方打压盘”的阵营，致使成交放出大量，甚至出现天量。天量意味着股价上涨力量已经达到极限，股价涨不动了，这样会引出更多的获利盘与解套盘。多方托不住天量的做空盘子，“多翻空”瞬间完成，股价就会出现大幅回落。

对于大盘来说，空方会借机拼命打压指标股，如大盘股，击穿下档重要支撑位，制造“下跌趋势陷阱”，让人感觉到似乎“熊市”已经来临，引起市场恐慌性抛售。

随着下跌趋势行情出现，指数迅速下跌。待指数跌幅已深，市场消化了获利盘，套牢盘也不肯“割肉”，成交量持续萎缩，指数获得下档技术支撑位支撑时，抄底盘就会纷纷杀入，“空翻多”瞬间完成，成交量又开始放大，于是又一轮上升趋势行情开始了。

【交易点拨】

当股价跌到一个新的低点时，如果成交量小而且冲不破支撑位，基本可以认为是行情看好；如果在新的低价位上成交量反而剧增并且冲破支撑位，就应该慎重从事了。

493. 怎样避免陷入指数陷阱？

股价指数上升，并不一定表明所有股票的价格都是上涨的，可能只是少数股票大涨，其他股票原地踏步，甚至有些股票反而会下降。简单地说，就是个别股票价格的涨落，并不一定与股价指数的涨跌相一致。这是因为即使是在牛市中，也有部分公司因为经营不善而使效益大幅滑坡，股价下跌。如果购买了这种公司的股票，就有可能招致损失。

另外，即使买入一只业绩较好的股票，也有一个时机选择的问题。在什么价位上购买一家公司的股票，不可避免地带有主观成分，这里面包括投资者对明天能以什么价格出售股票的心理预期。强烈的自我循环机制，也会使得股市在一段时间内可能背离企业的内在价值，产生“泡沫”。所以在牛市中，并非只要买到股票就能赚钱。

股市中有不少主力机构专门将整个股市作为炒作对象，把综合指数作为“个股”那样去炒作，运用各种方法去影响、控制其涨跌。

由此可见，仅凭股价指数来决定投资策略是不科学的，这样操作往往会使投资者蒙受不明不白的损失。投资者不能仅仅看大势是“牛市”还是“熊市”，而应该花费更多的时间和精力去研究个股，要对个股的价位多作分析。

【交易点拨】

要透过股价指数这个一般的现象，去分析各个公司股票的个性特征，千万不要被指数盲点遮住了视线。

494．如何提防财务报表中的陷阱？

财务报表是投资者评估股票价值及分析公司发展能力的重要依据，但是有些上市公司却在其中设置陷阱，欺骗广大投资者。

当一些公司由于各种原因经营业绩不好时，为了对其真实情况进行掩饰及支撑局面，往往会美化账面，做出虚假的财务报告，使投资者被蒙蔽，做出错误的投资决策，结果损失惨重。

这样的例子有许多，以某上市公司为例，该公司实际负债比率偏高，流动比率偏低，财务结构极端恶化，但公司的财务报表却号称每季度营业利润在10%以上。同行业其他公司都是知名度很高的大企业，但它们每季度的营业利润均不到10%。看到这里，投资者就不能不警惕。对于公司财务报表中隐藏的问题，投资者要小心分析，不能掉以轻心。

【交易点拨】

对于广大的投资者来说，只要擦亮眼睛，开动脑筋，稍作比较分析，就不难发现财务报表中隐藏的问题。

495．如何避免掉入“拉高出货”陷阱？

如果说主力在底部区域为了进货而施展折磨术的话，那么在顶部区域，主力为了出货，必然会使出浑身解数，利用各种有利条件施展引诱术，如此才能完成一轮炒作周期。

主力在出货前夕往往会刻意让人们十分重视KDJ、RSI、威廉指标等在高位出现钝化的现象，以表明股价拒绝深幅回调。如果实在找不到理由，便会挖空心思地搬出：“OBV人气指标在顶部呈现W底”、“历史上也有KDJ指标在高位钝化但指数却连创新高的情况”，以麻痹引诱投资者，要人们“耐心持股，看高一线”，此时主力则悄悄出货。

股市中多数人的本性是就高不就低，一只股票长期在低位蛰伏时，很少有人介入，大多数人往往在某股翻了 1 ~ 2 倍，机构反复推荐时，才会注意到这只股票。此时投资者普遍的想法是主力持股那么多，逃不掉，不拉高怎么出货，不如这时抢一把反弹，做做差价，其实这正中了主力的圈套。

因为主力在低位早已建足了仓位，在高位仅需对倒或进出平衡，即可维系股价不下跌。主力之所以将股价拉高 1 ~ 2 倍，目的正是为了在高位横盘出货或趁利好和人气旺盛时拉高或反弹出货。在股价升幅达 1 ~ 2 倍的高位震荡整理走势不可能是蓄势，多半是诱人上当受骗接盘的。

对于大多数主力而言，当其决定炒作个股时，早已把目光瞄准整个板块，同时建仓。当其集中火力猛攻某只个股时，因板块联动效应也会赚一大笔。若主力在拉高后出得了货，就会坚决出货；若出不了货，就会制造舆论炒作板块。这样主力即使作出牺牲，只要硬顶住一只个股，也可以通过板块中其他个股赚得的钱来弥补损失。板块上来了，还可围魏救赵，减轻主力在个股上的压力，达到双胜的奇效。许多人往往对某只个股后知后觉，未及跟进，却在“该板块要涨”的诱惑下追进，结果成了主力的“盘中餐”。

有时主力还会用热点转移来诱使一批批追涨者被套。在沪深股市历史上，牛市行情大多先是齐涨共跌，结果是指数和个股一起套牢或一起获利。随后是一轮行情只有一个热点，一旦热点熄灭，牛市行情随之结束。结果是一轮行情只有一部分人赚钱，多数人是赚了指数却赔了钱。

夸大个股利多。有些个股在底部时是“烫手山芋”，无人问津。当主力将股价拉高后却连发利好。令人奇怪的是，股价上涨明明已经体现了利好，但仍有许多人以涨高的股价为基础，在顶部继续对利好想入非非，期望获得更大的“辉煌”。这无非是经不起主力宣传的“股价还能涨到××元”的引诱。

主力在股价底部区域搞“折磨术”，反映在个股 K 线形态上，往往是形成 V 形底。此时看起来风险很大，实际上并没有什么风险。到了顶部区域，主力就会搞“引诱术”，反映在个股 K 线形态上，往往是形成倒 V 字形。此时看起来机会很大，实际上已充满了风险。主力在底部区域采用“折磨术”，逼迫中小投资者把廉价筹码抛出来，在顶部则搞“引诱术”，诱骗中小投资者以高价把筹码接过去。

【交易点拨】

股市投资，投资者必须深入了解主力坐庄的思路和操盘动向，做到知己知彼，方能获利。

496. 如何识破压低出货？

压低出货建立在“反市场”的心理基础之上，是将股票价格由高点一路杀跌下来，杀跌的过程中主力则拼命出货。压低出货可以说是主力出货手段中最凶狠、最毒辣的招数。

压低出货意指主力将股价炒到相当高的高点后，使劲把所有筹码往市场上“倒”，逼使股价像直线一样下跌，以无反弹、无盘整的走势来完成出货。

在股价上升初期，主力拉升股价的过程中，会使股价呈现阶梯式的盘涨，使股价不断创出新高点。到了高位之后，股价回落时，跟进者误以为主力出货是股价回调盘整，于是纷纷入场“抢反弹”。谁知这一次股价不再反转上涨，反而一直下跌，致使跟进者全部套牢在高位。

大多数投资者可能都曾经领教过这种毒辣的招数，所以很多主力为了塑造良好的形象，建立广泛的群众基础，在不到“万不得已”的情况下，会极力避免使用这种杀伤力过大的手段出货。

【交易点拨】

当股价上涨到一定高位时，投资者就要树立风险意识。只要一有风吹草动，就要果断清仓出局。

497．如何识破大户放风？

在股票市场里，以理论分析为基础的选股方式，应该是投资者的正确做法，但是股票市场人为操纵的现象有时十分明显。以短线交易为主的投资者，常常以打听主力动向作为自己买进或卖出股票的依据。他们到处打听主力在做什么股票，并且将这些消息作为买卖及选股的依据。股市里的消息、情报、耳语漫天价响。但是身在股市，这些消息自然是“虚虚实实，实实虚虚”，你了解到的主力动向，未必都是可信的。

其实主力的操作也未必都是经过深思熟虑的。一位主力曾经坦言，他买进卖出股票的决断，往往因为一个信息，一念之间会立即改变买卖决策。或许三分钟前，一个朋友来电话询问，他会告诉他的朋友买进某一种股票。但三分钟之后，一旦有对这只股票或对整个大环境不利的消息，他会马上改买进为卖出。那位朋友如果完全按照他三分钟前的意见操作，就会遭受很大的损失。除非你自己有分析能力，且消息来源与主力同样灵通，否则想靠主力提供的信息赚钱是十分危险的。

更有一些主力为了炒作股票，吸引散户跟进炒作，经常会使出一些花招，比如故意放出一些欺骗性信息，诱使散户跟进。在股票市场里，即使是确切的数字，或者是亲眼所见的事实，也不一定是真的。如果投资者对这些信息不能准确地加以分辨，就难免吃亏上当，所以中小散户一定要提防主力放风的花招。

【交易点拨】

直觉其实是下意识的逻辑加想象力，全靠想象力行事会太危险，灵活性也同样重要。总吃同一堆草的牛更容易上当。

498．如何识破冲销转账的戏法？

在股价被操纵的市场中，一个机构利用不同的个人身份开立两个以上的银行账户，以互相冲销转账的方式反复“做价”，只需付出少量的税费，便可以把股价任意提高或压低。

如投机者以甲、乙、丙三个不同的姓名，分别在三个不同的银行开立账户，为了抬高某种股票的价格，他就以该种股票当时的市场价格买进 10000 股存入甲的账户，然后叫价 12 元，把甲账户的 10000 股转入乙账户，再以 14 元或更高的价位转入丙账户，实际上买者和卖者都是同一个人。但通过三转两转，就造成了一种虚假需求，无形中把该股票的价格抬高了。抬高股价之后，再乘机卖出，就可以获得不菲的盈利。

反之，如果投机者想压低某种股票的价格，用甲账户以每股 10 元的价格卖出 10000 股转给丙账户，又以每股 8 元的价格转入乙账户，这种互相冲销的方法，就造成了一种虚假的供给，从而压低股价。机构则伺机购进，顺利获得低价筹码。

【交易点拨】

有的主力在不同的证券营业部开户，以“拉锯”的方式做价，甚至与券商勾结，对做对敲，造成一种有利于自己的市场形势。这两种做法，其实原理都是一样的。

499. 认清对倒与对敲

“对敲”和“对倒”是操盘手常用的两种操盘手法。

“对敲”指的是操盘手通过众多关联账户相互买卖来达到操纵股价的目的，实际上就是左手和右手的交换，如同魔术师扔出去的飞刀实际并未脱手，没有发生大众想象的那种交易性的换手。

“对倒”指的是不同主力之间的倒手，双方以买卖的形式在二级市场完成对筹码的换手，是真正意义上的买卖行为。

“对敲”既可以拉高股价也可以打压股价。拉高行为一般出现在低位吸筹完毕，拉升脱离成本区域和高位拉高以产生出货空间的时候，而打压出现在初始低位吸筹和阶段性洗盘的时候。

“对倒”形成的缘由，无非是有主力想出局而又有主力要进场，实战中又分为新主力接力把股价继续做高和某机构帮人出货赚取黑心提成两种情况。

【交易点拨】

认清对敲与对倒，避免陷入主力的陷阱之中。

500. 如何识破对倒放量陷阱？

对倒放量即营造股价瞬间大幅拉升的活跃假象，利用 81（沪 A 综合排名）、83（深 A 综合排名）、87（沪深 A 综合排名）来寻找买入机会的投资者，经常会看到此类个股。

主力利用“量增价升”的原理，用大单对倒连续扫盘，营造上涨气氛，在每笔成交栏中，显示的都是红色大买单。有好多投资者看到这只股票放量拉升，于是激动地打开账户，追高买入。主力就是利用上升趋势拉升股价，吸引跟风盘，以达到出货的目的。

其实强势股都是稳步涨上来的，而不是快速拉起来的。因为股价一步一步地上涨，才能为后市的涨升打下坚实的基础。

股价快速拉升的确能够营造短线获利机会，但是如果仅仅凭借这点机会就想获得非常多的财富，是极困难的。

【交易点拨】

在真真假假的众多陷阱中，没有很大概率的分析方法来确保操作的胜算，再加上主力的操作手法千变万化，这让股市投资变得更加困难。